“十三五”国家重点图书出版规划项目

交通运输科技丛书·公路基础设施建设与养护

Safety Assessment of Existing Prestressed Concrete Girder Bridges

在役预应力混凝土梁桥评估技术

王　鹏　王福敏　张　力　著

人民交通出版社股份有限公司

北　京

内 容 提 要

本书内容在西部交通建设科技项目等研究成果基础上凝练撰写。书中总结分析在役桥梁评估技术现状，研究该类桥梁的病害特点，并着重进行了钢绞线腐蚀模式及力学性能试验研究；结合现有科研成果及案例系统阐述了该类梁桥安全影响因素时变模型、评价指标体系和结构体系失效仿真分析功能函数；进行了15项影响因素在一定概率分布下的梁体可靠度随机有限元仿真分析，提出了在钢束不同腐蚀率情况下预应力混凝土梁抗弯、抗剪可靠度的影响因素相关性敏感度排序；开展了在钢束不同腐蚀程度下的预应力混凝土梁的性能对比试验研究；建立了在役预应力混凝土梁桥时变可靠度模型、给出了评估流程并编制了安全评估程序，提出了各种技术状况等级下梁桥的目标可靠度指标，对在役预应力混凝土空心板桥、T形梁桥承载力时变可靠度进行了案例研究；最后阐述了数据库及安全评估软件开发。

本书讨论的在役预应力混凝土梁桥评估技术适用于公路及市政桥梁，可供交通养护管理部门参考，也可供大专院校师生、科研院所研究人员使用参考。

图书在版编目(CIP)数据

在役预应力混凝土梁桥评估技术/ 王鹏，王福敏，张力著. —北京：人民交通出版社股份有限公司，2020.7

ISBN 978-7-114-14434-9

Ⅰ. ①在… Ⅱ. ①王…②王…③张… Ⅲ. ①预应力混凝土桥—梁桥工程—评估 Ⅳ. ①U448.33

中国版本图书馆 CIP 数据核字(2017)第312281号

"十三五"国家重点图书出版规划项目
交通运输科技丛书 · 公路基础设施建设与养护
Zaiyi Yuyingli Hunningtu Liangqiao Pinggu Jishu

书　　名：在役预应力混凝土梁桥评估技术
著 作 者：王　鹏　王福敏　张　力
责任编辑：牛家鸣　朱伟康
文字编辑：王景景
责任校对：孙国靖　扈　婕
责任印制：刘高彤
出版发行：人民交通出版社股份有限公司
地　　址：(100011)北京市朝阳区安定门外外馆斜街3号
网　　址：http://www.ccpress.com.cn
销售电话：(010)59757973
总 经 销：人民交通出版社股份有限公司发行部
经　　销：各地新华书店
印　　刷：北京市密东印刷有限公司
开　　本：787×1092　1/16
印　　张：16.75
字　　数：380千
版　　次：2020年7月　第1版
印　　次：2020年7月　第1次印刷
书　　号：ISBN 978-7-114-14434-9
定　　价：95.00元
(有印刷、装订质量问题的图书由本公司负责调换)

总　　序

科技是国家强盛之基,创新是民族进步之魂。中华民族正处在全面建成小康社会的决胜阶段,比以往任何时候都更加需要强大的科技创新力量。党的十八大以来,以习近平同志为核心的党中央做出了实施创新驱动发展战略的重大部署。党的十八届五中全会提出必须牢固树立并切实贯彻创新、协调、绿色、开放、共享的发展理念,进一步发挥科技创新在全面创新中的引领作用。在最近召开的全国科技创新大会上,习近平总书记指出要在我国发展新的历史起点上,把科技创新摆在更加重要的位置,吹响了建设世界科技强国的号角。大会强调,实现"两个一百年"奋斗目标,实现中华民族伟大复兴的中国梦,必须坚持走中国特色自主创新道路,面向世界科技前沿、面向经济主战场、面向国家重大需求。这是党中央综合分析国内外大势、立足我国发展全局提出的重大战略目标和战略部署,为加快推进我国科技创新指明了战略方向。

科技创新为我国交通运输事业发展提供了不竭的动力。交通运输部党组坚决贯彻落实中央战略部署,将科技创新摆在交通运输现代化建设全局的突出位置,坚持面向需求、面向世界、面向未来,把智慧交通建设作为主战场,深入实施创新驱动发展战略,以科技创新引领交通运输的全面创新。通过全行业广大科研工作者长期不懈的努力,交通运输科技创新取得了重大进展与突出成效,在黄金水道能力提升、跨海集群工程建设、沥青路面新材料、智能化水面溢油处置、饱和潜水成套技术等方面取得了一系列具有国际领先水平的重大成果,培养了一批高素质的科技创新人才,支撑了行业持续快速发展。同时,通过科技示范工程、科技成果推广计划、专项行动计划、科技成果推广目录等,推广应用了千余项科研成果,有力促进了科研向现实生产力转化。组织出版"交通运输建设科技丛书",是推进科技成果公开、加强科技成果推广应用的一项重要举措。"十二五"期间,该丛书共出版72册,全部列入"十二五"国家重点图书出版规划项目,其中12册获得国家出版基金支持,6册获中华优秀出版物奖图书提名奖,行业影响力和社会知名度不断扩大,逐渐成为交通运输高端学术交流和科技成果公开的重要平台。

"十三五"时期,交通运输改革发展任务更加艰巨繁重,政策制定、基础设施建设、运输管理等领域更加迫切需要科技创新提供有力支撑。为适应形势变化的需要,在以往工作的基础上,我们将组织出版"交通运输科技丛书",其覆盖内容由建设技术扩展到交通运输科学技术各领域，汇集交通运输行业高水平的学术专著，及时集中展示交通运输重大科技成果，将对提升交通运输决策管理水平、促进高层次学术交流、技术传播和专业人才培养发挥积极作用。

当前，全党全国各族人民正在为全面建成小康社会、实现中华民族伟大复兴的中国梦而团结奋斗。交通运输肩负着经济社会发展先行官的政治使命和重大任务，并力争在第二个百年目标实现之前建成世界交通强国，我们迫切需要以科技创新推动转型升级。创新的事业呼唤创新的人才。希望广大科技工作者牢牢抓住科技创新的重要历史机遇，紧密结合交通运输发展的中心任务，锐意进取、锐意创新，以科技创新的丰硕成果为建设综合交通、智慧交通、绿色交通、平安交通贡献新的更大的力量！

杨传堂

2016年6月24日

前　言

由于桥梁承受外力作用、有害物质侵蚀，其自身性能必然随时间发生不同程度的衰减。许多在役桥梁存在安全隐患，有些桥梁甚至没有达到设计使用寿命，就丧失服务功能，影响路网的畅通与运营的安全。本书采用现场调研、试验、数值模拟与时变可靠性理论分析结合的方法，深入研究在役预应力混凝土梁桥各项影响因素，着重解决梁体抗力衰减机理、失效模式与可靠度等关键理论、技术问题，可为该类桥梁评估提供参考。

本书内容共分为10章。第1章绪论；第2章在役预应力混凝土梁桥病害特点；第3章在役预应力混凝土梁桥安全影响因素时变模型；第4章在役预应力混凝土梁桥评价指标体系；第5章在役预应力梁桥结构体系失效仿真分析功能函数；第6章在役预应力混凝土梁可靠度随机有限元仿真分析；第7章钢绞线不同腐蚀程度下的预应力混凝土梁的性能对比试验；第8章在役预应力混凝土梁桥时变可靠度模型及安全评估程序；第9章在役预应力混凝土梁桥承载力时变可靠度实例分析；第10章在役预应力混凝土梁桥数据库及安全评估软件开发。其中，张力研究员负责第1章、第2章的撰写，王福敏研究员负责第4章、第5章的撰写；张赞鹏、朱宗伦、聂长勇、王若冰在硕士研究生期间分别参与了第3章、第10章、第7章和第2章试验部分研究内容的撰写工作。

本书的主要创新之处在于：提出钢绞线的腐蚀模式，通过电化学试验进行验证，并对腐蚀钢绞线的力学性能退化开展进一步的试验研究；提出钢绞线力学性能、有效预应力随腐蚀率增加的经时退化模型，并将其应用到预应力混凝土梁承载力可靠度分析中，可作为桥梁寿命判定的依据之一。采用随机有限元法对包含腐蚀率在内的15项影响因素，在一定概率分布约束下进行结构可靠度的相关性分析，并给出敏感性排序；对预应力混凝土梁的承载力、破坏模式与腐蚀率的相关性进行了对比试验验证；提出桥梁养护规范规定的5类技术状况等级对应的可靠度指标建议值，为桥梁状况评定的量化分析提供参考。

本书付梓得益于各方支持和帮助，在此感谢交通运输部西部交通建设科技项目管理中心、作者所在单位招商局重庆交通科研设计院有限公司给予的鞭策和支持，感谢重庆大学赖明教授给予的指导和关心，感谢重庆交通大学姚国文教授团队、云南省公路科学技术研究院胡文华正高级工程师对试验给予的支持,感谢项目组成员宋刚研究员、杨洋高级工程师给予的帮助。最后感谢出版社老师们的热心建议和精心编辑,感谢有关专家的推荐,使得本书作为“十三五”国家重点图书出版规划项目“交通运输科技丛书”之一出版面世。

在役预应力混凝土梁桥评估技术仍在不断地探索和研究中,由于时间有限和作者认知上的局限性,本书疏漏和不当之处在所难免,恳请读者不吝赐教,以便及时改正。

作　者

2020 年 6 月

目　　录

1 绪　论

1.1 研究背景

桥梁是道路跨越沟谷、河流等障碍的构筑物,其承载和运营能力是路线畅通的关键之一。随着我国公路建设的快速发展,桥梁在国民经济和社会生活中的作用越来越重要。

由于桥梁在其建造和使用过程中,承受车辆、风、地震等外力的作用,受到环境、有害化学物质的侵蚀,加之桥梁所采用材料的自身性能也会不断退化,如混凝土碳化、裂缝、钢筋锈蚀等,在上述诸多因素的影响下,桥梁结构使用性能必然发生不同程度的衰减。许多在役桥梁存在安全隐患,影响到路网的畅通与运营的安全。

近些年来,在役桥梁性能衰减、承载力不足等已成为世界性的难题。以美国为例,据统计,2014 年,美国桥梁总数 60.5 万座。缺陷桥梁总数 14.4 万座,占 23.8%。其中,结构缺陷桥梁总数 6.8 万座,占 11.2%;功能性老化桥梁总数 7.6 万座,占 12.6%。2016 年 3 月,美国公路交通建设商协会对美国各州桥梁状况进行了一次摸底结果显示,全国 60 多万座桥梁的平均年龄为"42 岁",其中 5.8 万座桥存在结构隐患,这一比例相当于全国桥梁总数的 9.6%。其中艾奥瓦州数量最多,为 5027 座,相当于该州桥梁总数的 20.7%。而罗得岛州的"病桥"比例则高达 23.2%。美国每年的桥梁维修需要投入 205 亿美元,但实际到位资金只有 128 亿美元。2018 年,美国政府要求国会拨款 2000 亿美元,以鼓励各州、地方和私人机构提供超过 1 万亿美元的资金,建设和修理美国的桥梁、公路、水厂和其他基础设施。

据有关报告,2018 年,法国全国共有 1.2 万座桥梁,其中三分之一需要维修,7% 属于危桥,有倒塌危险。鉴于此,法国政府投入 10 亿欧元用于"全国道路拯救计划(Save the nation's roads)"五年计划。而报告建议法国连续二十年,每年投入 10 亿欧元用于全国公路网维护。

国外近年典型的桥梁事故有很多,2018 年就发生数起。例如,2018 年 1 月 2 日,秘鲁马丘比丘山谷桥梁(Machu Picchu bridge)垮塌,造成 16 人失踪。2018 年 2 月 6 日,巴西巴西利亚市中心一条主要大道的高架桥突然坍塌,压毁 4 辆停放在下方的车子,没有造成人员伤亡。2018 年 2 月 23 日,加拿大安大略省布鲁斯港桥(Port Bruce Bridge)垮塌,一辆正在通过的工程车被困,司机被救,事故原因为主筋锚固失效。2018 年 8 月 14 日,意大利热那亚市 A10 高速公路莫兰迪桥坍塌,桥上车辆坠落,坍塌梁砸向了地面的一片民居区,事故造成 43 人死亡,该公路桥 1967 年建成,2016 年经历"大修"。

根据 2019 年交通运输行业发展统计公报,2019 年末全国公路桥梁 87.83 万座、6063.46 万 m,其中特大桥梁 5716 座、1033.23 万 m,大桥 108344 座、2923.75 万 m。据不完全统计,在我国公路网中,各类病害桥梁数量达 10 万座,约占桥梁总数的 11.4%,2001 年以来,平均年投入桥梁病害整治费用达数十亿元。

我国曾出现多起桥梁突然坍塌毁坏事故。在2007年至2018年的12年间，全国至少有28座桥梁发生垮塌事故，造成道路中断和人员伤亡，经济损失巨大。近年典型的梁桥事故有，2011年7月11日，江苏盐城境内328省道通榆河T梁桥发生整孔垮塌。7月15日，浙江杭州钱塘江三桥引桥边侧空心板梁突然塌落。2014年10月10日贵州毕节市纳雍县贵毕公路小丫口空心板桥在扩建加固施工中发生坍塌。2017年4月14日杭州萧山区工人路高架桥非机动车道箱梁桥发生侧翻坍塌。2018年7月27日，四川彭山岷江大桥发生整孔垮塌，该桥为T梁桥，主桥长493m、宽12.5m，桥龄24年。

以预应力混凝土连续刚构桥为例。预应力混凝土连续刚构桥为预应力混凝土梁桥中的典型结构。目前我国已建和在建的跨径超过200m的连续刚构桥已达20多座，跨径在100～200m之间的预应力混凝土梁桥已有100多座。世界范围内共有跨径超过240m的特大跨径连续刚构桥18座，其中13座在中国。大跨径预应力混凝土梁桥在我国交通建设中发挥着非常重要的作用。

近年很多在役预应力混凝土连续刚构桥出现安全隐患，主要表现在三个方面，一是主梁跨中下挠；二是箱梁腹板斜裂缝、顶底板纵向裂缝；三是预应力钢束锈蚀。如某桥为162.5m＋3×245m＋162.5m的五跨预应力混凝土连续刚构桥，1995年建成，运营7年后，与成桥相比各跨跨中均有明显下挠，其中一跨跨中下挠累计已达30.5cm；某三跨预应力混凝土连续刚构桥，跨径布置为66m＋120m＋66m，于1994年建成通车，2000年底检查发现跨中挠度已达到22cm左右。上述各桥出现下挠病害时，均伴随着箱梁腹板和底板出现大量的裂缝。某五跨预应力混凝土连续刚构桥，跨径布置为65m＋3×100m＋65m，于1993年建成通车，2003—2004年检测发现该桥主桥箱梁腹板开裂，中间三跨跨中底板横向贯穿开裂，两个次边跨下挠严重，混凝土劣化严重，箱梁顶板开裂渗水；底板纵向预应力管道未见压浆；预应力钢束有腐蚀断丝、滑丝现象，部分钢束锈蚀严重。出现该类问题后梁桥的安全状况堪忧，如何进行评估，需要加以研究。

这些桥梁事故严重影响了交通运输的畅通与安全，桥梁病害及长期运营条件下桥梁性能衰减是重要的原因之一。因此有必要针对在役桥梁，尤其是存在病害的桥梁，分析评价其当前的技术状况，并判定其后续使用期的安全可靠性，以揭示潜在的危险，及时做出维修或拆除的决定，避免重大事故的发生。

大量工程调查表明，在役桥梁往往未达到设计使用期就必须进行维修，维修费用的多少与维修时机的选择有很大关系。国外学者曾经用“五倍定律”形象地描述了钢筋混凝土结构维修时机与维修费用投入之间的关系：发现钢筋轻度锈蚀时采取措施需追加维修费5美元，混凝土表面顺筋开裂时再采取措施将需追加维修费25美元，严重破坏时再采取措施将需追加维修费至少125美元。要避免高额的、不必要的重建或维修费用，建立结构安全性和经济性的合理平衡，对在役桥梁结构进行合理的评估是不可缺少的前提。

由于在役预应力混凝土梁桥在服役过程中存在诸多不确定因素，如荷载的随机性、抗力衰减过程中的不确定性、一些结构参数的不可知性、人为因素的影响、结构损伤状态下的非线性、边界条件的改变等，使得该类桥梁安全评估十分复杂。

目前，在役预应力混凝土梁桥安全评估研究还存在很多不足。例如，在研究对象上，研究者大多选取普通钢筋混凝土桥梁，对在役预应力混凝土梁桥的研究很少；系统地对在役预应力混凝土梁桥结构承载能力和正常使用的时变可靠度的研究更少。此外,常规桥梁荷载试验与新近发展起来的健康监测技术费用不菲,却都很难单独对导致桥梁脆性破坏的潜在、隐蔽的累积损伤进行有效地检测,对桥梁安全状况做出准确的判断。

因此,加强技术投入,开展在役桥梁安全评估方法的理论研究和实践十分必要。这对提升我国在役桥梁结构的评估技术、评估桥梁的实际性能、节省桥梁的加固和维修费用、延长桥梁的使用寿命等均具有重要的现实意义。

1.2 国内外研究概况

在役混凝土梁桥的评估具有以下特点:①在役混凝土梁桥结构的行为、荷载、环境条件等都是不确定的;②评估荷载效应时,必须考虑新的预定使用期是从结构已使用的时间到结构期望寿命的时间,需对这期间的荷载进行预测;③进行桥梁结构分析时,必须考虑结构损伤等实际情况的影响,考虑结构抗力的衰减。

研究桥梁结构服役至某一时刻后,考虑环境和结构抗力随时间衰减等因素的影响,在后续服役期内完成预定功能的能力,属于时变可靠度问题。

1.2.1 承载能力极限状态的时变可靠度评估技术研究

在役预应力混凝土梁桥的承载能力极限状态可靠度需要考虑钢筋截面积、钢筋强度、混凝土强度以及钢筋与混凝土之间的黏结等随时间的变化,此外还需考虑荷载及荷载效应随时间的变化,并根据其继续使用期进行荷载估算。

从已有的研究成果看,在役预应力混凝土梁桥的承载力预测模型主要有以下几种:①考虑钢筋腐蚀后截面积随时间变化的承载力预测模型;②考虑钢筋腐蚀后截面积、强度以及与混凝土之间的黏结性能随时间变化的承载力预测模型;③考虑混凝土强度、钢筋腐蚀后截面积、强度以及与混凝土之间的黏结性能随时间变化的承载力预测模型等。如 Michael(1998)提出,将荷载和抗力看成随时间变化的变量,考虑恒载、活载、活载发生率、钢筋强度损失率、退化开始时间以及抗力相关系数等参数,分析在役钢筋混凝土 T 形简支梁的时变可靠度。刘扬等(2001)根据钢筋面积随时间的变化,建立钢筋整体腐蚀和局部腐蚀两种模型,研究交通状况、钢筋腐蚀速度、活载参数以及恒载参数对一座在役公路钢筋混凝土桥梁服役可靠度的影响。

还有学者通过研究引起钢筋腐蚀的因素,研究结构构件的时变可靠度。如张宇贻、秦权等(2001)根据混凝土中氯离子扩散及其引起的钢筋腐蚀的机理,建立钢筋混凝土构件的蜕化模型,并运用 Monte Carlo 方法计算了腐蚀钢筋混凝土构件在平稳二项活荷载过程和随机恒荷载联合作用下的时变失效概率。王建秀、秦权(2007)基于国内外对氯离子侵蚀和混凝土碳化环境下钢筋腐蚀速率的最新研究成果,建立了混凝土构件在氯离子侵蚀下考虑坑蚀和在混凝土碳化下考虑平均腐蚀的弯曲抗力退化模型。

目前,对于预应力混凝土梁桥的承载能力可靠度的研究还不多。杜斌、赵人达(2009)总结归纳了混凝土结构随时间衰减的 3 种典型抗力概率模型,采用 FORM 方法计算各个跨径 T 梁以及同种跨径梁在不同抗力模型下的承载能力可靠度指标。闫磊、贺拴海(2010)针对承载能力状态下 PC 桥梁构件的评估,借鉴现有耐久性研究成果及相关规程,建立在役预应力混凝土梁桥构件受剪和受弯的抗力概率模型。模型不仅考虑了桥梁结构验算系数、承载能力恶化系数、混凝土截面折减系数、钢筋锈损率、腐蚀钢筋强度降低系数、腐蚀钢筋与混凝土协同工作系数、管道偏差修正系数、混凝土强度修正系数,同时还考虑了抗力参数测试不定性影响的随机变量及抗力计算模式不定性影响的随机变量。建立了基于评估基准期的汽车荷载效应及人群荷载效应的概率模型,给出了构件承载能力可靠度的分级标准,研究并建立了在役预应力混凝土梁桥构件承载能力极限状态可靠度的评估方法。

目前在役预应力混凝土梁桥时变可靠度评估主要集中在承载能力问题的研究上,且主要针对钢筋混凝土梁桥,针对预应力混凝土梁桥时变可靠度系统研究相对较少,需进一步研究既能充分反映在役预应力混凝土梁桥结构特点,又实用可行的可靠度评估方法,特别是实用的时变可靠度分析模型。

法国在预应力技术发展之初,采用预制后张预应力混凝土简支梁、横向预应力装配方式,建成了大量的高架桥。其中一些桥梁由于钢束锈蚀或断裂,预应力损失很大。Bruno Godart(2015)在研究了其病理过程及其各种原因后,基于几个层次的调查和反复计算,提出了评估的难点和评估剩余承载能力的方法。强调通过风险分析帮助业主优化该类桥梁的安全管理。

1.2.2 正常使用极限状态的时变可靠度评估技术研究

正常使用极限状态涉及结构的工作条件和性能,是保证桥梁结构在服役期间正常运营的必要条件。对结构在正常使用极限状态的时变可靠度进行研究是可靠度评估的重要内容。目前,对于结构正常使用极限状态时变可靠度研究尚处于探索阶段,理论方法尚不成熟,统计资料也不充分,但已引起重视。

对于在役钢筋混凝土桥梁,最大裂缝宽度和挠度问题是正常使用极限状态可靠度首要关注的焦点。孙晓燕等(2006)以钢筋混凝土最大裂缝宽度作为构件正常使用状态的分析对象,建立了混凝土构件在正常使用极限状态下的可靠度模型,并根据一座实际桥梁的检测资料进行可靠度计算,研究正常使用极限状态下各因素对钢筋混凝土梁可靠度指标的影响。

对于在役预应力混凝土梁桥而言,在正常使用极限状态下,抗裂性、挠度问题同样应给予重点关注,此外有效预应力也是影响结构可靠度的重要参数之一,因此预应力混凝土结构中有效预应力的测试评估就显得尤为重要。

郭琦、贺拴海(2008)基于截面分析的方法,开展了关键测试截面的有效预应力衰减程度整体化评价方法研究,建立了有效预应力整体衰减评价理论与方法。闫磊、贺拴海(2010)利用自主开发的预应力钢束张力测试仪采集了有效预应力的随机样本,对钢束有效预应力的分布规律和统计参数进行了研究,试验发现,经χ^2检验,有效预应力统计参数K_{EP}服从正态分布,即$K_{EP} \sim N(0.97,0.09)$,以分位值0.75为依据,给出K_{EP}的代表值为0.91。进而针对正常使用极限状态下的服役预应力混凝土桥梁全预应力构件及A类构件,以应力失效准则为依据,利用可靠度方法对主梁正截面上下缘有效应力抗力概率模型、恒载效应概率模型、汽车和人群荷载效应概率模型进行了研究,提出了可靠度评估流程并给出了最低可靠度指标和预应力混凝土梁桥构件正常使用极限状态可靠度的评估方法。

李英华(2012)基于某连续刚构桥将近5年的应变监测数据,利用监测系统涵盖混凝土浇筑、凝固、施工和营运全过程的特点,由监测应变数据直接换算出桥梁内部混凝土当前应力,以混凝土应力和强度作为的桥梁局部可靠度功能函数中的荷载与抵抗力,提出一种局部时变可靠度评估方法,分析评估该桥各监测点的局部时变可靠度。

上述研究中,裂缝、挠度等荷载效应的计算大都是直接套用设计规范中的公式,而抗力效应,即裂缝、挠度、应力等的限值都是直接取用规范规定的允许值,难以充分利用结构自身的信息,也不能很好地描述和处理正常使用极限状态失效准则的不确定性。因此,需要对在役预应力混凝土梁桥的正常使用极限状态可靠度评估方法作进一步的研究和探讨。

1.2.3 疲劳可靠度评估技术研究

疲劳累积损伤理论包含线性累积损伤理论和修正线性累积损伤理论,后者认为构件在各个应力下的疲劳损伤须考虑应力之间的相互作用。对于桥梁结构来说,其所受的交通荷载近似为平稳随机过程,所以可以忽略荷载的加载顺序,一般采用 Miner 准则,不考虑应力之间的相互作用以及低于疲劳极限应力下应力的影响。

César 等(2010)在总结已有研究成果的基础上,建立了预应力钢筋混凝土梁桥的疲劳分析模型,该模型包括了几何尺寸和力学变量的不确定性,考虑了车辆荷载作用、环境温度影响、差异沉降,以及外荷载作用引发裂缝后的非线性行为。他们用 *S-N*(单轴应力-循环次数)曲线和"Palgrem-Miner 损伤假设"定义钢筋和预应力钢束的疲劳强度,其中在定义后张预应力钢束疲劳强度时考虑了磨损影响。进而采用 Weibull 分布描述钢筋及预应力钢束疲劳强度的不确定性,得到了疲劳极限状态函数。最后,对磨损条件下影响后张预应力钢束疲劳强度的变量给出了统计定义。通过 *S-N* 曲线的变化得到破坏状态下 Miner 随机可变损伤的变化,进而提出计算累积分布函数参数的模型。并用上述方法对一座预应力混凝土梁桥进行了疲劳可靠度评估。

赵尚传、赵国藩等(2001)基于材料的 *S-N* 曲线和 Miner 线性累积损伤准则,以结构的极限疲劳循环次数作为随机变量,基于可靠度理论提出了在役结构疲劳寿命的预测方法,分析了多种工况下结构在未来服役期的疲劳可靠度和剩余寿命。朱红兵、余志武(2011)通过对公路桥梁空心板梁、T 梁模型的等幅疲劳试验、变幅疲劳试验及随机加载疲劳试验,研究了混凝土梁应力幅值、加载上限、截面形式、加载方式等对疲劳试验的影响,并基于 Miner 准则和 Corten-Dolan 准则,推导出多级变幅荷载或随机荷载的等效等幅疲劳应力幅值计算公式及用于疲劳验算或疲劳寿命评估的方法。

肖赟(2014)开展预应力混凝土梁超载疲劳刚度退化试验研究,基于截面刚度损伤的预应力混凝土梁疲劳刚度退化分析模型,构建了预应力混凝土梁疲劳挠度的功能函数,并在对各变量进行统计特性分析的基础上,进行了预应力混凝土试验梁疲劳挠度的时变可靠性分析,讨论了疲劳挠度可靠度指标随荷载循环降低的关系。

对于腐蚀环境中的混凝土梁桥,腐蚀作用不仅使钢筋、预应力钢束的有效截面面积减少,而且腐蚀的不均匀性会导致其出现应力集中,对结构疲劳性能带来不利影响。在受腐蚀预应力混凝土构件中的钢筋及预应力钢束的腐蚀是随时间而发生变化的,受腐蚀构件的疲劳寿命与加载次序和时间有关,这些因素使得受腐蚀预应力混凝土构件的疲劳可靠度分析十分复杂。

贡金鑫等(2001)对腐蚀环境下钢筋混凝土受弯构件的疲劳可靠度的分析方法进行了研究,提出了腐蚀疲劳可靠度的计算模式及其相关参数的计算方法。李星新、汪正兴等(2009)

根据试验数据，提出了 S-N 曲线中疲劳强度系数下降的疲劳强度时变模型，并运用极限损伤度法和改进的一次二阶矩法，求解失效概率与疲劳可靠度指标，然后根据选定的目标可靠度指标获得桥梁的剩余寿命，研究认为在桥梁的钢筋腐蚀到一定程度后，钢筋疲劳强度随时间的变化对钢筋混凝土桥梁疲劳时变可靠度指标有明显影响。

虽然关于在役预应力混凝土梁桥疲劳可靠度问题的研究已取得了一些很有价值的成果，但很多研究仍处在初始阶段，存在很多不足。例如，如何对结构进行相应的变幅或随机时间历程加载下的疲劳可靠性分析，一直是理论上和工程上的研究难点。

1.2.4 结构系统可靠度评估技术研究

根据观测和相关试验，结构整体的承载力往往高于各组成构件的承载力，其差异源于结构系统性能，也即系统的可靠度往往优于单个构件的可靠度。美国 AASHTO LRFD 桥梁设计规范考虑了结构的冗余度。根据可靠度理论，冗余度的严格定义是由结构系统提供的较单个构件安全度更高的安全水平。因此，对于在役预应力混凝土梁桥要准确把握其可靠度，需利用系统可靠度方法来评价。

仲伟秋、赵国藩(2003)考虑多种腐蚀因素的作用，研究了各因素联合分布对钢筋混凝土结构系统可靠度的影响。Nowak(2004)研究了各种跨径(12、18、24、30m)的 4 跨等跨钢—混组合梁桥整体结构的可靠性。研究考虑了实际边界条件、现场特殊性和抗力参数，采用非线性有限元分析确定了桥梁的荷载—变形曲线；采用 Monte Carlo 法模拟结构抗力统计参数，计算了每根梁的可靠度指标和系统可靠度指标。在系统可靠度指标分析中，考虑构件之间相关性的两种极端情况，即不相关和全相关，并对相关参数做了敏感度分析，包括混凝土抗压强度、混凝土板的有效宽度、板的有效高度、钢梁的塑性模量、钢材的屈服强度、恒载弯矩、活载弯矩和动载弯矩。分析认为，系统可靠度指标与梁的可靠度指标之比 $\beta_{系统}/\beta_{梁}$ 随着 $\beta_{梁}$ 的增加而降低，当 $\beta_{梁}=1$ 时，两者的比值为 2；当 $\beta_{梁}=6$ 时，两者的比值为 1.3。此外，系统的可靠度指标与构件间的相关系数有关，随着构件相关性的降低，$\beta_{系统}$ 将减少 15% ~30%，如相邻梁之间的间距越大，系统可靠度系数越低，但这需要搜集大量的实测数据验证。

结构系统与组成构件之间的关系可以归纳为串联、并联及串并联混合系统。有学者以这些关系作为研究结构系统可靠性的基本模型。例如，Ferhat Akgül 等(2003)将一座具有代表性的预应力混凝土连续 I 形桥梁作为研究对象，将桥面板与任意相邻两片 I 形梁作为一个串并联系统，进行了系统可靠度研究，并将可靠度指标与结构承载能力检定系数进行对比分析。杨跃新、吕大刚(2007)将混凝土连续梁桥简化为串联系统，对混凝土连续梁桥的系统时变可靠度进行研究，详细分析了构件之间的相关性、构件的时间退化函数以及初始抗力对系统可靠度的影响。

也有学者借助层次分析法研究在役预应力混凝土梁桥结构的系统可靠度。吕钊颖、贺拴海(2005)结合模糊评价理论、层次分析法以及概率可靠度方法，建立了钢筋混凝土梁桥缺损状况模糊可靠性评价模型。通过建立模糊评价集，确定项目层、指标层模糊评价因素集和模糊评价因素权重集，构造概率型判断矩阵，经加权平均值法计算，得到梁桥缺损状况模糊评判得分；以目标可靠度指标和最低可靠度指标为界，将模糊评判得分转换为模糊可靠度指标，实现在役梁桥缺损状况的系统可靠性评价。

在役混凝土梁桥的评估离不开结构分析，随机有限元法可以在一定程度上解决结构各组成构件相互关系及体系效应带来的复杂系统可靠度问题。随机有限元法是在结构有限元模型的基础上，引入随机分析，利用有限元方法的计算能力，构造不确定性变量和结构响应之间的响应面，通过蒙特卡罗法进行结构失效概率、可靠度的模拟。2006 年，赵冬兵等综合混凝土碳化模型、钢筋锈性模型，运用随机有限元方法，对在役钢筋混凝土桥梁设计基准期内的结构失效概率、可靠度进行分析，提出了综合目标可靠度和维修成本效益的桥梁维修需求预测模型。

桥梁是由多种材料、不同构件组合而成的复杂系统，对结构系统进行可靠度评估，所面临难题之一是如何确定结构的系统失效模式。随机有限元法是很好的解决思路之一。此外，虽然结构服役期间受构件尺寸、材料强度以及构件失效模式等多种因素影响，但对于具体结构而言，如连续梁桥，系统失效模式可能得到简化。但总的说来，系统可靠度的求解仍处于探索阶段。

1.2.5 桥梁管理系统的研究应用情况

桥梁管理系统是关于桥梁基本数据、桥梁检测、状态评估、结构退化预测、维护对策和计划以及经济分析的计算机信息系统。目前在投入使用的桥梁管理系统中，有美国的 BRIDGIT 和 PONTIS、日本的 J-BMS、丹麦的 DANBRO、法国的 Edouard、英国的 NATS、挪威的 Brutus 系统等。

以美国为例，美国公路桥梁的管理与运营由美国联邦公路局(FHWA)统一负责，1988 年 FHWA 就开发了国家桥梁档案数据库，即桥梁管理系统(BMS)的雏形，并初步具有辅助决策功能。美国的 BRIDGIT 和 PONTIS 是在上述基础上开发的。BRIDGIT 的目标是"在可供支配的有限资金内，帮助决策者在桥梁管理、维护方面选择最优的解决方案，或确定桥梁维护的未来资金需求"。其主要功能是为交通投资计划、工程规划与设计提供支持。该系统有综合的数据模型，可评估桥梁的状况(包括功能缺陷)，决定资金最优使用政策，确定哪些桥需要最先维护或维修。其数据库采用 FoxPro/Visual FoxPro，既适用于桥梁结构群，也适用于单独的桥梁结构。桥梁检查数据每 2 年更新一次。对于较危险的桥梁，根据情况每 6 ~ 8 个月检查一次。系统记录每座桥的建成及检查录入日期、类型、桥梁维修前后的状况。为预测桥梁未来的状况，BRIDGIT 采用 Markovian 劣化模型，由该模型得到的桥梁未来状况取决于按最优策略形成的转换概率矩阵。采用实际状况模型来考虑概率的动态变化，依据上部结构最不利构件状况预测桥梁的未来承载力。

PONTIS 除具有与 BRIDGIT 相同的功能外，还具有如下一些特点：数据库具有开放式数据库互接性。运用概率条件状态劣化模型等手段，采用健康指数预测桥梁总体状况，桥梁库的未来健康状况则可通过预算的多少来预测。根据构件不破坏的最小费用原则确定优先等级。但 PONTIS 和 BRIDGIT 都还存在问题，如还不能解决单个构件的损伤、劣化与结构体系性能的关系。

目前，美国、加拿大将焦点放在利用统计、可靠度分析，以腐蚀或其他劣化机制对桥梁建立使用年限模型。欧洲各国的焦点大致上以各构件劣化为研究主轴，强调透过更好的质量与施工，延长既有桥梁使用年限。日本已将使用年限与材料的关系导入耐久性设计，对于结构物在生命周期的各阶段作业都给予明确检核规定，强调以符合经济效益及经由系统化的维护管理为前提进行模拟试验,做出桥梁使用年限的回归统计曲线。

IABMAS 桥梁管理委员会 2012 年完成了《现有桥梁管理系统》第二版报告。该报告系统地概述了来自 16 个国家的 21 个桥梁管理系统的特性和功能,这些系统用于管理大约 66.5 万座桥梁。该报告介绍的主要桥梁管理系统如表 1-1。

各国桥梁管理系统　　表 1-1

序号	所在国家	所　有　者	桥梁管理系统			
			管理系统名称	缩写	首版本时间	2012 年管理桥梁数(座)
1	加拿大	安大略省交通运输部标准咨询有限公司	Ontario Bridge Management System	OBMS	2002	2800
2	加拿大	魁北克交通运输部	Quebec Bridge Management System	QBMS	2008	8700
3	加拿大	埃德蒙顿交通运输部	EBMS	EBMS	2006	352
4	加拿大	爱德华王子岛交通运输部	PEI BMS	PEI BMS	2006	800
5	丹麦	丹麦公路管理局	DANBRO Bridge Management System	DANBRO	1975	2250
6	芬兰	芬兰交通运输局	The Finnish Bridge Management System	FBMS	1990	13787
7	德国	德国联邦公路研究所	Bauwerk Management System	GBMS	—	38806
8	爱尔兰	爱尔兰全国公路协会	Eirspan	Eirspan	2001	2900
9	意大利	特伦托自治省	APT-BMS	APTBMS	2004	1024
10	日本	大阪 Kajima 公司和区域规划研究所	BMS@ RPI	RPIBMS	2006	750
11	韩国	韩国陆地、运输和海洋事务部	Korea Road Maintenance Business System	KRMBS	2003	5481
12	拉脱维亚	拉脱维亚国家公路管理局	Lat Brutus	Lat Brutus	2002	934
13	荷兰	荷兰交通运输部	DISK	DISK	1985	4180
14	波兰	波兰铁路线	SMOK	SMOK	1997	7902
15	波兰	波兰地方公路管理局	SZOK	SZOK	2001	0
16	西班牙	西班牙公共工程部	SGP	SGP	2005	23567
17	瑞典	瑞典公路管理局	Bridge and Tunnel Management System	BaTMan	1987	33000
18	瑞士	瑞士联邦公路管理局	KUBA	KUBA	1991	4127
19	美国	阿拉巴马州交通运输部	ABMS	ABMS	1994	9728
20	美国	美国国家公路运输协会	Pontis	Pontis	1992	500000
21	越南	越南交通运输部	Bridgeman	Bridgeman	2001	4239

我国的桥梁管理系统可大致分为两类:第一类是一个桥梁档案数据库,它的功能和结构都很简单,基本上就完成了桥梁数据存档、简单的统计查询等档案管理工作,这类系统是必不可少且使用率最高的一部分,也是实现桥梁管理工作科学化的基础;第二类是在桥梁档案数据库管理的基础上增加评价、优先排序、对策提示等功能模块,但这些功能尚处于研究阶段,这一类系统本身的功能还没有成熟和完善。桥梁管理系统(CBMS)的研究始于1986年,经历了多次版本改进。目前版本的CBMS包含数据管理模块、养护管理模块、报表管理模块、辅助决策模块、系统管理模块,其最强的功能是基于桥梁检测数据和《公路桥梁技术状况评定标准》(JTG/T H21—2011)的构件和全桥技术状况评定,病害趋势分析及辅助决策功能还需不断地迭代进步。

完整的桥梁管理系统至少应具备3个功能模块:数据库模块、仿真分析模块和决策支持模块。其中,数据库模块的主要任务是桥梁信息的存储和管理。数据库模块直接接收桥梁状态监测信息,为仿真分析模块提供初始数据,并直接或间接服务于决策支持模块;仿真分析模块是桥梁或桥梁构件性能退化模型(Deterioration Model)的系统实现,读取数据库模块的相关分析指标的初始数据,建立仿真模型进行未来使用状态预测和维护需求分析,并且为决策分析提供备选方案。决策支持模块将直接面对一般用户,为桥梁管理资金的分配和桥梁管理活动的计划决策提供支持,它将在主管部门整个辖区范围内根据桥梁部分构件的危险程度,以及仿真分析得到的维护需求分析结果进行决策分析,统筹分配有限的资源。本书主要涉及桥梁管理系统中梁桥的仿真分析或构件性能退化研究,可为该部分的完善提供参考。

1.3 小 结

本章调研近年国内外桥梁安全事故、在役预应力混凝土梁桥存在的安全隐患,提出在役预应力混凝土梁桥评估技术研究的必要性。进而调研国内外对预应力混凝土梁桥评估技术的研究现状和存在的不足,为本书的研究方向、研究重点和研究方法的确立奠定了基础。

本书重点是以在役的预应力混凝土梁桥为研究分析对象,研究其安全评估技术。本书采用现场调研、模型试验、数值模拟与时变可靠性理论分析结合的方式,充分把握预应力混凝土梁桥运营期间各项影响因素,着重解决主梁抗力衰减机理、整体失效模式与可靠度等关键问题。为交通管理养护部门准确评估该类桥梁安全状况,把握维护时机,从而节省桥梁的加固和维修费用,延长桥梁的使用寿命提供帮助。

本章参考文献

[1] 王均利. 在役桥梁检测、可靠性分析与寿命预测[M]. 北京: 中国水利水电出版社, 2006.

[2] 交通运输部. 2018年交通运输行业发展统计公报[EB/OL]. http://xxgk.mot.gov.cn.

[3] 张铭,叶忠武,朱红明. 钟祥汉江公路大桥加固处治工程设计施工[J]. 交通科技, 2008(2):37-39.

[4] 王鹏,王福敏,张力. 在役混凝土梁桥时变可靠度评估技术研究综述[J]. 公路交通科技, 2012(6):57-61, 71.

[5] Michael P, Enright Dan M. Frangopol. Service-life prediction of deteriorating concretebridges[J]. Journal of

Structural Engineering, 1998(3): 309-317.
[6] 刘扬, 张建仁. 钢筋混凝土桥梁服役期间的可靠性评价[J]. 中国公路学报, 2001, 14(2): 61-65.
[7] 张宇贻, 秦权. 钢筋混凝土桥梁构件的时变可靠度分析[J]. 清华大学学报, 自然科学版: 2001, 41(12): 65-67.
[8] 王建秀, 秦权. 考虑氯离子侵蚀与混凝土碳化的公路桥梁时变可靠度分析[J]. 工程力学, 2007, 24(7): 86-93.
[9] 杜斌. 既有预应力混凝土梁桥承载能力实桥试验及分析研究[D]. 成都: 西南交通大学, 2009.
[10] Bruno Godart. Pathology, appraisal, repair and management of old prestressed concrete beam and slabbridges [J]. Structure and Infrastructure Engineering, 2015, 501-518.
[11] 闫磊. 服役期砼桥梁加固前后的可靠度研究[D]. 西安: 长安大学, 2010.
[12] 孙晓燕, 黄承逵. 既有钢筋混凝土桥梁正常使用极限状态可靠度分析[J]. 湖南大学学报, 自然科学版, 2006, 33(4): 21-25.
[13] 郭琦. 复杂预应力体系梁式结构有效预应力预测理论与方法研究[D]. 西安: 长安大学, 2010.
[14] 李英华. 基于长期健康监测的连续刚构梁桥的性能分析与演化规律研究[D]. 广州: 华南理工大学, 2012.
[15] César Crespo-Minguillón, Juan R. Casas. Fatigue reliability analysis of prestressed concrete bridges [J]. Journal of Structural Engineering, 1998, 124(12):1458-1466.
[16] 赵尚传, 赵国藩, 贡金鑫. 在役钢筋混凝土结构基于可靠性的疲劳寿命分析[J]. 工程力学, 2002, 19(4): 7-11.
[17] 肖赟. 预应力混凝土梁超载疲劳刚度退化试验研究[D]. 北京:北方交通大学, 2014.
[18] 朱红兵. 公路钢筋混凝土简支梁桥疲劳试验与剩余寿命预测方法研究[D]. 长沙:中南大学, 2011.
[19] 贡金鑫, 赵国藩. 腐蚀环境下钢筋混凝土结构疲劳可靠度的分析方法[J]. 土木工程学报,2001,33(6): 50-56.
[20] 李星新, 汪正兴, 任伟新. 钢筋混凝土桥梁疲劳时变可靠度分析[J]. 中国铁道科学, 2009, 30(2): 49-53.
[21] AASHTO. Guide Specification for Strength Evaluation of Existing Steel and Conerete Bridges, American Association of State Highway and Transportation Officials, Washington D. C. ,2004.
[22] 仲伟秋, 赵国藩. 多种腐蚀因素作用下钢筋混凝土结构的可靠度分析[J]. 土木工程学报, 2003, 36(11): 1-5.
[23] A. S. NOWAK. System reliability models for bridge structures. Bulletin of the Polish Academy of Sciences, Technical Sciences. Vol. 52, No. 4, 2004: 321-328.
[24] Ferhat Akgül, Dan M Frangopol. Rating and reliability of existing bridge in a network [J]. Journal of Bridge Engineering, 2003, (8): 383-393.
[25] 杨跃新. 混凝土连续梁桥的时变可靠度评定与寿命预测[D]. 哈尔滨:哈尔滨工业大学, 2007.
[26] 吕颖钊, 贺拴海. 缺损钢筋混凝土梁桥模糊可靠性评价模型[J]. 交通运输工程学报, 2005, 5(4): 58-62.
[27] 赵冬兵, 范立础. 既有钢筋混凝土桥承载能力退化和维修需求分析[J]. 桥梁建设, 2006 (2): 71-73.
[28] 张健,张日希,丰权章. 在役桥梁多级模糊综合评定与管理系统的建立[J]. 公路交通技术. 2009(2): 61-63.
[29] 安琳. 美国桥梁管理体系概观[J]. 世界桥梁. 2002(2):67-69
[30] 谭金华,吕秀杰,徐俊,等. 欧洲桥梁管理概况[J]. 世界桥梁. 2004(3):52-55
[31] 王俊蒲. 桥梁管理系统的开发应用及存在问题[J]. 交通世界. 2009(13):105-106.

[32] 欧智菁. 简介丹麦桥梁管理系统[J]. 福建建筑高等专科学校学报,2001,3(1):47-49.

[33] 李昌铸. 公路桥梁管理系统(CBMS2000)的开发与应用[J]. 公路交通科技,2003,20(3):84-90.

[34] Dr R J Woodward. Bridge Management Systems: Extended Review of Existing Systemsand Outline framework for a European System[D]. Transport Research Laboratory (TRL). 2001,2.

[35] Patrick Stein Iowa State University-CTRE. Utilization of Handheld Field Testing System for Improvement of Bridge Load Rating Values in Pontis. October 15, 2004.

[36] Zanyar Mirzaei, Bryan T. Adey, Leo Klatter, Jung S. Kong. Overview of Existing Bridge Management Systems[R]. THE IABMAS BRIDGE MANAGEMENT COMMITTEE. 2012.

2 在役预应力混凝土梁桥病害特点

在役梁桥总会存在着不同程度的结构累积损伤,这不但影响桥梁的正常运营,而且会危及结构的使用安全。国内外多座桥梁的突然破坏与倒塌,已使桥梁工程界对桥梁损伤安全评定与维护管理对策这一新课题倍加关注。桥梁在建造和使用过程中,必然会受到环境、有害化学物质的侵蚀,并要承受车辆、风、地震、疲劳、超载、人为因素等外力作用,同时桥梁所采用材料的自身性能也会不断退化,从而导致结构各部分不同程度的损伤。

由于预应力混凝土梁桥的建设时间相对较短,病害暴露虽然还不是十分充分,但该类在役桥梁的病害已渐渐成为桥梁评估维护中的重要问题凸显出来。

从已有的观察和检测情况看,在役预应力混凝土梁桥病害与普通钢筋混凝土梁桥类似,其病害特殊性主要是围绕上部结构梁体预应力钢束产生的。本章重点介绍在役预应力混凝土梁桥的特殊病害。

2.1 在役预应力混凝土梁桥表观病害

2.1.1 预应力混凝土空心板桥典型病害

预应力混凝土空心板桥具有构造简单、建筑高度小、施工方便等特点,是中小跨径桥梁最常用的桥型之一。根据调研,空心板较严重的病害有底板纵向裂缝、横向裂缝、梁板破损、勾缝脱落、桥面破损、铰缝破损、渗水。

装配式空心板桥横向连接一般采用企口缝铰连接,铰缝损坏是此类桥梁较为常见和典型的病害。当个别空心板铰缝内混凝土浇筑质量不高,横向应力超过混凝土强度,加之预制空心板之间的湿接狭缝中连接钢筋不足,填筑混凝土空间太小,既不易填筑密实,又易收缩分离,铰缝内混凝土就会出现分离、脱落、磨碎,导致空心板间铰缝脱空或缝内混凝土失去强度,造成桥面铺装层反射裂缝及局部的纵向沟槽,而雨水沿桥面纵缝侵入,加快了企口缝混凝土的破坏,最后影响到结构的横向受力分布甚至形成单板受力的状态。

作者调研某高速公路,预应力混凝土空心板桥病害情况包括板底纵向裂缝、局部破损、铰缝泛碱、铰缝混凝土脱落。以其中一空心板桥为例,桥梁上部结构为 4 × 20m 的预应力混凝土简支宽幅空心板梁。单幅桥横向由 7 块长 20m、宽 1.5m、高 0.9m 的预应力混凝土空心板组成。下部结构采用柱式桥墩,桩基础;重力式桥台,扩大基础。在桥台处设置圆板式橡胶支座。桥梁断面图如图 2-1 所示。

该桥空心板底共存在 18 条纵向裂缝,总长 242.0m,最大裂缝宽度为 0.16mm。全桥共存在 12 处破损露筋,总面积 0.7m^2;6 处勾缝脱落。以右幅为例,具体病害情况见表 2-1。现场病害典型照片见图 2-2 ~ 图 2-5。

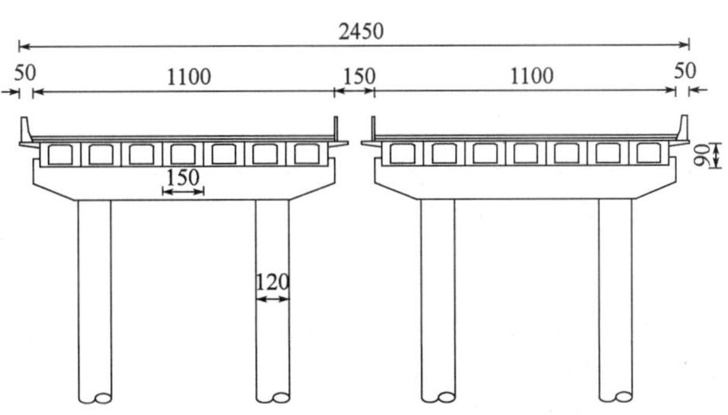

图 2-1 某空心板桥横断面图(尺寸单位:cm)

某空心板桥右幅上部结构病害

表 2-1

序号	位置	病害种类	具体位置
1	第 1 跨	纵向裂缝	6 号板底,距 0 号桥台 0.8m,距左 0.5m,长 7.0m,宽 0.12mm
2		纵向裂缝	6 号板底,距 0 号桥台 1.0m,距右 0.7m,长 16.0m,宽 0.12mm
3		纵向裂缝	5 号板底中部,距 0 号桥台 1.0m,长 15.5m,宽 0.12mm
4		纵向裂缝	4 号板底中部,距 0 号桥台 1.3m,长 15.0m,宽 0.16mm
5		纵向裂缝	2 号板底中部,距 1 号桥台 1.2m,长 15.0m,宽 0.14mm
6		破损露筋	7 号板右侧面,距 0 号桥台 9.5m,距底 0m,破损露筋,面积 0.3m×0.1m
7		脱落	5 号铰缝,距 0 号桥台 6.8m,勾缝脱落,长 2.5m
8		脱落	2 号、3 号铰缝,勾缝通长脱落
9	第 2 跨	纵向裂缝	5 号板底中部,距 1 号墩 3.0m,长 12.0m,宽 0.14mm
10		纵向裂缝	6 号板底中部,距 1 号墩 2.0m,长 15.0m,宽 0.14mm
11		纵向裂缝	7 号板底,距 1 号墩 1.5m,距右 0.45m,长 16.0m,宽 0.12mm
12		脱落	1 号~6 号铰缝,局部勾缝脱落
13	第 3 跨	破损露筋	右翼板所有泄水孔处破损露筋,面积 0.2m×0.2m
14	第 4 跨	破损露筋	右翼板所有泄水孔处破损露筋,面积 0.2m×0.2m
15		破损	1 号板底,距 4 号桥台 0.1m,距右 0m,破损,面积 0.4m×0.1m
16		破损	1 号板底,距 3 号墩 0.1m,距左 0m,破损,面积 0.3m×0.1m
17		纵向裂缝	4 号板底中部,距 3 号墩 3.0m,长 11.0m,宽 0.14mm

图 2-2 板底纵向裂缝

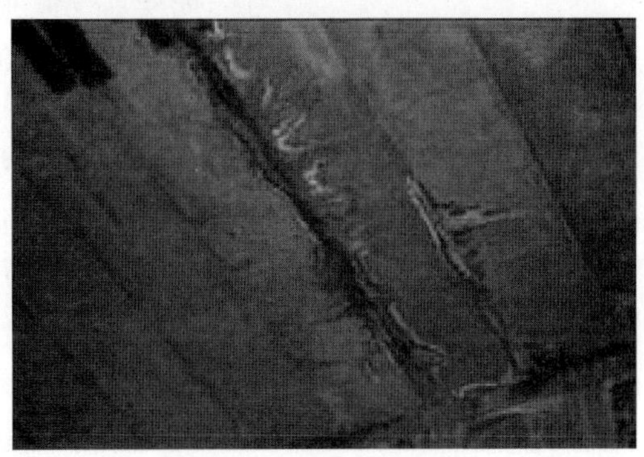

图 2-3 板底铰缝处泛碱

图 2-4　铰缝混凝土脱落

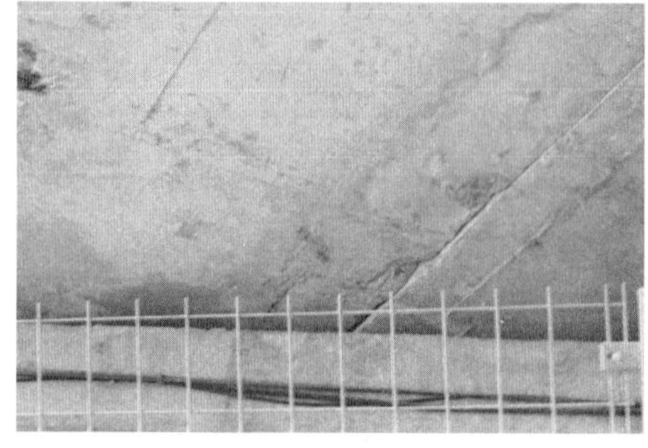
图 2-5　板底局部破损

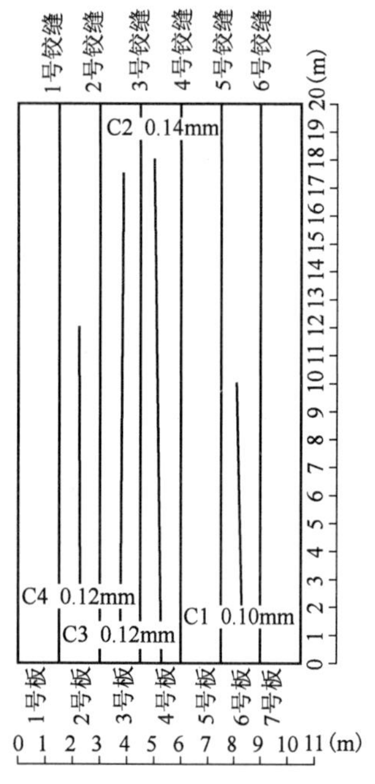

图 2-6　某空心板桥板底纵向裂缝

空心板底纵向裂缝如图 2-6 所示，纵向裂缝一般发生在底板中间位置，有的裂缝已近乎贯通全板，裂缝宽度为 0.1 ~ 0.2mm。

板底纵向裂缝主要是由于空心板内外温差引起的；板底横向裂缝主要是由于预应力不足，超载车辆在板底产生较大拉应力引起的，在所调研的桥梁中较为少见；板间接缝填料脱落主要是由于施工时混凝土密实度不够，在受压和收缩作用下导致脱落。

2.1.2　预应力混凝土 T 梁桥典型病害

预应力混凝土 T 梁桥是中小跨径桥梁中应用最广泛的桥型之一。T 梁桥常见病害主要有梁体裂缝、露筋、混凝土碳化、钢筋腐蚀、接缝渗水、横隔板缺损、支座劣化、混凝土破损、人为破坏等。

对于预应力混凝土 T 梁桥来说，首要的病害表现是裂缝，例如主梁腹板竖向裂缝，主梁与端横隔板结合部位竖向裂缝，翼板裂缝，横隔板竖向、斜向裂缝等。裂缝的产生，可能导致跨中部位下挠变形增加，裂缝宽度若超过规范要求，将加剧钢筋甚至预应力钢束的腐蚀，降低结构的承载能力和使用寿命。

1）横隔板裂缝及损伤

T 梁横隔板上出现竖向、斜向裂缝，裂缝位于横隔板中间、$L/4$ 处（L 为跨径）或横隔板与腹板连接根部。其产生的原因很多，例如，支座脱空或不均匀变形导致 T 梁受弯扭联合作用，加大了横隔板的受力，引起横隔板竖向开裂。预应力混凝土 T 梁上拱使得跨中横隔板在马蹄位置沿横桥向的水平方向的拉应力过大，造成该处拉应力超标而导致横隔板开裂。横隔板裂缝削弱了桥梁的横向联系，降低了横隔板的耐久性。

横隔板设置横向连接钢板，T 梁易出现钢板腐蚀、焊缝开裂、脱开及外包混凝土或砂浆脱落等病害。当 T 梁承受剪力时，横向连接钢板没有足够的抗剪强度，无法限制横隔板间的相对位移,横隔板间产生错台,T 梁之间横向联系明显减弱甚至失效。

2)翼板裂缝

调研某高速公路 T 梁桥,发现该桥多数翼缘板开裂,共存在 190 条纵向裂缝,总长 1409.6m,最大宽度 0.50mm;左幅第 4 跨,右幅第 1、3、5 跨翼缘板共存在 11 条斜向裂缝,总长 33.6m,最大宽度 0.24mm(图 2-7)。

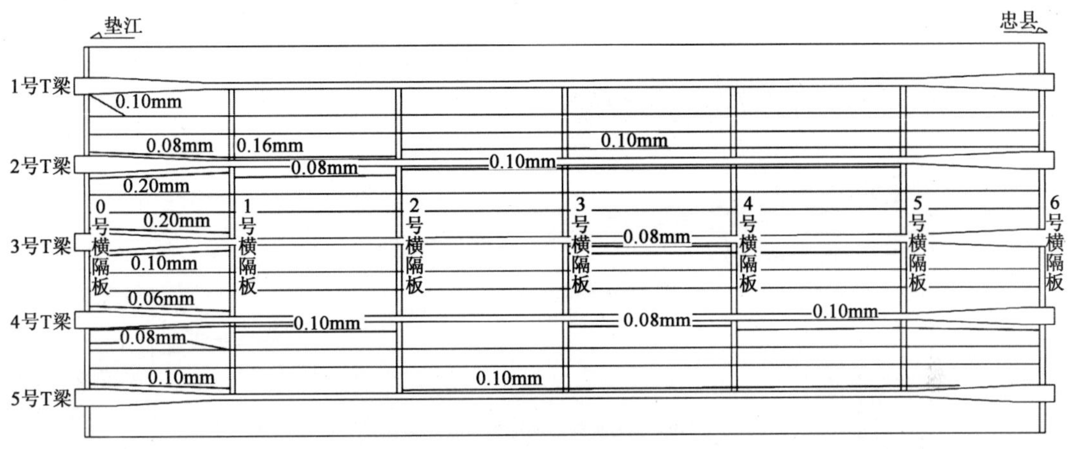

图 2-7 T 梁翼板纵向及斜向裂缝

病害成因:①T 梁预制脱模过程操作不规范;②支座脱空或不均匀变形导致 T 梁受弯扭联合作用;③施工中施工程序、运输、架设不当。例如,翼缘板面上与腹部交接部位的裂缝:由于梁体翼缘板底模拆除太早,致使翼缘板过早悬挑而在其根部开裂。

3)梁体裂缝

T 梁底面处 U 形缝、L 形裂缝和腹板侧面竖向裂缝,均属弯曲裂缝。T 梁上因底面横向裂缝向上延伸而形成 U 形或 L 形裂缝,这是由于 T 梁受弯,底面混凝土承受的拉应力超过混凝土的抗拉强度。这种裂缝是底面裂缝中宽度最大的,随着裂缝往上延伸,裂缝宽度逐渐减小,渐渐消失。调研某公路 T 梁桥腹板裂缝如图 2-8 所示。

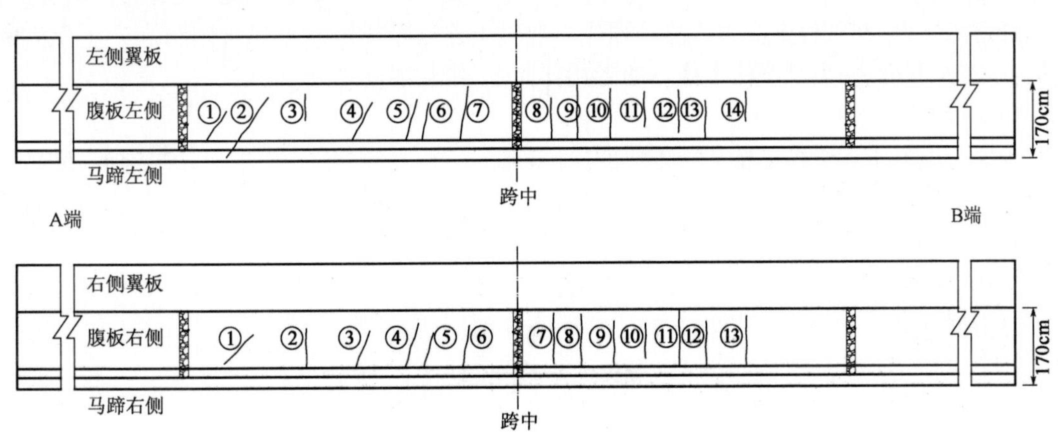

图 2-8 T 梁腹板竖向裂缝

T梁腹板侧面的竖向裂缝。该种裂缝是由于混凝土收缩、温差作用产生的非结构性裂缝,在整个腹板上呈现规律性裂缝。这种裂缝往往在混凝土腹板上产生,它的形式一般为上下贯通的裂缝,由于收缩是均匀的,在整个腹板上呈现出有规律性的裂缝,一般为1.8~2.2m一道。由于T梁下缘配筋量大,因此一般在梁的下端裂缝较窄,上端逐渐延伸到受压区而消失。

T梁底部和马蹄侧面纵向裂缝。该种裂缝是因施工不当引起,如分层灌筑时,间隔的时间太长;或由于预应力钢束保护层厚度局部偏低等施工因素,荷载的反复作用加剧了裂缝的发展。例如,某高速公路T梁桥,第1跨右幅5号T梁底部存在2条纵向裂缝,总长度19.0m,最大宽度0.24mm。腹板及马蹄处存在2条纵向裂缝,总长度4.6m,最大宽度0.24mm(图2-9)。

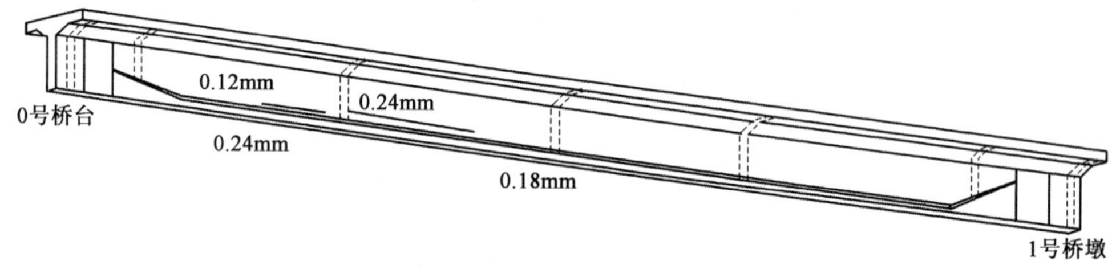

图2-9 T梁底部和马蹄侧面纵向裂缝

T梁扭转裂缝。由于横隔板设置的间距过大或者缺失,在外荷载作用下,会使T梁承受额外的扭矩,当扭矩超出梁体承受范围时,就会产生斜向的贯穿裂缝。此类裂缝一旦产生,后果十分严重。例如,某高速公路上一座跨径13m的预应力混凝土简支T梁桥由于未设置横隔板,导致梁体严重开裂,最后不得不拆除重建。

张拉锚具的锚下纵向裂缝,长度一般不超过梁高,主要为锚下局部应力集中产生的劈裂拉力所致;沿预应力钢束的纵向裂缝,主要为预应力钢束保护层过薄,钢束处局部应力过大产生劈裂或是混凝土保护层碳化后预应力筋腐蚀所致。

2.1.3 预应力混凝土连续箱梁桥典型病害

预应力混凝土连续箱梁桥具有整体性能好、刚度大、变形小、抗震性能好、桥面伸缩缝少、行车舒适等优点,在工程中应用广泛。预应力混凝土连续箱梁桥常见病害归结起来主要为两大类:一类是裂缝,一类是梁体下挠。两者相伴而生,相互耦合。

1)裂缝

预应力混凝土连续箱梁桥裂缝生成的原因涉及设计、计算、施工工艺、养护、管理、材料性质、气候环境等各个方面,要细致全面地分析每一个因素对箱梁桥裂缝的影响程度是极其困难的,因此从裂缝产生的部位对裂缝进行划分,是一种直接、有效的方法。

交通运输部公路科学研究院曾经对全国公路系统主要梁体开裂跨跨度大于60m的近180座预应力混凝土箱梁桥作了裂缝调查与统计,统计结果见表2-2。

箱梁桥裂缝发生情况 表2-2

裂缝部位	腹板	顶板	底板	横隔板	齿板
发生相应裂缝的桥梁数量占比(%)	86.4	90.9	54.5	86.4	36.4

对箱梁不同位置的不同裂缝形态进行整理统计，裂缝主要有5种，如表2-3所示。

箱梁桥主要裂缝位置及形态 表2-3

裂缝性质	裂缝位置	裂缝形态
斜裂缝	$L/4$跨及梁端附近腹板中部	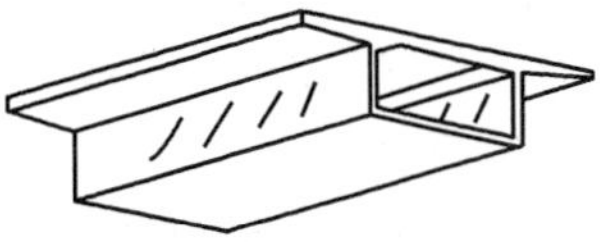
纵向裂缝	顶板中部、折角附近；跨中底板、腹板、沿预应力管道裂缝	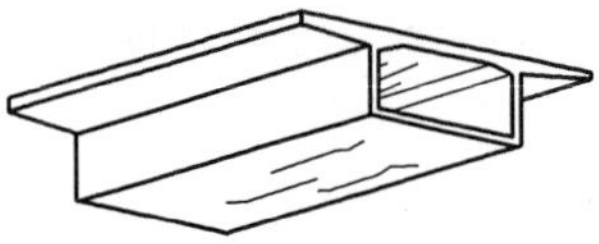
横向裂缝	位于跨中附近底板并贯通腹板	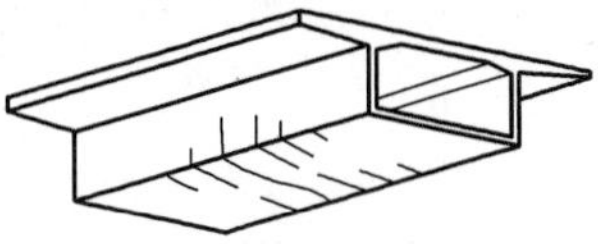
	桥墩部位顶板并贯通腹板	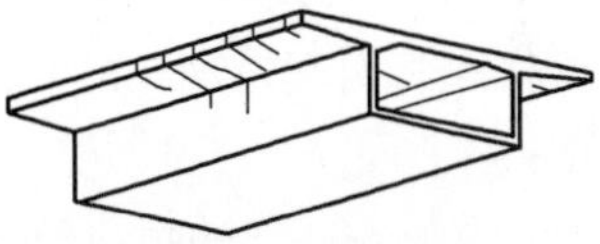
螺旋裂缝	$L/4 \sim 3L/4$跨区域贯通底板及腹板	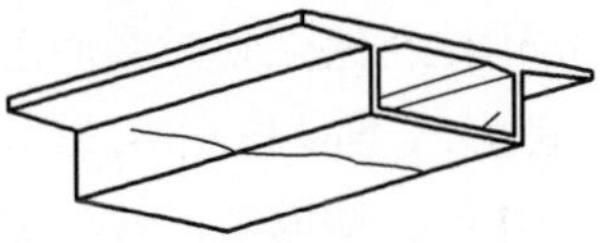
局部裂缝	预应力束锚固位置，横隔板，梁端，齿板与顶、底板、腹板交界处，齿板侧面及前端裂缝、锚下发散裂缝	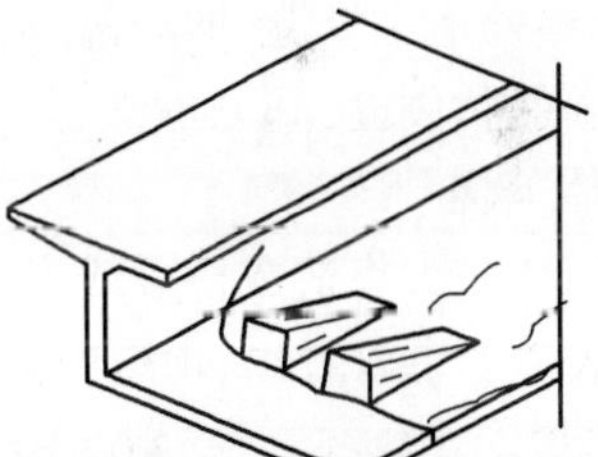

(1)斜裂缝

斜裂缝属结构性裂缝，即剪切裂缝，主要分布于距支座$L/4$(L为跨径)附近的腹板、边跨梁端腹板区域，其方向主要由梁体下部开始，与梁轴线呈25°～50°斜方向展开，主要有弯剪斜裂缝和腹剪斜裂缝两种。出现这种裂缝主要是由于箱梁支座附近剪应力过大、腹板抗剪性能不足以及主拉应力方向抗裂安全储备考虑不充分等因素造成。例如，支座附近剪力过大，腹板厚度偏薄抗剪能力不足；在梁高较低的边跨不采用梁端布设弯起束的方式抗剪，而是过分依赖纵向和竖向预应力来控制主拉应力，往往由于竖向预应力钢筋较短、竖向预应力损失过大造成边跨腹板大量斜裂缝。

(2)纵向裂缝

梁底沿纵向预应力的贯通裂缝，即纵向裂缝主要沿纵向预应力方向分布，主要原因是三向应力状态下，由于泊松比效应，纵向预应力将对箱梁底板横向受力产生一定的拉力作用，预应力筋施工时其管道偏位也会产生纵向裂缝。箱梁顶板也可能产生纵向裂缝。腹板纵向裂缝(水平裂缝)主要发生在边跨支座附近和中跨 $L/4 \sim 3L/8$ 之间。

形成纵向裂缝的主要原因有:腹板间距较大,箱梁顶板在结构自重、汽车活载的综合作用下,将使顶板受力产生一定的横向弯曲拉应力;箱梁内外温度变化不同,由于内外温差,封闭箱将产生一定的横向弯曲拉应力;过大的纵向预应力,会造成较大的横向拉应力;竖向或横向预应力不足。

(3)横向裂缝

在箱梁正、负峰值附近,如桥墩处顶板或跨中底板会出现横向裂缝,即弯曲裂缝。由于弯曲正应力引起的顶、底板弯曲裂缝一般会贯穿底板全宽,严重时裂缝扩展延伸到腹板,形成U形裂缝。横向裂缝属结构性裂缝。出现该类裂缝的主要原因是:预应力设计不合理或预应力筋张拉不到位、预应力筋锈蚀等导致有效预应力不足,或运营中超重车辆过多,弯矩最大截面出现超过混凝土抗拉强度的应力。

(4)螺旋裂缝

螺旋裂缝一般位于 $L/4 \sim 3L/4$ 跨区域,贯通底板及腹板,即扭转裂缝。箱梁一般为单箱单室设计,悬臂尺寸较大,当桥面荷载偏离桥梁轴线时,梁体将承受扭矩作用。当设计强度不足或超载时,扭矩作用将引起螺旋式的斜向裂缝,裂缝与梁轴的夹角大约为45°,形成空间螺旋形态。

(5)局部裂缝

混凝土结构受到局部的拉、压或应力集中作用而产生的裂缝,包括梁体支座处受到的较大的局部压力、构件突然受到局部冲击、构件角隅处受到较大局部应力而引起的裂缝。这些裂缝随局部应力的形式不同而各异,没有固定的规律性。箱梁梁端、齿板预应力束锚固位置、横隔板都为高应力区,设计或施工处理不当,往往在梁端,齿板与顶、底板、腹板交界处,齿板侧面及前端,横隔板处产生裂缝,即局部应力裂缝。横隔板裂缝主要表现为板上的竖向、横向裂缝,人孔四周的辐射状裂缝,部分桥梁有一些斜向裂缝和无规律的干缩裂缝。

2)梁体下挠

梁体下挠过大将造成桥梁线形的不平顺,同时也将引起梁体的开裂,进而影响到桥梁结构性能。从表2-4可以看出,预应力混凝土箱梁桥梁体下挠是目前普遍存在的问题。

预应力混凝土连续箱梁桥梁体下挠统计表 表2-4

桥梁名称	国家	桥型	跨径布置(m)	下挠(cm)
Koro-Babeldaob 桥	帕劳	跨中带铰刚构	72+241+72	120
Kingston 桥	英国	跨中带铰刚构	62.5+143+62.5	30
Parrotts Ferry 桥	美国	跨中带铰刚构	99+195+99	63.5
Puttesund 桥	挪威	跨中设铰刚构	主跨138	45
Stolma 桥	挪威	连续刚构	94+301+72	9.2
Stovset 桥	挪威	连续刚构	100+220+100	20
Grand-Mere 桥	加拿大	连续梁	181×4	30
虎门大桥辅航道桥	中国	连续刚构	150+270+150	26
黄石长江公路大桥	中国	连续刚构	162.5+3×245+162.5	30.5
三门峡黄河公路大桥	中国	连续刚构	105+4×140+105	22
东明黄河大桥	中国	连续刚构组合	75+7×120+75	14.6

续上表

桥梁名称	国 家	桥 型	跨径布置(m)	下挠(cm)
重庆黄花园大桥	中国	连续刚构	137.16 +3 ×250 +137.16	7.4
锦江大桥	中国	带挂梁 T 构	52.5 +80 +37.5	18.4
广东丫髻沙大桥副桥	中国	连续刚构	86 +160 +86	23
广东南海金沙大桥	中国	连续刚构	66 +120 +66	22
大河铺大桥	中国	连续刚构	100 +150 +100	25.6
谢叠大桥	中国	带挂梁 T 构	68 +68	17
江津长江大桥	中国	连续刚构	140 +240 +140	31.7
台湾圆山大桥	中国	带铰刚构	75 +150 +2 ×142.5 +118 +43	63
风陵渡黄河大桥	中国	连续刚构	87 +7 ×114 +87	29
巴阳 2 号大桥	中国	连续刚构	100 +180 +100	7.11
巴阳 1 号大桥	中国	连续刚构	68 +120 +68	4.1
姚家坡大桥	中国	连续刚构	78 +140 +78	3.3

表 2-5 列举了各种跨径预应力混凝土箱梁桥挠度实测对比情况。

预应力混凝土箱梁桥挠度情况统计 表 2-5

跨径(m)	相对测量时间(a)	挠度(cm)	挠度年平均变化率(cm/a)
65	5	10	2
80	8	10.2	1.3
120	10	14.5	1.45
120	6	22	3.7
150	5	25.6	5.1
160	10	16	1.6
180	3	6	2
181.4	10	30	3.33
220	8	20	2.5
240	2.6	5.6	2.15
245	7	30.5	4.36
270	7	22.2	3.17
301	3	9.2	3.07

预应力混凝土箱梁桥下挠有如下特点:跨径与挠度的比值随着跨径的增大而增加;挠度年平均变化率如表 2-5 所示,由此表可以看出挠度的变化是逐渐递增的,挠度年平均变化率大部分在 2 ~4cm/a 之间,但是年平均变化率和跨径并没有明显的关系,见图 2-10、图 2-11。14 座桥的挠度年平均变化率为 2.78cm/a,结构的长期挠度远大于设计计算的预计值;CEB(原国际结构混凝土协会)调查了 27 座跨度在 53 ~195m 的预应力混凝土桥梁的变形,调查表明,有些桥梁在建造完成 8 ~10 年后挠度仍有明显增长趋势。

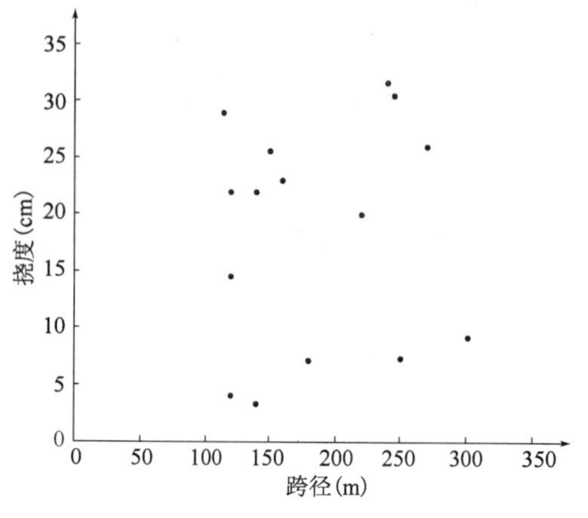

图 2-10 预应力混凝土梁桥挠度统计

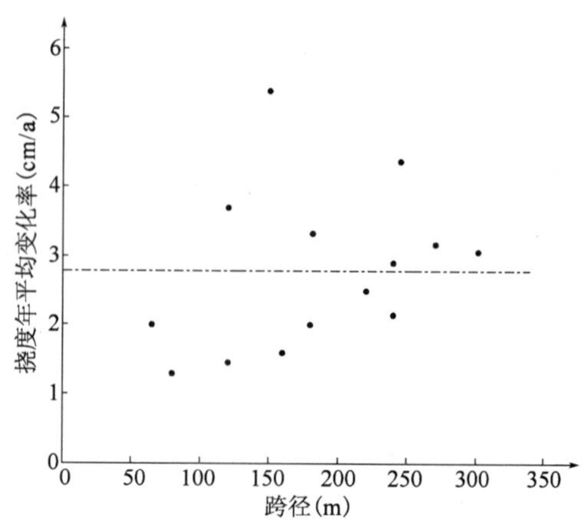

图 2-11 预应力混凝土梁桥挠度年平均变化率统计

3)调研实例

某大桥建成于1997年,主桥为140m+240m+140m预应力混凝土连续刚构,梁宽22m。立面图见图2-12。

大桥甲岸边跨端部横隔板发现裂缝,较宽横向裂缝有6~7条,最宽0.6mm(最长一条横向贯通横隔板),最深121mm,竖向裂缝有3~4条。裂缝示意见图2-13。

图 2-12 某大桥立面图

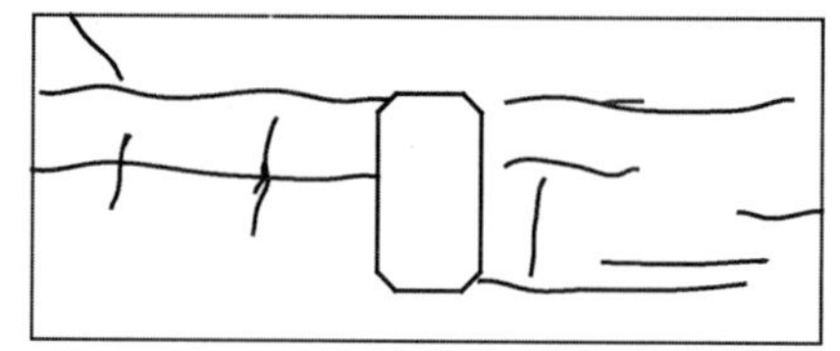

图 2-13 甲岸端横隔板裂缝示意图

甲岸边跨0~10m段顶板上游侧横向裂缝有3条,最长一条4.3m,自腹板延伸至顶板中部(腹板部分长30cm),深96mm,宽0.5mm,其余两条宽0.4mm左右,最深分别为76mm、73mm,下游侧发现2条顶板横向裂缝,见图2-14。端部顶板上发现保护层偏薄、露筋现象,外露的钢筋已发生锈蚀。

甲岸箱梁根部顶板靠近腹板处发现纵向裂缝2条,分别长1.5m、0.8m,最宽0.4mm。中跨甲岸箱梁根部顶板倒角处发现一条2m长裂缝,宽0.2~0.5mm,根部附近腹板有工作缝漏浆现象。

主跨跨中合龙段顶板共发现22条纵向细裂缝,基本呈贯穿合龙段的趋势,裂缝越靠近跨中分布越密,最长一条裂缝长4m,最宽0.2mm,测量了三条裂缝的深度,分别为74mm、32mm、34mm。甲岸相邻段顶板出现3条纵纹,乙岸5条,均在跨中附近。裂缝示意见图2-15。

跨中段上、下游腹板均出现多条斜裂缝,裂缝具有以下特征:角度多在30°~60°之间,多数自锚固块或其上一定距离处开始发展,最长贯通到顶板,少数裂缝有渗漏痕迹,说明可能已贯穿腹板,见图2-16、图2-17。

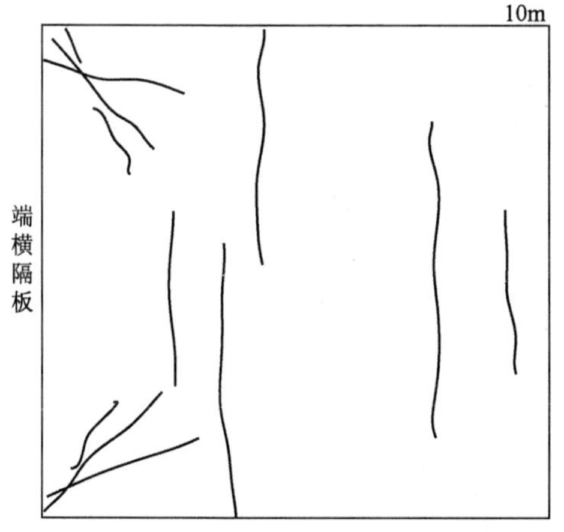

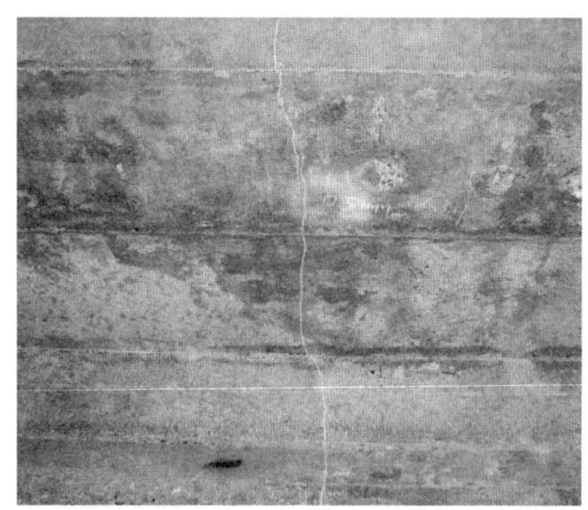

图 2-14 甲岸 0 ~ 10m 段箱梁顶板裂缝分布

跨中段在腹板与底板交界处，上、下游各有一条纵向裂缝，上游自 114.6m 处始，至 122m 处止，长 7.4m，最宽约 3mm；下游自 114m 处始，至 121m 处止，长 7m，最宽约 3mm。跨中 3m 范围内的箱梁底面和侧面，发现底面较长的横向裂缝 3 条，呈贯通底板的趋势，宽度分别为 0.14mm、0.3mm、0.3mm；主要纵向裂缝 8 条，最长 2m 左右，最宽 0.6mm。裂缝分布见图 2-18。

在整个主桥范围内，发现顶板距腹板 30 ~ 100cm 范围内纵向裂缝多条，其在纵桥向的分布没有规则。部分裂缝有渗漏痕迹，见图 2-19。

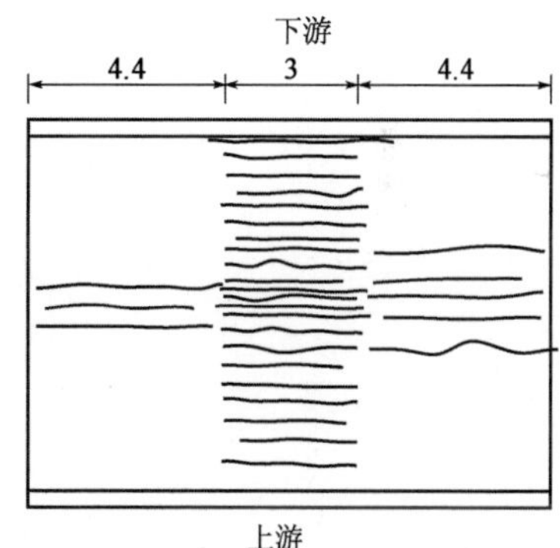

图 2-15 主跨跨中合龙段及相邻块顶板裂缝示意图（尺寸单位：m）

裂缝编号	1	2	3	4	5	6	7	8	9	10	11	12	13	14
长度(m)	3.6	1.9	6.8	2.8	2.4	2.7	1.9	2.6	2.7	3	3.5	6.5	3.4	8.0
宽度(mm)	0.6	0.4	0.2	0.6	0.2	0.3	0.4	0.5	1	0.7	0.5	0.4	0.36	0.2
深度(mm)	63							122						

图 2-16 上游侧跨中段腹板斜裂缝分布示意图

裂缝编号	1	2	3	4	5	6	7	8	9	10	11	12	13	14	15	16	17	18
长度(m)	1.8	1.4	1.8	2.3	1.3	3	2.4	2.3	2.8	0.9	3	2.8	2.7	9	3.5	6	3	1.3
宽度(mm)	0.4	0.2	0.2	0.1	0.16	0.1	0.4	0.2	0.4	0.3	0.6	0.3	0.3	0.5	0.3	1	0.4	0.2
深度(mm)	63		59						123									

图 2-17 下游侧跨中段腹板斜裂缝分布示意图

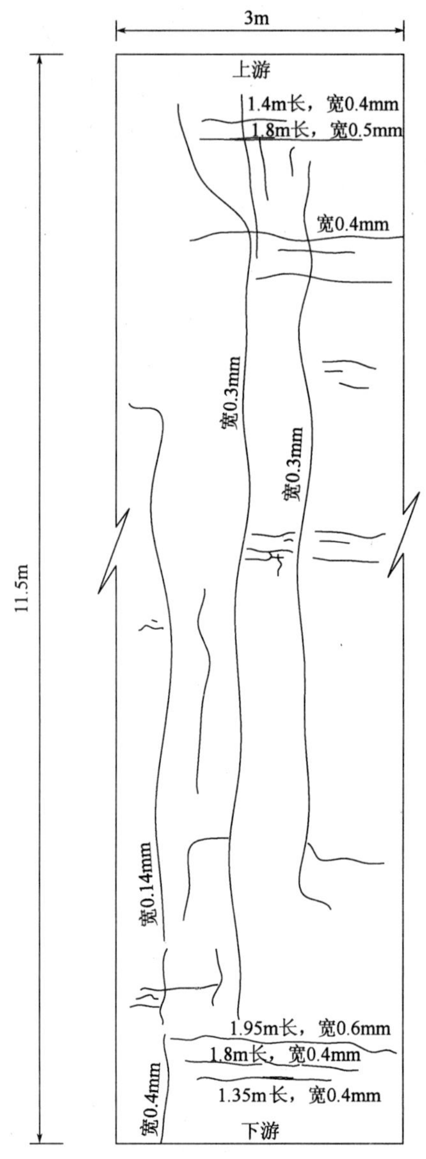

图2-18　主跨跨中段3m范围内底面裂缝分布示意图

箱梁的漏水情况检查：由于该桥未设防水层，施工完成后顶板的孔洞没有采取封堵措施，造成本桥箱梁顶板漏水情况较为严重，初步统计，全桥顶板较为严重的渗水、漏水孔洞共147个，其中甲岸边跨12个，中跨75个，乙岸边跨60个。图2-20为顶板漏水孔之一。箱梁根部、主跨跨中段漏水尤为严重。预应力灌浆管检查发现：全桥箱梁底板上共有3处压浆管漏浆现象。

为了解主桥箱梁下挠情况，对整个主桥桥面线形进行了观测，观测位置为大桥上游侧左车道边沿处高程。跨中高程历年观测数据见表2-6。从表中可以看出，主跨跨中挠度每年都在增加，从2000年4月至2006年3月这6年时间里，跨中挠度增加了12cm。2005年7月至2006年3月这8个月时间里，跨中挠度仍然增加了5cm。桥面实测线形与设计线形如图2-21所示。

图 2-19　距腹板 30 ~ 100cm 的顶板纵向裂缝

图 2-20　顶板漏水孔之一

跨中高程历年观测数据　　表 2-6

时　　间	气温(℃)	观　测　值	竣　工　高　程	下挠值(m)	相对前一年降低值(cm)
2000.4.13	13	223.99	224.19	0.20	
2001.7.1	32	223.98		0.21	1
2002.7.5	26	223.96		0.23	2
2003.7.4	30	223.94		0.25	2
2004.8.14	30	223.93		0.26	1
2005.7.11	29	223.92		0.27	1
2006.3.17	15	223.87		0.32	5

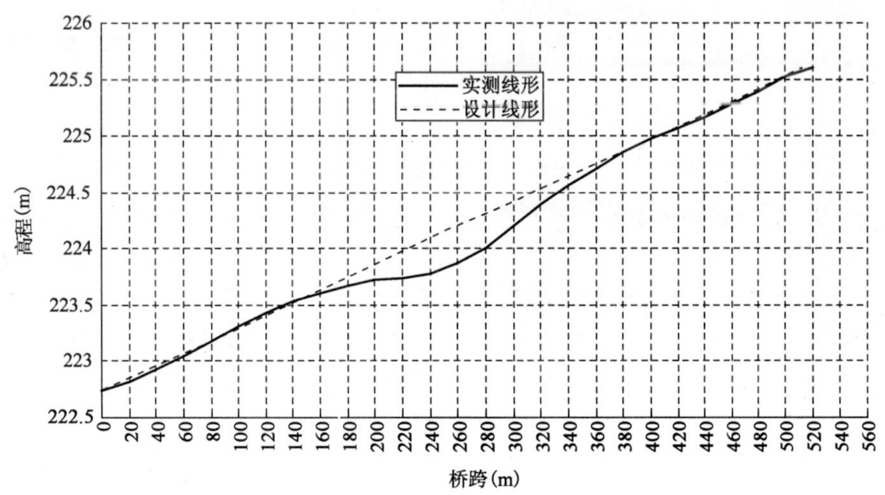

图 2-21　桥面实测线形与设计线形

从主桥线形实测数据看，甲岸边跨箱梁最大下挠 3.24cm(40m 处)，整个主跨范围内箱梁都有下挠，越靠近跨中下挠越严重，跨中最大下挠31.7cm。乙岸边跨最大下挠 3.96cm(440m 处)。

2.1.4 预应力混凝土梁桥共同病害

由于预应力混凝土梁桥建成时间一般在10～20年,作者在调研中发现在役预应力混凝土梁桥混凝土劣化情况较少,混凝土缺损主要表现为蜂窝、麻面、露筋、空洞、磨损、剥落、缺棱掉角、混凝土保护层厚度不足等,详见表2-7。

混凝土梁桥混凝土缺损 表2-7

缺陷名称	产生原因	常见发生部位
蜂窝	1. 施工不当所致。混凝土浇筑中缺乏应有的振捣;分层浇筑时违反规程,运输时混凝土产生离析;模板缝隙不严,水泥浆流失等; 2. 设计不合理,如配筋间距偏大,且施工时采用的混凝土粗集料粒径较大,坍落度过小	结构各部均可发生
露筋	施工质量不好,如浇筑时钢筋保护层垫块位移,钢筋紧贴模板;保护层处混凝土漏振或振捣不实	结构各部均可发生
麻面	施工时采用模板表面不光滑,模板湿润度不够,致使构件表面混凝土内水分被吸去	结构各部均可发生
空洞	结构上钢筋布置不光滑,施工时混凝土被卡住,又未充分振捣就继续浇筑上层混凝土,此外,严重漏浆亦能产生空洞	结构各部均可发生
保护层厚度不足	由于施工不当造成	结构各部均可发生
表面受撞击成块脱落	外界作用,如车辆撞击、船舶或其他坚硬物体的撞击	桥面、栏杆、桥墩、主梁

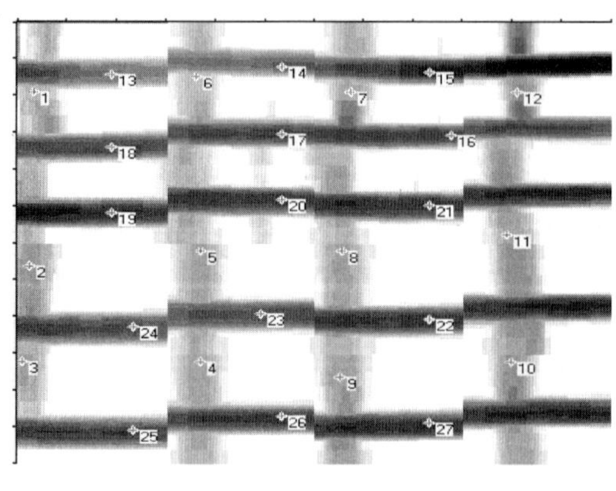

图2-22 测区1钢筋分布

造成这些病害的原因有施工不当、材质不良和使用过程中的自然原因和其他人为因素等。结构缺陷受各种外界因素的影响,加上长年累月地发生变化,往往会扩大,有时会向构件内部发展,造成构件强度降低,危及安全使用,甚至缩短桥梁结构的使用寿命。

作者调研中测试了多座桥,部分桥梁空心板存在箍筋保护层厚度不足的问题。例如,对某桥空心板钢筋保护层厚度进行检测,测区选取在第1跨主梁板底。钢筋实测分布如图2-22所示。测区钢筋保护层厚度测试结果见表2-8。

钢筋保护层厚度测试结果汇总表 表2-8

测区位置	测区项目	钢筋种类	实测值(mm)	设计值(mm)	评定结果
板底面	保护层厚度	纵向主筋	26～59	50	满足
		横向箍筋	18～27	45	偏薄

从测试结果可见,测区纵向主筋满足要求,横向箍筋保护层厚度偏薄。这是一些梁桥普遍存在的问题。

2.2 在役预应力混凝土梁桥内在病害

预应力混凝土梁桥的特殊之处在于施加了“预应力”。在腐蚀环境下,先张法预应力混凝土梁、后张法预应力混凝土梁保护层体系对预应力钢束的腐蚀能起到延缓作用,腐蚀介质穿过保护层体系到达预应力钢束表面只是一个时间问题。从后续第 3 章研究可见,理想情况下,对于保护层厚度较薄的先张法预应力混凝土板梁,由于碳化作用导致预应力钢束腐蚀的开始时间是 65 年左右,后张法预应力混凝土梁时间更长,可能超过其设计使用寿命。为何会有钢束腐蚀发生,后张法预应力混凝土桥梁预应力施工中灌浆不饱满就是加速预应力钢束的腐蚀原因之一,导致预应力钢束力学性能逐步退化,对桥梁性能造成不利影响。实例如表 2-9 所示。

梁桥预应力钢束腐蚀实例　　表 2-9

桥　名	所在国家	桥　型	病害或事故简况	病害或事故原因
Yuys-y-Gwas 桥	英国	预应力混凝土梁桥	倒塌	预应力钢束腐蚀
帕劳 Koror-Babeldaob 桥	帕劳	带铰预应力混凝土刚构桥	倒塌	预应力钢束腐蚀
百孔大桥	中国	预应力混凝土简支梁桥	第 40 孔后的预应力混凝土梁在泄水孔下混凝土有局部裂损、膨胀、掉块;第 52 孔曲线内梁的腹板箍筋和一束预应力钢束锈断	预应力钢束腐蚀
辽宁盘锦田庄台大桥	中国	带挂孔预应力混凝土刚构桥	第 9 孔悬臂端预应力结构瞬间脆性断裂,致使桥板坍塌	内部预应力严重受损、超载
洛阳黄河公路大桥	中国	预应力混凝土梁桥	桥面铺装层局部出现网裂,松散、坑槽等病害;有露筋现象,预应力钢束出现腐蚀;梁体下挠,普遍出现细微裂缝	多年使用,梁体钢筋保护层厚度不足
石河桥	中国	先简支变连续预应力混凝土梁桥	梁体下挠 0 ~ 5cm,严重处裂缝宽度为 0.42mm,其余普遍为 0.25mm。混凝土剥落,预应力钢束腐蚀	
某高速公路桥	—	预应力混凝土空心板,桥面简易连续	桥面沥青铺装层局部出现网裂,松散、坑槽等病害,少部分混凝土空心板钢筋保护层厚度不足,有露筋现象,预应力钢束出现腐蚀,梁体下挠	
Neckar 河公路桥	德国	预应力混凝土箱梁桥	钢筋腐蚀,混凝土剥落,几片梁预应力钢束发生应力腐蚀断裂破坏	采用开放式排水设施,冬天融冰盐水从上部结构直接沿着腹板流下来,在混凝土保护层和预应力钢束区域堆积了大量的溶解盐分

续上表

桥名	所在国家	桥型	病害或事故简况	病害或事故原因
Sunshine Skyway 桥	美国	预应力混凝土箱梁桥	预应力钢束管道存在注浆孔洞、封锚处混凝土渗水以及部分聚乙烯管道破裂，预应力钢束腐蚀	侵蚀性海洋环境；没有提供细致的预应力钢束防腐设计；施工单位没有施工后张预应力结构的经验
某桥	中国	后张法预应力混凝土预制梁桥	每片梁都有几束预应力束在混凝土开裂处断裂	混凝土保护层设置小木块，与管道相连。波纹管在与木块接触的一侧严重腐蚀，对应处的预应力钢束呈现严重腐蚀。氯离子（融冰盐）含量较高
钟祥汉江大桥	中国	预应力混凝土连续刚构桥	大桥主桥箱梁腹板开裂，中间三跨跨中底板横向贯穿开裂；两个次边跨下挠严重；混凝土劣化严重；箱梁顶板开裂渗水；底板纵向预应力管道未见压浆；预应力钢束有腐蚀断丝、滑丝现象，部分钢束锈蚀严重。拆除重建	压浆不饱满，预应力钢束腐蚀

预应力钢束腐蚀还有很多影响因素，如图2-23所示。

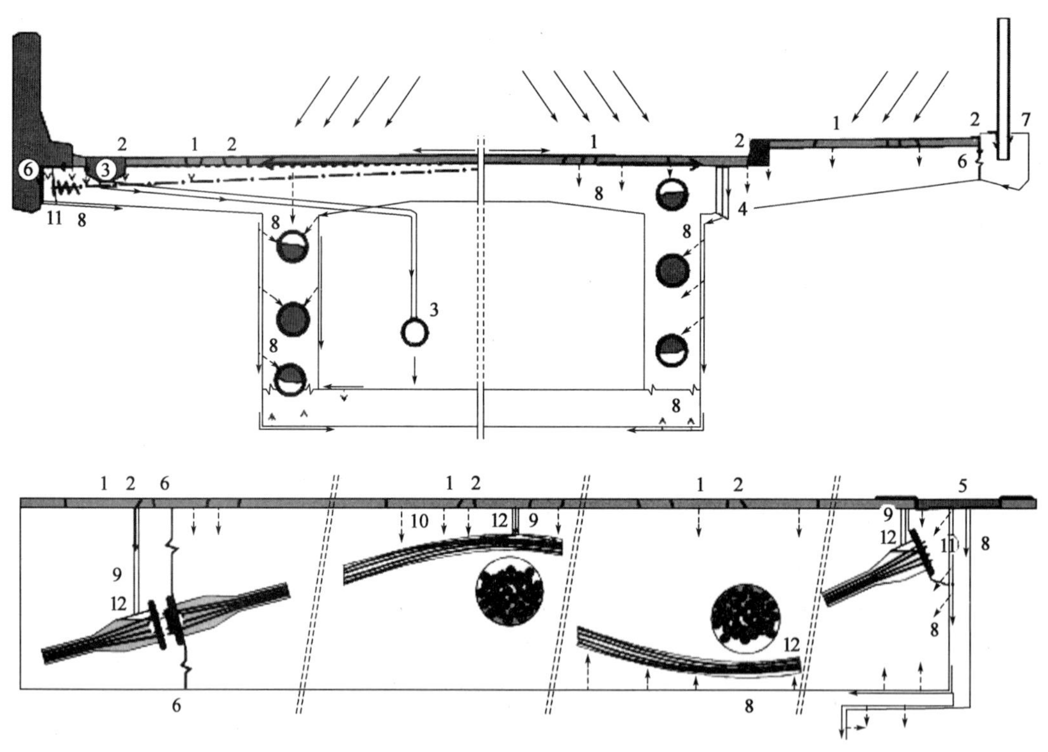

图2-23　预应力钢束腐蚀影响因素

1-桥面铺装裂缝；2-防水层及边缘区域缺陷或缺失；3-集水口、泄水管缺陷；4-泄水口位置不合理；5-伸缩缝漏水；6-结构或构件节点裂缝渗漏；7-栏杆、立柱等构件嵌入混凝土；8-混凝土保护层缺陷；9-预应力管道灌浆不密实；10-金属波纹管破坏或腐蚀渗漏；11-混凝土开裂或有气孔；12-预应力钢束最高点灌浆空洞

2.2.1 预应力管道压浆不饱满

在后张法预应力混凝土桥梁预应力筋张拉过后，应进行预应力管道压(灌)浆。目前，实际工程中用于管道灌浆的材料仍以素水泥浆为主，但这种材料对预应力钢束的防护性能尚不能使人满意，实际工程中存在灌浆不密实的问题，这会导致部分钢束裸露在孔道内而得不到碱性保护，因而早早在残留水分、氧气或氯离子的侵蚀作用下发生腐蚀。

如果管道压浆不饱满(图2-24)，就会造成水泥浆对预应力筋的保护性能下降，导致预应力腐蚀加快。管道压浆不饱满的原因主要有水泥性能差、水灰比大、浆口及高位处的管道内没有水泥浆、水泥浆中有硬块，造成预留管道不畅通；水泥浆的质量达不到要求也会导致管道水泥浆收缩较大，与管道壁局部脱开；预留管道在进行灌浆前没有冲洗干净、混凝土灌入管道以及灌浆孔预排气孔的直径不符合设计要求，都会导致预留管不通畅。

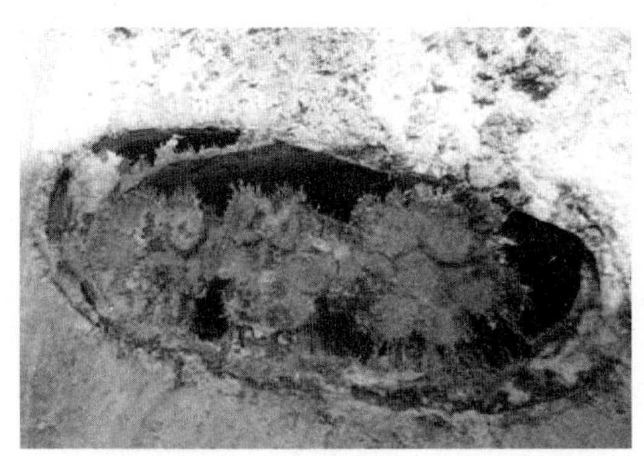
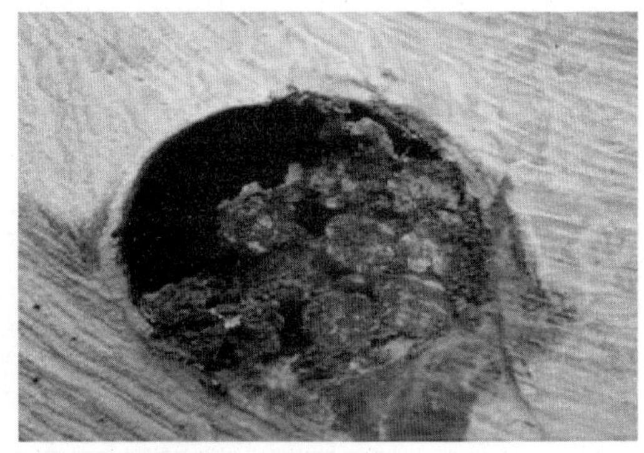

图2-24　预应力筋管道压浆不饱满

既有桥梁预应力管道中存在孔洞的情况非常普遍。有研究者在调查的447座桥梁中发现，有40%以上都存在灌浆孔洞，其中20%以上存在大的孔洞和露筋，且30%左右的大孔洞足以导致部分露筋。尽管单个的孔洞本身对桥梁不会有太大损害，但如果有氯化物通过锚具、伸缩缝和裂缝等薄弱环节渗入到预应力筋，则会导致预应力筋腐蚀。而且在被检测的桥梁中，桥龄越长，则存在大孔洞的概率就越大。在二十世纪五六十年代修建的桥梁中，有50%左右的桥梁都存在大孔洞，在七十年代修建的桥梁中，这一比例为30%，而在八十年代以后修建的桥梁中，孔洞缺陷相对较少。灌浆空洞是导致预应力筋腐蚀或锈断的主要原因之一。预应力管道出浆孔位置压浆饱满度如图2-25所示。

2009年，吴文清借3座预应力混凝土连续箱梁桥拆除的机会，对预应力混凝土箱梁结构的预应力孔道压浆饱满度、混凝土超方量等施工质量评价指标进行了调查分析。调研的3座桥均为1995—1996年建成，采用支架现浇、悬臂浇筑施工方法建造。A桥主桥结构为42.5m+65m+42.5m三跨变截面单箱单室预应力混凝土连续箱梁；B桥为32m+50m+32m三跨等截面单箱单室预应力混凝土连续箱梁；C桥主桥结构为35m+45m+21m的三跨变截面连续箱梁桥。三座桥调查节段断面位置见图2-26。

3座箱梁桥左右幅分节段切割拆除后，根据切割面上所展现出来的预应力孔道进行灌浆情况调查。按未灌浆部分的面积和预应力孔道总面积的比值大体可分为6种情况，即密实、1/5空、2/5空、3/5空、4/5空、全空，如图2-27所示。

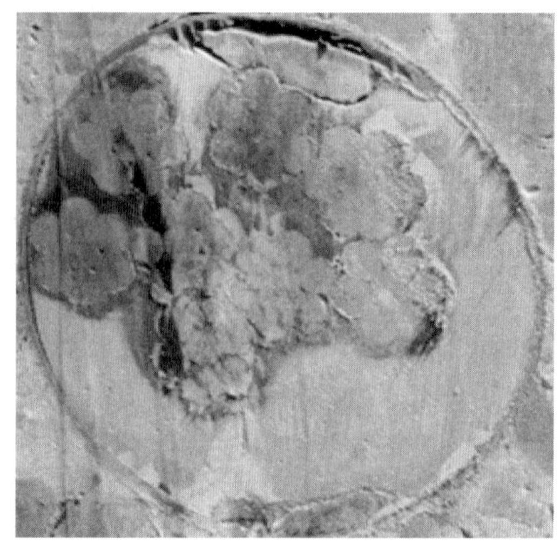

图 2-25　预应力管道出浆孔位置压浆饱满度

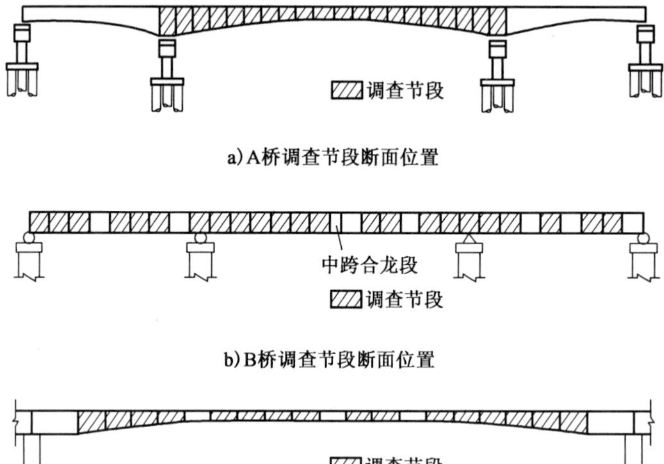

图 2-26　三座桥调查节段断面位置示意图

纵向预应力孔道灌浆密实程度并不理想,全空比例在 5% ~45% ,相当部分的预应力孔道没有浆体;部分孔浆体面积所占比例为 57% ~77% ,灌浆完全密实比例仅为 23% ~43% ,即仅有 5% ~50% 为灌浆密实。

A 桥主桥箱梁的顶板设有横向预应力筋,其横向预应力孔道灌浆情况如图 2-28 所示。A 桥箱梁横向预应力钢筋采用的是高强钢丝,箱梁横向预应力孔道几乎没有灌浆。本次调查的横向预应力孔道总数中,横向预应力孔道未灌浆(全空)的比例高达 47.58% ,灌浆不密实(部分空)的比例达 27.26% ,两者之和占总数的 74.84% 。

从上述 3 座桥梁的调研分析可见,预应力混凝土连续箱梁纵向预应力孔道灌浆不密实的比例超过 50% ,横向预应力孔道灌浆未达到密实状态的比例也超过 70% 。由于样本数量有限，预应力孔道灌浆密实度数值还不具普遍性，但对研究在役预应力混凝土梁桥可靠性具有一定的参考价值。

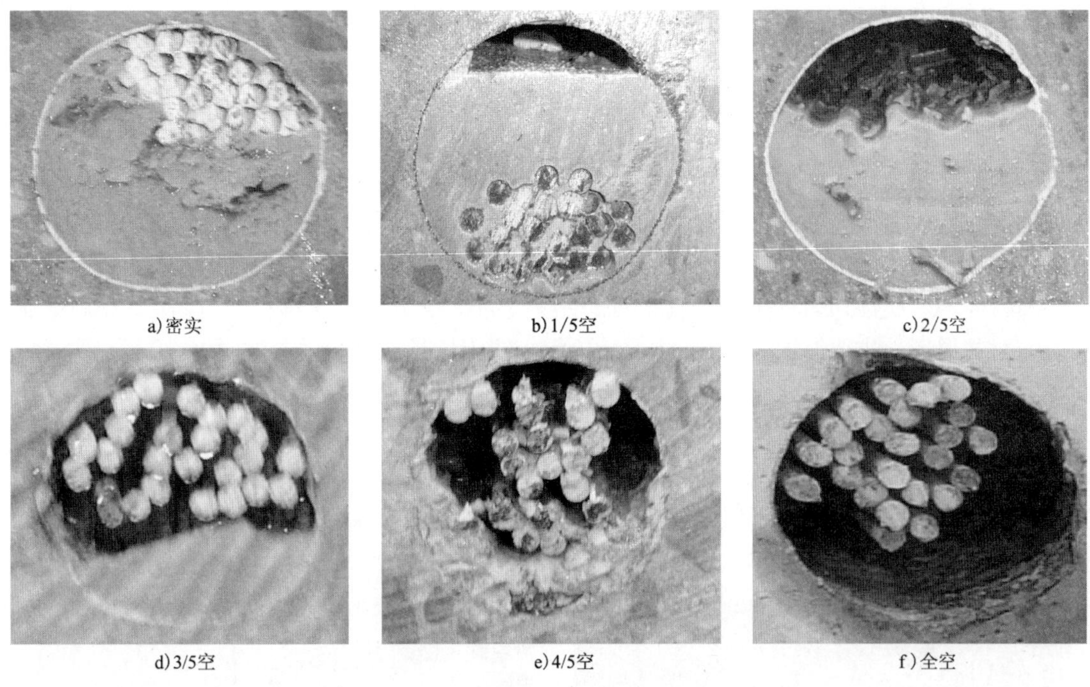
a）密实　b）1/5空　c）2/5空　d）3/5空　e）4/5空　f）全空

图2-27　孔道灌浆的密实度典型情况

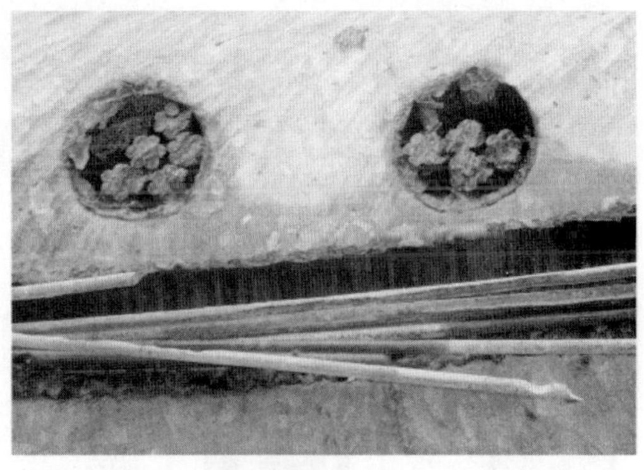
图2-28　箱梁横向预应力孔道灌浆情况

混凝土浆体孔隙由混凝土不完全的泵送、随着沉淀作用带来的空穴现象、过多的泌水在此区域的沉积等因素的综合作用产生。宏观的孔隙同样出现在混凝土浆体中。这些孔隙在管道接近混凝土泵送的一端出现的概率更大，其密集程度随距离泵送端的距离增大而减小。这些孔隙经常沿管道方向被拉长，并且在管道顶部区域集中。

尽管刚泌出的水分典型性的 pH 值在 12 ~ 13 之间，泌出的水分会碳化，一旦此现象发生，腐蚀便产生了，仍会对预应力钢筋产生腐蚀作用。这说明在任何能够产生、聚集泌水的地方都可能发生腐蚀，如混凝土空腔或裂缝处的预应力筋。若泌水被吸收进混凝土，腐蚀速率会降低。但此时仍存在腐蚀隐患，如冻融循环或残余的泌水具有腐蚀性。灌浆不密实是预应力筋发生腐蚀的重要原因之一。

2.2.2　预应力钢束腐蚀病害

1）预应力钢束腐蚀基本特点

钢束腐蚀是一个电化学过程，与外部环境等很多因素相关。从已有研究看，预应力钢束与普通钢筋的腐蚀相比存在一定的特殊性。

(1)钢束的钢丝内部为拉伸珠光体微结构

普通钢筋表面粗糙,是由大量铁素体和少量粒状珠光体构成的各向同性体;而预应力钢束的钢丝表面光滑,是由拉伸珠光体构成的正交异性体。微观组织结构及表面几何形态的不同使得其腐蚀形态及腐蚀速率存在一定差异。

预应力钢束常见的腐蚀形式为电化学腐蚀、应力腐蚀。预应力钢束电化学腐蚀与钢筋腐蚀原理类似,该过程中作为阳极的铁溶解,同时放出电子,电子又被阴极过程所吸收,从而导致铁不断溶解。氯盐环境下的电化学腐蚀往往容易形成蚀坑,从而导致钢绞线的受拉性能遭到严重削弱。应力腐蚀是预应力钢束在准恒定拉应力与腐蚀耦合作用下失效的过程。腐蚀损失率随着初始预应力的增加而增加,腐蚀与应力的超非线性耦合使其存在脆性破坏的可能。

与普通钢筋腐蚀均匀程度的对比表明,钢绞线的腐蚀均匀性相对较差,往往生成局部腐蚀——坑蚀形态。主要原因为:渗碳体含量使钢绞线钢丝具有腐蚀微电池阴极,因而在腐蚀初期更容易在其表面形成钝化膜,而其光滑的外表面又使其钝化膜更为平整、完备,这使氯离子穿透钝化膜而建立蚀核的概率较小,于是,较少的蚀核充分腐蚀,继而迅速长大为蚀孔、蚀坑;钢绞线表面存在着宏观的凹凸不平,这使其与混凝土的接口上容易形成亚微观乃至宏观的气泡等缺陷,从而使腐蚀介质容易积聚在此处而引起局部的剧烈腐蚀。钢筋与钢绞线腐蚀情况对比如图 2-29 所示。

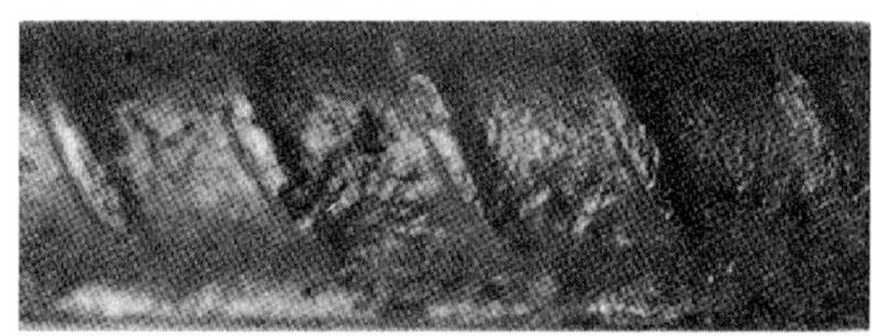

a)钢筋腐蚀

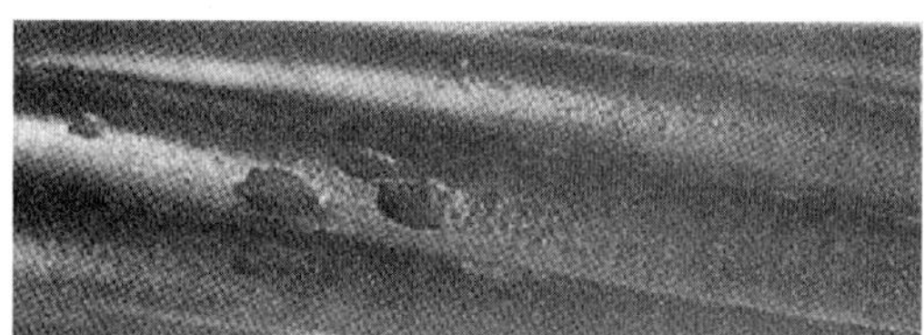

b)钢绞线腐蚀

图 2-29　钢筋与钢绞线腐蚀情况对比

(2)钢束受腐蚀面积大

预应力钢束由多根钢绞线组成,一根钢绞线由 7 根钢丝扭绞而成,与同直径普通钢筋相比,其比表面积更高。钢绞线的钢丝与钢丝之间存在接缝,这使其与混凝土的界面上容易形成亚微观乃至宏观的气泡等缺陷,接缝处 Fe^{2+} 受接缝形状限制无法扩散而积累较多,吸引氯离子聚集,导致腐蚀加速。钢筋与钢绞线表面形态对比如图 2-30 所示。

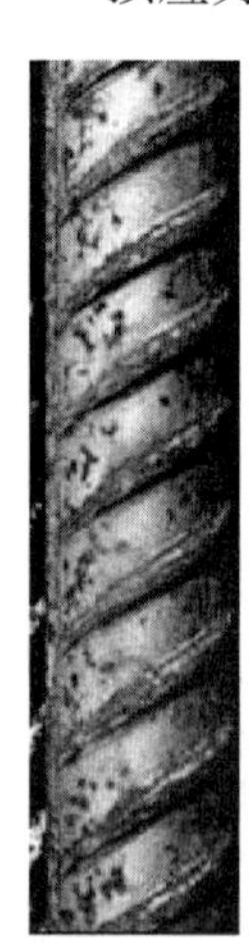

图 2-30　钢筋与钢绞线表面形态对比

(3)钢束及周边混凝土处于高应力状态

在正常工作状态下,普通钢筋处于低应力状态,其对腐蚀的影响很小;可以允许有较大的腐蚀量。例如,对于钢筋混凝土结构,若钢筋腐蚀总量小于 5%,因其各项力学指标均符合规范要求,则认为是可以接受的。而预应力钢束则处于高应力状态,在最初微小的坑蚀位置产生应力集中,加速其腐蚀,发生“应力腐蚀”或“腐蚀疲劳”。而混凝土处于压应力状态则有利于组织侵蚀介质的进入,延缓钢束腐蚀的发生。比较而言,预应力钢束对腐蚀敏感，预应力混凝土结构与钢筋混凝土结构对临界腐蚀量的接受标准不同。

(4)复杂防护体系

普通钢筋仅有混凝土保护层一道防线；而预应力钢束的防护体系则包括更厚的混凝土保护层（一般在100mm左右）、箍筋、普通非预应力纵筋、波纹管及水泥浆体等，这增加了预应力钢束腐蚀问题的复杂性。

(5)预应力结构无裂缝或微裂缝

普通混凝土结构在正常工作状态下大多时间处于荷载开裂状态，在腐蚀状态下易产生锈胀裂缝；预应力混凝土结构在正常工作状态下处于荷载无裂缝或微裂状态，由于预应力钢束保护层厚度较大且有箍筋约束，外层仅有构造钢筋，出现锈胀裂缝的可能性相对较小，因此，预应力钢束的腐蚀问题中可以基本不考虑锈胀裂缝的影响，仅在出现裂缝病害后需考虑裂缝对预应力钢束腐蚀的影响，裂缝的存在显然会加速预应力钢束的腐蚀。

(6)钢束锚头部位存在接触腐蚀与缝隙腐蚀

预应力钢束锚头通常设在梁端部，采用砂浆封锚或采用保护罩。对于连续梁，由于梁体较长，分节段施工，需要设置钢束连接器。锚头和连接器处置不当，例如，锚头常设在桥梁伸缩缝下或板、梁的边缘，暴露于潮湿环境及氯离子侵蚀环境而防护措施不足，往往会发生腐蚀。侵蚀介质还可能从锚头进入预应力管道，导致预应力钢束腐蚀。

钢垫板和锚具与预应力钢束之间即存在着高应力接触，也存在着接触缝隙问题，前者往往容易形成不同材料之间的接触腐蚀，后者则容易形成缝隙腐蚀。这两种腐蚀均属于局部腐蚀。

2)预应力钢束腐蚀对结构性能的影响

(1)预应力钢束腐蚀的受拉性能退化特征

静力拉伸试验表明，腐蚀钢绞线受拉时出现了明显的各钢丝不同步断裂的现象；蚀坑导致钢绞线的脆性增加，名义极限强度和极限平均应变降低，钢绞线的名义弹性模量将明显降低。详见本书第3章。

(2)预应力钢束腐蚀与混凝土的黏结性能

已有的试验研究表明，在腐蚀程度不大的条件下，腐蚀导致黏结延性有所降低，而极限黏结强度和黏结刚度有所增高，腐蚀会较大幅度地提高黏结钢绞线的短期锚固黏结强度，但随腐蚀程度加重，提高幅度有所下降。强度和刚度增高的原因在于腐蚀导致了摩擦作用增强，而延性降低的原因则在于腐蚀导致了“螺栓效应”减弱。由于钢绞线的抗拉性能成为基本结构性能退化的控制因素，因而其黏结性能完全可以按照无腐蚀钢束进行考虑。

(3)预应力钢束腐蚀的经时模型

预应力钢束腐蚀过程的经时模型见图2-31，其过程可分为三个阶段：①孕育阶段t_0——自混凝土浇筑完毕至钢束开始腐蚀；②发展阶段t_1——自预应力钢束开始腐蚀至达到临界腐蚀值；③破坏阶段t_2——自临界腐蚀值至预应力钢束发生破坏。该图基本上反映了钢绞线腐蚀的经时变化特征。

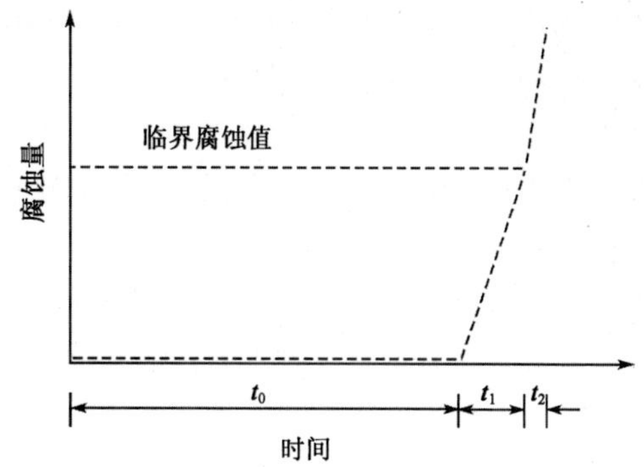

图2-31 预应力钢束腐蚀过程经时模型

3)裂缝对于预应力钢束腐蚀的影响

张德峰、吕志涛(2000)针对裂缝对于预应力钢束腐蚀的影响做了初步研究。裂缝及裂缝宽度对预应力钢束腐蚀都有影响,且裂缝宽度不同,其影响程度也不同。在早期,裂缝宽度对力筋腐蚀影响较大,随后,腐蚀速度主要取决于未开裂处混凝土的质量及渗透性。

其过程为:首先,裂缝加快了腐蚀的发生,即腐蚀开始时间提前(图2-32)。而且在早期,裂缝宽度对力筋腐蚀影响较大,因为力筋去钝化的时间取决于裂缝的宽度,然而腐蚀一旦开始,其影响程度大大降低。这时,腐蚀速度取决于未开裂处混凝土保护层的质量和渗透性,混凝土保护层的质量越好,渗透性越小,氧气及水分的供给量也越少,腐蚀速度越慢;随着碳化进程的深入,毛细孔将逐渐被堵塞,使混凝土渗透性逐步降低,腐蚀速度也随之下降。当力筋腐蚀速度小到一定程度时,即在设计寿命期内不影响其各项力学指标时,就称之为不腐蚀或处于钝化状态。

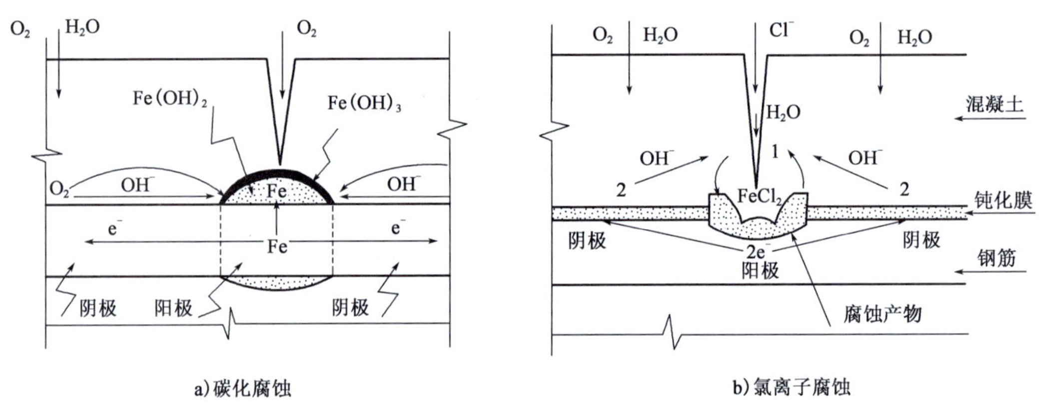

图2-32 裂缝对于预应力钢束腐蚀的促进作用

保护层厚度可以减缓裂缝对预应力钢束腐蚀的影响。有关试验表明,时间、裂缝宽度、混凝土保护层厚度和水灰比对力筋腐蚀都有影响,且当保护层厚度达到一定值后,水灰比及裂缝宽度的影响将大为减小,而裂缝宽度控制到一定值时腐蚀量可以忽略不计。

此外,荷载及其他作用引起的混凝土微裂缝将增大混凝土的渗透性,促进碳化及氯离子侵入的进程,提高氧的供给量,加速力筋的腐蚀速度。

4)预应力钢束腐蚀状况检测

预应力钢束锈蚀状况检测方法有半电池电位法、自然电位法、电阻棒法、声发射探测法、X射线照相技术和射线断层摄影术、漏磁法、红外成像技术与地质雷达结合的方法、时域反射计法、超声波法、核子密度含水率的方法、线性极化法。其中半电池电位法和漏磁法较为常用。

西部交通科技项目"大中跨径混凝土桥梁预应力检测技术研究"分别采用漏磁法和自然电位法对5个模型试件进行了试验研究,认为自然电位法能用于先张法混凝土桥梁中的预应力束锈蚀检测。漏磁法在一定条件下可用来检测后张法预应力束的锈蚀情况,但精度不高。

漏磁法的原理是对被检测钢束实施外加磁场进行磁化,当钢绞线上无缺陷时,磁场均匀分布,绝大部分通过被测构件;而当钢束上存在缺陷时,由于缺陷处空气磁阻远大于钢束材料的磁阻,磁场会有一部分泄漏出钢绞线表面,形成漏磁场。用磁敏感元件测量钢束表面逸出的漏磁场,通过分析漏磁场信号,获得该处缺陷的各种有用信息,检测钢束的锈蚀状况。

还可考虑研究半电池电位法在预应力钢束腐蚀测试中的应用。半电池法测试原理是位于离子环境中的钢筋可以视为一个电极,锈蚀反应发生后,钢束电极的电势发生变化,电位大小直接反映钢束锈蚀情况。钢束电极只具有电池的一半特征,所以被称为半电池。在混凝土表面放置一个电势恒定的参考电极(硫酸铜电极或氯化银电极)与钢束电极构成一个电池体,就可以通过测定钢束电极和参考电极之间的相对电势差得到钢束电极的电位分布情况。总结电位分布和钢束锈蚀间的统计规律,就可以通过电位测量结果判定钢束锈蚀情况。

此外,线性极化法也可应用。线性极化法是 Stern 和 Geary 于 1957 年提出并发展起来的一种快速而有效的锈蚀速度测试方法。它以过电位很小时($G<10\text{mV}$),过电位与极化电流呈线性关系作为理论依据。

这种方法通过向测量区域施加一个小电流 ΔI,测量由它引起的电位变化 ΔE,$\Delta E/\Delta I$ 称为极化电阻 R_p,极化电阻和锈蚀电流 i_{corr} 成反比。

$$\frac{I}{\eta}=2.303\left(\frac{1}{\beta_a}+\frac{1}{\beta_c}\right)=\frac{1}{R_p} \tag{2-1}$$

即

$$i_{corr}=\frac{\beta_a\beta_c}{2.303(\beta_a+\beta_c)}\frac{1}{R_p}=\frac{B}{R_p} \tag{2-2}$$

$$B=\frac{\beta_a\beta_c}{2.303(\beta_a+\beta_c)} \tag{2-3}$$

这就是 Stern-Geary 方程,式中 I 为极化电流,i_{corr} 为腐蚀电流,η 为过电位,β_a 和 β_c 分别为阳极和阴极过程的 Tafel 常数,因此当已知 B 和测定出 R_p 后,就可以求得 i_{corr},再根据法拉第定律可以将 i_{corr} 转换为钢束的损失量。对于大多数系统,常数 B 值在 13mV 和 52mV 之间变动。Andrade 和 Gonzalez 指出钢束处于活态(腐蚀)时,常数 $B=26\text{mV}$;而处于钝态时,$B=52\text{mV}$。由于钢束腐蚀电流是由钢束得失电子造成的,通过腐蚀电流可以计算出一年中钢束得失电子的数量,进而求出钢束的年腐蚀深度(mm/a)。一般将线性极化方法测定的 i_{corr} 和钢束的锈蚀程度建立如表 2-10 中的关系。

预应力钢束腐蚀程度对照 表 2-10

腐蚀电流($\mu A/cm^2$)	预应力钢束腐蚀程度	腐蚀电流($\mu A/cm^2$)	预应力钢束腐蚀程度
<0.1	无腐蚀	0.5~1.0	中度腐蚀
0.1~0.5	轻度腐蚀	>1.0	严重腐蚀

目前,预应力钢束腐蚀的无损测试尚存在一定困难,有待相关技术的深入发展。

2.3 钢绞线不同腐蚀程度对其力学性能影响试验

为验证上述研究成果,笔者带领课题组开展了钢绞线不同腐蚀程度对其力学性能影响研究。通过盐雾腐蚀试验控制钢绞线腐蚀程度,得出钢绞线在不同腐蚀程度下,其表面腐蚀情况,并判断钢绞线内部腐蚀结果是否与前述钢绞线面积损失模型相符,通过试验测试钢绞线不同腐蚀程度对其力学性能影响。主要进行以下工作:

(1)观测腐蚀钢绞线表面、腐蚀后钢绞线截面的变化情况。

(2)观测不同腐蚀程度钢绞线的拉伸断裂方式。

(3)对不同腐蚀程度钢绞线进行拉伸试验,记录其拉力、位移数据,测试其名义弹性模量、名义极限强度、以及名义延伸率,并与前述分析进行对比。

(4)观测不同腐蚀程度下,腐蚀钢绞线外丝对中丝的保护作用。

2.3.1 试验研究方法

试验采用电化学腐蚀加速腐蚀试验法,溶液采用 NaCl 浓度为 5% 的盐溶液,为减少溶液中杂质对氯离子的影响,试验溶液采用纯净水配置。主要试验材料及设备如表 2-11 所示。

试验材料及设备表 表 2-11

主要试验材料	规　格	数　量
直流稳压可调式电源表	PS202D 20V 2A	2 台
镀锌钢绞线	7 丝 15.2 L = 1.0m	21 根
防静电周转箱	1200 × 500 × 280	2 个
铜片	200 × 200 × 1	2 个
电线	—	1 卷
NaCl	500g	10 瓶
数码相机	KIKON-D90	1 台
电子天平	SL500ZN	1 台
游标卡尺	—	1 把
钢尺	—	1 把

试验钢绞线共五组,每组 4 根长 100cm 钢绞线,镀锌钢绞线两端密封处理,中段 50cm 剥除 PE 套,两头各保留 25cm 长的 PE 套不切除。钢绞线为无应力状态,钢绞线之间采用串联连接,在距离钢绞线两端 25cm 处接入电极,中段 50cm 裸露部分用湿毛巾与盐水槽搭接,确保通电腐蚀环境,阳极与钢绞线相连,阴极与铜板相连,钢绞线的腐蚀电路示意图如图 2-33 所示。

加速腐蚀试验采用的可调式稳压直流电源提供的电压为 0 ~ 20V,电流表量程为 0 ~ 2A。试验考虑先将镀锌层腐蚀,然后开始钢绞线的腐蚀。袁迎曙(2006)等认为电化学加速腐蚀中,通电电流密度不宜超过 $3mA/cm^2$,试验条件下,腐蚀金属的电流密度应该控制在 $1 \sim 2mA/cm^2$ 范围内,干伟忠、金伟良(2011)等则认为试验条件下电流密度适宜控制在 $1 \sim 2mA/cm^2$ 范围内。为加快试验进度,且在腐蚀过程中便于控制腐蚀量,本试验通电电流采用 0.6A,电流密度为 $2.73mA/cm^2$。由于钢绞线存在电阻,通过每根钢绞线的电流不同。

现有对锈蚀钢绞线力学性能的试验研究多集中在 10% 左右,为探究 10% 以上腐蚀率,锈蚀钢绞线的力学性能,同时避免钢绞线因为严重锈蚀,钢丝锈断,因此将钢绞线腐蚀率控制在镀锌层的钢绞线目标腐蚀率按照 0%、2%、4%、6%、9%、12% 六个等级进行划分。腐蚀时间均按照法拉第定律进行计算,试验天数、试验分组情况见表 2-12。

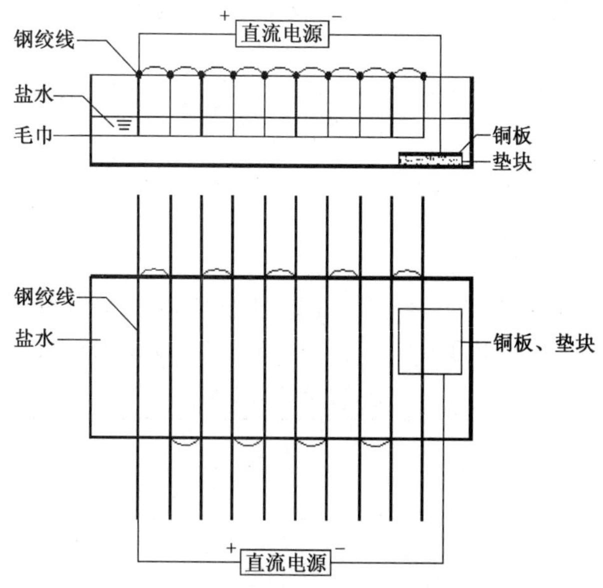

图 2-33 钢绞线腐蚀电路示意图

试验分组情况表 表 2-12

腐蚀时间(d)	钢绞线分组	目标腐蚀率
0	SGL0	0%
3	SGL1-1	2%
	SGL1-2	
5	SGL2-1	4%
	SGL2-2	
7	SGL3-1	6%
	SGL3-2	
8.7	SGL4-1	9%
	SGL4-2	
11	SGL5-1	12%
	SGL5-2	

通电加速腐蚀之后，将腐蚀后的钢绞线在万能试验机上进行拉伸试验，记录并整理力学性能数据。

试验过程如下：钢绞线放入试验盐水槽之前，用刀片去除 PE 套，两端保留试验机夹具加持的 20cm 长度不受腐蚀。而后，对钢绞线进行称重并记录。在试验时间分别达到 0d、3d、5d、7d、8.7d、12d 后，取出相应试件。取出试件后，用实验室中的常温纯净水并结合钢丝球，清除钢绞线表面的铁锈，随后立即用干燥的毛巾擦干。再用沾有盐酸的软毛刷和硬毛刷清洗钢绞线缝隙中的铁锈，细致清洗约 30min 后，用吹风机烘干处理。将清洗后的钢绞线，根据编号排列放置,在室温条件下自然风干,钢绞线表面和内部干燥后,观察其腐蚀表面,并进行拍照记录。称重并测量腐蚀后拉断前 SGL 编号钢绞线的质量损失率并记录。对 SGL 编号钢绞线进行拉伸试验,观察其强度与位移的关系。断开后,钢绞线拆开清洗过程,进一步观察内部腐蚀情况,并对其进行称重并记录,重量精确到 0.01g。破拆钢绞线,观察腐蚀钢绞线外丝和中丝腐蚀情况,分别称量腐蚀率并记录。通过游标卡尺测量拆开钢丝表面的蚀坑深度,用钢尺测量钢丝表面的长度,并进行统计和总结。如图 2-34 ~ 图 2-36 所示。

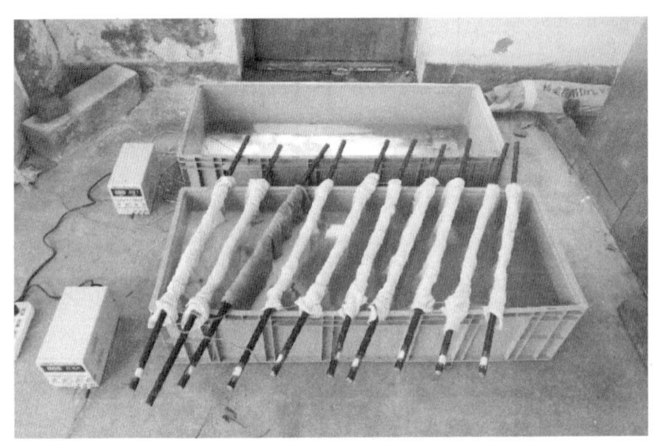

图 2-34　钢绞线电加速腐蚀试验前期

图 2-35　钢绞线电加速腐蚀试验后期

图 2-36　腐蚀钢绞线拉伸过程

2.3.2　试验结果与分析

(1)钢绞线表面腐蚀情况

钢绞线腐蚀表面情况方面,钢绞线随着腐蚀率增加,表面蚀坑数量、大小、分布范围递增,腐蚀最严重时,端部外丝接近锈断。从钢绞线腐蚀损失率方面,每组钢绞线腐蚀损失率不一,但平均损失率几乎与目标腐蚀率相同,观察整个钢绞线腐蚀情况,靠近电源负极位置腐蚀整体严重。出现这种差异的原因在于毛巾、盐水、钢绞线存在电阻,且毛巾水分局部分布不均衡,导致电流并非均匀通过钢绞线,蚀坑无规律性出现,最终钢绞线表面出现非均匀腐蚀,且腐蚀程度越高,非均匀性表现越明显。如图 2-37 ~ 图 2-43 和表 2-13 所示。

图 2-37　SGL3-1、2 钢绞线腐蚀情况(边区段、中区段)

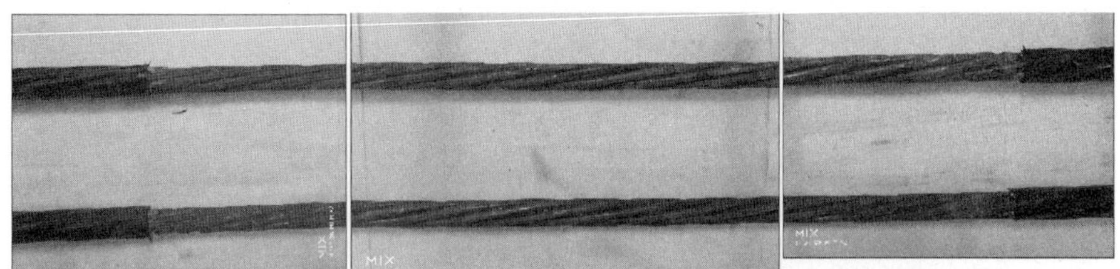

图 2-38　SGL5-1、2 钢绞线腐蚀情况(边区段、中区段)

图 2-39　SGL7-1、2 钢绞线腐蚀情况(边区段、中区段)

图 2-40　SGL8.7-1、2 钢绞线腐蚀情况(边区段、中区段)

图 2-41　SGL11-1、2 钢绞线腐蚀情况(边区段、中区段)

图 2-42　钢绞线密集连续蚀坑

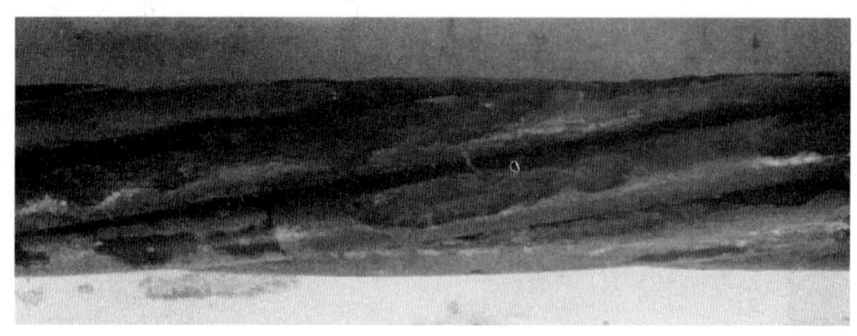

图 2-43　钢绞线密集长蚀坑

钢绞线表面腐蚀情况及描述　　表 2-13

钢绞线	腐蚀目标	实际腐蚀率	平均腐蚀率	表面描述
SGL1-1	2%	1.846%	2.103%	钢绞线表面锌层完全腐蚀，部分露出金属色，其酸洗后表面不光滑，表面有不连续微小蚀坑
SGL1-2		2.360%		
SGL2-1	4%	4.340%	3.944%	钢绞线表面蚀坑深度进一步加深，蚀坑不均匀连续，其面积扩大，呈现长条形，且蚀坑出现位置随机
SGL2-2		3.548%		
SGL3-1	6%	6.400%	6.368%	钢绞线表面腐蚀较为严重，蚀坑数量、深度持续增加，部分大蚀坑开始连接，且蚀坑出现位置随机
SGL3-2		6.336%		
SGL4-1	9%	9.844%	9.286%	钢绞线表面腐蚀很严重，蚀坑数量、深度明显增加，大蚀坑连接范围增加，腐蚀程度进一步加重
SGL4-2		8.727%		
SGL5-1	12%	12.138%	12.257%	钢绞线表面腐蚀及其严重，蚀坑数量非常多、深度深，大蚀坑面积大，端部外丝接近锈断，整体腐蚀严重
SGL5-2		12.376%		

（2）拉伸试验结果

在拉伸试验中，钢绞线钢丝断裂 3 根即视为完全破坏。力 - 位移曲线每出现一次转折，伴随一次钢丝拉断，拉断时有可能一次断裂一根，也有可能是两根一起断裂，因此，曲线的转折点数量并无规律性。

图中曲线出现回转是由于断裂后驱动夹具千斤顶继续加力上顶，导致位移回退；而在弹性阶段出现近乎水平下降段是由于夹具将 7 丝钢绞线端头夹变形，拉力值出现短暂降低所致。本文取每组中具有代表性的数据进行罗列。如图 2-44 ~ 图 2-49 所示。

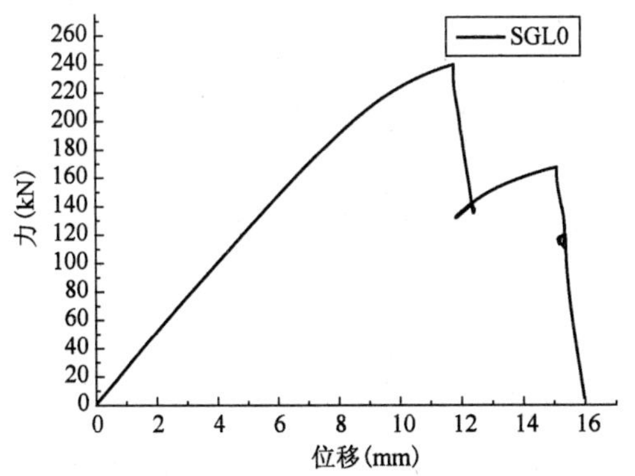

图 2-44 SGL0 钢绞线拉伸力-位移曲线

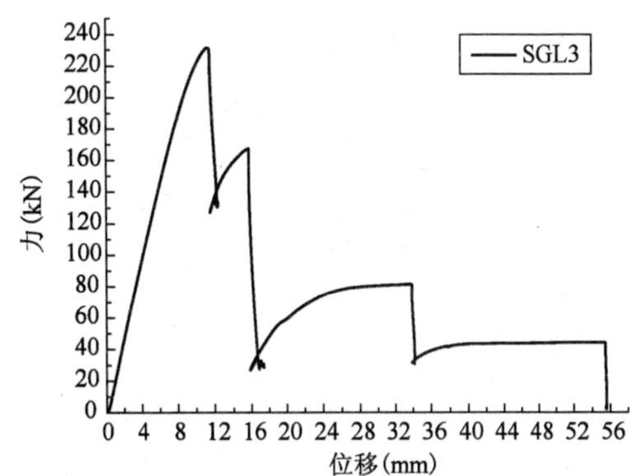

图 2-45 SGL3 钢绞线拉伸力-位移曲线

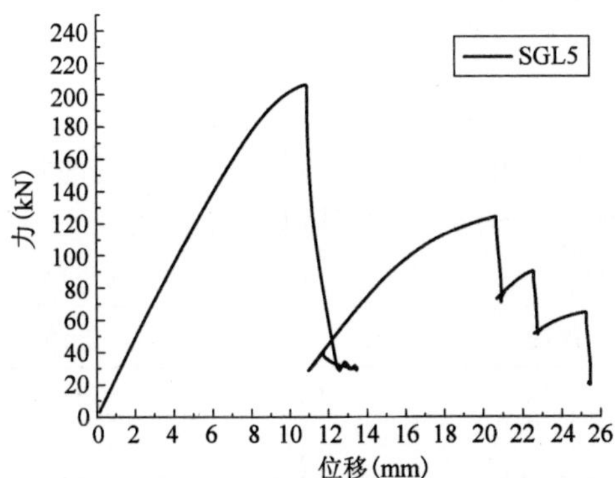

图 2-46 SGL5 钢绞线拉伸力-位移曲线

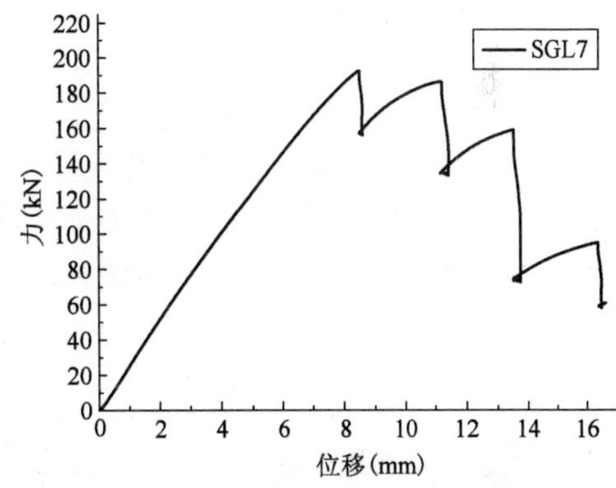

图 2-47 SGL7 钢绞线拉伸力-位移曲线

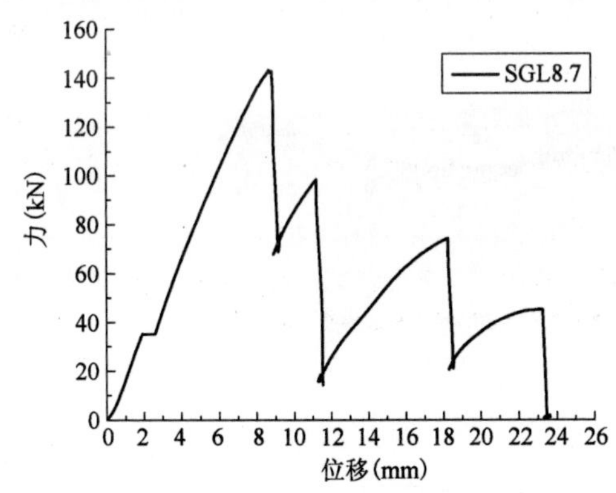

图 2-48 SGL8.7 钢绞线拉伸力-位移曲线

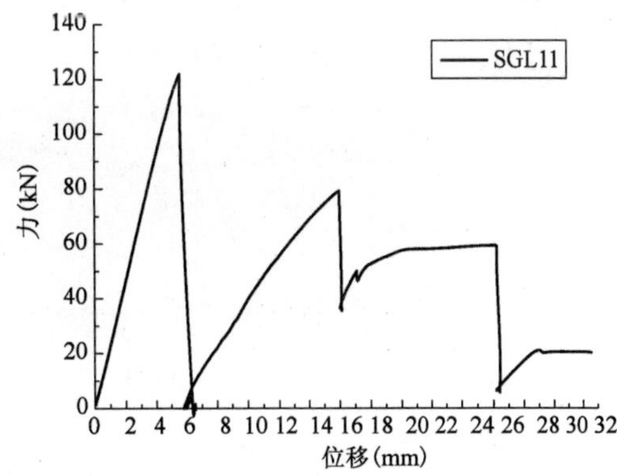

图 2-49 SGL11 钢绞线拉伸力-位移曲线

根据表 2-14 可以得到，钢绞线第一根丝断裂时，拉伸位移和最大拉力随着腐蚀程度增加呈现下降趋势，断裂位置主要集中在端部，而断裂根数无明显规律。腐蚀蚀坑的发生和扩展使得钢绞线延伸率降低，且随着腐蚀率的增加，腐蚀钢绞线拉伸位移逐步减小。

腐蚀钢绞线抗拉试验情况表　表 2-14

钢绞线编号	拉伸位移(mm)	最大拉力(kN)	断裂位置	断裂根数
SGL0	11.702	236.654	端部	3
SGL1	11.081	229.659	端部	6
SGL2	10.840	205.994	端部、中部	4
SGL3	8.699	192.420	端部、中部	2
SGL4	8.475	143.280	端部	5
SGL5	5.583	122.044	端部	4

注:表中最大位移和最大拉力取钢绞线第一根钢丝断裂时的位移和拉力。

从图 2-44 ~ 图 2-49 中可以得到,钢绞线无明显屈服强度,出现小段弹性变形阶段,塑性变形阶段几乎消失,其破坏属于脆性破坏。锈蚀钢绞线拉伸断裂后,由于夹具原因,外丝中丝受力不均匀,发生断裂多为外丝,中丝不会断裂。此外,由于钢绞线通电腐蚀电流不均匀分配问题,钢绞线多在端部蚀坑较深的位置断裂。另外,当 SGL11 钢绞线断裂时,出现两根钢丝同时断裂的现象,造成夹具瞬间松弛,拉力数值明显下降。

(3)钢绞线外丝与中丝腐蚀程度差异

由表 2-15 可以得到,腐蚀钢绞线外丝半径随着腐蚀程度的增加而逐渐降低,当腐蚀程度达到最大时,钢绞线外丝剩余直径约为未腐蚀钢丝直径的 50%,钢绞线外丝接近锈断。可见当钢绞线腐蚀率超过 10% 时,外丝容易锈断。

腐蚀钢绞线外丝平均直径　表 2-15

钢绞线编号	SGL1	SGL2	SGL3	SGL4	SGL5
外丝半径(mm)	5.04	4.54	4.3	4.22	3.54

由图 2-50 ~ 图 2-52 可以得到,钢绞线外丝腐蚀类型为非均匀腐蚀,当钢绞线整体平均腐蚀率为 6.368% 时,钢绞线中丝无锈蚀;钢绞线锈蚀率为 9.286% 时,钢绞线中丝锌层极少部分掉落,钢绞线腐蚀率为 12.257% 时,钢绞线中丝锌层腐蚀,钢丝本身开始腐蚀。可见,钢绞线腐蚀过程中,外丝对中丝具有保护作用。

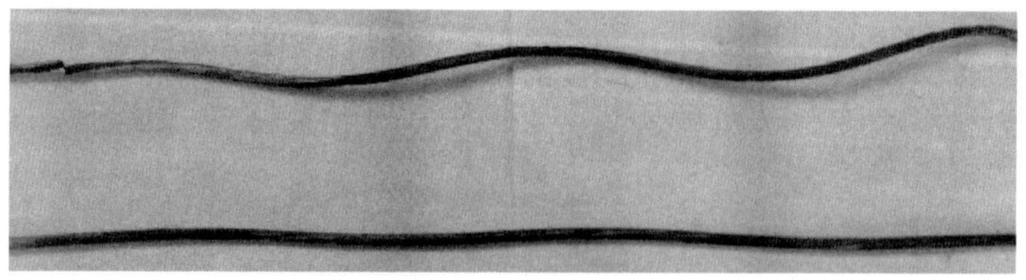

图 2-50　腐蚀后 SGL11 的外丝和中丝

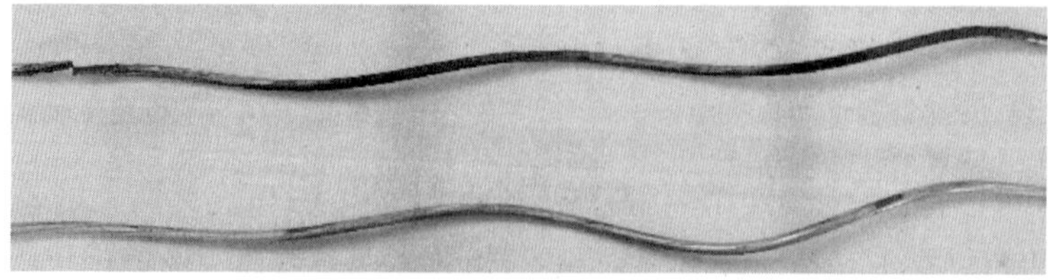

图 2-51　腐蚀后 SGL8.7 的外丝和中丝

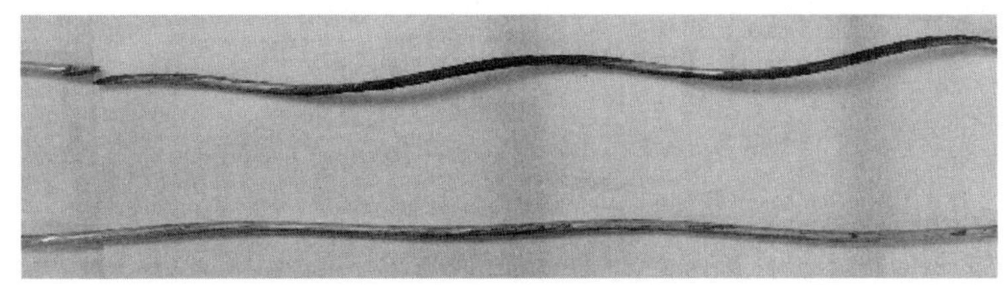

图 2-52 腐蚀后 SGL7 的外丝和中丝

由表 2-16 和图 2-53 可以看出,外丝平均腐蚀率普遍大于中丝平均腐蚀率,且当钢绞线平均腐蚀率达到 12.257% 时,中丝出现锈蚀。钢绞线的外丝平均腐蚀率普遍小于整体平均腐蚀率,只有当整体平均腐蚀率为 3.944% 时,前者略大于后者。综上,当腐蚀率超过 10% 时,外丝对中丝的保护作用逐步消失,钢绞线腐蚀损失简化模型基本适用。

外丝、中丝腐蚀结果 表 2-16

序号	钢绞线编号	腐蚀时间(d)	外丝平均腐蚀率	中丝平均腐蚀率	整体平均腐蚀率
1	SGL1	3	2.460%	0	2.108%
2	SGL2	5	4.601%	0	3.944%
3	SGL3	7	7.429%	0	6.368%
4	SGL4	8.7	10.834%	0	9.286%
5	SGL5	11	14.195%	0.63%	12.257%

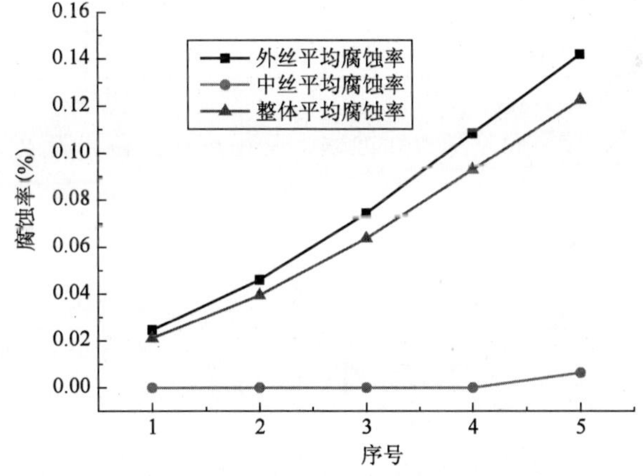

图 2-53 钢绞线外丝、中丝、平均腐蚀率对比

采用 MATLAB 对试验数据进行拟合,得到腐蚀钢绞线关键力学性能指标与腐蚀率之间的关系如式(2-4)~式(2-6)所示。

钢绞线名义极限强度:

$$f_{u1} = (1 - 17.0\rho_w^2 - 1.455\rho_w)f_u \tag{2-4}$$

式中:f_{u1}——钢绞线名义极限强度(MPa);

ρ_w——钢绞线腐蚀率;

f_u——未腐蚀钢绞线极限强度。

钢绞线名义弹性模量：

$$E_{u1} = (1 - 12.8\rho_w^2 - 2.588\rho_w)E_u \tag{2-5}$$

式中：E_{u1}——钢绞线名义弹性模量；

E_u——未腐蚀钢绞线弹性模量。

钢绞线名义延伸率：

$$\delta_{u1} = (1 - 18.3\rho_w^2 - 1.872\rho_w)\delta_u \tag{2-6}$$

式中：δ_{u1}——钢绞线名义延伸率；

δ_u——未腐蚀钢绞线延伸率。

试验所得腐蚀钢绞线的名义极限强度、名义弹性模量、名义延伸率与罗小勇、曾严红、郑亚明的试验结果比较见图3-27～图3-29，从图中可见，试验所得名义极限强度曲线与罗小勇模型符合较好；试验得到的名义弹性模量、名义延伸率曲线与郑亚明模型接近。随腐蚀率的增加，试验所得名义弹性模量的下降快于罗小勇模型，并接近线性；随腐蚀率的增加试验得到的名义延伸率下降慢于罗小勇模型。

2.3.3 试验结论

从上述试验可见，钢绞线的抗拉能力、弹性模量和延性随着腐蚀程度降低。

钢绞线外丝平均锈蚀率大于中丝平均锈蚀率。当钢绞线整体平均锈蚀率达到12.257%时，中丝才呈现少量锈蚀，说明钢绞线外丝对中丝有腐蚀保护作用。钢绞线腐蚀率小于10%时，钢绞线的外丝对中丝保护作用明显，腐蚀模型钢绞线腐蚀损失简化模型较为适用。

钢绞线腐蚀率小于10%时，名义弹性模型曲线与罗小勇模型接近，且主要力学性能指标与腐蚀率均不是完全线型关系，而是随着腐蚀率下降呈现快速降低趋势。钢绞线腐蚀率大于10%时，外丝容易锈断，与罗小勇(2008)试验结论相同。

腐蚀钢绞线无明显屈服台阶，其破坏多为脆性破坏，与郑亚明、安琳(2005)试验结论相同。

2.4 小　　结

本章主要从混凝土梁桥基本病害、预应力混凝土梁桥特殊病害、各种预应力混凝土梁桥梁体病害裂缝特征等方面着手，系统调研和总结了在役预应力混凝土梁桥基本病害。根据在役预应力混凝土梁桥类型，结合十余座桥梁的调研，总结了预应力混凝土空心板桥、T梁桥、连续箱梁桥梁体表观裂缝、下挠等病害特点，分析了预应力混凝土梁桥中预应力管道压浆不饱满、预应力钢束腐蚀的成因及特点，并分析了预应力钢束腐蚀与钢筋腐蚀的异同。

本章参考文献

[1] 金玉泉.桥梁的病害及灾害[D].上海：同济大学，2006.

[2] 王春生,陈惟珍,陈艾荣.桥梁损伤安全评定与维护管理策略[J].交通运输工程学报,2002(4):22-28.

[3] 陈颜辉,李风兵.预应力混凝土连续刚构桥梁裂缝和下挠问题探讨[J].四川建筑,2008,28(5):94-95.

[4] 李万恒.浅谈超载运输对公路桥梁的危害[J].公路交通科技,2004,21(4):130-132.

[5] 姚晓飞.既有公路混凝土梁式桥损伤评估与可靠性评定研究[D].西安:长安大学,2006.

[6] 薛鹏飞.预应力混凝土连续刚构桥结构性能退化预测评估研究[D].杭州:浙江大学,2009.

[7] 赵冬兵,范立础.既有钢筋混凝土桥承载能力退化和维修需求分析[J].桥梁建设,2006(2):71-73.

[8] 唐建慧.预应力混凝土连续刚构桥梁有关问题的探讨[J].施工技术,2005(5):55-57.

[9] 刘正立.钢筋锈蚀形成原因及其对钢筋混凝土桥梁的危害[J].四川建材,2008(4):63-69.

[10] 雷金生.钢筋腐蚀因素影响下的钢筋混凝土桥梁结构性能变化分析与处理措施探讨[J].广东建材,2009(5):21-24.

[11] 吴文清,陈小刚,李波,等.预应力混凝土连续箱梁施工质量评价指标调查[J].建筑科学与工程学报,2009,26(3):42-48.

[12] 张德峰,吕志涛.裂缝对预应力混凝土结构耐久性的影响[J].工业建筑,2000,30(11):12-15.

[13] 古特曼.金属力学化学与腐蚀防护[M].北京:科学出版社,1989.

[14] 李富民,袁迎曙.氯盐环境下混凝土内钢绞线的锈蚀特性试验研究[J].铁道科学与工程学报,2006,3(4):23-28.

[15] 李富民.氯盐环境钢绞线预应力混凝土结构的锈蚀特性试验研究腐蚀效应[M].北京:科学出版社,2008.

[16] 左景伊.应力腐蚀破裂[M].西安:西安交通大学出版社,1985.

[17] 杨广里.断裂力学及应用[M].北京:中国铁道出版社,1990.

[18] 淡丹辉,何广汉.钢筋混凝土构件均匀锈蚀与应力的耦合效应分析[J].西南交通大学学报,2001,36(2):181-184.

[19] 姬永生,袁迎曙.恒定气候混凝土内钢筋锈蚀速率的时变特征与机理[J].中国矿业大学学报,2007,36(2):153-158.

[20] 刘运华.混凝土劣化与渗透性相关性研究[J].铁道科学与工程学报,2006,30(1):80-82.

[21] 张伟平,张誉,刘亚芹.混凝土中钢筋锈蚀的电化学检测方法[J].工业建筑,1998,28(12):21-32.

[22] 罗晓勇,施养杭.混凝土结构钢筋锈蚀的现场检测技术述评[J].郑州轻工业学院学报(自然科学版),2008,23(05):39-43.

[23] 范庆新,邓春林,韦江雄.混凝土中钢筋锈蚀的电化学无损检测技术[J].武汉理工大学学报,2008(3):70-73.

[24] 邓春林,王胜年,余其俊.几种钢筋锈蚀的电化学检测技术的对比研究[J].华南港工,2008(02):45-50.

[25] 耿欧,李果,袁迎曙.电化学检测技术在混凝土内钢筋腐蚀研究中的应用现状与展望[J].混凝土,2005(2):20-23.

[26] Birgul,Koyuncu,Ahlborn,et al. A 40-year performance assessment of prestressed concrete (PC) I-girder bridges In Michigan[C]. TRB 2003 Annual Meeting CD-ROM,2003.

[27] Flanagan W F, Zhong L, Lichter B D. A mechanism for transgranular stress-corrosion cracking[J]. Metall Trans,1993,24A:553-559.

[28] Balabanic G, Bicanic N, Durekovic A. The influence of w/c ratio, concrete cover thickness and degree of water saturation on the corrosion rate of reinforcing steel in concrete[J]. Cement and Concrete Research,1996,26(5):761-769.

[29] Roberts M B, Atkins C, Hogg V. A proposed empirical corrosion model for reinforced con-crete[C]. Structures and Building Proceeding of the Institution of Civil Engineering,2000:1-11.

[30] Shamsad A. Reinforcement corrosion in concrete structures, its monitoring and service life prediction-a review [J]. Cement&Concrete Composites, 2003(25):459-471.

[31] 项贻强,邢骋,邵林海,等. 铰接预应力混凝土空心板梁桥的空间受力行为及加固分析[J]. 东南大学学报(自然科学版),2012(4):734-738.

[32] 王若冰. 钢绞线腐蚀对预应力混凝土连续箱梁桥影响研究[D]. 重庆:重庆交通大学, 2018.

3 在役预应力混凝土梁桥安全影响因素时变模型

对既有桥梁而言，因其所处环境及使用条件等诸多因素的变化，影响结构抗力的诸多因素是与时间有关的随机过程。因此，在现有结构可靠度分析中，应该将影响其可靠性的诸多因素，均按照实际的随机过程处理，从而可得出结构构件与时间因素有关的失效概率 $P_f(t)$，即单位时段 $(t-\tau,t)$ 的失效概率，可以定义为"时变失效概率"，相应的单位时段 $(t-\tau,t)$ 的可靠度指标 $\beta(t)$ 则定义为"时变可靠度指标"。

为了研究混凝土梁桥的时变可靠度，必须先建立混凝土梁桥的结构时变抗力概率模型和荷载的概率模型。预应力混凝土梁桥抗力随时间的变化是一个复杂的物理、化学和力学损伤过程，抗力的概率模型应该是以时间为参数的随机过程。对于预应力混凝土结构，结构主要由预应力钢束和混凝土两种材料组成，因此抗力的概率模型应该建立在混凝土和预应力钢束的材料性能以及几何参数的概率模型的基础上。本章主要分析桥梁荷载的概率模型以及混凝土强度、预应力钢束截面积、预应力钢束强度时变模型等，为研究在役预应力混凝土梁桥的时变可靠度奠定基础。

3.1 混凝土强度的时变模型

在一般大气环境下，混凝土强度在初期随时间增大，之后速度逐渐减慢，在后期则随时间下降。国内外学者在一般环境下混凝土长期暴露试验和历年建筑物实测方面作了大量的研究。牛荻涛等(1995)在总结国内外暴露试验和实测结果的基础上，分析了一般大气环境下混凝土强度的历时变化规律，用非平稳正态随机过程描述服役结构的混凝土强度，利用统计回归方法提出了混凝土强度平均值和标准差的历时变化模型。根据该模型，一般大气环境下混凝土强度平均值和标准差可分别表示为：

$$m_c(t)=\eta(t)m_{c0} \tag{3-1}$$

$$\sigma_c(t)=\zeta(t)\sigma_{c0} \tag{3-2}$$

式中，m_{c0} 和 σ_{c0} 分别为混凝土 28d 强度的平均值和标准差。且

$$\eta(t)=1.4529\exp[-0.0246(\ln t-1.7154)^2] \tag{3-3}$$

$$\zeta(t)=0.0305t+1.2368 \tag{3-4}$$

张建仁等(2004)对 10 多座旧桥进行混凝土强度测试，对上面的式子做如下修正：

$$\eta(t)=1.3781\exp[-0.0187(\ln t-1.7282)^2] \tag{3-5}$$

$$\zeta(t)=0.0347t+0.9772 \tag{3-6}$$

可给出其结构混凝土强度平均值和标准差随时间变化曲线，如图 3-1、图 3-2 所示。

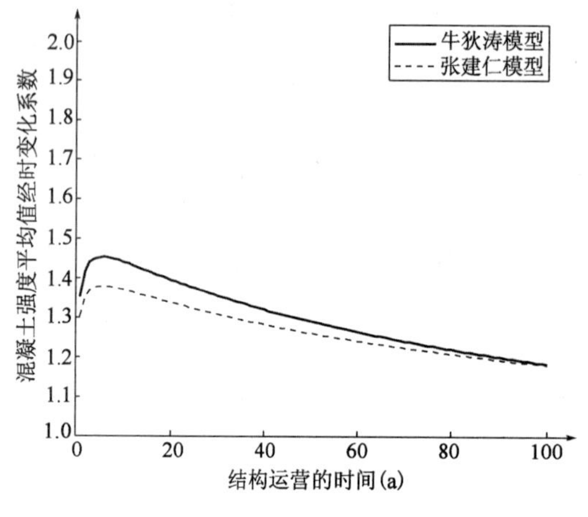

图 3-1　混凝土强度平均值经时变化系数曲线

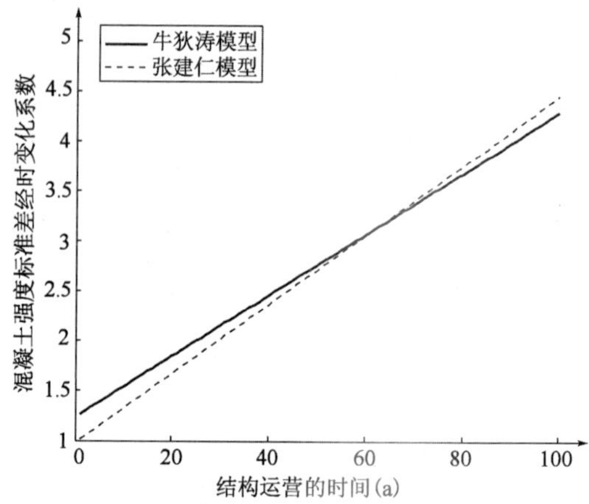

图 3-2　混凝土强度标准差经时变化系数曲线

从图 3-1、图 3-2 可见，两者的模型都显示混凝土强度平均值较混凝土标准值大，初期(一般在 10 年内)有明显的增长趋势，其后则逐步下降，但混凝土强度平均值经时变化系数至龄期达到 100 年时仍不低于 1.18。而混凝土强度标准差经时变化系数则呈线性增长趋势，即混凝土强度随时间增长变异性增大，龄期达到 100 年时混凝土强度标准差经时变化系数已超过 4.28。张建仁模型是在牛荻涛模型基础上的修正，与牛荻涛模型相近，混凝土强度平均值经时变化系数取值较小，混凝土强度标准差经时变化系数前期较小，后期则较大，突出了混凝土强度随时间增长的变异性。本研究采用张建仁所给结构混凝土强度随运营时间变化模型。

由于材料性能、加工制造工艺和质量控制水平的差异，混凝土的强度指标的概率统计曲线及其参数，按我国新规范计算的材料强度标准值与平均值的关系见式(3-7)，各混凝土抗压强度的标准值、平均值见表 3-1。

$$f_{ck} = f_{cm}(1 - 1.645\delta_c) \tag{3-7}$$

式中变异系数 δ_c 见表 3-1。可在此基础上根据混凝土强度时变模型考虑混凝土强度时变效应影响。

混凝土材料强度平均值　　表 3-1

混凝土强度等级	C40	C45	C50	C55	C60	C65	C70
抗压强度标准值(MPa)	26.8	29.6	32.4	35.5	38.5	41.5	44.5
抗压强度平均值(MPa)	34.8	38.5	42.1	46.1	50.0	53.9	57.8
变异系数 δ_c	0.12	0.12	0.11	0.11	0.10	0.10	0.10

根据《公路钢筋混凝土及预应力混凝土桥涵设计规范》(JTG 3362—2018)，构件混凝土轴心抗压强度设计值 f_{cd}，为混凝土轴心抗压强度标准值除以混凝土材料分项系数 $\gamma_{fc} = 1.45$ 求得。混凝土材料分项系数的这个取值，接近于按安全等级二级结构分析的脆性破坏构件目标可靠度指标要求。

根据牛荻涛、张建仁模型可绘出桥梁运营期内典型年份混凝土强度的正态分布，见图 3-3、图 3-4。随着运营时间的增加，混凝土强度逐步降低，标准差逐步增大，混凝土强度的正态分布图形逐步趋于平坦，分布宽度增大。即随着运营时间的增加，混凝土平均强度虽然仍高于初始平均强度，但混凝土强度离散性增大。这将导致桥梁结构的承载力可靠性降低。此外，随着时间的增加，混凝土强度出现负值或过大的情况，对于这种情况，需进行截尾处理。

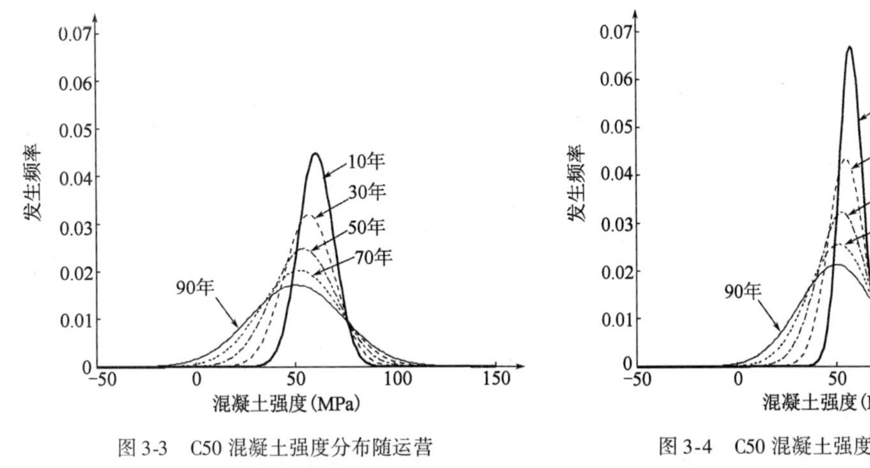

图 3-3　C50 混凝土强度分布随运营时间的变化(牛荻涛模型)

图 3-4　C50 混凝土强度分布随运营时间的变化(张建仁模型)

工程中的随机变量统计特征和分布类型一般通过概率统计和假设检验加以确定，而概率统计和假设检验都是存在误差的，尤其是尾部概率密度精度很难得到保证。实际结构设计变量概率分布仅在有限区间分布，从来不会无限分布，而常用的纯理论数学概率模型，要么是单边无限延伸(如对数正态分布)，要么是双边无限延伸(如正态分布)，因此理论模型与实际模型之间存在偏差。采用理论概率分布是造成结构系统可靠度计算值与实际固有可靠度相差较大的主要原因之一。因此，需要对数学理论模型进行修正，尽可能逼近模拟实际模型，这可以通过截掉尾部分布仅取某区间分布来实现。截尾事实上相当于原尾部概率密度为零，属于不可能事件，从而相当于形成新的概率分布。

对于两端截尾情况，可按概率密度或累积分布两种准则对传统概率分布进行截尾。对于截尾后新的概率密度函数，可采取加权增值和整体平移两种方式进行计算。

研究所调研的桥梁，最早的一座为 1965 年建成的钢筋混凝土 T 梁桥，其混凝土强度均满足要求。因此认为，混凝土强度随龄期变化对结构强度可靠性影响较小。仅在特殊条件下，例如，施工所采用的材料不合适、极端自然环境等特殊情况下，才会发生混凝土劣化、强度降低问题。

3.2　预应力钢束腐蚀退化的时变模型

预应力钢束腐蚀脆断可能导致桥梁失效垮塌。1985 年英国 Yuys-y-Gwas 桥倒塌；1999 年英法调查初步检测英国 447 座国道桥梁，发现部分钢绞线显示中度到严重腐蚀；1999 年，美国在例行性的桥梁检测中发现多座桥梁的钢绞线有断裂情况。

预应力钢束在腐蚀作用下的失效模式有应力腐蚀开裂、氢断、脆断和屈服。Stewart(1998)的研究认为，预应力钢束在碳化作用下的腐蚀形式为均匀腐蚀；Maes(2001)的研究认为，预应力钢束在腐蚀环境下的失效模式为应力腐蚀开裂；Darmawan（2007）的试验研究发现，在氯离子腐蚀下，先张法预应力钢束的失效模式为非延性屈服，预应力钢束的屈服强度随着腐蚀比例增加而降低；Peng JStewart（2008）的研究认为，碳化腐蚀下的预应力钢束的失效模式为延性失效。李富民、袁迎曙（2008）通过试验研究认为，在非氧化性酸溶液中，钢绞线容易发生全面的均匀腐蚀，腐蚀速率相对中、低碳钢更快；在氧化性酸及碱溶液中，钢绞线非常耐蚀；在碳化或受氯盐侵蚀的混凝土介质中，钢绞线容易发生长坑状腐蚀及缝隙腐蚀。应力腐蚀材料学的理论分析表明，钢绞线发生横向阳极溶解型应力腐蚀及氢致开裂型应力腐蚀的可能性很小。腐蚀疲劳材料学特性的试验观察与理论分析表明，钢绞线钢丝的腐蚀疲劳断裂具有明显的各向异性特征。此外，李富民、袁迎曙（2008）还做了氯盐环境下混凝土内钢绞线的腐蚀特性试验研究；从文献调查可以看出，预应力钢束在腐蚀下的失效模式目前还存在争议，它与材料、环境和试验条件有关。

3.2.1 基于混凝土碳化的预应力钢束腐蚀

1）预应力钢束腐蚀开始时间

混凝土碳化的钢筋腐蚀开始时间主要由混凝土碳化深度和混凝土碳化残量两个参数确定。以下分别讨论。

混凝土碳化深度与碳化时间的平方根成正比，这与基于扩散理论得到的理论模型是一致的。如公式（3-8）所示，X 为混凝土碳化深度，K 为碳化系数，t 为碳化时间（a）。

$$X = K\sqrt{t} \tag{3-8}$$

其中碳化系数 K 如何确定是人们研究的核心问题。国内外的广大学者围绕着影响碳化系数的因素，开展了大量的快速碳化试验与室外暴露试验及实际工程碳化调查。

一个好的碳化模型应该既有一定的理论基础又能方便地应用于工程实践中。混凝土碳化是一个复杂的过程，影响因素众多，包括环境中二氧化碳的浓度、环境温湿度、混凝土水灰比、水泥品种与用量、结构的应力水平、混凝土强度等。因此模型中参数的选取对模拟的准确性就有很大的影响。

牛荻涛（1999）对国内外对于碳化模型的研究进行了系统的总结，在其计算中采用了如下的碳化系数公式：

$$K = k_{\mathrm{mc}} k_j k_{\mathrm{CO_2}} k_{\mathrm{p}} k_{\mathrm{s}} k_{\mathrm{e}} \left(\frac{57.94}{f_{\mathrm{cu}}} m_{\mathrm{c}} - 0.76 \right) \tag{3-9}$$

$$k_{\mathrm{e}} = 2.56\sqrt[4]{T}(1 - \mathrm{RH})\mathrm{RH} \tag{3-10}$$

式中：k_{mc}——计算模式不定性随机变量，均值为 1.8，标准差为 0.25，主要反映碳化模型计算结果与实际结构测试结果之间的差异，同时，也包含其他一些在计算模型中未能考虑的随机因素对混凝土碳化的影响；

k_j——钢筋位置修正系数，角部 $k_j = 1.4$，非角部 $k_j = 1.0$，对于预应力混凝土结构而言，全部按非角部考虑；

$k_{\mathrm{CO_2}}$——CO_2浓度影响系数，室外环境下 $k_{\mathrm{CO_2}} = 1.1 \sim 1.4$；

k_{p}——浇注面修正系数，$k_{\mathrm{p}} = 1.2$；

k_{s}——工作应力影响系数，受压时取 $k_{\mathrm{s}} = 1.0$，受拉时取 $k_{\mathrm{s}} = 1.1$；

f_{cu}——混凝土立方体抗压强度(MPa);

m_c——混凝土立方体抗压强度平均值与标准值之比值;

T——环境温度(℃);

RH——环境湿度(%)。

式(3-9)通过工作应力影响系数 k_s 考虑了混凝土应力的影响,但该式意味着不同压应力或拉应力水平下,混凝土所发生的碳化深度相同。

过去一般将混凝土碳化深度到达钢筋表面作为钢筋开始腐蚀的标志。然而试验和实际工程都发现绝大多数情况下,混凝土碳化深度尚未到达钢筋表面,钢筋已经开始腐蚀。产生这一现象的原因是多方面的。最主要的原因是混凝土中部分碳化区的存在。

图 3-5 是不同碳化程度分区示意图。对于混凝土碳化深度的测量最为常用的方法是喷洒酚酞试剂。由于酚酞试剂的灵敏度问题,这一方法只能测得完全碳化区,而无法测得部分碳化区。实际上,钢筋在部分碳化区就很可能开始腐蚀了。

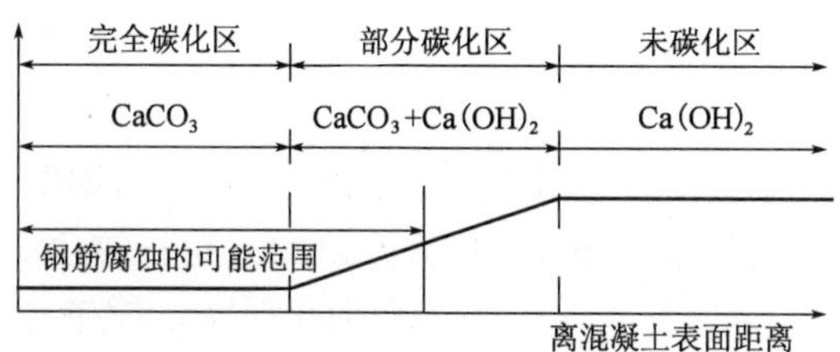

图 3-5 混凝土碳化随深度的变化

除了部分碳化区的影响外,钢筋的脱钝速度等因素也会影响钢筋开始腐蚀的时间。碳化残量的定义即是混凝土完全碳化深度与钢筋表面之间的距离。绝大多数情况下,碳化残量是正值。

徐善华(2003)对国内外对于碳化模型的研究进行了系统的总结,在其计算中采用了如下的碳化残量公式:

$$x_0 = 4.86(-RH^2 + 1.5RH - 0.45)(c - 5)(\ln f_{cu,k} - 2.30) \tag{3-11}$$

式中:RH——环境湿度(%);

$f_{cu,k}$——混凝土抗压强度标准值(MPa);

c——混凝土保护层厚度(mm),当 $c > 50$ 时取 $c = 50$mm。

根据混凝土碳化深度和碳化残量,预应力钢束开始腐蚀时间可通过下式确定:

$$t_{c0} = \left(\frac{c - x_0}{K}\right)^2 \tag{3-12}$$

[例 3-1]

某先张法预应力混凝土空心板梁,梁体采用 C50 混凝土,预应力钢绞线中心距梁底缘 57mm,净保护层厚度为 49.4mm。环境湿度为 70%,气温为 25℃。可计算得到预应力钢束腐蚀平均开始时间为 65.1 年,标准差为 20.26 年(图 3-6)。

空心板预应力钢束腐蚀发生概率随时间的变化如图 3-7 所示,若该桥建成通车 30 年,如无特殊情况,按照上述混凝土碳化模型,预应力钢束基本未腐蚀,预应力桥梁结构的可靠性一般是有保障的。

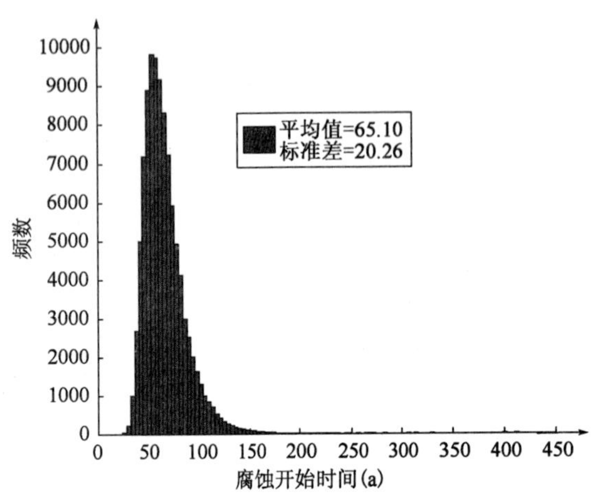

图 3-6 预应力钢束开始腐蚀时间分布图

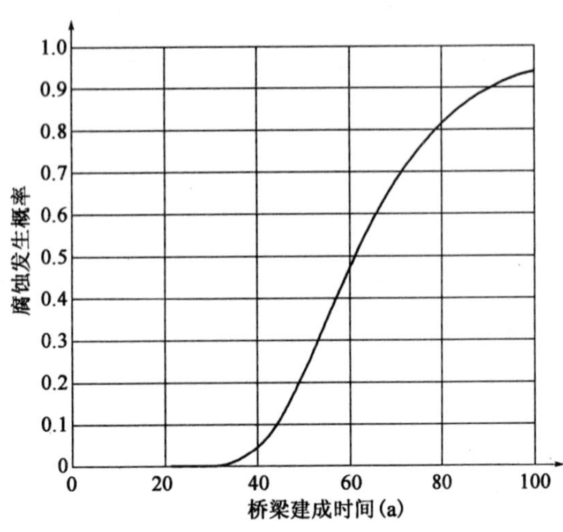

图 3-7 空心板预应力钢束腐蚀发生概率随时间的变化

［例 3-2］

某预应力混凝土 T 梁，梁体采用 C40 混凝土，第一排预应力钢绞线中心距梁底缘 135mm，净保护层厚度为 90mm。环境湿度为 70%，气温为 25℃。可计算得到预应力钢束腐蚀平均开始时间为 564 年，T 梁预应力钢束腐蚀发生概率随时间的变化如图 3-8 所示，如无特殊情况，钢束在桥梁建成 240 年后才可能发生腐蚀。

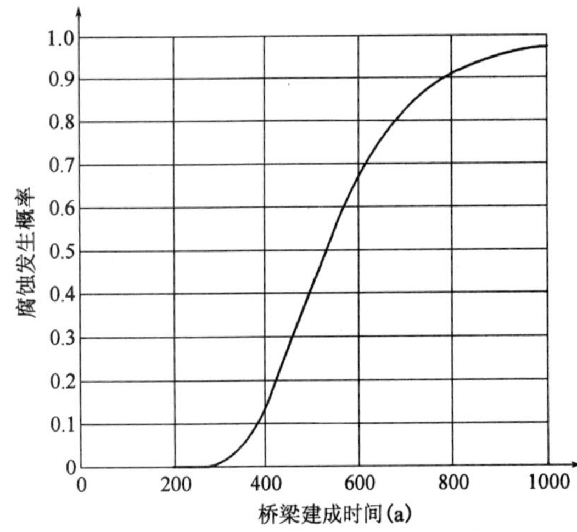

图 3-8 T 梁预应力钢束腐蚀发生概率随时间的变化

进一步分析可见，当保护层厚度较大时（>70mm），在设计寿命期内，如无特殊情况，混凝土碳化基本不会导致预应力混凝土结构中钢束的锈蚀。也就是说，混凝土碳化仅在保护层厚度较小时（<70mm），如先张法预应力混凝土梁，或由于施工不当预应力钢束偏差导致保护层厚度偏薄，或结构发生开裂等特殊情况下，才可能导致钢束腐蚀。

2）拉、压应力对腐蚀开始时间的影响

式(3-8)虽然通过工作应力影响系数 k_s 考虑了混凝土内应力的影响，但其未能揭示不同应力对混凝土碳化深度的影响。而事实上，有关试验表明，不同拉、压应力情况下，混凝土的碳化深度是不同的。

袁承斌、刘荣桂(2002)进行了预应力混凝土试件加速碳化试验，认为碳化深度和应力状态及应力水平存在一定的关系。在此基础上，基于公式(3-8)通过试验数据拟合提出了混凝土不同应力状态下碳化深度公式。

$$X = K_\sigma \sqrt{t} \tag{3-13}$$

式中：K_σ——考虑应力状态影响的混凝土碳化综合系数；

t——时间(a)。

通过试验数据的回归分析可得碳化深度预测模型。

拉应力状态下的混凝土碳化深度预测模型公式如下：

$$X = (0.99261 - 0.07911\sigma_{ct})\sqrt{t} \tag{3-14}$$

压应力状态下的混凝土碳化深度预测模型公式如下：

$$X = (1.01362 - 0.01386\sigma_{cp})\sqrt{t} \tag{3-15}$$

其中式(3-8)中工作应力影响系数 k_s 通过由混凝土应力表达的公式代替，其中压应力取正值，拉应力取负值。

根据前述碳化残量公式(3-12)及式(3-13)，可得应力影响下的预应力钢束开始腐蚀时间计算公式：

$$t_{c0} = \left(\frac{c - x_0}{K_\sigma}\right)^2 \tag{3-16}$$

在 k_{mc} 取均值 1.8 情况下，可得预应力钢束腐蚀开始时间与混凝土应力的关系变化趋势，如图 3-9、图 3-10 所示。

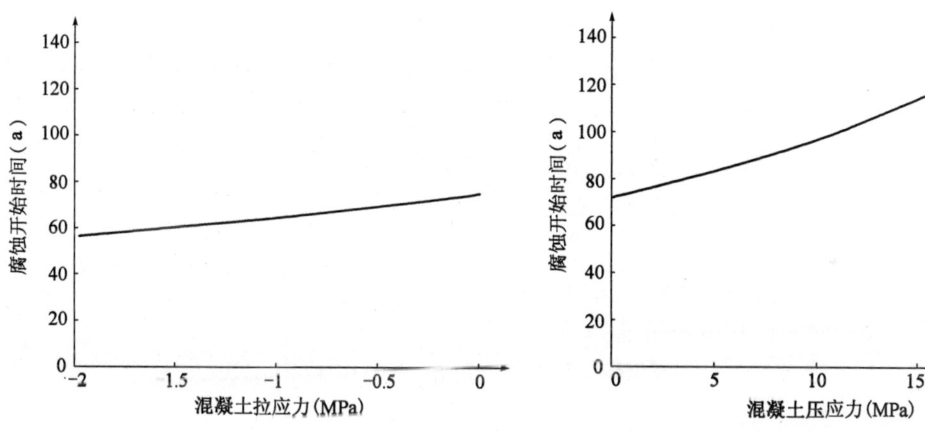

图 3-9 预应力钢束腐蚀开始时间随拉应力的变化

图 3-10 预应力钢束腐蚀开始时间随压应力的变化

以前述空心板为例，可得钢绞线腐蚀开始时间随混凝土拉应力的变化。随着拉应力从 0 增加到 -2MPa，腐蚀开始时间随之提前，与无应力情况相比，腐蚀开始时间提前约 15 年。而随着压应力从 0 增加到 18MPa，腐蚀开始时间年限增加，与无应力情况相比，腐蚀开始时间推迟约 50 年。

由此可见，对于部分预应力混凝土梁桥或由于施工等原因造成实际运营中混凝土出现拉应力的预应力混凝土桥梁，其跨中受拉区或墩顶受拉区预应力钢束的腐蚀开始时间将提前。若预应力混凝土梁保护层破损或出现裂缝，在相同环境条件下，预应力钢束的腐蚀开始时间将进一步提前。此外，还应注意到预应力张拉产生的纵向预压力虽然在整体截面上表现为纵向压应力，但是泊松效应将会在截面混凝土边缘即波纹管处产生横向拉应力。预应力混凝土箱梁产生沿预应力管道的裂缝就是明证。事实上，预应力结构在使用当中往往出现沿波纹管方向的纵向开裂病害。这些局部拉应力的存在，无疑将显著加大腐蚀物质侵入的速度。预应力混凝土桥梁梁体腐蚀开始的时间完全可能提前。

在某一应力状态下，例如混凝土拉应力为 -1.8MPa 的情况，也可得到腐蚀开始时间分布（图 3-11）。

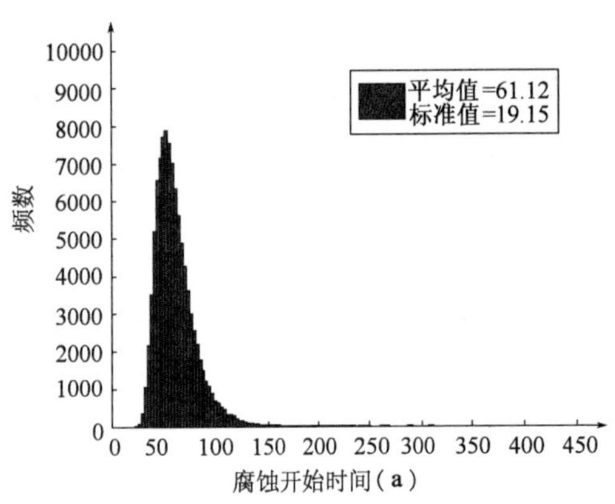

图 3-11　考虑 -1.8MPa 拉应力预应力钢束开始腐蚀时间分布图

涂永明（2006）进行了碳化环境下预应力混凝土试件弯曲受拉和直接受压的耐久性试验研究，建立了多因素影响下的预应力混凝土结构碳化深度预测模型，混凝土碳化深度与应力的基本关系同上，但其公式中相关参数取值存疑，兹不赘述。

3）腐蚀电流密度模型

腐蚀电流密度为腐蚀速率的一种表达方式。碳化腐蚀电流密度是变化的，并且和环境密切相关。Parameswaran 等（2008）发现，当湿度在 90%～98% 时，平均腐蚀电流密度为 0.43～0.86μA/cm²，当湿度低于 85% 时，平均腐蚀电流密度为 0.17μA/cm²。Bolzoni（2007）通过试验研究认为，当湿度为 65% 时，腐蚀电流密度为 0.68μA/cm²。Dura Crete（2000）推荐，在掩蔽处腐蚀电流密度为 0.087μA/cm²，变异系数为 1.57；而非掩蔽处腐蚀电流密度为 0.32μA/cm²，变异系数为 1.47，服从对数正态分布。Heiyatuduwa（2006）测试腐蚀电流密度在 0.012～0.25μA/cm² 范围内变化，变异系数为 0.5。彭建新（2013 年）根据文献统计成果，认为碳化腐蚀电流密度服从对数正态分布，在 $T=20$℃时中等湿度下，均值为 0.172μA/cm² 和变异系数为 0.5。提出考虑温度升高影响的碳化腐蚀电流密度模型公式为：

$$i_{corr}(t)=0.85i_{corr-20}\{1+K_T[T(t)-20]\}(t-T_1)^{\alpha} \tag{3-17}$$

式中：$i_{corr-20}$——20℃时的碳化电流密度；

K_T——温度修正系数，当温度小于 20℃时，$K_T=0.025$；当温度大于 20℃时，$K_T=0.073$；

T_1——腐蚀开始时间；

α——混凝土龄期系数，此处取 -0.025。

根据现有的文献调查，仍取碳化腐蚀电流密度为时不变随机变量，在湿度为 70%～80% 下，腐蚀电流密度服从对数正态分布，均值为 0.25μA/cm²，变异系数为 1.0。

3.2.2　基于氯离子侵蚀的预应力钢束腐蚀

1）预应力钢束腐蚀开始时间

氯离子的侵入是几种侵入方式组合作用的结果。氯离子的传输过程非常复杂，目前已经了解到的氯离子侵入混凝土的方式主要有：扩散作用、毛细管作用、渗透作用、电化学迁移。扩散被认为是一个主要的传输方式。

对于没有开裂，且水灰比较高的结构，表面氯离子的浓度可以认为是一个线性的扩散过程，一般引用 Fick 第二定律将氯离子的扩散浓度、扩散系数与扩散时间联系起来，直观地体现结构的耐久性。由于 Fick 第二定律的简洁性及与实测结果间能很好地吻合，它已经成为预测氯离子在混凝土中扩散的经典方法。

选择合适的氯离子侵蚀模型,如公式(3-18)是按照Fick第二定律得到氯离子在混凝土中扩散的模型。

$$C(x,t)=C_s\left[1-erf\left(\frac{x}{\sqrt{4D_{cl}\cdot t}}\right)\right] \tag{3-18}$$

根据公式(3-18)得到预应力钢束腐蚀开始的时间如下:

$$T_{corr}=\frac{x^2}{4D_{cl}\left[erf^{-1}\left(\frac{C_{th}}{C_s}\right)\right]} \tag{3-19}$$

式中:$C(x,t)$——t时刻x深度处氯离子浓度;

$erf(z)$——误差函数;

x——预应力钢束保护层厚度(mm);

D_{cl}——氯离子在混凝土中的扩散系数(mm^2/a),其计算公式见式(3-21);

C_{th}——临界氯离子浓度(kg/m^3),符合正态分布,其平均值为1.4,标准差为0.2;

C_s——表面氯离子浓度(kg/m^3),符合正态分布,其平均值为3.6,标准差为0.2。

$$erf(z)=\frac{2}{\sqrt{\pi}}\int_0^z \exp(-z^2)\,dz \tag{3-20}$$

Fick第二定律描述的是一种稳态扩散过程。实际上,混凝土是一种水硬性材料,其水化过程需要经过很长的时间才能完成。混凝土的成熟度对于氯离子的扩散存在很大影响,水化越充分,混凝土内部越密实,混凝土抗侵蚀能力就越强。随着时间的延长,氯离子在混凝土中的扩散系数不是一成不变的,而是时间的函数。Thoma模型等用下式表示t时刻氯离子扩散系数:

$$D_{cl}=D_0\left(\frac{t_0}{t}\right)^{m_1} \tag{3-21}$$

式中:t_0——扩散系数基准时间,一般取5年;

D_0——时间t_0时混凝土中氯离子扩散系数,符合正态分布,平均值为$35mm^2/a$,标准差为3.5;

D_{cl}——时间t时混凝土中氯离子扩散系数,随时间衰减以30年为限,$t>30$年,就取为定值而不再降低,分析中取均值;

m_1——混凝土氯离子扩散系数的时间依赖性常数,对普通硅酸盐水泥,可近似取0.2。

以上分析没有考虑应力水平对氯离子扩散的影响。罗小勇(2007)、李国平(2011)的试验表明,混凝土实际应力水平对氯离子扩散的影响是不容忽视的。拉应力在混凝土中产生的微裂缝使氯离子的扩散系数增大,从而加快了氯离子的侵蚀过程,缩短结构的使用寿命。相反,压应力作用会使混凝土更加密实,从而降低氯离子的扩散速度。显然,对于全预应力混凝土梁,由于全截面受压,将抑制氯离子的扩散;而对于预应力混凝土A类梁,梁下缘容许存在一定的拉应力,将加快氯离子的扩散速度。黄素辉、罗小勇(2007)通过对试验数据进行拟合,推导出应力影响下的氯离子有效扩散系数经验公式。但由于试验数据有限,其经验系数取值存疑,故这里不采用。不考虑应力水平对氯离子扩散的影响,保守计算。

[**例3-3**]

采用3.2.1节空心板。按上述参数取值,可计算得到预应力钢束腐蚀开始时间为58.3年,如图3-12、图3-13所示。钢束在桥梁建成20年时即可能发生锈蚀,只是发生概率很小。该桥建成通车20年,如无特殊情况,按照氯离子侵蚀模型,预应力钢束基本不发生腐蚀。

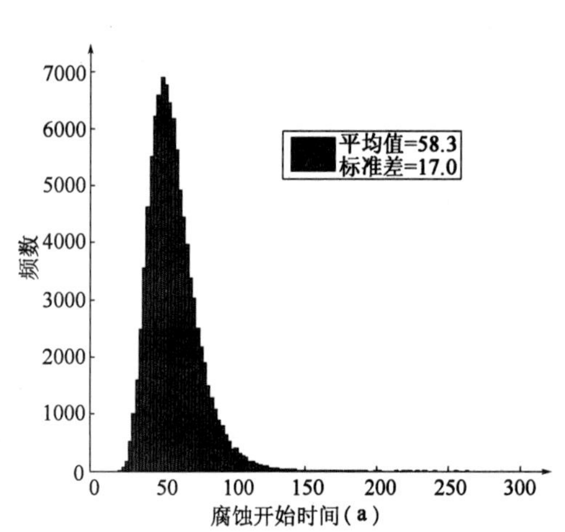

图3-12　预应力钢束腐蚀开始时间分布图

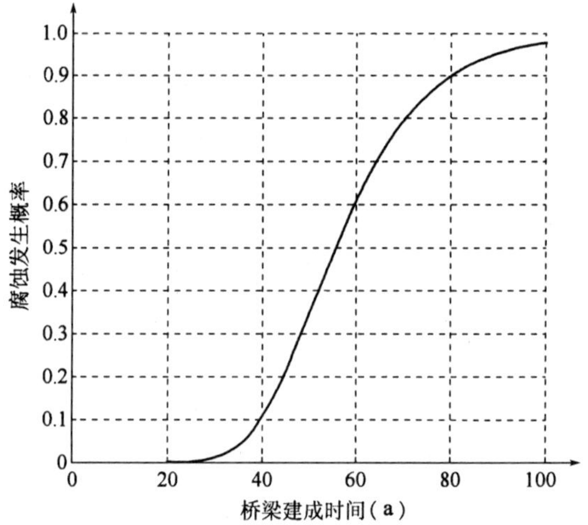

图3-13　空心板预应力钢束腐蚀发生概率随时间的变化

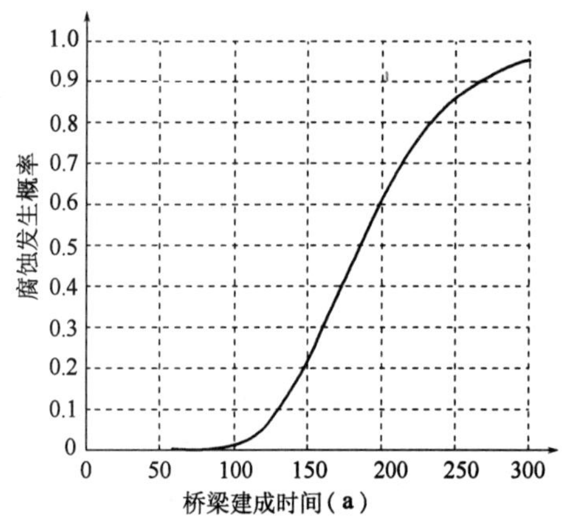

图3-14　T梁预应力钢束腐蚀发生概率随时间的变化

[**例3-4**]

采用3.2.1节预应力混凝土T梁。按上述参数取值,可计算得到预应力钢束腐蚀开始时间为193.5年。如图3-14所示,该桥建成通车20年时,如无特殊情况,预应力钢束基本不发生腐蚀。但较碳化腐蚀开始时间已大大提前。

2)腐蚀电流密度模型

中国矿业大学李富民(2008)总结给出了基于氯离子侵蚀下的预应力钢束腐蚀速率模型。

(1)氧扩散控制下的实用模型

中国矿业大学课题组提出氧扩散控制下预应力钢束腐蚀速率的实用模型,该模型公式如下:

$$i_{\lim}^{O_2}=1.618\frac{r_{wc}^{2.346}(T-273)^{0.423}}{RH^{3.247}\cdot T\cdot c} \tag{3-22}$$

式中:$i_{\lim}^{O_2}$——氧扩散控制下混凝土中预应力钢束的平均腐蚀电流密度(A/m^2);

r_{wc}——混凝土水灰比;

T——环境温度(K);

RH——环境相对湿度;

c——混凝土保护层厚度(m)。

［例3-5］

某先张法预应力混凝土空心板梁，梁体采用C50混凝土，预应力钢绞线中心距梁底缘57mm，净保护层厚度为49.4mm。环境湿度为75%、气温为25℃、水灰比为0.40。可计算得到氧扩散控制下混凝土中预应力钢束的平均腐蚀电流密度为0.1272A/m^2，即12.72μA/cm^2。

根据式(3-22)可以得到氧扩散控制下各个因素对钢筋腐蚀速率的变化影响的规律。随水灰比的增大，腐蚀速率也在增大，而且，由于水灰比对腐蚀速率的影响呈2.346次幂函数关系，因而影响呈加速发展趋势。保护层厚度与腐蚀速率之间呈反比关系。随环境相对湿度的增大，腐蚀速率在减小，其影响呈加速发展趋势。随环境温度的升高，腐蚀速率也在升高，但影响呈减速发展趋势。几个因素的影响都很显著。

由于该模型仅仅是以氧扩散作为控制条件，因而其前提是其他任何腐蚀条件都充分，因此，与氧扩散无直接关系的其他参数（比如氯离子浓度）并没有体现在公式中。但实践表明，与氧扩散无直接关系的其他参数在许多情况下对腐蚀速率有重要影响，这说明了氧扩散控制模型在应用上的局限性。

(2)供水条件控制下的实用模型

供水条件控制下钢绞线的腐蚀速率实用模型公式为：

$$i_{e,m}=2.092\times10^{10}[\mathrm{Cl}^-]^{0.308}r_w^{2.326}\exp\left(\frac{-6417+5.829\times10^{-8}\sigma}{T}\right) \tag{3-23}$$

式中：$i_{e,m}$——供水条件控制下混凝土内变形钢筋或钢绞线的平均腐蚀电流密度(A/m^2)；

$[\mathrm{Cl}^-]$——混凝土内氯离子浓度；

r_w——混凝土含水率；

σ——钢绞线的拉应力绝对值，钢绞线的拉应力取其有效预应力值(N/m^2)；

T——预应力钢束的标准温度(K)，一般可按等于环境温度考虑。

显然，该公式考虑了预应力的影响。

［例3-6］

某先张法预应力混凝土空心板梁，梁体采用C50混凝土，预应力钢绞线中心距梁底缘57mm，净保护层厚度为49.4mm。环境湿度为75%、气温为25℃、水灰比为0.40，氯离子含量取0.02kg/m^3。可计算得到供水条件控制下混凝土中预应力钢束的平均腐蚀电流为0.33μA/cm^2，较之氧扩散控制下预应力钢束腐蚀速率的实用模型结果小很多。

腐蚀速率随温度的升高而升高，且呈加速发展趋势。随混凝土含水率的升高，腐蚀速率升高，同样呈加速发展趋势。随氯离子浓度的升高，腐蚀速率升高，但呈减速发展趋势。随钢束应力的升高，腐蚀速率升高，应力对腐蚀速率的影响呈指数关系。当钢束应力处于预应力结构正常使用状态下的应力水平时，其腐蚀速率比零应力时提高20%～30%，说明预应力钢束的高应力对其腐蚀速率的影响不容忽视。但其影响一弊一利，钢束应力保证预应力结构混凝土外缘长期处于受压状态，后文将讨论，这在一定程度上会抑制碳化及氯离子侵蚀作用，抑制腐蚀的发生。

随腐蚀条件不断变化，腐蚀速率的控制模式也可能会发生变化，因此，在实际应用时，事先并不知道腐蚀速率是由哪个因素控制的，因此需要同时采用3类模型计算，再从其中选取较小者作为实际采用的腐蚀电流密度，即

$$i_{corr}=\max\{i_c,\min(i_{lim}^{O_2},i_{e,m})\} \tag{3-24}$$

式中：i_c——氧扩散控制下混凝土中钢筋的平均腐蚀电流密度；

$i_{lim}^{O_2}$——氧扩散控制下混凝土中预应力钢束的平均腐蚀电流密度；

$i_{e,m}$——供水条件控制下混凝土内钢绞线的平均腐蚀电流密度，一般由供水条件控制下混凝土中预应力钢束的平均腐蚀电流控制，根据前述实例分析，应取 0.33μA/cm²，大于中等碳化腐蚀电流密度。

国外有研究者对大量桥梁的腐蚀电流密度进行实测统计，给出了在 $T=20℃$ 时的氯离子腐蚀电流密度，见表 3-2。

氯离子腐蚀电流密度（$T=20℃$） 表 3-2

暴露状态	均值（μA/cm²）	变异系数	分布类型
潮湿环境	0.345	0.75	对数正态
干湿交替	2.586	0.70	对数正态
海水环境	2.586	0.70	对数正态
浪溅区环境	6.035	0.60	对数正态

氯离子腐蚀电流密度明显高于碳化腐蚀电流密度。

从上述分析可见，氯离子侵蚀较混凝土碳化影响更大，预应力钢束腐蚀发生概率及腐蚀开始时间更为提前，但氯离子侵蚀需要一定的外部环境，如海洋环境或混凝土内的氯离子含量较高。混凝土碳化则主要在混凝土保护层厚度较小、保护层发生破损的情况下，对于预应力钢束腐蚀发生较为突出的作用。钢束腐蚀开始时间不仅仅取决于保护层厚度，还与梁体开裂、管道压浆饱满度等密切相关，按上述方法计算所得是理想条件下的腐蚀开始时间，实际条件下腐蚀开始时间要复杂得多，难以通过简单的计算分析确定。

3.2.3 预应力钢束截面积退化时变模型

对钢绞线而言，受 CO_2 或氯离子影响钢丝钝化膜溶解的部位比钢筋少一些，因此，生成的蚀核也少一些（图 3-15），这些少量的蚀核受供水条件或供氧条件的限制也相对小一些，因而腐蚀就更加充分，蚀核长成较大蚀坑的概率也就更大一些，总体上表现出更为显著的坑蚀形态。

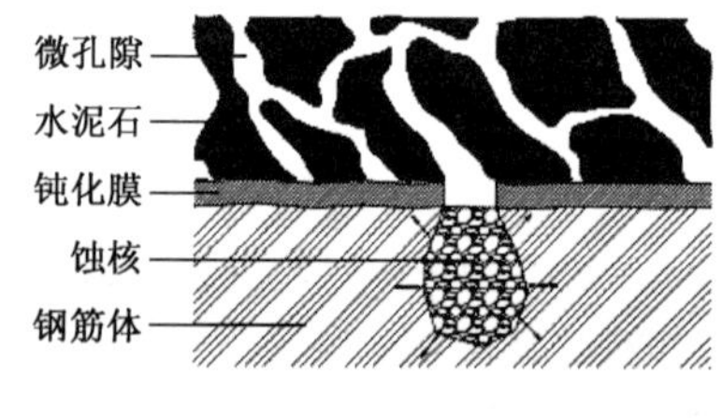

图 3-15 氯离子侵蚀下混凝土中钢筋表面蚀核的形成

钢绞线钢丝蚀坑形状很不规则，主要有 2 种典型形状，即椭球形（图 3-16）及马鞍形（图 3-17）。

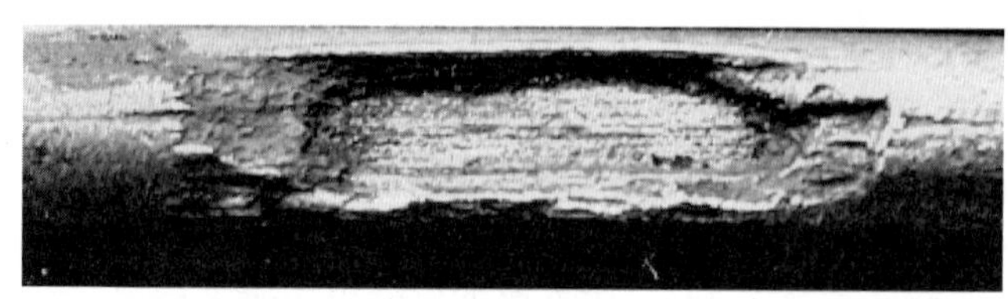

图 3-16 椭球形蚀坑

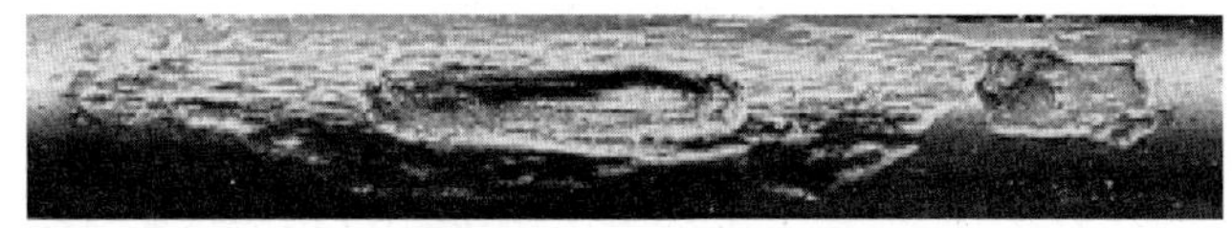

图 3-17　马鞍形蚀坑

对钢绞线蚀坑而言，由于其蚀坑几何形状并不唯一，而且同一形状蚀坑在深度与宽度及长度之间并未发现某种固定的函数关系，深度并不能唯一代表蚀坑的几何参数。因此，为获得蚀坑几何参数的分布特征，应该同时对蚀坑深度、宽度和长度三者的分布特征分别进行统计。

从已有的研究来看，随腐蚀损失率的增大，坑深分布渐趋相同；腐蚀损失率小时，深浅不同的各种坑存在的概率相差较小；腐蚀损失率大时，浅坑存在的概率相对较大，深坑存在的概率则相对较小；随腐蚀损失率的增大，坑长分布渐趋相同；腐蚀损失率小时，长短不同的各种坑存在的概率相差较小；腐蚀损失率大时，短坑存在的概率相对较大，长坑存在的概率则相对较小；随腐蚀的发展，中等宽度的蚀坑总是增长最快。随腐蚀损失率的增大，蚀坑密度总体上有所增大。这说明腐蚀的发展伴随着新蚀坑的不断开发和老蚀坑的不断融合。故总体可按均匀腐蚀考虑预应力钢束的腐蚀损失。

根据金属学理论，虽然可能发生的闭塞电池腐蚀会产生氢，但特殊的微观组织结构使钢绞线具有很多的氢陷阱（如位错、相界、晶界以及微裂纹等），要使这些陷阱内的氢达到较高的富集度比较困难；同时，许多相界和晶界缺陷与钢丝纵轴基本平行，这些部位即使产生氢致开裂，也对钢丝横向断裂影响不大。钢绞线不易发生氢致开裂型应力腐蚀。应力腐蚀敏感性长期试验研究的结果表明，氯盐环境下混凝土内钢绞线对应力腐蚀并不敏感。

对于钢绞线腐蚀程度的评定指标，与钢筋腐蚀评定指标相同，主要有以下三种。

（1）钢绞线截面积腐蚀损失率：腐蚀后钢绞线截面的损失面积与钢绞线原截面面积的比值。

（2）钢绞线重量腐蚀损失率：单位长度（一般以 m 计）钢绞线腐蚀前后重量差值与钢绞线原重量的比值。

（3）钢绞线腐蚀有效直径比：钢绞线腐蚀前后等代直径的比值。

本书主要采用第（1）种“钢绞线截面积腐蚀损失率”（简称腐蚀损失率）作为钢绞线腐蚀程度的评定指标，结合钢绞线的结构和腐蚀发生特点进行分析研究。

一根腐蚀的钢丝在均匀腐蚀下，在时刻 t 的半径减少量参考取用钢筋的锈蚀深度时变模型公式，根据 Stewart（2004）已有研究成果，腐蚀电流密度与钢丝腐蚀深度的关系约为：

$$1\mu A/cm^2 \approx 11.6\mu m/a$$

可得钢丝腐蚀深度与腐蚀时间的关系模型为式（3-25）。

$$\Delta r(t) = 0.116 i_{corr}(t - t_s) \tag{3-25}$$

式中：$\Delta r(t)$——钢丝腐蚀深度（mm）；

t_s——腐蚀开始时间（a）；

i_{corr}——腐蚀电流密度（$\mu A/cm^2$）。

与普通钢筋不同，预应力钢束由于保护层厚度较大，一般不会出现保护层锈胀开裂的问题，因此一般也不存在保护层锈胀开裂前后腐蚀速率不同的问题。

[例 3-7]

某先张法预应力混凝土试验梁,梁体采用 C50 混凝土,采用 5mm 预应力钢丝,净保护层厚度为 49.4mm。环境湿度为 75%、气温为 25℃。

根据前述混凝土碳化分析,取混凝土中预应力钢束的平均腐蚀电流 0.25μA/cm^2,变异系数 1.0。由式(3-13)、式(3-25)可计算得到,若建成 65 年,考虑截尾后的钢绞线钢丝腐蚀深度平均值为 0.0215mm,标准差为 0.0411mm,变异系数 1.9116;抽样的 100000 个样本中,约有 41269 个样本钢丝腐蚀深度小于 0,即不发生腐蚀的概率为 41.27%,此时按腐蚀深度平均值计算得到的腐蚀率为 1.70%。若建成通车 100 年,考虑截尾后的钢丝腐蚀深度平均值为 0.1044mm,标准差为 0.1239mm,变异系数 1.1868;抽样的 100000 个样本中,有 5867 个样本腐蚀深度小于 0,即不发生腐蚀的概率为 5.87%,此时按腐蚀深度平均值计算得到的腐蚀率为 8.13%。运营 65 年和 100 年的钢绞线钢丝腐蚀深度分布如图 3-18、图 3-19 所示。

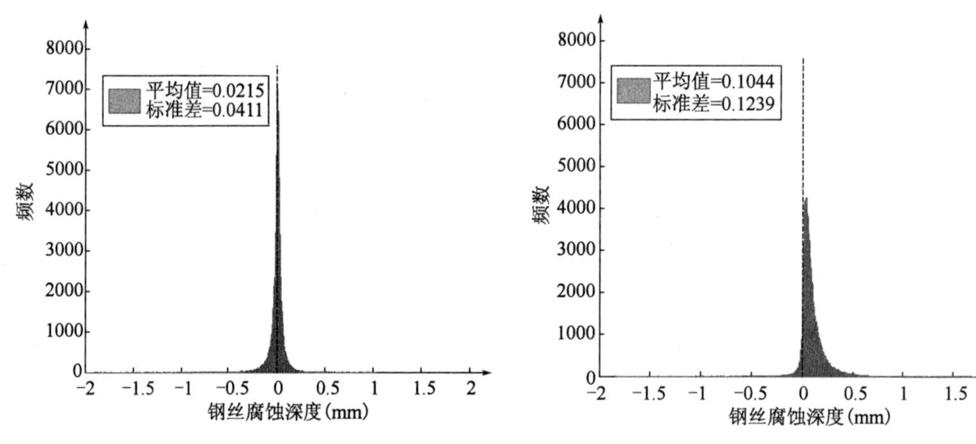

图 3-18　运营 65 年钢绞线钢丝腐蚀深度分布图　　图 3-19　运营 100 年钢绞线钢丝腐蚀深度分布图

若按氯离子侵蚀理论考虑,根据前述分析,取混凝土中预应力钢束的平均腐蚀电流 0.345μA/cm^2,变异系数 0.75。根据式(3-19)、式(3-25)可计算得到,若建成通车 65 年,钢绞线钢丝的腐蚀深度平均值为 0.0081mm,标准差为 0.0250,变异系数 3.0864;抽样的 100000 个样本中,约有 76652 个样本腐蚀深度小于 0,即不发生腐蚀的概率为 76.65%,此时按腐蚀深度平均值计算得到的腐蚀率为 0.64%;若建成通车 100 年,钢绞线的腐蚀损失半径减少量平均值为 0.0652mm,标准差为 0.0908,变异系数 1.3926,抽样的 100000 个样本中,有 29303 个样本腐蚀减少量小于 0,即不发生腐蚀的概率 29.30%,此时按腐蚀深度平均值计算得到的腐蚀率为 5.12%。若取混凝土中预应力钢束的平均腐蚀电流 2.586 μA/cm^2,变异系数 0.7。可计算得到,若建成通车 65 年,钢绞线钢丝的腐蚀损失半径减少量平均值为 0.0608mm,标准差为 0.1791,变异系数 2.9468;不发生腐蚀的概率为 76.52%,22 个样本腐蚀深度超过钢丝半径,即钢丝完全腐蚀的概率为 0.02%,此时按腐蚀深度平均值计算得到的腐蚀率为 4.78%;若建成通车 100 年,钢绞线的腐蚀损失半径减少量平均值为 0.4719mm,标准差为 0.5767,变异系数 1.2222,不发生腐蚀的概率为 28.97%,钢丝完全腐蚀的概率为 37.12%,此时按腐蚀深度平均值计算得到的腐蚀率为 34.02%。

比较可见,碳化腐蚀影响相对较小,氯离子侵蚀情况离散性更大,腐蚀更严重、腐蚀速率更快(图 3-20)。

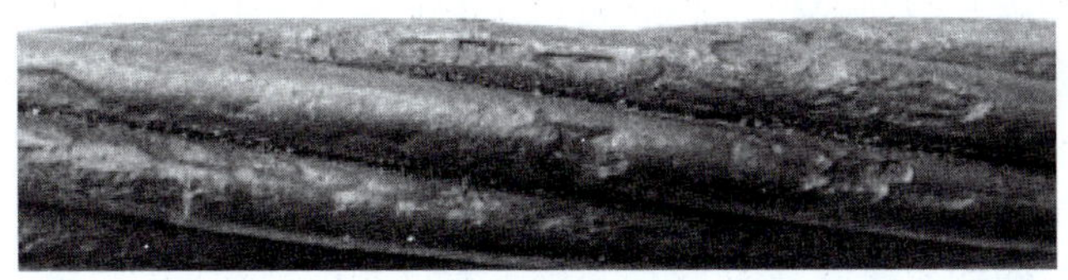

图 3-20　钢绞线腐蚀

一根钢绞线由 7 根钢丝组成。假设所有的钢丝的腐蚀电流密度是相同的,而且初期只有暴露在混凝土中的钢丝发生腐蚀损失,其腐蚀模式见图 3-21a),其剩余截面面积可近似按图 3-21b)计算,可得该钢绞线在腐蚀 t 年后的剩余面积。即预应力钢绞线截面外围腐蚀模型。

$$A_{st}(t)=\begin{cases}7\pi r^2 & (0\leqslant t<t_s)\\ \dfrac{13}{3}\pi r^2+\dfrac{8}{3}\pi[r-\Delta r(t)]^2 & (t_s\leqslant t)\end{cases} \tag{3-26}$$

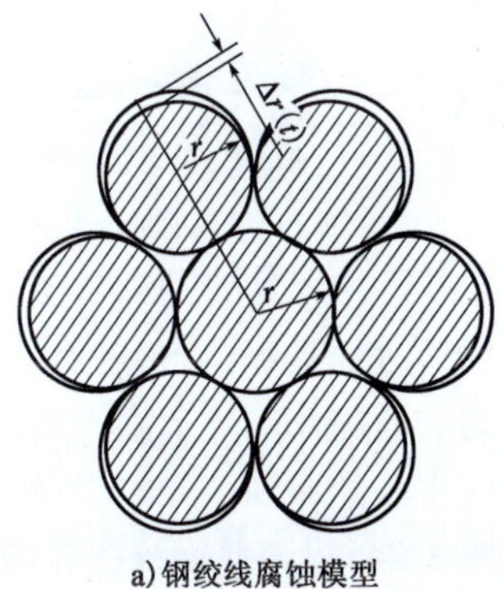

a)钢绞线腐蚀模型

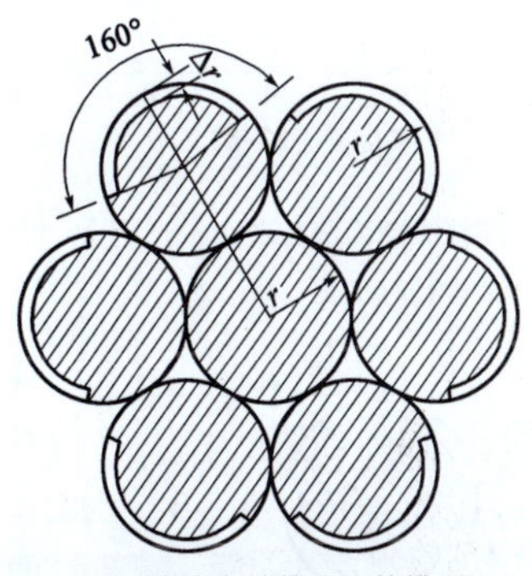

b)钢绞线腐蚀简化计算模型

图 3 21　预应力钢绞线截面腐蚀模型

相应可得钢绞线的截面腐蚀损失率:

$$\rho_w(t)=\frac{8}{21}\left[1-\left(1-\frac{\Delta r(t)}{r}\right)^2\right] \tag{3-27}$$

若考虑腐蚀前后钢绞线外围钢丝发生截面面积、力学性能变化,而中间钢丝因未腐蚀或腐蚀轻微的情况,力学性能基本无变化,可单独考虑,可分别表示钢绞线内外层钢丝腐蚀损失率。此时内层钢丝无腐蚀,而外层钢丝腐蚀损失率为:

$$\rho_w(t)=\frac{4}{9}\left[1-\left(1-\frac{\Delta r(t)}{r}\right)^2\right] \tag{3-28}$$

但由于一根强度薄弱的钢丝断裂可能引起连锁反应,导致其他钢丝受力瞬间增大而断裂;外围钢丝腐蚀,锚具对钢绞线夹持效应、管道砂浆的黏结效应减弱,受力钢绞线可能发生相对滑移。故后续分析钢绞线的名义强度按公式(3-28)计算腐蚀损失率。名义弹性模量则需根据公式(3-28)计算外围钢丝弹性模量,并考虑中心钢丝弹性模量不变,换算得到钢绞线的弹性模量。

[**例 3-8**]

设某桥中一根钢绞线截面面积为 139mm²,由 7 根直径 5.0mm 钢丝组成,取平均腐蚀电流密度为 2.586μA/cm²。将式(3-25)代入式(3-26),假定腐蚀开始时间为 65 年,可得因腐蚀钢绞线截面面积随时间变化趋势如图 3-22 所示。

钢绞线的部分截面腐蚀,若建成通车 100 年,剩余截面面积的平均值为 123.8066mm²,标准差为 15.5921mm²,即钢绞线腐蚀率为 10.91%,变异系数为 0.1260,如图 3-23 所示。

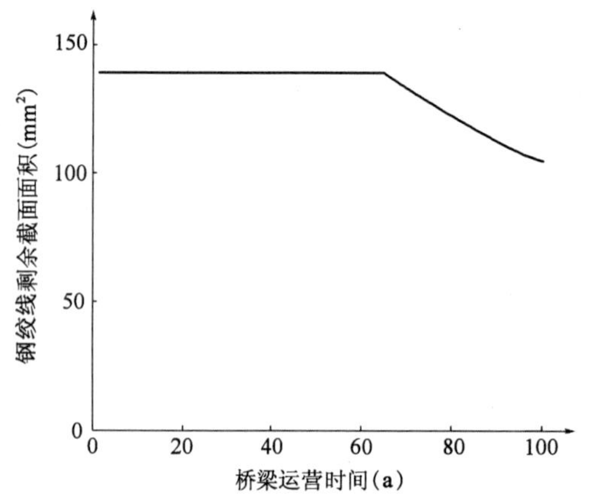

图 3-22　钢绞线截面部分腐蚀模型剩余面积经时变化

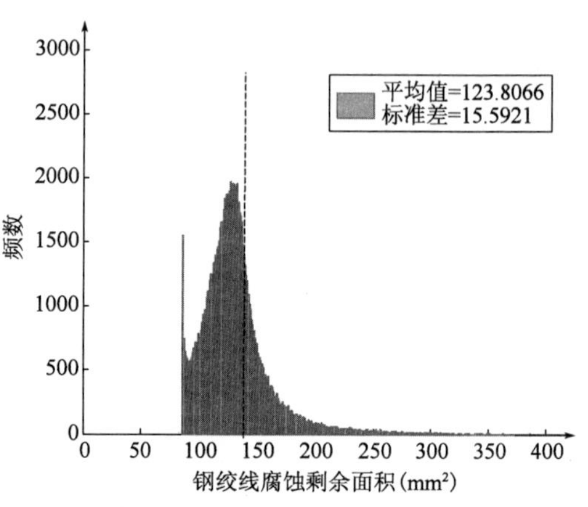

图 3-23　钢绞线腐蚀截面损失模型剩余面积

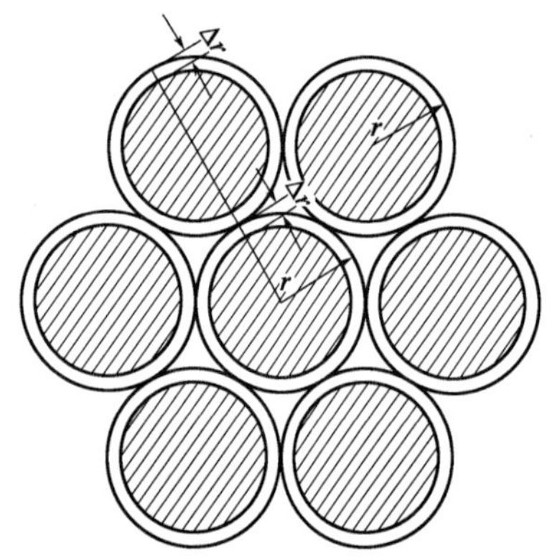

图 3-24　预应力钢绞线全截面均匀腐蚀模型

如果有氯化物通过锚具端渗入,进而通过钢绞线中心丝与外围钢丝之间的缝隙薄弱环节渗入到中心钢丝,则会导致预应力钢绞线中心丝腐蚀。此时,其腐蚀模式及剩余截面面积计算见图 3-24,可得该钢绞线在腐蚀 t 年后的剩余面积。其腐蚀速率将大大加快。

$$A_{st}(t)=\begin{cases}7\pi r^2 & (0\leqslant t<t_s)\\7\pi[r-\Delta r(t)]^2 & (t_s\leqslant t)\end{cases}\tag{3-29}$$

相应可得钢绞线的腐蚀损失率:

$$\rho_w(t)=1-\left(1-\frac{\Delta r(t)}{r}\right)^2\tag{3-30}$$

可见,部分截面损失模型仅为全截面均匀损失模型损失率的 3/7,预应力钢绞线一旦发生全截面腐蚀,其对桥梁结构的危害将更为严重。

同样按通车 100 年考虑,其他条件相同情况下,钢绞线发生全截面腐蚀后,剩余截面面积的平均值为 99.2642mm²,标准差为 40.8776mm²,钢绞线腐蚀率为 28.59%,变异系数为 0.4118,如图 3-25 所示。这种情况较为特殊,腐蚀速率较大。

3.2.4　腐蚀预应力钢束力学性能研究

预应力混凝土结构概率性能评估工作非常有限,主要是因为与钢筋混凝土结构相比,预应力混凝土结构使用历史相对较短，很多问题还没有暴露出来，而且与钢筋相比，预应力钢束的工作应力较高，预应力丝的直径较小，腐蚀损失影响更大。

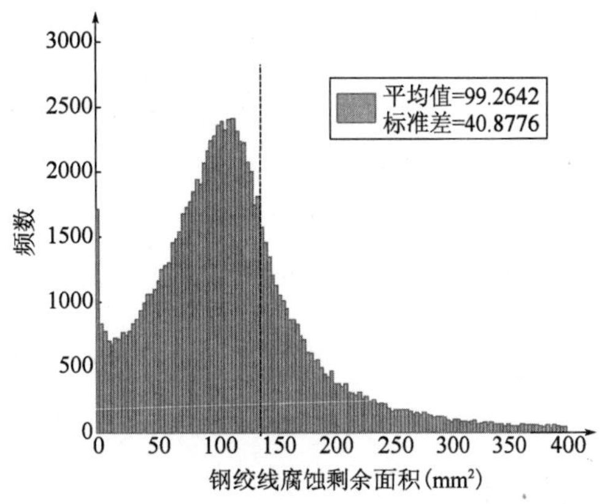

图 3-25 钢绞线全截面均匀腐蚀模型剩余面积

东南大学郑亚明、安琳等(2005)利用电化学加速腐蚀的方法得到了不同名义腐蚀损失率的钢绞线，并通过静力拉伸试验对腐蚀钢绞线的力学性能进行了研究，最后通过对试验结果进行线性回归分析，给出了腐蚀钢绞线力学性能的计算公式。

中南大学罗小勇(2008)采用钢绞线加速腐蚀试验，研究不同腐蚀程度对钢绞线的名义极限强度、名义屈服强度、名义弹性模量、伸长率的影响，建立腐蚀损失率与钢绞线名义极限强度、名义屈服强度、名义弹性模量和伸长率之间关系的数学表达式，提出腐蚀钢绞线的应力—应变本构关系。

笔者课题组王鹏、王若冰(2018)也开展了钢绞线加速腐蚀及腐蚀钢绞线力学性能试验研究，见第 2.3 节。

1)腐蚀钢绞线的名义极限强度

随着腐蚀损失的增大，腐蚀钢绞线的名义极限强度总体呈下降趋势。李富民腐蚀的钢绞线与完整钢绞线的应力—应变关系曲线比较见图 3-26。

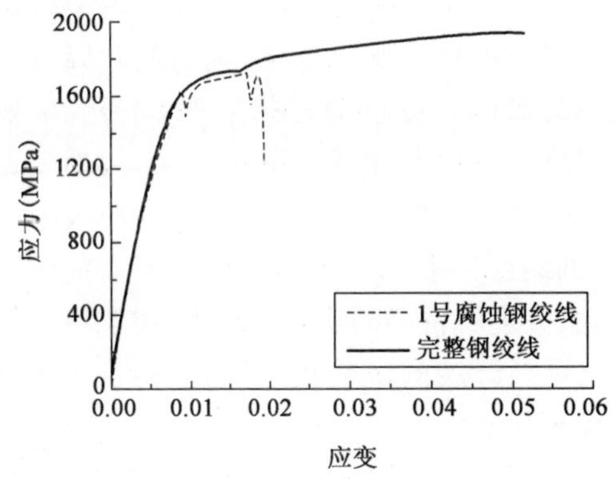

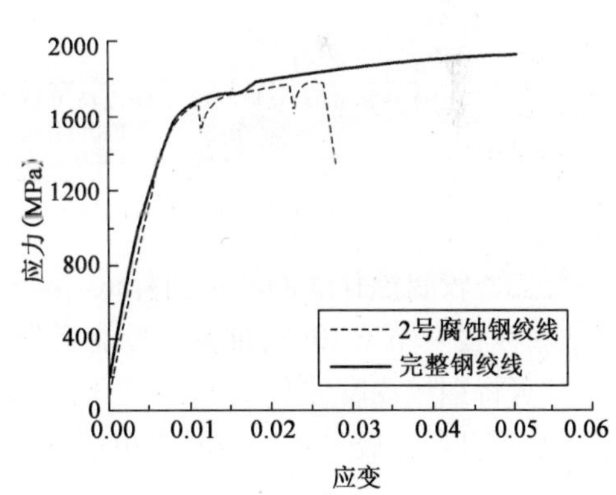

图 3-26 腐蚀预应力钢丝与完好的预应力钢丝应力—应变曲线比较

造成这种情况，除了与钢绞线的不均匀腐蚀有关，还与其自身结构的特殊性密不可分。因为钢绞线是由多根钢丝捻制而成，单根钢丝截面面积相对较小，局部腐蚀对单根钢丝的受力影响很大，加上钢丝同样为高强材料，脆性破坏特征显著，因此腐蚀后钢绞线的极限强度实际上取决于单根钢丝的腐蚀程度，而与整根钢绞线的平均腐蚀程度的相关性不是十分明显。

郑亚明、安琳等(2005)通过试验给出单根钢丝的截面腐蚀最大损失率与钢绞线腐蚀后名义极限强度之间的关系为：

$$f_{u1} = (1 - 0.836\rho_{s,max})f_u \tag{3-31}$$

式中：f_{u1}——腐蚀钢绞线的名义极限强度；

f_u——未腐蚀钢绞线的极限强度；

$\rho_{s,max}$——钢绞线单根钢丝最大截面损失率。

罗小勇(2008)通过试验给出腐蚀钢绞线名义极限强度与腐蚀损失率之间的关系公式为：

$$f_{u1} = (1 - 8.422\rho_w^{1.351})f_u \tag{3-32}$$

式中：ρ_w——钢绞线腐蚀损失率，$0 < \rho_w < 10.4\%$，其计算式为

$$\rho_w = \frac{g_0 - g}{g_0} \tag{3-33}$$

曾严红(2010)通过试验给出腐蚀钢绞线的名义极限强度与腐蚀损失率之间的关系公式：

$$f_{u1} = (1 - 2.683\rho_w)f_u \tag{3-34}$$

王鹏、王若冰(2018)开展试验，也给出了腐蚀钢绞线的名义极限强度与腐蚀率之间的关系公式，如式(2-4)所示。

公式(3-31)、式(3-32)、式(3-34)与式(2-4)的比较见图3-27。

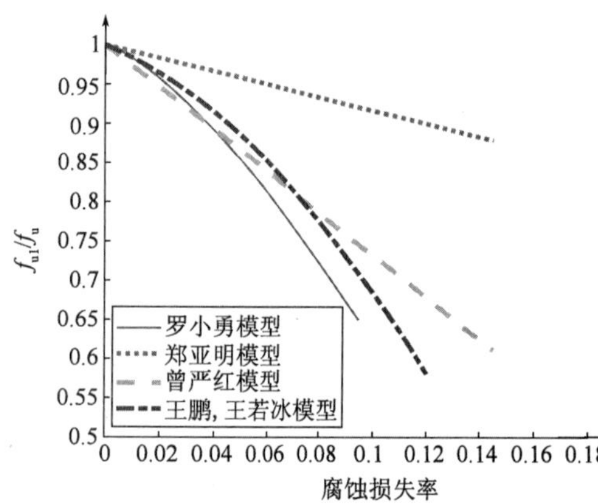

图3-27　名义极限强度与腐蚀损失率关系曲线

名义极限强度下降的原因主要有二：一是钢绞线腐蚀后有效截面面积减小，从而使其所能抵抗的拉力减小；二是腐蚀钢绞线的表面凹凸不平，受力以后出现严重的应力集中，使其抗拉强度进一步减小。在一定应力状态下钢绞线的腐蚀损失率并非可以无限增长，腐蚀损失率达到一定值时将可能发生脆断。从图3-27可见，罗小勇、曾严红模型的关系曲线接近，罗小勇模型钢绞线腐蚀损失率限于不超过10.4%的情况，此时腐蚀后钢绞线名义极限强度仅为原强度的62%。单根钢绞线的承载力为正常钢绞线的55.6%，损失近一半。吴振(2011)的试验表明，钢绞线的破断力和极限延伸率较腐蚀程度的增加而降低，但不是简单的线性关系，腐蚀的钢绞线抗疲劳能力明显降低，腐蚀程度不到10%，抗疲劳性能下降92%。大大削弱桥梁的实际承载力，桥梁将可能破坏。故可将钢绞线腐蚀损失率限于不超过10%。笔者开展的试验也表明这一点，见第2.3节，试验所得名义极限强度与罗小勇模型、曾严红模型接近。

由于坑蚀的不规则性，导致钢丝受力过程中的应力集中，腐蚀损失率越高，其影响越明显。钢绞线腐蚀后的名义极限强度将随腐蚀损失率的增加呈加速下降趋势，故本书选用罗小勇模型来估算钢绞线腐蚀后的名义极限强度。

假设钢绞线均匀腐蚀，通过钢丝半径的变化值表达腐蚀损失率，同时考虑其名义极限强度的加速下降趋势，根据公式(3-25)、式(3-26)、式(3-32)，可建立由钢绞线腐蚀开始时间、腐蚀持续时间及腐蚀电流密度表达的腐蚀后预应力钢绞线的名义极限强度公式。

$$\frac{f_{u1}}{f_u} = 1 - 2.6809\left\{1 - \left[1 - \frac{0.116i_{corr}(t - t_s)}{r}\right]^2\right\}^{1.351} \tag{3-35}$$

2）腐蚀钢绞线的名义弹性模量

腐蚀钢绞线的名义弹性模量即名义应力—应变曲线的斜率，随腐蚀损失率的增大总体呈下降趋势，说明腐蚀使钢绞线的名义刚度产生了退化。

郑亚明、安琳等（2005）通过试验和线性回归分析，得到腐蚀钢绞线的名义弹性模量与腐蚀损失率的关系如下：

$$E_{u1}=(1-3.401\rho_w)E_u \tag{3-36}$$

式中：E_{u1}——腐蚀钢绞线的名义弹性模量；

E_u——未腐蚀钢绞线的弹性模量。

罗小勇（2008）通过试验及回归分析给出腐蚀钢绞线的名义弹性模量与腐蚀损失率之间的关系公式：

$$E_{u1}=(1-40.4633\rho_w^{2.366})E_u \tag{3-37}$$

式中：ρ_w——钢绞线腐蚀损失率，$0<\rho_w<10.4\%$。

曾严红（2010）通过试验给出腐蚀钢绞线的名义弹性模量与腐蚀损失率之间的关系公式：

$$E_{u1}=(1-0.848\rho_w)E_u \tag{3-38}$$

王鹏、王若冰（2018）开展试验，也给出了腐蚀钢绞线的名义弹性模量与腐蚀率之间的关系公式，式（2-5）。

公式（3-36）、式（3-37）、式（3-38）与式（2-5）的比较见图3-28。

从图3-28可见，罗小勇、曾严红模型更为接近，笔者的模型和郑亚明的模型接近，腐蚀率为12%时，腐蚀后钢绞线弹性模量仅为原弹性模量的50%。根据强度分析，将钢绞线腐蚀损失率限于不超过12.0%。笔者试验见2.3节，由于腐蚀损伤的影响，实际上钢绞线名义弹性模量与腐蚀损失率呈完全非线性关系，钢绞线腐蚀后的名义弹性模量将随腐蚀损失率的增加呈加速下降趋势。

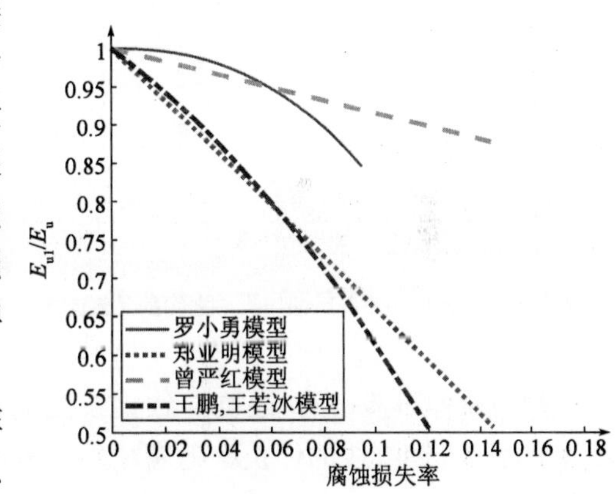

图3-28 名义弹性模量与腐蚀率之间的关系曲线

假设钢绞线均匀腐蚀，同时考虑其名义弹性模量的加速下降趋势，根据公式（3-25）、式（3-26）、式（3-37），可建立由钢绞线腐蚀开始时间、腐蚀持续时间及腐蚀电流密度表达的腐蚀后预应力钢绞线的名义弹性模量公式。

$$\frac{E_{u1}}{E_u}=1-5.4504\left\{1-\left[1-\frac{0.116i_{corr}(t-t_s)}{r}\right]^2\right\}^{2.366} \tag{3-39}$$

3）腐蚀钢绞线的极限延伸率

由于钢绞线属于高强材料，本身其延性就较差，腐蚀后蚀坑处截面严重削减且受应力集中等因素的影响，其延性变得更差。

郑亚明、安琳等（2005）通过试验和线性回归分析，由相关试验可见，腐蚀后的钢绞线只有弹性变形而没有塑性变形，当达到名义极限强度后立即破坏，属明显的脆性破坏。得到钢绞线的极限伸长率与腐蚀损失率近似呈线性关系，回归关系式为：

$$\delta_{u1}=(1-3.626\rho_w)\delta_u \tag{3-40}$$

式中：δ_{u1}——腐蚀钢绞线的极限延伸率；

δ_u——未腐蚀钢绞线的极限延伸率。

罗小勇(2008)通过试验及回归分析给出腐蚀钢绞线的名义延伸率与腐蚀损失率之间的关系公式：

$$\delta_{u1}=(1-3.837\rho_w^{0.568})\delta_u \tag{3-41}$$

式中：ρ_w——钢绞线腐蚀损失率，$0<\rho_w<10.4\%$。

曾严红(2010)通过试验给出腐蚀钢绞线的名义延伸率与腐蚀损失率之间的关系公式：

$$\delta_{u1}=(1-9.387\rho_w)\delta_u \tag{3-42}$$

王鹏、王若冰(2018)开展试验，也给出了腐蚀钢绞线的名义延伸率与腐蚀率之间的关系公式见式(2-6)。

公式(3-40)、式(3-41)、式(3-42)、与式(2-6)的比较见图3-29。

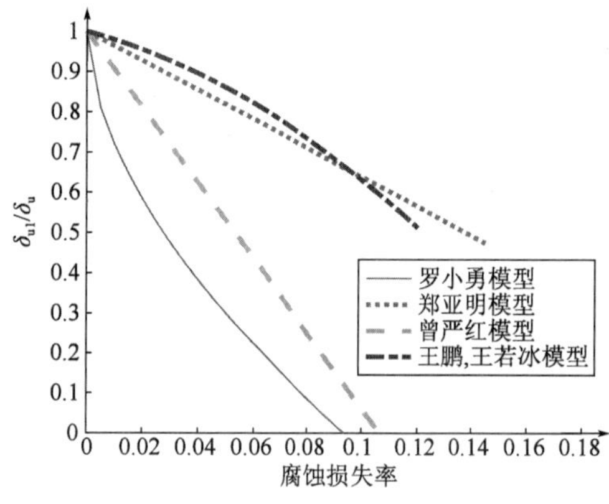

图3-29 名义伸长率与腐蚀损失率之间的关系曲线

从图3-29可见，罗小勇、曾严红模型较为接近，笔者的模型与郑亚明的模型较为接近，此处选用罗小勇模型估算钢绞线腐蚀后的延伸率公式。

假设钢绞线均匀腐蚀，同时考虑其名义伸长率的加速下降趋势，根据公式(3-25)、式(3-26)、式(3-41)，可建立由钢绞线腐蚀开始时间、腐蚀持续时间及腐蚀电流密度表达的腐蚀后预应力钢绞线的名义伸长率公式。

$$\frac{\delta_{u1}}{\delta_u}=1-2.3713\left\{1-\left[1-\frac{0.116 i_{corr}(t-t_s)}{r}\right]^2\right\}^{0.568} \tag{3-43}$$

静力拉伸试验表明，蚀坑导致钢绞线的脆性增加，最大承拉力和极限平均应变降低。从图3-29可见，钢绞线的伸长率随腐蚀损失率的增加迅速下降，当腐蚀损失率达到12%左右时，钢绞线将发生完全的脆性破坏。体现在应力-应变曲线上，随着腐蚀损失率的增大，线弹性段逐渐变短，强化段逐渐变短乃至消失。工程事故中腐蚀力筋的脆性断裂，更大程度上应是坑蚀效应引起的应力集中过载断裂。

钢绞线腐蚀后，在一定范围内，由于黏结性能没有退化，而钢绞线的抗拉性能却遭到严重退化，因而后者成为基本结构性能退化的控制因素，所以，其黏结性能完全以按照无腐蚀钢绞线的有效黏结进行分析。

3.3 预应力钢束腐蚀后预应力损失时变模型

由于混凝土长期的收缩和徐变，引起的预应力损失将相当可观。王均利(2004)列举了休斯敦运河桥通车11年时预应力损失率，如表3-3所示。

休斯敦运河桥通车 11 年时预应力损失率

表 3-3

预应力部位		通车时(MN)	11 年时(MN)	预应力损失率(%)
最大悬臂预应力	边跨	243.35	228.23	6.2
	中跨	241.93	219.20	9.4
最大连续预应力	边跨	42.43	38.96	8.2
	中跨	80.64	74.64	7.5

闫磊、贺拴海(2010)利用自主开发的预应力钢束张力测试仪采集了有效预应力的随机样本,对钢束有效预应力实际值与理论值相对关系的统计规律进行了研究。通过模型试验及连续刚构桥实桥预应力钢绞线有效预应力测试试验发现,有效预应力统计参数 K_{EP}(有效预应力实测值与有效预应力理论计算值的比值)经 χ^2 检验服从正态分布,$K_{EP} \sim N(0.97,0.09)$,以分位值 0.75 为依据,给出 K_{EP}的代表值为 0.91。

表 3-3 给出的预应力损失观测值为某一时间点的观测值,包含了规范中给出的预应力钢束松弛、混凝土收缩徐变造成的预应力损失,后期的预应力损失影响因素及损失程度难于确认;而闫磊给出的预应力损失也同样难于将规范规定部分区分出来,之所以这样说,是因为在规范给定的预应力损失范围内结构是安全的。两者都未能给出预应力损失与预应力张拉后持续时间的关系。

3.3.1 预应力钢束腐蚀后预应力损失模型

这里单独讨论预应力钢束腐蚀导致的预应力损失。当预应力钢束遭受腐蚀时,预应力钢束的面积减少,此时梁内将发生应力重分布,受力达到新的平衡,造成预应力损失。根据前述分析,按腐蚀预应力钢束与混凝土之间不发生相对滑移考虑,预应力混凝土构件腐蚀截面仍保持平截面假定。

以腐蚀之后预应力钢束截面为分析对象,对于有黏结预应力钢束,预应力钢束腐蚀之后会发生预应力释放,在腐蚀处梁截面较锈前混凝土所受预应力会有所减小。而预应力钢束有继续伸长的趋势使得应力增大,但是为了达到截面受力平衡,腐蚀后预应力钢束所受总的预应力值较腐蚀前减小。

内力重分布后,设腐蚀预应力钢束应变变化为 $\Delta\varepsilon_p$,而同一位置混凝土应变变化为 $\Delta\varepsilon_c$,由于同一位置预应力钢束和混凝土的变形协调,则有

$$\Delta\varepsilon_p = \Delta\varepsilon_c \tag{3-44}$$

预应力钢束在腐蚀后有效预拉力为:

$$T_r = (\varepsilon_{pe} + \Delta\varepsilon_p) E_{u1} (1 - \rho_w) A_p \tag{3-45}$$

式中:ε_{pe}——预应力钢束扣除所有损失后的有效应变;

ρ_w——预应力钢束的腐蚀损失率;

A_p——预应力钢束初始截面面积;

E_{u1}——预应力钢束腐蚀后的弹性模量。

由此可得预应力钢束重心处混凝土所受应力为:

$$\sigma_c' = \sigma_c - \Delta\varepsilon_c E_c \tag{3-46}$$

式中：σ_c——预应力钢束重心处混凝土所受压应力。

腐蚀后梁截面上混凝土的总压力为：

$$C_r = \int_{A_0} \frac{\sigma_c - \Delta\varepsilon_c E_c}{\sigma_c} \sigma \mathrm{d}A_0 = \frac{\sigma_c - \Delta\varepsilon_c E_c}{\sigma_c} \sigma_{pe} A_p \tag{3-47}$$

式中：C_r——腐蚀后截面混凝土所受合力；

σ——腐蚀前截面上混凝土分布应力；

A_0——混梁截面换算面积；

σ_{pe}——扣除相关预应力损失后的预应力钢束有效预应力。

其他参数表示可参见图3-30。

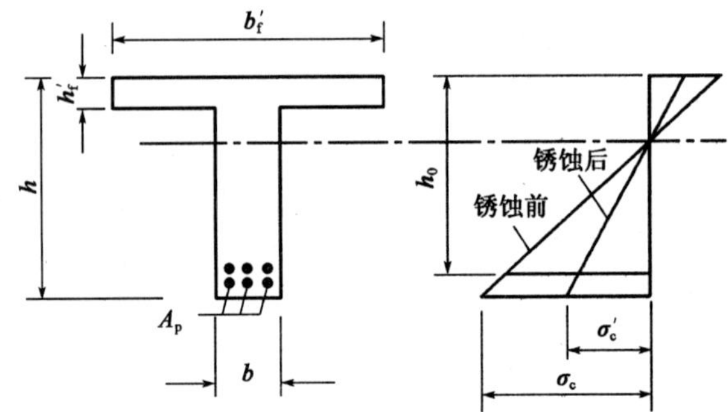

图3-30　预应力钢束腐蚀前后截面应力分布

由此可得：

$$(\varepsilon_{pe} + \Delta\varepsilon_p) E_{u1} (1 - \rho_w) A_p = \frac{\sigma_c - \Delta\varepsilon_c E_c}{\sigma_c} \sigma_{pe} A_p \tag{3-48}$$

式中：σ_c——腐蚀前预应力钢束重心处混凝土所受应力；

E_c——混凝土弹性模量。

对于简支梁桥，可得

$$\sigma_c = \sigma_{pe} A_p \left(\frac{1}{A_0} + \frac{e_0^2}{I_0} \right) \tag{3-49}$$

联合式(3-44)、式(3-48)可得到预应力钢束腐蚀后的应变变化计算公式：

$$\Delta\varepsilon_p = \frac{\sigma_{pe} \left[1 - \frac{E_{u1}}{E_u} (1 - \rho_w) \right]}{\frac{\sigma_{pe}}{\sigma_c} E_c + E_{u1} (1 - \rho_w)} \tag{3-50}$$

将式(3-49)代入式(3-50)，得到预应力钢束腐蚀后的应变变化，进而代入到式(3-45)，可得到腐蚀后的预应力，即可确定预应力损失率。

$$\delta_{loss} = \frac{T - T_r}{T} = \frac{\sigma_{pe} - (\varepsilon_{pe} + \Delta\varepsilon_p) E_{u1} (1 - \rho_w)}{\sigma_{pe}} \tag{3-51}$$

考虑时间效应，由上式还可以进一步得到预应力损失的时变模型。

$$\delta_{loss} = \frac{\sigma_{pe} - (\varepsilon_{pe} + \Delta\varepsilon_p) E_{u1}(t) (1 - \rho_w(t))}{\sigma_{pe}} \tag{3-52}$$

可见,除腐蚀损失率外,预应力损失率还与梁截面尺寸、混凝土弹性模量、预应力钢束配置等有关。

[例 3-9]

以标准跨径 20m 空心板为例,计算跨径 $l=19.6\text{m}$,空心板的基本规格尺寸参见我国交通行业《公路桥涵通用图》,横断面布置见图 3-31,单板截面尺寸见图 3-32。预制空心板、铰缝和桥面现浇层均采用 C50 混凝土,其弹性模量为 3.45×10^4MPa。采用抗拉强度标准值 $f_{pk}=1860\text{MPa}$,公称直径 $d=15.2\text{mm}$ 的低松弛高强度钢绞线,单根预应力钢束的截面面积为 139mm^2,弹性模量为 1.95×10^5MPa,净保护层厚度为 49.4mm,共设置 18 根,均按非角部考虑,张拉控制应力为 1265MPa。

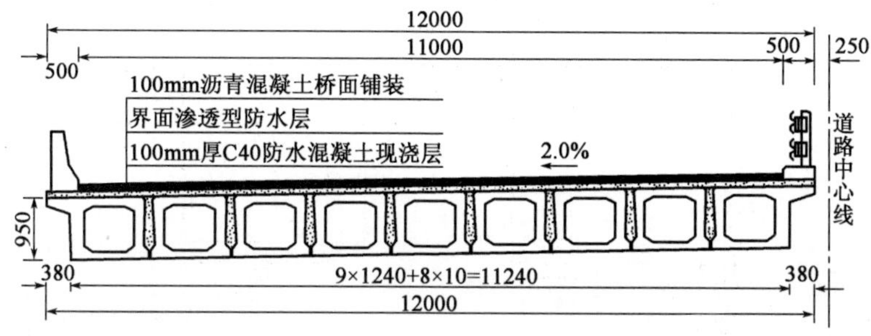

图 3-31 预应力空心板桥横断面布置(尺寸单位:mm)

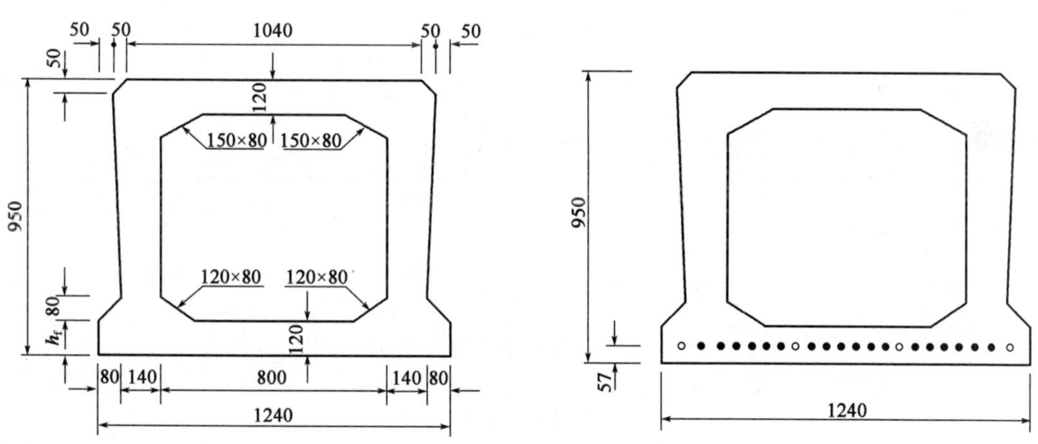

图 3-32 20m 空心板中板截面(尺寸单位:mm)

当预应力钢束腐蚀损失率由 1% 到 10% 变动时,可计算得到相应的预应力损失值,见图 3-33。

因预应力钢束松弛、混凝土收缩徐变在桥梁建成后已基本完成,可以认为后期的预应力损失基本由预应力钢束腐蚀引起,可以建立预应力混凝土桥梁的预应力损失时变模型。从图 3-33a)中可见,预应力损失率随预应力钢束腐蚀损失率增加而增大,若不考虑预应力钢束弹性模量的变化,则两者基本呈线性关系。

若考虑预应力钢束弹性模量,可得由于预应力钢束腐蚀导致的预应力损失与腐蚀损失率的关系及其经时变化，如图 3-33b）、图 3-34 所示，考虑氯离子侵蚀影响预应力损失随腐蚀损失率的增加而增大，预应力钢束一旦腐蚀，预应力损失迅速增大，在 10 年左右时间内腐蚀损失率达到 10%，预应力损失达到 250MPa，占有效预应力的 25%。相应可得控制截面（跨中）底面应力的经时变化。当预应力钢束腐蚀达到一定程度时，预应力混凝土梁出现拉应力，见图 3-35，甚至超出规范限值，发生开裂，这进而会加速预应力钢束腐蚀的过程，导致梁体承载力急剧恶化。

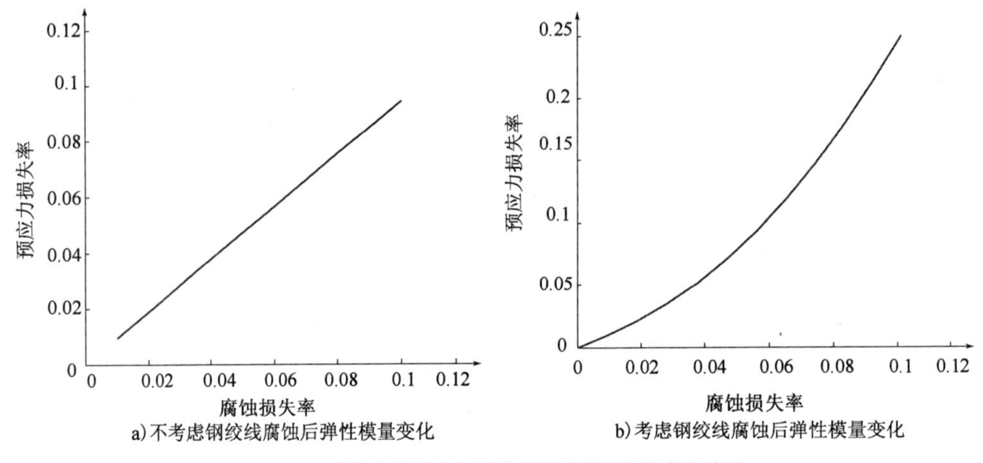

图 3-33　预应力损失率与预应力钢束腐蚀损失率的关系

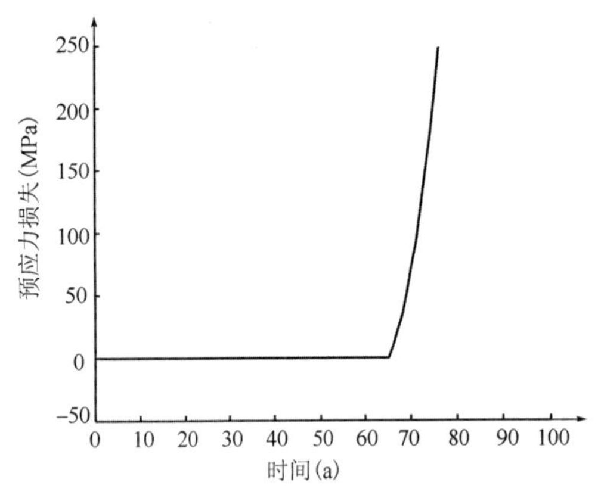

图 3-34　钢绞线预应力损失经时变化

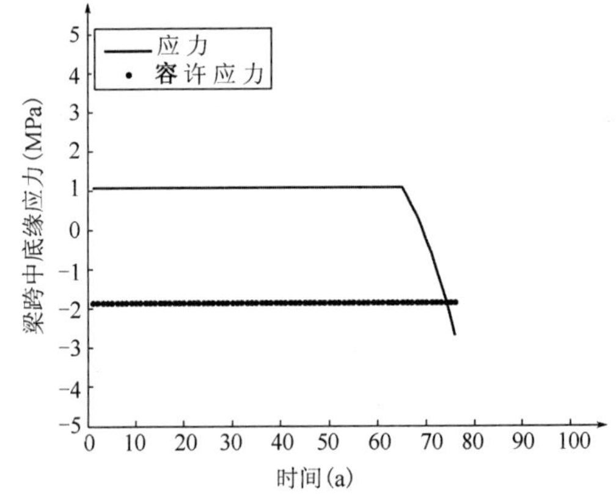

图 3-35　梁跨中底缘混凝土应力经时变化

3.3.2　连续刚构桥裂缝及下挠成因探析

对于预应力连续刚构桥而言，跨中下挠和裂缝问题，很有可能与钢绞线锈蚀有关。以某一连续刚构桥为例，桥型布置及其预应力钢绞线布置如图 3-36、图 3-37 所示。

主桥上部结构采用 72m + 120m + 72m 变截面预应力混凝土连续刚构，左幅桥和右幅桥的上部结构相同。大桥边中跨比为 0.60，箱梁根部梁高 7.2m，跨中及端部梁高为 2.8m，梁高按照 1.8 次抛物线变化；横断面为单箱单室直腹板箱梁，箱梁顶板宽 12.0m，底板宽 7m，悬臂长度 2.5m;0 号块顶、底板厚度分别为 50cm 和 120cm,腹板厚 80cm;其他梁段顶板厚 28cm,底板厚度从根部 100cm 按照 1.8 次抛物线变化至跨中 30cm。其中 1 号块至 8 号块腹板厚 70cm,10 号块至 16 号块腹板厚 50cm,9 号块为腹板过渡段。

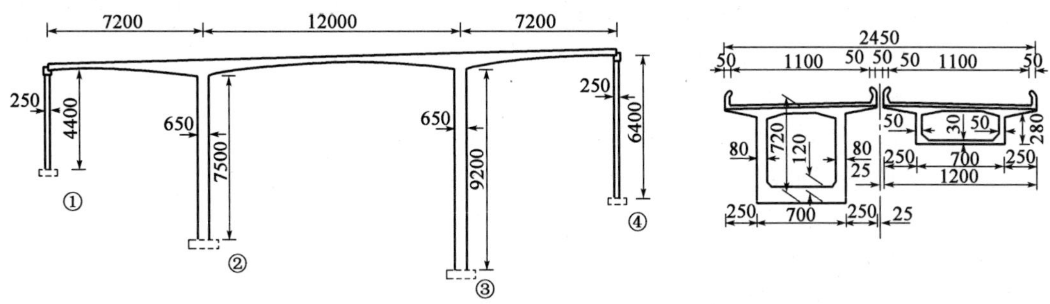

图 3-36　某连续刚构桥桥型布置(尺寸单位:cm)

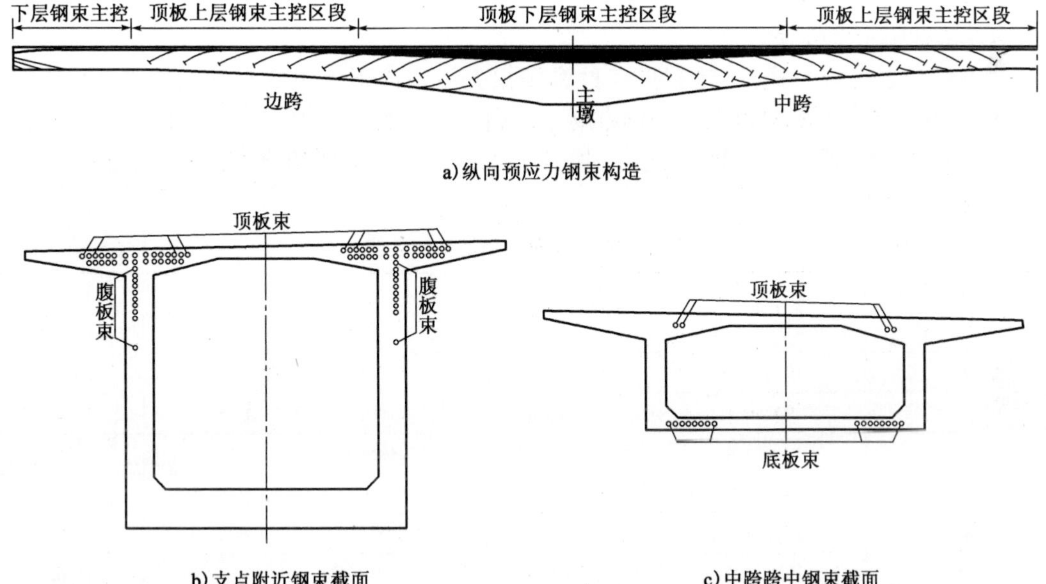

图 3-37　纵向预应力钢束布置及腐蚀分析考虑

主梁采用三向预应力体系,主要分为纵向、横向和竖向预应力。纵向预应力分为顶板束、腹板束、边跨底板束、中跨底板束、边跨合龙束及中跨合龙钢束六种。采用《预应力混凝土用钢绞线》(GB/T 5224—2014)标准的 $13\phi^{s}15.2$、$16\phi^{s}15.2$、$19\phi^{s}15.2$ 高强度低松弛钢绞线群锚体系,抗拉强度标准值 $f_{pk}=1860$MPa,钢束锚下张拉控制应力为 1395MPa。顶板横向预应力钢束采用 $3\phi^{s}15.2$ 高强度低松弛钢绞线,其抗拉强度标准值 $f_{pk}=1860$MPa,钢束锚下张拉控制应力为 1302MPa。

从图 3-37 中可见,桥墩位置梁顶承受负弯矩,预应力钢绞线分层布置,该区域的预应力钢束至关重要,控制悬臂施工阶段梁体下挠及成桥阶段跨中挠度。若施工阶段控制不好或运营阶段出现超载情况,该负弯矩区域将出现拉应力甚至裂缝。如前所述,混凝土出现拉应力或裂缝将加速混凝土碳化或氯离子的侵蚀过程,导致预应力钢束腐蚀时间提前,腐蚀加速。

如图 3-37 所示，从连续刚构桥纵向预应力的布置特点看，长束布置在上层，短束布置在下层，顶板上层钢束（含同一水平位置下弯束）主要控制梁体跨中区段，其到梁上缘的距离较小，受外环境及车载影响最大，容易发生腐蚀；顶板下层钢束（含同一水平位置下弯束）主要控制梁体靠近主墩区段（桥墩至 1/4 跨），受环境影响迟于上层钢束；其余腹板束主要处于腹板内，控制腹板主应力，受环境影响一般迟于顶板下层钢束；底板钢束主要控制底板应力，由于被顶板遮蔽，可能最后腐蚀。预应力钢束腐蚀顺序按照顶板上层钢束→顶板下层钢束→腹板钢束→底板钢束考虑，底板由于施工质量等原因也可能先期出现裂缝。分析中均予考虑。

因连续刚构桥为超静定结构，任一类预应力钢束腐蚀都会导致梁内力的重分布，这里采用有限元法开展钢束腐蚀影响分析。

1）顶板上层钢束腐蚀影响

假设图 3-37 中顶板上层预应力钢束由于距离外环境最近发生腐蚀。建立 Midas 模型进行分析，可计算钢束在腐蚀损失率分别为 0、2%、4%、6%、8%、10%、12%（腐蚀损失率超过 10% 钢束可能发生脆断，12% 仅为参考值）几种情况下梁的跨中挠度、腹板主拉应力、跨中梁底应力及腐蚀钢束有效预应力。

根据第 3.2.3 节公式，可计算得各种腐蚀损失率情况下钢束的材料性能及 $13\phi^s15.2$、$16\phi^s15.2$、$19\phi^s15.2$ 三种规格预应力钢束腐蚀后剩余的截面面积，见表 3-4。进而将这些数据代入到连续刚构桥模型，可计算得到某一腐蚀损失率情况下梁体的挠度及跨中、支点、1/4 跨关键截面应力情况。

钢束腐蚀后截面面积及材料性能 表 3-4

腐蚀损失率（%）	E_p（MPa）	f_{pk}（MPa）	A_p（mm^2）		
			15 - 16	15 - 13	15 - 19
0	195000.0	1860.0	2224.0	1807.0	2641.0
2	194246.1	1780.6	2179.5	1770.9	2588.2
4	191113.4	1657.6	2135.0	1734.7	2535.4
6	184856.2	1509.9	2090.6	1698.6	2482.5
8	174964.2	1343.6	2046.1	1662.4	2429.7
10	161030.0	1161.9	2001.6	1626.3	2376.9
12	142707.6	966.9	1957.1	1590.2	2324.1

由分析结果可绘出钢束腐蚀后连续刚构桥应力和变形与腐蚀损失率的关系。顶板上层钢束腐蚀对恒载跨中挠度的影响如图 3-38 所示。

如图 3-38 所示，恒载作用下梁跨中挠度随顶板上层钢束腐蚀损失率的增加而增长。并且出现非线性增长趋势。当腐蚀损失率为 10% 时，下挠值为 19.16mm，为跨度的 1/6263。而当腐蚀损失率为 12% 时，下挠值为 25.35mm，为跨度的 1/4734。

当钢束腐蚀损失率达到 10% 时，其名义极限强度下降为 1161.9MPa，与钢束有效预应力接近；当钢束腐蚀损失率达到 12% 时，其强度下降为 966.9MPa，低于钢束有效预应力。也即腐蚀损失率处于 10% ~12% 之间时，一旦钢束有效应力与腐蚀后强度相当，存在钢束破断的可能，梁内储备预应力及承载力将迅速下降，梁体将加速下挠。

顶板上层钢束腐蚀对应力的影响如图 3-39 所示。

如图 3-39a)所示，短期效应组合主拉应力随墩位顶板上层钢束腐蚀损失率增加而增加。当腐蚀损失率为10%时，主拉应力达到0.95MPa；当腐蚀损失率为12%时，主拉应力达到0.98MPa，接近主拉应力限值1.096MPa。如图3-39b)所示，跨中梁底正应力也随着钢束腐蚀损失率的增加而降低。

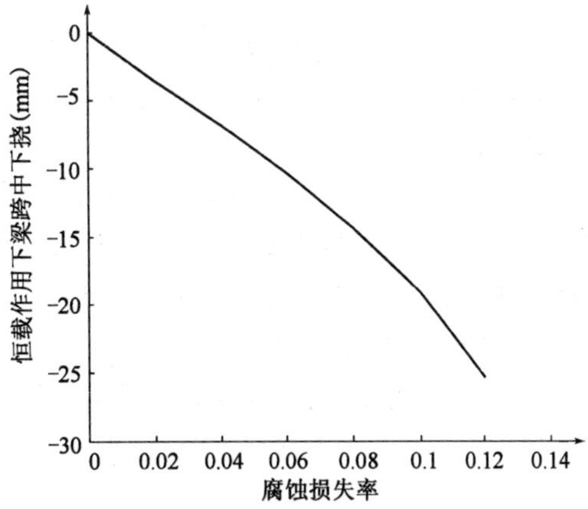

图 3-38　顶板上层钢束腐蚀对恒载跨中挠度的影响

顶板上层钢束腐蚀对有效预应力的影响如图 3-40所示。

如图 3-40 所示，钢束有效预应力随墩位顶板上层钢束腐蚀损失率增加而降低，钢束的有效预应力损失率则随之增大。以其中的一根腐蚀钢束为例，当腐蚀损失率为10%时，钢束的有效预应力由1172.1MPa降低为1110.8MPa。计算得到的钢束有效预应力损失率，此时需考虑钢束截面面积损失，预应力损失率达到14%；当腐蚀损失率为12%时，预应力损失率达到18%。

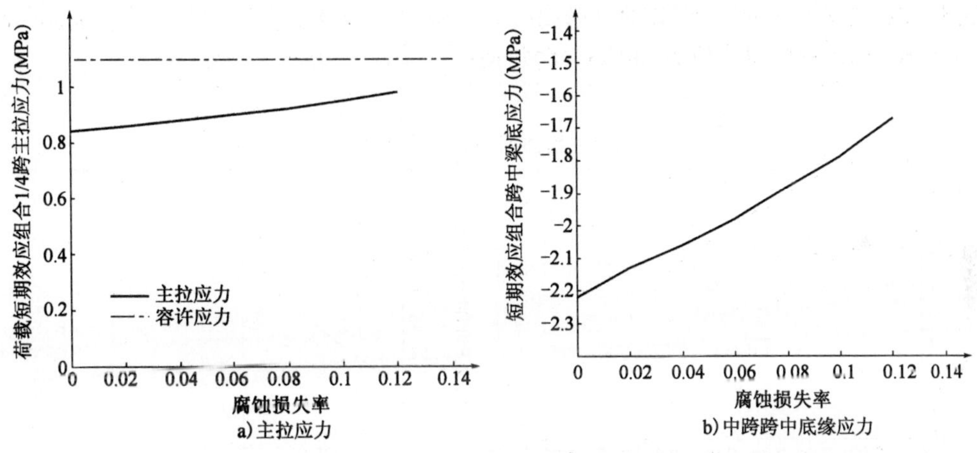

a)主拉应力　　b)中跨跨中底缘应力

图 3-39　顶板上层钢束腐蚀对应力的影响

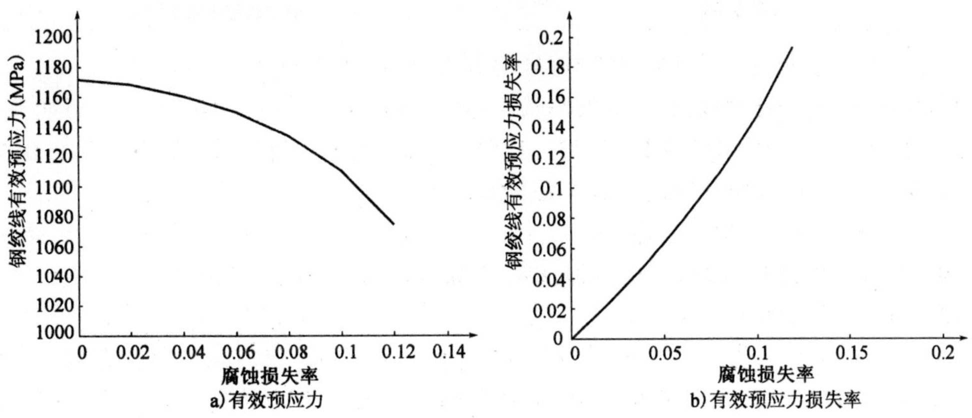

a)有效预应力　　b)有效预应力损失率

图 3-40　顶板上层钢束腐蚀对有效预应力的影响

2)顶板下层钢束腐蚀影响

假设顶板上层预应力钢束已发生腐蚀,腐蚀损失率为10%。在此条件下,分析顶板下层钢束腐蚀损失率为2%、4%、6%、8%、10%几种情况下梁的中跨跨中下挠、腹板主拉应力、跨中梁底应力等。

分析可得,顶板下层钢束腐蚀损失率从0达到10%时,跨中挠度仅降低3.61mm,累计达到-22.78mm。短期荷载组合作用下,跨中梁底压应力减小0.12MPa,累计达到-1.67MPa,1/4跨腹板主应力则基本无变化,降低0.02MPa,达到0.93MPa。

3)腹板束腐蚀影响

假设全部顶板预应力钢束已发生腐蚀,腐蚀损失率为10%。在此条件下,分析腹板束腐蚀损失率为2%、4%、6%、8%、10%几种情况下梁的跨中挠度、腹板主拉应力、跨中梁底应力等。

分析可得,腹板钢束腐蚀损失率从0达到10%时,跨中下挠仅降低1.96mm,累计达到24.74mm。短期荷载组合下跨中梁底压应力减小0.05MPa,累计达到-1.61MPa,1/4跨腹板主应力升高0.02MPa,达到0.95MPa,两者基本无变化。

4)底板束腐蚀影响

底板束单独发生腐蚀时,腐蚀损失率为2%、4%、6%、8%、10%几种情况下梁的跨中挠度、腹板主拉应力、跨中梁底应力如图3-41所示。

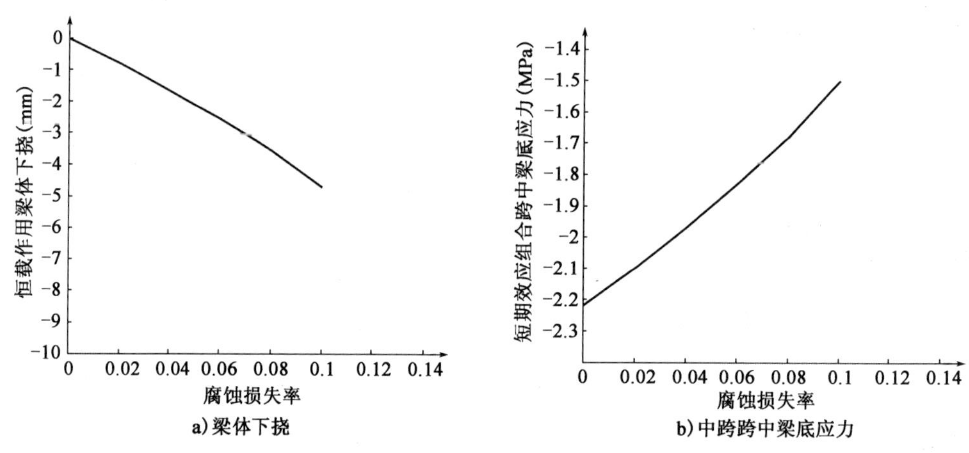

图3-41 底板钢束腐蚀对梁体下挠和应力的影响

如图3-41所示,腹板钢束腐蚀损失率从0达到10%时,跨中下挠4.72mm。短期荷载组合下跨中梁底压应力减小0.72MPa,达到-1.5MPa。此外,1/4跨腹板主应力升高0.01MPa,达到0.86MPa,随腐蚀损失率的增加基本无变化。

由于连续刚构桥为超静定结构,预应力体系设计复杂,相互影响。若顶板钢束已锈蚀,底板发生锈蚀时,可能出现挠度微小的反弹现象,是梁体内力重分配的结果。

5)部分钢束腐蚀破断

如前所述,腐蚀损失率超过10%时,钢绞线可能发生破断。仅以顶板上层钢束发生腐蚀为例,当顶板上层每根钢束($16\phi^s15.2$)中有3根钢绞线破断(其余顶板上层钢束中的钢绞线腐蚀损失率为10%)时,梁体下挠达到37.24mm,1/4跨位置腹板主拉应力将达到1.08MPa,

接近限值。当顶板上层每根钢束中有 6 根钢绞线破断时,梁体下挠达到 58.98mm,短期荷载组合 1/4 跨位置腹板主拉应力将达到 1.26MPa,超过限值,跨中底板应力达到 0.6MPa,发生开裂。

考虑钢束破断及其他因素影响,梁内储备预应力迅速下降,梁体腹板将发生斜裂缝,而跨中梁底也可能发生横向裂缝,导致梁体刚度降低,下挠量将非线性增长。

6)结论

根据上述分析可得到如下结论:

钢束发生腐蚀但未破断即腐蚀损失率小于 10% 时,顶板上层钢束腐蚀对梁体下挠、1/4 跨腹板主拉应力影响最大,对中跨跨中梁底板应力的影响略低于底板预应力钢束腐蚀的影响。顶板下层钢束腐蚀对于跨中下挠、腹板主拉应力、跨中梁底应力影响较小。腹板束的影响基本可忽略。底板钢束腐蚀对底板应力影响最大,对腹板主拉应力基本无影响,对梁体下挠的影响低于顶板上层钢束。

部分钢束尤其是顶板上层钢束发生腐蚀破断时,梁内储备预应力迅速下降,梁体腹板将发生斜裂缝,而跨中梁底也可能发生横向裂缝,梁体下挠量非线性增长。

预应力钢束腐蚀甚至部分钢束腐蚀破断对预应力混凝土连续刚构桥预应力储备的影响十分明显,是该类桥梁发生下挠、裂缝病害的重要原因之一。

3.4　钢筋腐蚀退化的时变模型

少数预应力桥梁梁体采用混合配筋的方式,配置一部分钢筋作为受力主筋,梁体的抗剪箍筋亦为普通钢筋。故此处做简要讨论。根据钢筋锈蚀形态的不同,钢筋锈蚀可分为均匀锈蚀和局部锈蚀。均匀锈蚀是指钢筋沿圆周各处锈蚀程度一致,即沿圆周锈蚀程度相同。均匀锈蚀一般会产生较多铁锈,引起混凝土与钢筋间黏结力的丧失,并能引起混凝土保护层的剥离。由于混凝土碳化而引起的钢筋锈蚀一般情况下属于均匀锈蚀。

3.4.1　基于碳化的钢筋腐蚀模型

在一般大气环境下,混凝土碳化使混凝土的碱性降低,从而失去对钢筋的保护作用,在适当的条件下钢筋发生锈蚀。

牛荻涛(2003)从碳化理论模型入手,以工程实用为目的,提出了混凝土碳化条件下钢筋均匀锈蚀的一系列模型,并经过了全国各地工程几十组实测碳化数据的验证。

1)钢筋面积退化模型

牛荻涛(2003)拟合出混凝土保护层开裂前钢筋锈蚀深度的计算模型公式:

$$\delta_{\mathrm{el}} = \lambda_{\mathrm{el}}(t - t_{\mathrm{s}}) \tag{3-53}$$

混凝土保护层开裂前钢筋锈蚀速率为:

$$\lambda_{\mathrm{el}} = 46k_{\mathrm{cr}}k_{\mathrm{ce}}\mathrm{e}^{0.04T}(\mathrm{RH} - 0.45)^{2/3}c^{-1.36}f_{\mathrm{cu}}^{-1.83} \tag{3-54}$$

式中:k_{cr}——钢筋位置修正系数,角部 $k_{\mathrm{cr}} = 1.6$,中部 $k_{\mathrm{cr}} = 1.0$;

k_{ce}——小环境条件修正系数,潮湿地区室外环境 $k_{\mathrm{ce}} = 3.0 \sim 4.0$,干燥地区室外环境 $k_{\mathrm{ce}} = 2.5 \sim 3.5$;

RH——空气湿度(%);

f_{cu}——混凝土立方体抗压强度(MPa);

c——混凝土保护层厚度(mm);

t——环境温度(℃);

t_s——钢筋锈蚀开始时间。

当钢筋锈蚀到一定程度时,由于钢筋锈蚀产物的体积不断增加,大于相应钢筋的体积,将会对周围的混凝土产生挤压力,从而导致混凝土的开裂、剥离,导致混凝土锈胀。由于锈胀随时间不断发展,不同时刻,锈胀裂缝宽度也将存在差异。一般肉眼可见裂缝在0.1mm左右,工程上将锈胀裂缝宽度 $w=0.1$mm 的时刻定义为混凝土保护层开裂时刻。

混凝土锈胀开裂时间可依据下式求解:

$$t_{cr}=t_{c0}+\frac{\Delta r_{cr}}{\lambda_{el}} \tag{3-55}$$

式中:t_{cr}——混凝土锈胀开裂的时间(a);

t_{c0}——混凝土开始锈蚀的时间(a);

Δr_{cr}——混凝土保护层锈胀开裂时的钢筋锈蚀深度(mm);

λ_{el}——保护层锈胀开裂前的钢筋锈蚀速度(mm/a)。

混凝土保护层锈胀开裂时钢筋的锈蚀深度 Δr_{cr} 可采用牛荻涛模型,公式如下:

变形钢筋:

$$\Delta r_{cr}=k_{crs}\left(0.008\frac{c}{d}+0.00055f_{cu}+0.022\right) \tag{3-56}$$

箍筋及分布筋:

$$\Delta r_{cr}=0.026\frac{c}{d}+0.0025f_{cu}+0.068 \tag{3-57}$$

式中:d——钢筋直径(mm);

f_{cu}——混凝土立方体抗压强度(MPa);

k_{crs}——钢筋的位置影响系数,角部钢筋取1.0,非角部钢筋取1.35。

混凝土保护层开裂后,钢筋的锈蚀将加速,锈蚀开裂后钢筋的锈蚀速度为:

$$\lambda_{e2}=\begin{cases}2.5\lambda_{el} & (\lambda_{el}>0.008)\\ 4.0\lambda_{el}-187.5\lambda_{el}^2 & (\lambda_{el}\leqslant 0.008)\end{cases} \tag{3-58}$$

可得均匀腐蚀钢筋锈蚀深度模型公式:

$$\Delta r(t)=\begin{cases}\lambda_{el}(t-t_s) & (t_s<t\leqslant t_{cr})\\ \Delta r_{cr}+\lambda_{e2}(t-t_{cr}) & (t>t_{cr})\end{cases} \tag{3-59}$$

对于时刻 t,钢筋面积的公式如下:

$$A_s(t)=\begin{cases}\pi r^2 & (t\leqslant t_s)\\ \pi[r-\lambda_{el}(t-t_s)]^2 & (t_s<t\leqslant t_{cr})\\ \pi[r-\Delta r_{cr}-\lambda_{e2}(t-t_{cr})]^2 & (t>t_{cr})\end{cases} \tag{3-60}$$

式中:r——钢筋的原半径;

t——时间；

t_s——混凝土开始锈蚀时间；

t_{cr}——混凝土保护层锈胀开裂时间；

λ_{e1}——混凝土保护层锈胀开裂前钢筋锈蚀速率；

λ_{e2}——混凝土保护层锈胀开裂后钢筋锈蚀速率。

该公式考虑了保护层开裂前后的不同腐蚀率，更符合实际情况。这里需注意到预应力钢束由于保护层厚度较大，一般不会出现保护层锈胀开裂的问题。

相应可得钢筋腐蚀损失率：

$$\rho_w(t)=1-\frac{A_s(t)}{\pi r^2} \tag{3-61}$$

2）腐蚀后钢筋强度

钢筋锈蚀强度的退化与锈蚀程度有关。腐蚀钢筋力学性能试验表明，钢筋的屈服强度、极限抗拉强度及延伸率随钢筋腐蚀程度的增大而降低，当腐蚀损失率小于10%时，腐蚀钢筋仍有明显的屈服台阶，当腐蚀损失率大于20%时，屈服台阶已基本消失。牛荻涛(2003)给出了锈蚀钢筋的名义屈服强度和名义极限强度公式。

名义屈服强度：

$$f_{ys}(t)=f_y[1-1.077\rho_w(t)] \tag{3-62}$$

名义极限强度：

$$f_{us}(t)=f_u[1-0.805\rho_w(t)] \tag{3-63}$$

当$\rho_w\leqslant 15\%$时，按式(3-62)计算腐蚀钢筋的名义屈服强度；当$\rho_w>15\%$时，则按无屈服点的热轧钢筋处理。当截面损失率大于50%时，混凝土结构的破坏形态已经改变，此时可以认为钢筋失去承载作用，其强度为零。

3.4.2 氯离子引发的钢筋腐蚀时变模型

氯离子侵蚀导致的钢筋腐蚀，主要有局部腐蚀和均匀腐蚀两种。由混凝土中的钢筋腐蚀机理可知，混凝土中钢筋的腐蚀是从钢筋表面点蚀坑的形成开始的，随着腐蚀数量的增加和面积的不断扩大，钢筋表面的腐蚀坑不断扩大，坑蚀相互连成一片，大面积的局部腐蚀就会导致均匀腐蚀的发生。

大多数现场统计资料显示，氯离子侵蚀环境下混凝土中钢筋的腐蚀是以坑蚀为主的腐蚀。坑蚀导致钢筋腐蚀深度快速增加，钢筋材料内部在腐蚀区域产生局部应力集中，并很快进入屈服状态，因此，对于氯离子环境的钢筋腐蚀状态的衡量，同样选取腐蚀深度作为主要的特征量。

1）钢筋截面积退化模型

对于坑蚀效应的考虑有两种方法，一种是对于平均锈蚀的速率进行修正，但仍认为钢筋截面的折减方式是平均锈蚀形式的。另一种方式是直接考虑坑蚀对截面积的影响，在计算钢筋截面积的折减时，沿钢筋周长只考虑一个坑蚀点来计算，然而实际情况却要复杂得多。因此，修正平均锈蚀仍然是现在的常用做法。

Vu K. A. T，Stewart M. G. (2000)提出考虑水灰比、混凝土保护层及随时间不均匀变化的钢筋改进腐蚀电流密度模型公式如下：

$$i_{corr}(t)=0.85i_{corr}(0)t^{-0.29} \tag{3-64}$$

$$i_{corr}(0)=\frac{37.8(1-r_{wc})t^{-1.64}}{c} \tag{3-65}$$

式中：$i_{corr}(t)$——锈蚀后 t 时刻腐蚀电流密度（$\mu A/cm^2$）；

$i_{corr}(0)$——初始腐蚀电流密度（$\mu A/cm^2$）；

r_{wc}——水灰比；

c——保护层厚度（cm）；

t——锈蚀开始持续时间（a）。

对于均匀锈蚀，使用 t 年后钢筋混凝土构件中钢筋的腐蚀深度 $\Delta r(t)$ 可以按照下式计算：

$$\Delta r(t)=0.0116(t-t_s)i_{corr}(t) \tag{3-66}$$

根据钢筋直径与截面面积的关系，根据上述钢筋直径退化模型可推导出钢筋截面面积的退化模型，公式如下：

$$A_s(t)=\begin{cases}\pi r^2 & (0\leqslant t\leqslant t_s)\\ \pi\left[r-\Delta r(t)\right]^2 & (t_s\leqslant t)\end{cases} \tag{3-67}$$

式中：r——钢筋初始半径（mm）；

t_s——初始腐蚀时间（a）。

2）钢筋抗力衰减模型

氯离子引起的钢筋腐蚀属于坑蚀，腐蚀钢筋屈服强度的变化与一般大气环境的情况有所不同。在钢筋腐蚀后 t 时刻腐蚀钢筋名义屈服强度为：

$$f_{ys}(t)=f_y[0.986-1.1992\rho_w(t)] \tag{3-68}$$

3.4.3 钢筋和混凝土黏结性能退化特性

钢筋与混凝土之间由于腐蚀导致的黏结性能退化机理可从三个方面来解释：①钢筋腐蚀后产生的铁锈在混凝土和钢筋之间形成了一层结构疏松的隔离层，降低了钢筋和混凝土之间的胶结作用；②对于变形钢筋，腐蚀之后其变形肋将逐步消失，从而降低了混凝土和变形肋之间的机械咬合力；③钢筋腐蚀发生体积膨胀，从而对周围的混凝土产生径向膨胀力，当腐蚀量达到某一限值时，混凝土保护层开裂，产生顺钢筋裂缝，从而导致混凝土与钢筋之间的约束减弱。

对于钢筋腐蚀较小尚未开裂的受弯构件，在计算抗力时可以不考虑黏结性能退化引起的抗力降低。对于保护层已经腐蚀开裂的受弯构件，通过引入黏结性能退化系数来考虑黏结性能退化对抗力的影响，金伟良等（2002）研究提出变形钢筋腐蚀后与混凝土之间黏结性能影响系数 k_b 按如下公式取值：

$$k_b(t)=\begin{cases}1+7.0\Delta r(t) & (\Delta r(t)\leqslant 0.05)\\ 1.46-2.3\Delta r(t) & (0.05<\Delta r(t))\end{cases} \tag{3-69}$$

式中：$\Delta r(t)$——t 时刻钢筋腐蚀深度。

从上式可见，当腐蚀深度≤0.2mm 时，黏结影响系数均大于 1，即当腐蚀损失率较小时，钢筋腐蚀使得钢筋与混凝土之间的黏结性能增加；当腐蚀深度 >0.2mm 时，黏结影响系数均小于 1，即当腐蚀损失率较大时，钢筋与混凝土之间的黏结性能随腐蚀损失率的增加而降低。

3.5　汽车荷载时变概率模型

本节中所涉及的作用与作用效应的统计分析，重点是荷载与荷载效应方面。荷载与荷载效应之间的关系，一般可近似按线性关系考虑。正因为荷载 Q 与其效应 S 之间一般呈线性关系，所以，S 的统计特性与 Q 的统计特性一般是一致的。因此，当荷载与荷载效应呈线性关系时，可将荷载的统计特性结果，相应地作为荷载效应的统计特性应用于结构可靠度分析中。

桥梁的恒载是指预应力混凝土梁式桥的上部结构自重，由桥面铺装自重和构件自重组成。恒载属于永久作用，随时间的变化很小，可近似地认为在设计基准期内保持恒定的量值，为了使统计结果适用于各种构件和桥梁，采用无量纲参数作为恒载的基本统计对象。桥梁构件和桥面重量采用 $K_G=G/G_K$ 作为恒载作用的统计参数。其中 G 为实测的构件重，G_K 为按设计尺寸及规范规定的重度计算得到的桥梁构件标准重或桥面标准重。

根据《公路工程结构可靠度设计统一标准》(GB/T 50283—1999)，桥梁的恒载服从正态分布，其统计参数见表 3-5。

桥梁恒载的概率分布及参数　　表 3-5

恒载种类		分布类型	平均值/标准值 K_G	变异系数 V_G
水泥混凝土桥面	重力密度	正态分布	0.9870	0.0397
	自重		0.9865	0.0980
沥青混凝土桥面	重力密度	正态分布	0.9991	0.0436
	自重		0.9891	0.1114
构件自重		正态分布	1.0212	0.0462

汽车荷载随时间变化较大。根据《公路工程结构可靠度设计统一标准》(GB 50283—1999)，公路桥梁一般运营状态、密集运营状态下设计基准期内最大值极值 I 型分布的效应 $F_T(x)$ 如下。

一般运营状态下：

$$F_{T_\alpha}(x)=\begin{cases}\exp\left[-\exp\left(-\dfrac{x-0.6376S_{1Qk}}{0.084S_{1Qk}}\right)\right] & \text{弯矩效应}\\ \exp\left[-\exp\left(-\dfrac{x-0.565S_{1Qk}}{0.075S_{1Qk}}\right)\right] & \text{剪力效应}\end{cases}\tag{3-70}$$

密集运营状态下：

$$F_{T_\alpha}(x)=\begin{cases}\exp\left[-\exp\left(-\dfrac{x-0.7685S_{1Qk}}{0.0537S_{1Qk}}\right)\right] & \text{弯矩效应}\\ \exp\left[-\exp\left(-\dfrac{x-0.6938S_{1Qk}}{0.0431S_{1Qk}}\right)\right] & \text{剪力效应}\end{cases}\tag{3-71}$$

式中：S_{1Qk}——由现行规范的汽车荷载标准图式加载产生的效应值，即规范中的汽车荷载效应标准值。

规范效应标准值对应的均值、标准差和变异系数见表 3-6。

汽车荷载效应概率统计参数　　表 3-6

运营状态	效应类型	分布类型	平均值/标准值 $K_{SQ}=\mu_{SQ}/S_{1Qk}$	变异系数 δ_{SQ}
一般	弯矩	极值Ⅰ型分布	0.6861	0.1569
	剪力		0.6083	0.1581
	弯矩	正态分布	0.6684	0.1994
	剪力		0.5925	0.2008
密集	弯矩	极值Ⅰ型分布	0.7995	0.0862
	剪力		0.7187	0.0769
	弯矩	正态分布	0.7882	0.1082
	剪力		0.7096	0.0964

与拟建桥梁结构相比,在役桥梁结构的本质特征已成为客观实体,并已使用了一段时间。应在充分考虑其自身荷载信息的基础上,同时保证与其目标使用期相一致来确定荷载效应的概率模型。因此,汽车荷载的时变特性表现为:汽车荷载和交通量都将不断增大,需要准确预测汽车荷载的增大趋势;不同荷载基准期对应着不同的效应最大值分布函数。

由于荷载信息的获得存在一定的困难,已有文献准确预测汽车荷载增大趋势的资料很少,且在可靠度的校准中的使用荷载(荷载效应)已具有一定的代表性。因此,在役桥梁结构的荷载效应仍沿用规范里可靠度校准中的概率模型,即采用相同的随机过程模型以及截口分布,但需要将设计基准期最大值分布随机变量修改为评估基准期最大值分布随机变量。

$$F_{T_\alpha}(x)=[F_i(x)]^{T_\alpha}=[F_T(x)]\frac{T_\alpha}{T} \tag{3-72}$$

式中:$F_{T_\alpha}(x)$、$F_T(x)$——评估基准期 T_α 和设计基准期 T 内的最大值分布函数;

$F_i(x)$——荷载效应随机过程的截口分布。

与拟建桥梁结构相比,在役桥梁结构的本质特征已成为客观实体,并已使用了一段时间。应在充分考虑其自身荷载信息的基础上,并保证与其可靠性分析时间(目标使用期)相一致来确定荷载效应的概率模型。汽车荷载存在如下的时变特性:不同荷载基准期对应着不同的效应最大值分布函数;汽车荷载和交通量会不断增大,需要考虑汽车荷载的增大趋势。

3.5.1　给定评估基准期的汽车荷载效应

在役 RC 梁桥的设计荷载都是基于设计基准期,而这样的荷载并不适用于某些结构。如,在役桥梁已经服役了一段时间,它在继续使用期内最大使用荷载的统计参数已不同于设计基准期内最大荷载的统计参数。可通过将设计荷载的标准值乘以某一修正系数得到新的设计荷载。

这里采用活载效应修正系数来表达给定评估基准期的汽车荷载效应,在役桥梁结构的荷载效应仍沿用规范里可靠度校准中的概率模型,即采用相同的随机过程模型以及截口分布。

根据吕钊颖(2006)的相关研究,对于一般运营状态,将设计基准期内最大分布的效应 $F_T(x)$ 代入式(3-73)中同时考虑到设计基准期 $T=100$,可得评估基准期 T_α 所对应的最大分布的效应 $F_{T_\alpha}(x)$。

$$F_{T_\alpha}(x)=\begin{cases}\exp\left\{-\exp\left[-\dfrac{x-(0.2508+0.084\ln T_\alpha)S_{1Qk}}{0.084S_{1Qk}}\right]\right\} & \text{弯矩效应}\\ \exp\left\{-\exp\left[-\dfrac{x-(0.2196+0.075\ln T_\alpha)S_{1Qk}}{0.075S_{1Qk}}\right]\right\} & \text{剪力效应}\end{cases} \tag{3-73}$$

将超越概率分别代入上式，计算对应的分位值荷载。按等超越概率准则，前者比后者，则得一般运营状态下活载效应修正系数 λ_{T_α}。

$$\lambda_{T_\alpha}(P_u,T_\alpha)=\begin{cases}\dfrac{(0.2508+0.084\ln T_\alpha)-0.084\ln(-\ln P_u)}{0.6376-0.084\ln(-\ln P_u)} & \text{弯矩效应}\\ \dfrac{(0.2196+0.075\ln T_\alpha)-0.075\ln(-\ln P_u)}{0.565-0.075\ln(-\ln P_u)} & \text{剪力效应}\end{cases} \tag{3-74}$$

式中：P_u——不被超越概率，通常取95%（即超越概率为5%）。

同理，可以得到密集运营状态下的修正系数如下：

$$\lambda_{T_\alpha}(P_u,T_\alpha)=\begin{cases}\dfrac{(0.5212+0.0537\ln T_\alpha)-0.0537\ln(-\ln P_u)}{0.7685-0.0537\ln(-\ln P_u)} & \text{弯矩效应}\\ \dfrac{(0.4953+0.0431\ln T_\alpha)-0.0431\ln(-\ln P_u)}{0.6938-0.0431\ln(-\ln P_u)} & \text{剪力效应}\end{cases} \tag{3-75}$$

不同评估基准期内活载效应修正系数见图3-42、图3-43。可见，评估基准期下的汽车荷载效应较设计荷载有明显变化，特别是当评估基准期小于20年时，汽车荷载效应较小。以汽车荷载弯矩效应为例，评估基准期为20年时，一般运营状态下，仅为设计荷载的0.85倍；密集运营状态时为设计荷载的0.91倍。评估基准期为10年时，一般运营状态下，仅为设计荷载的0.77倍；密集运营状态时为设计荷载的0.86倍。

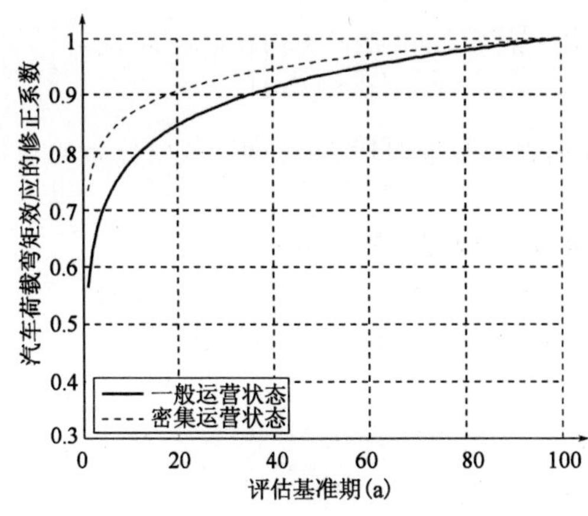

图3-42　不同评估基准期内汽车荷载弯矩效应修正系数

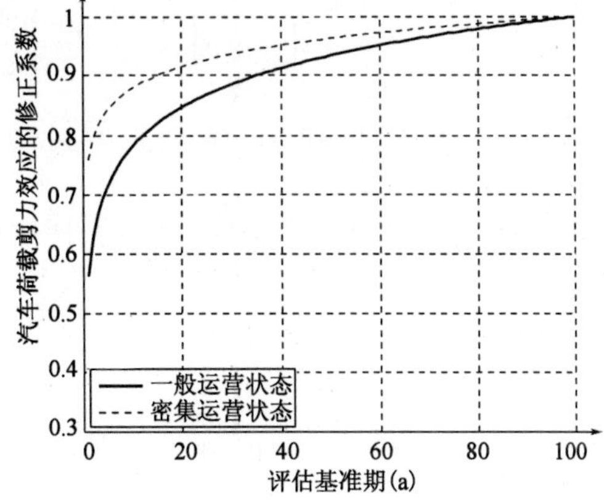

图3-43　不同评估基准期内汽车荷载剪力效应修正系数

3.5.2 考虑汽车荷载与交通量增长的汽车荷载效应模型

前文中的荷载模型，都假设基准时段（一年）里汽车荷载的统计信息保持不变，即汽车荷载的截口分布相同。随着经济和汽车工业的发展，汽车荷载以及交通量都将不断增大，因此在汽车荷载效应模型中应该考虑汽车荷载效应时变特性的影响。

已有研究一般都是采用修正荷载基准期的方法，目前在这方面的研究很少。具体讲，根据桥梁建成后每年汽车荷载交通量的统计资料，预测出汽车荷载交通量在基准期 T 年内的增长速率 v，从而可以得到基准期 T 年内汽车荷载效应的最大值分布为：

$$F_{\mathrm{T}}(x)=[F_{\mathrm{I}}(x)]^{(1+v)T} \tag{3-76}$$

上式尽管能够体现汽车荷载及交通量的增大，但实质上却是改变了荷载计算的基准期，显然未能从本质上反映出各基准时段内汽车荷载及交通量的变化对基准期 T 内汽车荷载效应的最大值分布的影响。

如前所述，汽车荷载以及交通量的增大，本质上将导致截口分布的变化。则基准期 T 内的极值分布 $F_{\mathrm{T}}(x)$ 可表达为：

$$F_{\mathrm{T}}(x)=\prod_{i=1}^{T}F_i(x)=\exp\left[-\sum_{i=1}^{T}\exp\left(\frac{x-u_i}{\alpha_i}\right)\right] \tag{3-77}$$

式中：μ_i、α_i——极值Ⅰ型分布的两个基本参数。

给出以下基本假设：①各基准时段内截口分布的标准差 σ_i 保持不变，即 $\sigma_i=\sigma_1$；②各基准时段内截口分布的均值间有如下关系：$u_i=\mu_{i-1}+d_iS_{1\mathrm{Qk}}$，$d_i$ 为交通量年增长率。

当上述条件成立时，基准期 T 内的极值分布 $F_{\mathrm{T}}(x)$ 可表达为：

$$\begin{aligned}F_{\mathrm{T}}(x)&=\exp\left[-\exp\left(-\frac{x-u_1}{\alpha_1}\right)\sum_{i=1}^{T}\lambda^{i-1}\right]=\exp\left[-\exp\left(-\frac{x-u_1}{\alpha_1}\right)\frac{1-\lambda^{T}}{1-\lambda}\right]\\&=\exp\left\{-\exp\left[\ln(1-\lambda^{T})-\ln(1-\lambda)-\frac{x-u_1}{\alpha_1}\right]\right\}\\&=\exp\left\{-\exp\left[-\frac{x-u_1-\alpha_1\ln(1-\lambda^{T})+\alpha_1\ln(1-\lambda)}{\alpha_1}\right]\right\}\end{aligned} \tag{3-78}$$

式中，$\alpha_1=\sigma_1/1.2826$，$u_1=\mu_1-0.5772\alpha_1$，分别表示基准时段（第一年）截口分布的参数；增量参数 $\lambda=\exp(d_iS_{1\mathrm{Qk}}/\alpha_1)$。

相应的，对于已经使用 N_1 年的结构，评估基准期 T_α 相应的荷载确定为：

$$\begin{aligned}F_{T_\alpha}(x)&=\exp\left[-\exp\left(-\frac{x-u_{N_1+1}}{\alpha_1}\right)\sum_{i=1}^{T_\alpha}\lambda^{i-1}\right]=\exp\left[-\exp\left(-\frac{x-u_{N_1+1}}{\alpha_1}\right)\frac{1-\lambda^{T_\alpha}}{1-\lambda}\right]\\&=\exp\left\{-\exp\left[\ln(1-\lambda^{T_\alpha})-\ln(1-\lambda)-\frac{x-u_{N_1+1}}{\alpha_1}\right]\right\}\\&=\exp\left\{-\exp\left[-\frac{x-u_{N_1+1}-\alpha_1\ln(1-\lambda^{T_\alpha})+\alpha_1\ln(1-\lambda)}{\alpha_1}\right]\right\}\end{aligned} \tag{3-79}$$

$F_{T_\alpha}(x)$对应的均值μ_{T_α}和方差σ_{T_α}可表示为：

$$\begin{cases} u_T = u_{T_\alpha} + 0.5772\alpha_{T_\alpha} \\ \quad = u_{N_1+1} + \alpha_1 \ln(1-\lambda^{T_\alpha}) - \alpha_1 \ln(1-\lambda) + 0.5772\alpha_1 \\ \quad = u_1 + N_1 d + \dfrac{\sigma_1}{1.2826}[\ln(1-\lambda^{T_\alpha}) - \ln(1-\lambda)] \\ \sigma_{T_\alpha} = \sigma_1 \end{cases} \tag{3-80}$$

为了使结构在评估基准期和原设计基准期具有相等的荷载保证率或风险率，引入等超概率法则。将超越概率代入式(3-80)与设计基准期内最大分布的效应$F_T(x)$中计算对应的分位值荷载，前者比后者，则得考虑汽车荷载增长时在一般运营状态下的活载效应修正系数$\lambda_{T_\alpha}^*$分别为：

$$\lambda_{T_\alpha}^*(P_u, T_\alpha) = \begin{cases} \dfrac{0.2508 + N_1 d + 0.084\ln(1-\lambda^{T_\alpha}) - 0.084\ln(1-\lambda) - 0.084\ln(-\ln P_u)}{0.6376 - 0.084\ln(-\ln P_u)} & \text{弯矩效应} \\ \dfrac{0.2196 + N_1 d + 0.075\ln(1-\lambda^{T_\alpha}) - 0.075\ln(1-\lambda) - 0.075\ln(-\ln P_u)}{0.565 - 0.075\ln(-\ln P_u)} & \text{剪力效应} \end{cases} \tag{3-81}$$

同理，可以得到密集运营状态下的修正系数如下：

$$\lambda_{T_\alpha}^*(P_u, T_\alpha) = \begin{cases} \dfrac{0.5212 + N_1 d + 0.0537\ln(1-\lambda^{T_\alpha}) - 0.0537\ln(1-\lambda) - 0.0537\ln(-\ln P_u)}{0.7685 - 0.0537\ln(-\ln P_u)} & \text{弯矩效应} \\ \dfrac{0.4953 + N_1 d + 0.0431\ln(1-\lambda^{T_\alpha}) - 0.0431\ln(1-\lambda) - 0.0431\ln(-\ln P_u)}{0.6938 - 0.0431\ln(-\ln P_u)} & \text{剪力效应} \end{cases} \tag{3-82}$$

据上式，可得车辆荷载与交通量增长对基准期T内最大值分布的影响。采用规范中一般运营状态下剪切效应为对象。设已经使用$N_1 = 20$年，在剩余的80年中交通量总增加幅度为40%，年均增长为$0.005S_{1Qk}$。

考虑汽车荷载增加的活载效应修正系数如图3-44、图3-45所示。比较可见，由于考虑了汽车荷载的逐年递增，汽车荷载效应修正系数明显增大。以汽车荷载弯矩效应为例，评估基准期为20年时，一般运营状态下，为设计荷载的1.02倍；密集运营状态时为设计荷载的1.07倍。评估基准期为40年时，一般运营状态下，为设计荷载的1.19倍；密集运营状态时为设计荷载的1.24倍。

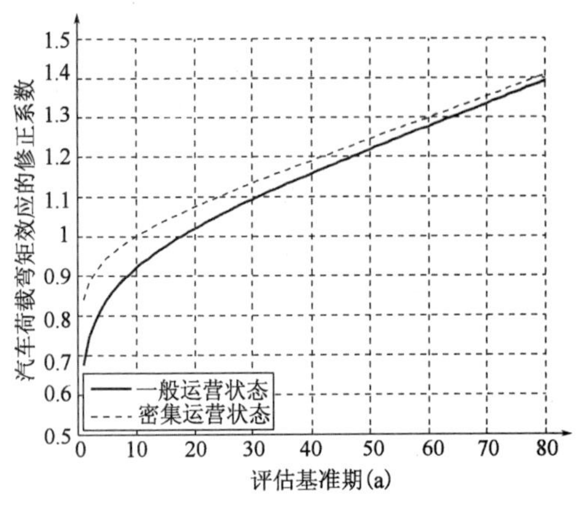

图 3-44　考虑汽车荷载增加的弯矩效应修正系数

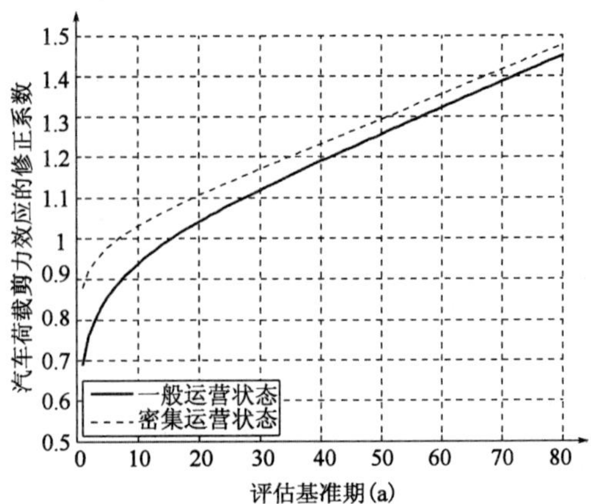

图 3-45　考虑汽车荷载增加的剪力效应修正系数

以前述预应力混凝土空心板为例，若考虑交通量随时间的增长，这一情形更为突出。图 3-46给出了受交通量增长、钢绞线腐蚀影响的空心板跨中底缘混凝土应力随时间变化曲线。从中可见，随着交通量的增长混凝土从受压变为受拉，甚至在钢绞线腐蚀之前就可能出现拉应力导致裂缝发生。

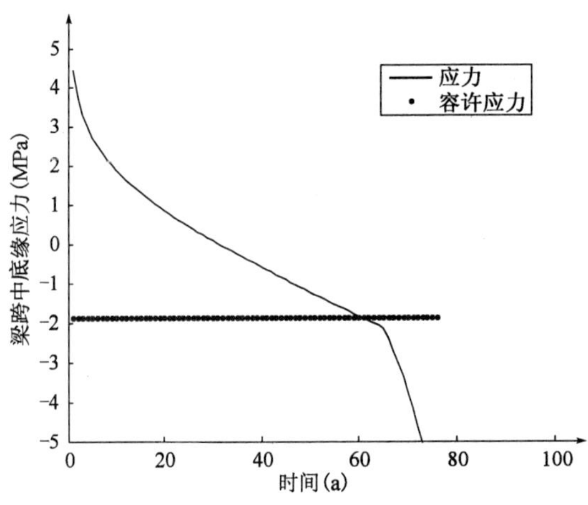

图 3-46　空心板跨中底缘混凝土应力与时间关系曲线

3.6 小　结

本章涉及混凝土强度、预应力钢束腐蚀退化、钢筋腐蚀退化时变模型以及汽车荷载时变概率模型，主要研究腐蚀预应力钢束截面积退化时变模型、腐蚀预应力钢束力学性能，比较不同腐蚀损失率对钢绞线的名义极限强度、名义弹性模量、伸长率的影响，提出预应力钢束强度、弹性模量、伸长率时变模型。

研究提出了预应力钢束腐蚀后预应力损失的时变模型，研究认为考虑弹性模量随腐蚀损失率的降低，则预应力损失率呈非线性加速增长趋势。

先张法预应力混凝土空心板桥的实例分析表明,预应力钢束一旦腐蚀,预应力损失迅速增大,在10年左右时间内腐蚀损失率达到10%。当预应力钢束腐蚀达到一定程度时,预应力混凝土梁出现拉应力,甚至超出规范限值,发生开裂,进而会加速预应力钢束腐蚀的过程,导致梁体承载力急剧恶化。

从钢绞线腐蚀角度研究连续刚构桥裂缝及下挠成因,当钢绞线腐蚀损失率处于10% ~12%之间时,钢绞线有效应力与腐蚀后强度相当,存在钢绞线破断的可能,梁内预应力储备及承载力将迅速下降,梁体将加速下挠。钢绞线腐蚀对预应力混凝土连续刚构桥预应力储备的影响十分明显,是该类桥梁发生下挠、裂缝病害,危及结构可靠性和安全的重要原因之一。

本章参考文献

[1] 牛荻涛, 王庆霖. 一般大气环境下混凝土强度经时变化模型[J]. 工业建筑, 1995, 25(6):36 ~38.

[2] 张建仁. 混凝土桥梁构件服役期的抗力概率模型[J]. 长沙理工大学学报, 2004, 1(1):27-33.

[3] 刘运华. 混凝土劣化与渗透性相关性研究[J]. 铁道科学与工程学报,2006,30(1):80-82

[4] 王鹏,张力,王福敏,等. 钢绞线腐蚀时变效应对预应力混凝土梁桥影响研究[J]. 公路交通技术, 2015(1):66-72,82.

[5] Stewart M G, Rosowsky D V. Time-dependent reliability of deteriorating reinforced concrete bridge decks[J]. Structural Safety,1998(20), 91-109.

[6] 李富民. 氯盐环境钢绞线预应力混凝土结构的腐蚀效应[D]. 徐州:中国矿业大学, 2008.

[7] Maes M A,Wei X,Dilger W H. Fatigue reliability of deteriorating prestressed concrete bridges due to stress corrosion cracking [J]. Canadian Journal of Civil Engineering,2001,,28, 673-683.

[8] Darmawan M S,Stewart M G. Spatial time-dependent reliability analysis of corroding pretensioned pres-tressed concrete bridge girders[J]. Structural Safety, 2007,29, 16-31.

[9] Peng J,Stewart M G. Climate change,deterioration and time-dependent reliability of concrete structures [C]// Proceeding of 20th Australasian Conference on the Mechanics of Structures and Materials [C]. Queensland, Toowoomba,2008:559-565.

[10] Vu, K. A. T. and Stewart, M. G. Structural Reliability of Concrete Bridges Including Improved Chloride Induced Corrosion Models. Structural Safety, 2000,22, 313-333.

[11] 牛荻涛,董振平,浦聿修. 预测混凝土碳化深度的随机模型[J]. 工业建筑. 1999, 29(9):41-45.

[12] 徐善华. 混凝土结构退化模型与耐久性评估[D]. 西安:西安建筑科技大学. 2003.

[13] 袁承斌,刘荣桂,梁正平,等. 混凝土不同应力状态下碳化速度的研究[J]. 第七届后张预应力学术交流会. 2002.

[14] 涂永明,吕志涛. 预应力混凝土试件碳化试验及碳化深度预测模型研究[J]. 工业建筑 2006,36(1)

[15] Parameswaran L, Kumar R, Sahu G K. Effect of carbonation on concrete bridge service life[J]. Journal of Bridge Engineering,2008,13(1):75-82.

[16] Bolzoni F,Fumagalli G,Lazzari L,et al. Mixed-in inhibitors for concrete structures[A]. Corrosion of Reinforcement in Concrete,Mechanisms, Mornitoring, Inhibitors and RehabilitationTechniques[C]. Woodhead: European Federation of Corrosion Publications,2007:199-201.

[17] Dura Crete. Probabilistic performance based durability design of concrete structures:statistical quantification of the variables in limit state functions[M]. Sweden: The European Union-Brite EuRam, 2000:75-96.

[18] Heiyatuduwa R,Alexander M G,Mackechnie J R. Performance of a penetrating corrosion inhibitor in concrete

affected by carbonation-induced corrosion [J]. Journal of Material in Civil Engineering, 2006, 18(6): 842-850.

[19] 彭建新,胡守旺,张建仁. 考虑温室效应的氯盐环境下 RC 桥梁锈胀开裂性能预测[J]. 工程力学. 2013, 30(8):103-109.

[20] 罗小勇,黄素辉. 应力状态下混凝土结构抗氯离子侵蚀的耐久性试验研究[J]. 第十四届全国混凝土及预应力混凝土学术会议论文. 2007:616-630.

[21] 李国平,胡方健,吴用贤. 受力状态下混凝土试件氯离子侵蚀试验[J]. 2011(5):19-25.

[22] 李富民. 氯盐环境钢绞线预应力混凝土结构的腐蚀效应[D]. 徐州:中国矿业大学. 2008.5

[23] Dimitri V. Val, Robert E. Melchers. Reliability of deteriorating RC slab bridges[J]. Journal of Structural Engineering, 1997, 123(12): 1638-1644.

[24] Stewart, Mark G. Spatial variability of pitting corrosion and its influence on structural fragility and reliability of RC beams inflexure[J]. Structural Safety, 2004, 26. (4):453-470.

[25] 彭建新,邵旭东,张建仁. 考虑气候变化的受碳化腐蚀先张预应力混凝土梁时变可靠性评估[J]. 长沙理工大学学报. 2010, 7(2):33-42.

[26] 郑亚明,欧阳平,安琳. 锈蚀钢绞线力学性能的试验研究[J]. 现代交通技术, 2005, 2(6): 33-36.

[27] 曾严红,顾祥林,张伟平,等. 锈蚀预应力筋力学性能研究[J]. 建筑材料学报, 2010, 13(2):169-174.

[28] 罗小勇,李政. 无粘结预应力钢绞线锈蚀后力学性能研究[J]. 铁道学报, 2008, 30(2):108-112.

[29] 金伟良,赵羽习. 锈蚀钢筋混凝土梁抗弯强度的试验研究[J]. 工业建筑, 2001, 31(5): 9-11

[30] 闫磊. 服役期砼桥梁加固前后的可靠度研究[D]. 西安: 长安大学, 2010.

[31] GB/T 5224—2014. 预应力混凝土用钢绞线[S].

[32] 牛荻涛. 混凝土结构耐久性与寿命预测[M]. 北京:科学出版社, 2003.

[33] 吴振,龙跃,章陈瀑. 持荷状态下钢绞线腐蚀及性能退化研究[J]. 广西工学院学报. 2011, 22(1): 23-26.

[34] 袁迎曙,章鑫森,姬永生. 人工气候与恒电流通电法加速锈蚀钢筋混凝土梁的结构性能比较研究[J]. 土木工程学报, 2006, 39(03):42-46.

[35] 干伟忠,金伟良,高明赞. 混凝土中钢筋加速锈蚀试验适用性研究[J]. 建筑结构学报, 2011, 31(02): 41-47.

[36] 周履. 美国各类公路桥梁的结构缺陷率及使用寿命期望值的统计数据(1950-1994)[J]. 国外桥梁. 1999(3):37

[37] GB/T 50283—1999. 公路工程结构可靠度设计统一标准[S]

[38] 吕颖钊. 在役混凝土桥梁可靠度评估与寿命预测研究[D]. 西安:长安大学, 2006.

[39] 涂永明, 吕志涛. 应力状态下混凝土的碳化试验研究[J]. 东南大学学报(自然科学版), 2003(5): 573-576.

[40] 罗小勇,邹洪波,施清亮. 不同应力状态下混凝土碳化耐久性试验研究[J]. 自然灾害学报, 2012(2): 194-199.

[41] 袁承斌,张德峰. 混凝土在不同应力状态下的碳化[J]. 建筑结构. 2004. 34(4):32-34.

[42] 张德峰,吕志涛. 裂缝对预应力混凝土结构耐久性的影响[J]. 工业建筑. 2000, 30(11):12-14, 65.

[43] 刘荣桂, 陆春华,雷丽恒,等. 现代预应力结构耐久性(碳化)模型研究[J]. 工业建筑, 2004, 34(4): 69-72.

[44] 牛荻涛,王庆霖,王林科. 锈蚀开裂后混凝土中钢筋锈蚀量的预测[J]. 工业建筑, 1996, 26(4):11 ~ 13.

[45] 惠云玲,林志仲,李荣. 锈蚀钢筋性能试验研究分析[J]. 工业建筑, 1997, 27(6):10 ~ 13.

[46] 袁迎曙,贾福萍,蔡跃. 锈蚀钢筋的力学性能退化研究[J]. 工业建筑, 2000, 30(1):43 ~ 46.

[47] 王若冰.钢绞线腐蚀对预应力混凝土连续箱梁桥影响研究[D].重庆:重庆交通大学, 2018.

[48] 张建仁,王磊,薛雷.考虑抗力劣化的既有钢筋混凝土桥梁车辆荷载取值研究[A]. 中国公路学会桥梁与结构工程分会 2005 年全国桥梁学术会议论文集[C].北京: 人民交通出版社, 2005, 859 ~ 864.

[49] 赵虹.预应力混凝土结构碳化腐蚀参数敏感性分析[J].中外公路.2009,29(4):225-227.

4 在役预应力混凝土梁桥评价指标体系

本章的目的是分析讨论在役预应力混凝土梁桥安全状况的主要评价指标,用于后续研究。评价指标的选取是否合适,直接影响到评估结果的好坏。指标选取太多,有些指标代表或隐含的工程意义存在交集;指标选取太少,可能缺乏足够的代表性,导致评估存在片面性。每一项指标都应具有一定的可操作性、敏感性及代表性,从一个方面突出地反映评价对象的某些信息。

4.1 在役预应力混凝土梁桥承载能力评价指标体系

预应力混凝土梁桥承载能力评价指标体系(或评价模型)包括三大部分:梁体、桥梁墩台及基础承载力评价。而每一个部分又包含诸多的评价因素,每个评价因素又对应一个评价指标。

4.1.1 梁体承载力评价

1)抗弯承载力评价

一般而言,抗弯承载力评价包括混凝土劣化、碳化、氯离子含量、裂缝、保护层损伤、管道压浆饱满度、普通钢筋腐蚀、预应力钢束位置偏差及腐蚀等因素。

(1)混凝土劣化

混凝土劣化导致混凝土强度下降,混凝土强度评价指标目前主要采用混凝土强度降低率,即混凝土设计强度值与回弹法实测强度值差,占混凝土设计强度值的比值来表示。如下式:$P=(R_D-R_M)/R_D$,其中 R_D 为混凝土的设计强度值,R_M 为混凝土的实测强度值(回弹法)。根据 P 值的不同可将混凝土按强度分类,例如,一级为不低于混凝土设计强度,五级为混凝土实测强度低于设计强度 15%。

从前述研究可见,正常情况下混凝土的初期强度(一般在 10 年内)随时间的增加而增大,混凝土的后期强度(一般在 10 年后)随时间的增加而减小,但强度减小幅度不大,即使龄期达到 100 年时,仍能满足原设计强度要求。这说明,混凝土劣化主要与施工中所选用的混凝土配合比、材料、施工质量及环境条件有关。因此,应针对具体桥梁进行实测判断。从笔者对在役预应力混凝土梁桥调研实测情况看,混凝土劣化情况较为少见,混凝土强度一般均能满足要求,即混凝土强度并非敏感因素。但个别桥梁的确可能存在混凝土劣化病害问题,故仍作为主要评价指标之一。

(2)管道压浆饱满度

预应力孔道压浆的作用主要是:①保护预应力钢束免遭腐蚀,保证结构物的耐久性;②预应力钢束通过灰浆与周围混凝土结成整体,增加锚固的可靠性,提高结构的抗裂性和承载能力。管道压浆状态评价指标用空隙率来表示,即压浆后管道截面空隙面积与预应力管道名义净压浆面积(预应力管道内截面面积扣除钢绞线截面面积)的比值。参考第2章相关调研论述,管道压浆状态评价可按表4-1划分。

管道压浆状态评价标准 表4-1

评价指标	评价等级及评估值区间				
	一级	二级	三级	四级	五级
空隙率	(0,0.05)	[0.05,0.2)	[0.2,0.4)	[0.4,0.6)	(≥0.6)

灌入孔道的水泥浆,既包裹预应力钢束,又连接孔道壁,把预应力钢束和梁体混凝土黏结成整体,共同受力。管道压浆缺损导致预应力筋与混凝土间的黏结力降低,直接影响预应力钢束与梁体混凝土之间的应变关系,使得二者共同工作能力削弱,梁体受力性能向无黏结预应力混凝土梁变化,导致极限承载力降低。

管道压浆不饱满雨水浸入是预应力钢束腐蚀和后期预应力损失重要诱因之一,影响预应力混凝土梁桥的耐久性和承载力。根据调研,早期建设的预应力混凝土梁桥管道压浆局部不饱满较为普遍。管道压浆不饱满带来的预应力钢束腐蚀及其影响应特别关注。调研发现,这一问题的存在使得梁体内钢束不再按一般的腐蚀发生规律进行,腐蚀一旦产生,其后随时间的发展规律第3.2.3、3.2.4节已论述。从第9章实例分析看,一旦发生腐蚀,结构的安全性和可靠性在几年内迅速降低,极可能导致梁体的突然破坏,必须予以重视。管道压浆状态检测可采用钻孔内窥法、冲击回波法、全长波速法、超声波法、探地雷达法等检测方法。其中,全长波速法是指利用波的传播特性,通过计算波动信号贯穿整个预应力灌浆孔道的平均波速值,来评价灌浆饱满度的一种方法;扫描式冲击回波法能定量检测出管道内灌浆状况,较探地雷达、超声波法等检测效果好。

(3)裂缝

裂缝具有表观可见性,是桥梁结构性能的外在显现。从前述病害调研可见,影响梁体抗弯承载力的裂缝以正截面(横桥向)裂缝为主。一般将裂缝分布面积、长度和宽度作为正截面裂缝评价指标,进行分级。对于在役预应力混凝土梁桥而言,正截面裂缝的出现往往预示着预应力不足。但从相关实桥试验可见,裂缝的产生并不代表梁体极限承载力不满足设计要求。裂缝的产生大大地加快了钢筋、预应力钢束脱钝的进程,从而使得裂缝处的钢筋、预应力钢束进入活化状态,也就是电化学微电池的阳极,这是裂缝对耐久性有显著影响的一方面。这里将裂缝列入梁体承载力的影响因素,主要考虑各类裂缝的存在影响结构的耐久性,导致钢筋及预应力钢束腐蚀,间接削弱结构的承载力。

应该明确,对于桥梁结构承载力的危害程度还与各类裂缝产生的时间有关。裂缝本身只是结构所处状态的表观形态和影响其承载力的外因,而非内因,故仅作为对结构所处状态的初步判断依据,很难量化为反映结构内在状态的指标。承载力评估中仅从其对预应力钢束腐蚀的影响角度考虑。

(4)保护层厚度及损伤

设计及施工质量不足以及桥梁运营过程中混凝土劣化、损伤会导致保护层厚度不足。保护层损伤包含了人为损伤和环境影响下的混凝土劣化,表现为蜂窝、麻面、掉角、空洞、孔洞、剥落、粉化等,它的指标以相对面积破损率来表示。根据面积破损率的不同将保护层损伤分类。

保护层损伤的影响主要是导致钢筋或预应力钢束裸露腐蚀，保护层损伤对于结构耐久性的危害也与损伤产生的时间有关。小范围的表层损伤对桥梁结构的承载力影响较小。与裂缝一样，保护层厚度较薄或损伤是预应力钢束或钢筋腐蚀的诱因之一，间接影响结构承载力，评估中主要从其对预应力钢束腐蚀的影响角度考虑。

(5)预应力钢束偏位

预应力筋位置偏差对对箱梁空间受力性能存在影响，将导致结构应力值及应力分布发生相应的变化，当预应力钢束位置偏差导致其相对梁体截面中性轴作用力臂减小时，将对结构承载力和安全性造成不利影响。预应力筋钢束位置偏差将导致保护层的变化，可能导致预应力钢束保护层厚度不足，进而影响结构的耐久性。林阳子(2009)对其影响及评价标准进行了研究。预应力钢束偏位评价标准见表4-2。

预应力钢束偏位评价标准 表4-2

评价指标	评价等级及评估值区间				
	一级	二级	三级	四级	五级
偏差值/钢束设计作用力臂	(0,0.02)	[0.02,0.05)	[0.05,0.08)	[0.08,0.12)	(≥0.12)

目前，预应力钢束位置偏差的检测技术主要有探地雷达技术、扫描式冲击回波技术、超声波技术等，探地雷达能对管道的位置进行定量检测，其中天线阵雷达比单天线雷达的检测效果更好冲；扫描式冲击回波技术和超声波技术在一定条件下可用于管道定位检测具有一定的可行性，但检测效果不及探地雷达。

(6)钢筋及预应力钢束腐蚀

普通钢筋腐蚀的指标是以腐蚀损失率(截面积损失率)表示，根据腐蚀损失率的不同分级。预应力钢束腐蚀的指标同样是以腐蚀损失率表示，根据腐蚀损失率的不同将预应力钢束腐蚀程度分类。在预应力混凝土梁桥中，普通钢筋主要作为构造钢筋，尤其是箍筋，其腐蚀程度对梁体抗剪承载力影响较大，但对抗弯承载力影响较小。也有少数预应力混凝土梁采用混合配置主筋的方式设计，此时须考虑主钢筋的腐蚀程度及其对抗弯承载力的影响。

预应力钢束是预应力混凝土梁桥中的主要受力单元，根据前述分析，腐蚀可能造成预应力钢束的强度、弹性模量、延伸率降低，预应力钢束自开始腐蚀至失效历时较短，破坏形式表现为无先兆的脆性破坏，影响结构安全。可见预应力钢束腐蚀对桥梁安全影响最大，在后续研究中必须重点加以考虑。

普通钢筋可通过钢筋锈蚀仪测定。预应力钢束腐蚀状况的检测有其特殊性。有研究者采用破损检测法拨开混凝土保护层和波纹管检测预应力钢束的腐蚀状况，但这样对梁体所造成的损伤不易修复。利用普通钢筋腐蚀状况检测已有技术方法，借助室内构件试验研究，从测试结果数据的判别标准和抗干扰能力入手，改进已有检测技术和设备，是预应力钢束腐蚀状况无损检测技术研究的思路之一。

刘志梅等(2010)通过选取大量工程中已腐蚀、轻微腐蚀及未腐蚀钢绞线，主要有新钢绞线、废弃梁打出的钢绞线、料场陈旧钢绞线、垃圾场回收钢绞线、施工现场因腐蚀废弃钢绞线等各类腐蚀钢绞线，并模拟各种腐蚀环境对部分钢绞线进行加剧腐蚀。并将加速腐蚀钢绞线与两座面临承载能力加固和拆除重建的典型预应力混凝土梁桥的废弃梁内的腐蚀钢绞线对比，进行表观研究，给出了钢绞线腐蚀情况分类。

笔者在其研究基础上根据《公路桥涵养护规范》(JTG H11—2004)中桥梁技术状况评定标准确定钢绞线按照承载能力下降的分类标准，进而结合第3.2节及第3.3节中钢绞线腐蚀对钢绞线力学性能影响试验研究，初步确定钢绞线的腐蚀情况分类标准。

钢绞线腐蚀程度分级标准如下：一类，钢绞线抗拉承载力符合设计指标，比设计抗拉承载力降低0～1%；二类，钢绞线抗拉承载力达到设计指标，比设计抗拉承载力降低1%～5%；三类，钢绞线抗拉承载力比设计抗拉承载力降低5%～10%；四类，钢绞线抗拉承载力比设计抗拉承载力降低10%～25%；五类，钢绞线抗拉承载力比设计抗拉承载力降低25%以上。

腐蚀钢绞线的承载力需同时考虑截面积及抗拉强度由于腐蚀影响造成的折减。抗拉承载力的表达如下：

$$R_{u1} = f_{u1} A_{st} \tag{4-1}$$

式中：f_{u1}——腐蚀钢绞线的名义极限强度；

A_{st}——钢绞线腐蚀后的剩余截面面积。

钢绞线腐蚀平均半径减少量与腐蚀损失率的关系如图4-1所示，与承载力降低率的关系如图4-2所示。

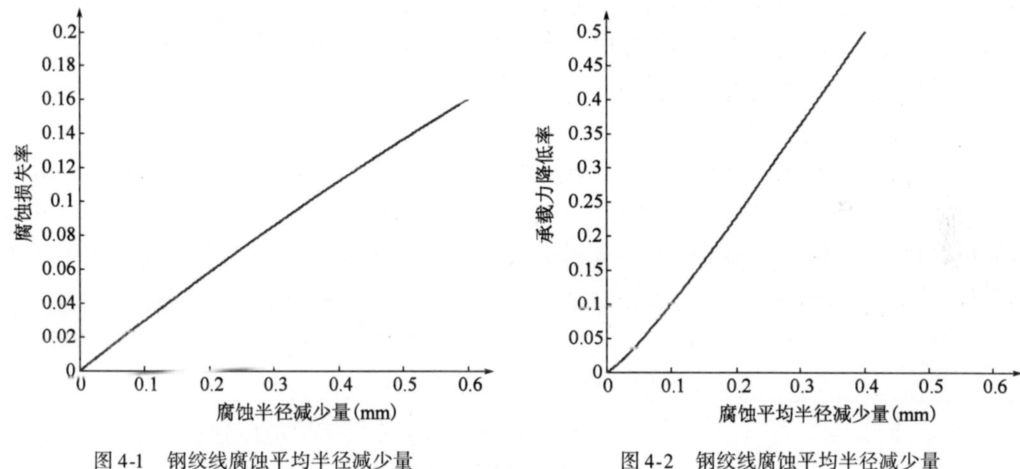

图4-1 钢绞线腐蚀平均半径减少量与腐蚀损失率的关系

图4-2 钢绞线腐蚀平均半径减少量与承载力降低率的关系

由此对钢绞线腐蚀分类进行修正，提出钢绞线腐蚀情况分类标准对照表(表4-3)。

钢绞线腐蚀情况分类标准 表4-3

类别	状况描述	腐蚀损失率	承载力降低率
一类	人工打磨后呈现钢绞线金属光泽，平整，偶有轻微锈蚀，外丝表面平均腐蚀深度小于0.015mm	$\rho_w < 0.45\%$	$\Delta R < 1\%$
二类	表面可见均匀或不均匀分布的点状锈斑，除锈后，大部分未见明显锈坑，蚀坑深度分布在0.01～0.13mm，外丝表面平均腐蚀深度小于0.015～0.056mm	$0.45\% \leq \rho_w < 1.68\%$	$1\% \leq \Delta R < 5\%$

续上表

类别	状况描述	腐蚀损失率	承载力降低率
三类	除锈后，表面锈斑呈现片状分布，多处可见深度不一的蚀坑，并随锈斑呈条状分布，蚀坑深度基本分布在0.05～0.26mm，外丝表面平均腐蚀深度小于0.056～0.10mm	$1.68\% \leqslant \rho_w < 2.97\%$	$5\% \leqslant \Delta R < 10\%$
四类	表面腐蚀较严重，除锈后，可见钢丝表面腐蚀均匀连续，坑蚀明显较多较深，且大部分都在0.1～0.5mm，外丝表面平均腐蚀深度小于0.10～0.217mm	$2.97\% \leqslant \rho_w < 6.29\%$	$10\% \leqslant \Delta R < 25\%$
五类	表面腐蚀严重，除锈后，可见钢丝表面腐蚀均匀连续，坑蚀深且相互融合，大部分都在0.2～0.8mm，外丝表面平均腐蚀深度大于0.217mm	$6.29\% \leqslant \rho_w$	$25\% \leqslant \Delta R$

在前述腐蚀钢绞线力学性能试验研究中，未腐蚀钢绞线破坏方式均主要为齐断；二、三类钢绞线则多发生两次断裂，此时，由于每根外围钢丝腐蚀轻微且均匀，当首批钢丝断裂时，钢绞线所有的钢丝均已充分受拉，整根钢绞线的最大破断力削弱不大。而当预应力钢束腐蚀较为严重时（第四类），钢绞线中某一根外围钢丝可能存在较大的蚀坑，该位置截面损伤严重，则该钢丝就会在拉伸变形并不充分的情况下，首先发生脆断，钢绞线出现3次以上断裂过程，甚至是单根钢丝依次断裂，钢绞线的极限强度大大削弱，见图2-44～图2-49。

试验发现，基于最大截面损失率的分类结果与钢绞线力学性能试验结果较为吻合。全新钢绞线力学性能测值均大于规范限值3%～7%，而当钢绞线产生轻微腐蚀时基本上仍能满足规范要求。当钢绞线腐蚀进一步加剧，腐蚀由斑点状转而呈现坑蚀时，钢绞线力学性能测值均在规范限值附近，已存在一定的安全隐患。当钢绞线坑蚀状况加剧，钢绞线满布较大的锈坑，拉力作用下将发生脆断，已完全不能满足规范要求。钢绞线腐蚀程度分级为在役预应力混凝土梁桥承载能力评定提供了一定的依据。

根据有关研究，钢筋及预应力钢束腐蚀评价标准具体见表4-4。

钢筋及预应力钢束腐蚀评价标准 表4-4

评估元素	评价指标	评价等级及评估值区间				
		一级	二级	三级	四级	五级
普通钢筋腐蚀	腐蚀损失率	(0,0.015)	[0.015,0.05)	[0.05,0.12)	[0.12,0.2)	(≥0.2)
预应力钢束腐蚀	平均腐蚀损失率	(0,0.0045)	[0.0045,0.017)	[0.017,0.03)	[0.03,0.063)	(≥0.063)

混凝土内钢绞线外围钢丝腐蚀与内部钢丝的腐蚀程度不同情况的考虑在第3.2节有详细论述。此外，对于预应力混凝土梁桥而言，其预应力钢束配置较为复杂，尤其大跨径情况，预应力钢束要分层设置，外层和内层钢筋腐蚀起始时间存在差别。此时需从"等代腐蚀率"的角度来分析这一问题。

当某一截面处预应力钢束发生腐蚀时，截面面积减小，强度减小，该截面处预应力钢束的承载力可按各层预应力钢束扣除腐蚀损失后的有效截面面积与对应强度的乘积之和。设某预应力混凝土梁有两层预应力钢束，截面面积分别为A_1和A_2，分别在时刻t_1、t_2发生腐蚀，腐蚀率分别为ρ_{w1}、ρ_{w2}，未腐蚀时的强度为f_u，腐蚀后的预应力钢束强度分别为f_{u1}、f_{u2}，则其"等代平均腐蚀率”或称“等代腐蚀率”可按式(4-1)考虑。

$$\bar{\rho}_w = \frac{A_1(1-\rho_{w1})f_{u1} + A_2(1-\rho_{w2})f_{u2}}{(A_1+A_2)f_u} \tag{4-2}$$

等代腐蚀率中考虑了预应力钢束腐蚀对强度的影响。多层预应力钢束时,依此类推。

从第2章及前述分析可见,碳化、氯离子含量、裂缝、保护层偏薄或损伤为普通钢筋腐蚀、预应力钢束腐蚀的诱因,管道压浆不饱满为预应力钢束腐蚀的诱因之一,都非影响梁体抗弯承载力的直接因素。混凝土劣化既可能导致混凝土强度降低,又可能导致钢筋及预应力钢束锈蚀,但从多座桥梁的调研情况可见,在役预应力混凝土劣化情况并不突出。因此,可以认为,一般情况下,普通钢筋腐蚀、预应力钢束腐蚀为影响梁体抗弯承载力的主要因素,相应的主要评价指标为普通钢筋腐蚀损失率、预应力钢束腐蚀损失率。

此外,应该注意到,碳化、氯离子含量等导致普通钢筋、预应力钢束腐蚀,腐蚀程度将随时间的推移而不断增长,相应的梁体抗弯承载力则不断降低,后文将量化分析研究这一发展趋势。

(7)有效预应力

从第6.3节随机有限元法分析可见,钢束有效预应力也是影响预应力混凝土梁桥承载力可靠度的重要因素之一。因此,有效预应力损失是评价预应力混凝土梁桥承载力需考虑重要指标。其评价标准见表4.2.1-3。

从第3.3节可见,预应力钢束腐蚀可导致其有效预应力损失,各评价指标之间存在交叉作用情况,单一剥离某一指标进行分级评价并不十分恰当,应针对各指标进行综合分析,在此基础上提出桥梁的总体技术状况评价。

2)抗剪承载力评价

抗剪承载力评价因素包括混凝土强度、碳化、氯离子含量、裂缝、保护层损伤、管道压浆状态、普通钢筋腐蚀、预应力钢束位置偏差、预应力钢束腐蚀、有效预应力损失等。其中除裂缝主要考虑斜裂缝外,其余指标与抗弯承载力评价基本一致。兹不赘述。

4.1.2 桥梁墩台及基础承载力评价

如前所述,大多数的桥梁墩台及基础是由砌体、混凝土和钢筋混凝土构件组成,目前梁桥主要采用钢筋混凝土材料,其承载力影响因素包括混凝土劣化、碳化、氯离子含量、裂缝、保护层损伤、普通钢筋腐蚀、冲刷掏空不均匀沉降、倾斜、滑移等。其中,混凝土劣化、碳化、氯离子含量、裂缝、保护层损伤、普通钢筋腐蚀在第3.2.2节中已分析。墩身因施工或撞击等因素会倾斜,冲刷掏空基础滑移、不均匀沉降也可能导致墩身的倾斜,而墩身倾斜将可能导致墩身失稳或承载力下降,故可将倾斜率作为其承载力评价指标指引。其各项指标评价标准如表4-5所示。

桥梁墩台及基础评价标准 表4-5

评定标度值	构件技术状况	评定标准
1	一级	①各部件完整,浅基防护处理效果良好; ②表面污秽,长有苔藓或植物丛生; ③少量线状短缝,宽度在限值范围之内; ④局部蜂窝麻面、剥落,深度不足1cm

续上表

评定标度值	构件技术状况	评 定 标 准
2	二级	①局部网裂,面积不到 $1m^2$ 或较多线状短缝;或缝宽在限值范围内; ②砖石表面风化,或局部灰浆脱落; ③少数蜂窝麻面、剥落,深度不足 2cm,面积不到 3%; ④浅基未作防护处理,但未造成冲刷损毁
3	三级	①多处局部网裂,面积大于 $1m^2$;或大量线状短缝,缝宽超过限值; ②多处蜂窝麻面,剥落露筋,深度大于 3cm,面积为 2% ~10%; ③砖石表面严重风化,或灰浆大量脱落; ④砌体松动,或严重漏水侵蚀,或局部鼓肚; ⑤浅基础局部侵蚀,或桥基局部有冲刷掏空迹象
4	四级	①表面普遍网裂;或较多线状通缝,缝宽超过限值; ②大量蜂窝麻面、剥落露筋,面积大于 10%,或钢筋严重锈蚀; ③大面积砌体松动或鼓肚变形; ④桥基局部冲空或桩基有冲刷磨损现象; ⑤桩基环状冻裂
5	五级	①墩台不稳定,有滑动、下沉、位移、倾斜及冻害现象; ②基础严重冲刷,20% 以上基底掏空;或桩基严重冲刷磨损; ③变形大于规范控制值,或裂缝有开合现象

承载能力评价指标体系见图 4-3。

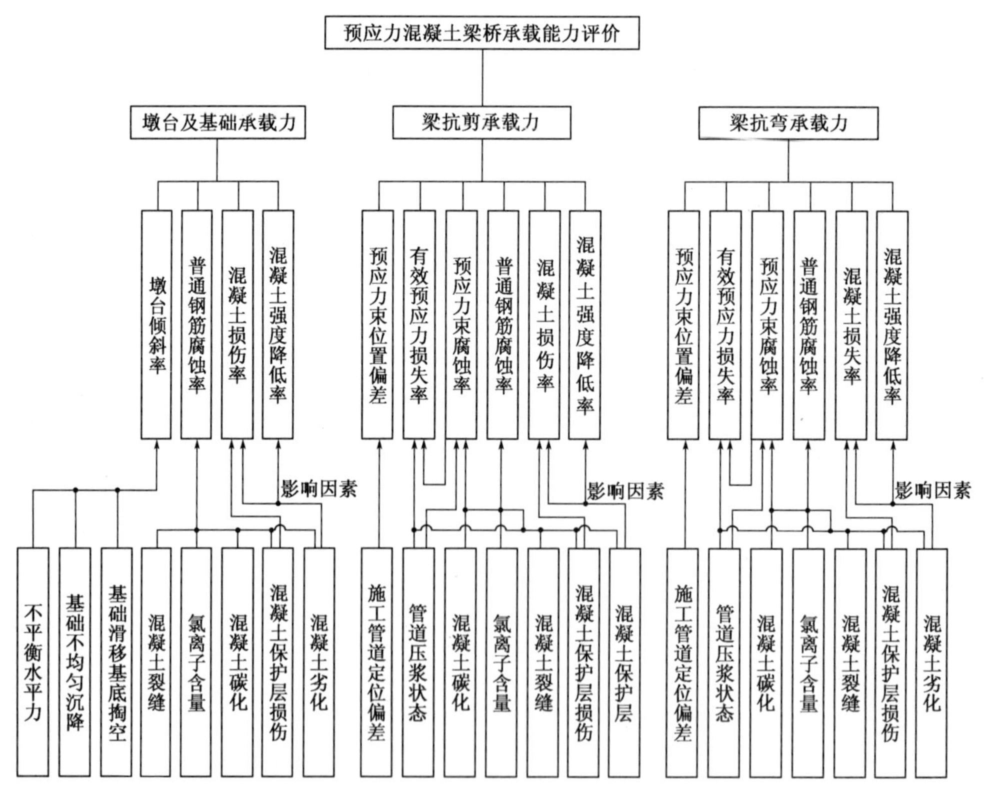

图 4-3 承载能力评价指标体系图

4.2 在役预应力混凝土梁桥正常使用评价指标体系

预应力混凝土梁桥正常使用评价指标体系包括四大部分:梁体、支座、墩台及基础、附属设施。

1)梁体正常使用评价

梁体评价因素包括混凝土裂缝、混凝土劣化、碳化、氯离子含量、保护层损伤、普通钢筋腐蚀、管道压浆状况、预应力钢束位置偏差、预应力钢束腐蚀、有效预应力、跨中挠度等。

其中,混凝土劣化、保护层损伤是普通钢筋腐蚀、预应力钢束腐蚀、梁体混凝土面积损失的影响因素;混凝土裂缝、碳化、氯离子含量是普通钢筋腐蚀、预应力钢束腐蚀的影响因素,管道压浆状况是预应力钢束腐蚀的影响因素;这些也是预应力钢束有效预应力、梁体跨中挠度的直接或间接影响因素。因此,仅将混凝土面积损失率、普通钢筋腐蚀损失率、预应力钢束位置偏差、预应力钢束腐蚀损失率、有效预应力损失率、挠度作为正常使用评价指标。钢筋及预应力钢束腐蚀评价标准具体见表4-4。

相关研究中,通常将混凝土裂缝作为梁体正常使用的评价指标,但对于预应力混凝土梁而言,混凝土裂缝的存在还影响梁体的耐久性,其发生主要由梁体有效预应力不足造成,故将混凝土裂缝作为评价指标的主要表征或影响因素。

混凝土正截面裂缝评价标准见表4-6。

混凝土正截面裂缝评价标准　　表4-6

评 价 指 标	评价等级及评估值区间				
	一级	二级	三级	四级	五级
裂缝宽度(mm)	(0)	[0,0.1)	[0.1,0.3)	[0.3,0.6)	(≥0.6)

混凝土斜截面裂缝评价标准见表4-7。

混凝土斜截面裂缝评价标准　　表4-7

评 价 指 标	评价等级及评估值区间				
	一级	二级	三级	四级	五级
裂缝宽度(mm)	(0)	[0,0.05)	[0.05,0.2)	[0.2,0.4)	(≥0.4)

在役预应力混凝土梁桥有效预应力的检测方法研究较多。目前有基于动力参数的梁桥有效预应力测试方法,通过测试得到的梁体基频来计算梁体刚度,并由测试刚度与计算刚度的有效刚度比推求有效预应力;基于静力参数的梁桥有效预应力测试方法,通过加载测试得到的梁体挠度或应变计算梁体刚度,并由测试刚度与计算刚度的有效刚度比推求有效预应力;基于应力释放的有效预应力测试方法,在梁体上确定取芯位置,并进行取芯过程仿真分析,确定梁体混凝土表面应变为零时的取芯深度,实测取芯前、后的梁体混凝土表面应变,根据两者差值推求有效预应力;混凝土应力释放测试有效预应力技术受干扰因素多,实测数据离散性大。基于钢筋应力释放的有效预应力测试方法,实测钢筋应力释放前后的钢筋应变,根据两者差值推求有效预应力;基于横张增量法的混凝土桥梁有效预应力测试方法,对预应力钢绞线跨中横向施

力，测试其横向变位值，从而推算该钢绞线内的有效预应力。上述方法中，前四种方法只能测定梁桥的整体预应力状况，无法测得单根预应力钢束或钢绞线的有效预应力；混凝土、钢筋应力释放及横张增量法均对梁体有一定的破坏，测试前应考虑其可能对梁体造成的影响，并于测试后及时进行修复。

预应力损失率采用预应力设计值与预应力实测值的差，占预应力设计值的比值来表示，即 $C=|\sigma_{设}-\sigma_{测}|/\sigma_{设}$。对于预应力混凝土梁桥而言，有效预应力的保证是预应力构件得以存在的关键，也是结构各项指标如应力、变形乃至结构安全满足设计要求的关键因素。因此，对此需予重点考虑预应力损失还与预应力钢束的腐蚀有关，详见第 3.3 节。预应力钢束内的有效预应力具体评价标准见表 4-8。

有效预应力评价标准 表 4-8

评价元素	评价指标	评价等级及评估值区间				
		一级	二级	三级	四级	五级
有效预应力	$\frac{\lvert\sigma_{设}-\sigma_{测}\rvert}{\sigma_{设}}$	(0,0.05)	[0.05,0.1)	[0.1,0.15)	[0.15,0.2)	≥0.2

预应力钢束位置的变化对梁体截面惯性矩、结构刚度的影响很小，但是预应力钢筋位置的变化将导致截面应力状态产生和结构的徐变变形变化。长期将对结构挠度产生一定影响。

根据《公路桥梁技术状况评定标准》(JTG/T H21—2011)，预应力混凝土梁桥梁体挠度的量化评价标准见表 4-9；其中一、二级无具体量化评价标准。

预应力混凝土梁桥梁体挠度评价标准 表 4-9

评价元素	评价指标	评价等级及评估值区间				
		一级	二级	三级	四级	五级
挠度	Δ/L	完好	较好，无明显变形	明显下挠 (0,1/1000]	显著下挠 (1/1000,1/600]	严重下挠 >1/600

2）支座正常使用评价

支座评估因素包括支座脱空、老化裂缝等。

3）墩台及基础正常使用评价

墩台及基础评价因素包括：混凝土裂缝，如墩台盖梁裂缝、墩台身裂缝；混凝土劣化、普通钢筋混凝土腐蚀、保护层损伤；台背填土沉降缝及变形导致的桥头跳车，桥下净空。后两者非结构主体因素，不作为本书的主要研究对象。基础的评价因素还包括不均匀沉降、倾斜、滑动、地基冲刷、地基侵蚀，后两者属于结构构件之外的因素，不作为本研究的重点，故不列入。

4）附属设施正常使用评价

附属设施评价因素主要包括六类，分别是：桥面铺装、伸缩装置、护栏、桥头搭板、排水设施、交通安全设施。桥面铺装评价因素包括裂缝、防水层断裂、坑槽及波浪等。在此不作为本书研究重点。

正常使用评价指标体系见图 4-4。

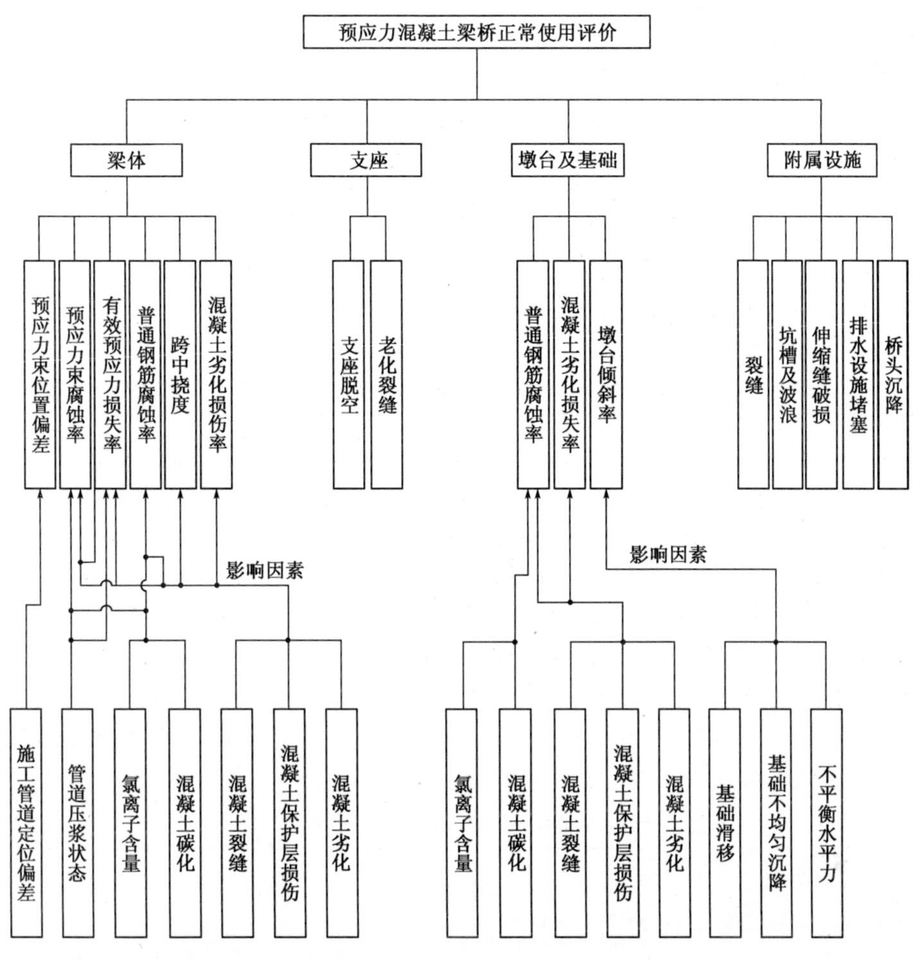

图4-4　正常使用评价指标体系图

4.3　小　　结

本章在已有研究成果基础上,提出了在役预应力混凝土梁桥评价指标体系,包括承载能力评价指标体系、正常使用评价指标体系。研究认为,对于在役预应力混凝土梁桥,预应力钢束腐蚀损失率为主要评价指标之一,提出梁体内多根钢束腐蚀开始时间及腐蚀率不同时的等代腐蚀率的概念和公式,提出依据钢束平均腐蚀损失率划定预应力钢束腐蚀等级的参考标准。各评价指标之间存在交叉作用情况,单一剥离某一指标进行分级评价并不十分恰当,应针对各指标进行综合分析,在此基础上提出桥梁的总体技术状况评价。

本章参考文献

[1]　吕颖钊. 在役混凝土桥梁可靠度评估与寿命预测研究[D]. 西安:长安大学,2006.

[2]　王春生,陈惟珍,陈艾荣. 桥梁损伤安全评定与维护管理策略[J]. 交通运输工程学报,2002(4):22-28.

[3] 吕颖钊,贺拴海. 缺损钢筋混凝土梁桥模糊可靠性评价模型[J]. 交通运输工程学报,2005(4):59-62.

[4] 刘志梅,侯旭,许宏元,等. 预应力钢筋锈蚀程度评定与力学性能衰减研究[C]//第十九届全国桥梁学术会议论文集. 2010, 1170-1179.

[5] 郭琦,贺拴海. 基于横张增量法的混凝土桥梁有效预应力检评技术研究[J]. 中国公路学会桥梁和结构工程分会 2010 年全国桥梁学术会议论文集,2010, 805-812.

[6] 中华人民共和国行业标准. JTG H11—2004 公路桥涵养护规范[S]. 北京:人民交通出版社,2004.

[7] 中华人民共和国行业标准. JTG/T J21—2011 公路桥梁承载能力检测评定规程[S]. 北京:人民交通出版社,2011.

[8] 中华人民共和国行业标准. JTG/T H21—2011 公路桥梁技术状况评定标准[S]. 北京:人民交通出版社,2011.

[9] 中华人民共和国国家标准. GB/T 50283—1999 公路工程结构可靠度设计统一标准[S]. 北京:中国计划出版社,1999.

[10] 张建仁,秦权. 现有混凝土桥梁的时变可靠度分析[J]. 工程力学,2005,22(5):90-95.

[11] 薛鹏飞. 预应力混凝土连续刚构桥结构性能退化预测评估研究[D]. 杭州:浙江大学,2009.

[12] 林阳子. 大、中跨径预应力混凝土桥梁评价理论及方法研究[D]. 哈尔滨:哈尔滨工业大学,2009.

[13] 陈万春,马建秦. 既有桥梁可靠度与安全使用寿命的综合评估[J]. 公路交通科技,2006.

[14] 张玲玲,马建勋. 服役结构可靠性的模糊综合评判法及其应用[J]. 土木工程学报,2001,34(5):20-23,28.

5 在役预应力混凝土梁桥结构体系失效仿真分析功能函数

结构构件可靠度,是针对一个构件或构件的一个截面的单一失效模式而言的。然而在实际工程中,一个构件有许多截面,而结构往往由诸多构件组成。一个或几个构件的失效会引起整个结构的破坏,不同失效构件的组合所引起的结构破坏形态不同,即使同一构件在相同的受力状态下也会发生不同方式的破坏。因此,结构的可靠度必须从体系(或系统)的角度去对待,这属于结构体系可靠度研究范畴。

结构体系可靠度的分析主要包括两方面的内容:一是寻找结构体系的主要失效模式;二是结构体系可靠度的计算。识别主要失效模式,即在所有可能的结构失效模式中,找出对结构体系的失效概率贡献较大者,也即失效概率较大的失效模式。对其进行有效识别是结构体系可靠度分析的一个核心问题。

本章主要通过总结已有的实桥试验、受腐蚀混凝土梁试验及桥梁垮塌案例,研究在役预应力混凝土梁桥结构体系主要失效模式及失效功能函数。

5.1 在役预应力混凝土梁桥结构体系失效模式实桥试验研究

5.1.1 在役预应力混凝土连续箱梁桥破坏试验

徐文平等(2006)利用某桥拆除重建的机会,进行混凝土连续箱梁桥旧桥破坏性试验研究,从现场足尺梁试验中研究在役预应力混凝土箱梁桥的实际承载能力、安全储备、破坏全过程的内力分布情况、破坏形态及破坏机理。

大桥为高速公路桥,于1995年8月竣工。桥梁设计荷载等级为汽超—20,挂—120级。主桥上部结构采用32m+50m+32m三跨预应力混凝土连续箱梁。前期检测发现,主桥中跨最大下挠0.045m,箱梁底板和腹板开裂比较严重,存在贯通底板和腹板的裂缝,最大裂缝宽度0.7mm,超过B类预应力混凝土桥梁0.1mm宽裂缝限值要求。桥墩及盖梁存在不超过0.2mm的竖向及斜向裂缝。主梁裂缝病害如图5-1所示。

开展实桥加载极限承载力试验。试验采用中跨加载,采用钢筋堆重和水箱注水调整加载重的加载方案。每级加载值设为极限荷载计算值的10%,加载完成后持荷10min,然后记录本级荷载下的结构响应。当总荷载加至计算开裂荷载的80%~120%时,进一步减小每级荷载增量至极限荷载计算值的5%。在转为水袋控制加载后(此时总荷载达到理论极限荷载的90%),通过位移反馈来控制加载,加载速度设定为不高于0.5t/min。

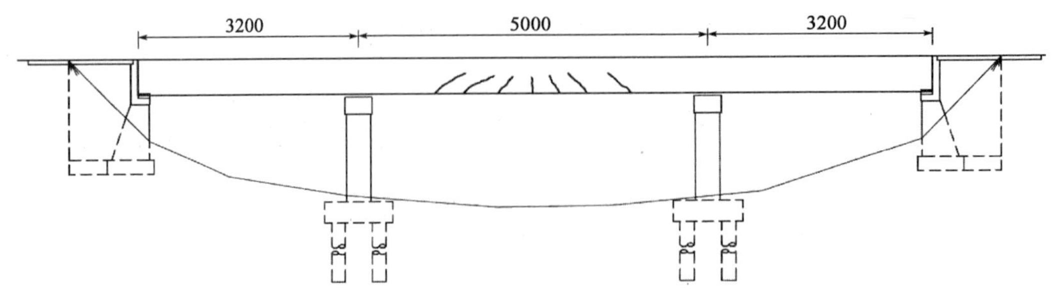

图 5-1 大桥主梁裂缝病害(尺寸单位:cm)

试验的过程基本可以分为弹性→塑性发展(裂缝发展、刚度退化)→体系转换→结构屈服→极限破坏五个阶段。试验的最终破坏荷载定为 1867.80t,试验终止时主跨腹板裂缝计 180 余条,平均裂缝间距约为 27cm;试验的最终破坏形态为:中跨跨中受拉普通钢筋拉断,受压区混凝土压碎;受拉主钢筋处最大垂直裂缝宽度达到 1.2cm;两边跨支座处有明显脱空现象,边跨支座最大上挠 4cm,结构体系发生明显改变;跨中挠度发展随时间不收敛。

从最终破坏形态可以看出,整个试验过程中该桥经历了结构中跨、四分点裂缝区域扩展,中间支座位置梁体受拉区裂缝开展,结构刚度逐渐退化,结构中跨跨中位置受拉普通钢筋拉断、受压区混凝土压碎,结构出现塑性铰,结构体系转换,两边跨支座脱空,梁体内主筋屈服,变形不随荷载而收敛,最终结构失效。极限破坏时,挠跨比约为 1/134。

试验各阶段实测荷载及对应的变形见表 5-1。

实测试验荷载及中跨跨中变形 表 5-1

试验阶段	荷载(t)	变形(mm)
弹性	380.14	25.29
塑性发展	1351.06	155.90
体系转换	1780.80	290.24
结构屈服	1867.80	352.75
极限破坏	1692.80	373.05

梁体破坏后,截取钢绞线样本进行试验,发现钢绞线基本未发生腐蚀。钢绞线强度、弹模等均未有下降,符合设计规范要求。

从上述试验可见,预应力混凝土连续箱梁虽然出现裂缝、下挠等病害,但梁体内的钢绞线尚未发生腐蚀,钢绞线强度基本保持不变。因此,大桥的承载力仍能满足要求,其破坏模式为梁体的延性破坏。这也证明了只要梁体内钢绞线未发生腐蚀,无论梁体是否出现裂缝和下挠病害,梁体的抗弯承载力仍可满足设计要求。

从中还可以看出,试验过程中,当梁体破坏时,桥墩、桥台均未发生破坏,墩台的强度和安全系数明显高于上部结构梁体,说明就桥梁结构整体而言,竖向荷载作用下(横向荷载如洪水冲击、漂浮物撞击不在本研究范围内)其主控失效模式是梁体破坏,也即其简化失效模式为上部结构梁体破坏。相应的在研究中,可以考虑把上部结构梁体抽出来单独研究,对于整体式箱梁而言,梁体的安全即代表了桥梁整体结构的安全。

5.1.2 在役预应力混凝土简支 T 梁桥破坏试验

夏叶飞、徐文平等(2006)进行了在役预应力混凝土简支 T 梁破坏试验。某桥引桥为装配式预应力混凝土简支 T 梁桥,桥跨布置为 6 ×20m。梁高 1.4m,翼板宽 2.1m,腹板宽 0.16m,马蹄宽 0.4m。桥梁横断面布置如图 5-2 所示。

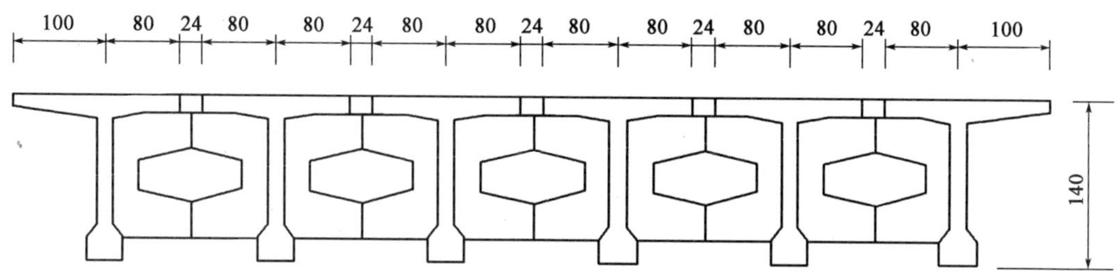

图 5-2 桥梁横断面布置(尺寸单位:cm)

该桥主要病害情况为:梁翼板、梁体混凝土存在破损及裂缝情况;横隔板接头处开裂比较严重;梁间接缝浇注质量较差;梁底局部露筋。主梁长期受荷载作用梁体内侧下挠 0.0118m,外侧下挠 0.0149m。除局部位置存在较小裂缝外,试验跨 T 梁结构整体状况较好。

试验采用横桥向偏置加载方案。当桥面荷载达到 1094.37t 时,最外侧 T 梁累计变形达 407.6mm,已搁置在主梁下方用于安全防护的土坝沙袋上,同时,跨中附近翼缘混凝土压碎,腹板最大裂宽超过 4mm,最外侧 T 梁完全丧失承载能力;此后,继续加载,加载至 1139.37t 时,最外侧 T 梁累计变形已达 516.1mm,此时土坝沙袋坍塌,同时 T 梁迅速变形,大桥出现突然性的整体垮塌。

试验前期,结构处于弹性阶段,结构变形随荷载线性增加;随着荷载量的增大,结构裂缝逐渐出现并扩展,伴随着部分混凝土退出工作,结构刚度逐渐减小、结构变形非线性增大,结构进入弹塑性阶段;试验荷载继续增加,结构受拉主筋屈服,受压区混凝土被压碎,结构塑性铰出现,屈服现象明显;荷载继续增加,伴随着外侧 1 号 T 梁的垮塌,结构进入破坏阶段,并最终导致结构的整体垮塌,因此整个破坏性试验过程基本可以概括为弹性阶段、弹塑性阶段和破坏阶段。试验的最终破坏荷载定为 1139.37t,试验的最终破坏形态为:跨中受拉非预应力主筋拉断,受压区混凝土压碎;结构横向联系破坏;最后全桥梁体垮塌。试验中预应力混凝土 T 梁桥破坏形态如图 5-3 所示。

图 5-3 试验中预应力混凝土 T 梁桥破坏形态

从中同样可以看出，在同样承载状态下，桥墩、桥台均未发生破坏，墩台的强度和安全系数明显高于上部结构梁体，说明就桥梁结构整体而言，竖向荷载作用下其主控失效模式为主梁梁体破坏，也即其简化失效模式为上部结构梁体破坏。相应的在研究中，可以把上部结构梁体抽出来单独研究，梁体的安全即代表了桥梁整体结构的安全。而在多片梁通过横隔板横向组成整体结构的桥梁中，首先是单片梁的破坏，之后才会发生横向连接结构的破坏，因此，可将单片梁抽出来单独研究，单片梁体的安全即代表了桥梁整体结构的安全。

5.1.3 在役预应力混凝土空心板梁桥破坏试验

康省桢(2010)以京珠高速安新段某桥为对象，采用堆载加载方式，开展了在役预应力混凝土空心板梁桥实桥破坏试验，研究预应力混凝土空心板梁桥的安全储备、承载潜力及其在极限荷载作用下的结构响应和破坏机制。

试验过程中结构的主要反应为：随着荷载增加，梁体挠度不断变大，变形从线性逐步向非线性发展；裂缝首先在两侧边板出现，其次在中板出现，随着加载量的增大，裂缝不断增多，原有裂缝逐渐扩展，宽度不断增加；至加载后期，盖梁、支座垫石均出现裂缝。试验中预应力空心板梁桥的破坏机理为：铰缝开裂→边板开裂→中板开裂→盖梁开裂→支座(垫块)开裂。铰缝是空心板桥面系的薄弱环节，在荷载作用下，铰缝最先破坏，从而降低结构的整体性，引起单板受力，使边板、中板陆续开裂，加速梁体破坏进程。

从中同样可以看出，在同样承载状态下，桥墩、桥台均未发生破坏，墩台的强度和安全系数明显高于上部结构梁体，说明就桥梁结构整体而言，竖向荷载作用下其主控失效模式为主梁梁体破坏，也即其简化失效模式为上部结构梁体破坏。相应的在研究中，可以把上部结构梁体抽出来单独研究，梁体的安全即代表了桥梁整体结构的安全。而在多片空心板通过铰缝横向组成整体结构的桥梁中，首先是铰缝的破坏，之后才会发生边板的破坏，但铰缝为设置于板间完全附属于板连接构造，铰缝的破坏说明并不可靠的双向板的受力模式转化为单向板的受力模式，板间的横向联系弱化甚至消失，因此，可将单片空心板抽出来单独研究，单片空心板的安全即代表了桥梁整体结构的安全。

5.2 受腐蚀预应力混凝土梁抗弯失效模式模型试验研究

5.2.1 受腐蚀预应力混凝土梁模型试验研究

各国学者对预应力钢束腐蚀后预应力混凝土梁的破坏形态、承载能力以及变形性能进行了大量的研究。有关试验研究的试件既有梁也有板，其来源既有在试验室加速腐蚀获得的，也有通过长期自然暴露获得的，还有从实际工程中拆卸下来的。

大连理工大学贾金青、毛伟(2011)进行了受腐蚀预应力混凝土梁静、动力性能模型试验研究。模型梁尺寸设计如图5-4所示。

以下仅讨论其静力试验研究部分，分析受腐蚀预应力混凝土梁的破坏模式。

试验一共制作了3片预应力混凝土简支模型梁，模型梁混凝土材料均采用相同的配合比，其中2片梁分别做了不同程度的腐蚀处理。

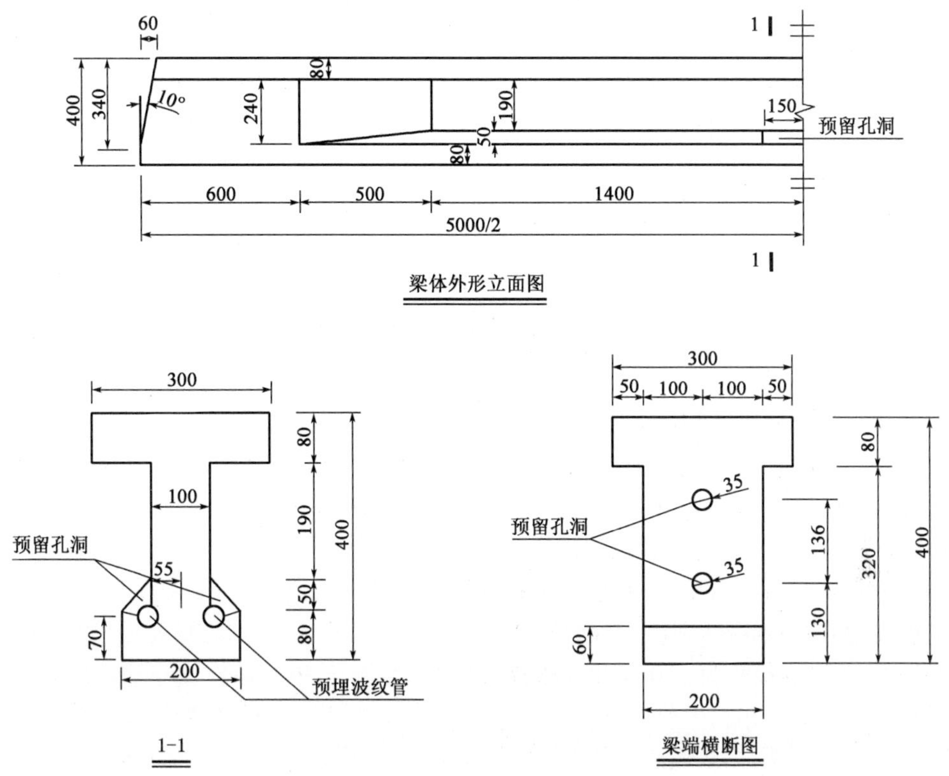

图 5-4　模型梁尺寸设计(尺寸单位:cm)

模型梁配置 7 丝 1860 级钢绞线 2 根,采用后张法施加预应力,张拉控制应力取预应力钢绞线抗拉强度标准值的 75%。待张拉完毕即灌浆,形成有黏结的后张法预应力模型梁。模型梁采用简支支撑。所有模型梁均采用相同的预应力度和配筋形式,其具体外形尺寸、钢筋配置情况、支撑加载位置以及测点布置如图 5-5 所示。

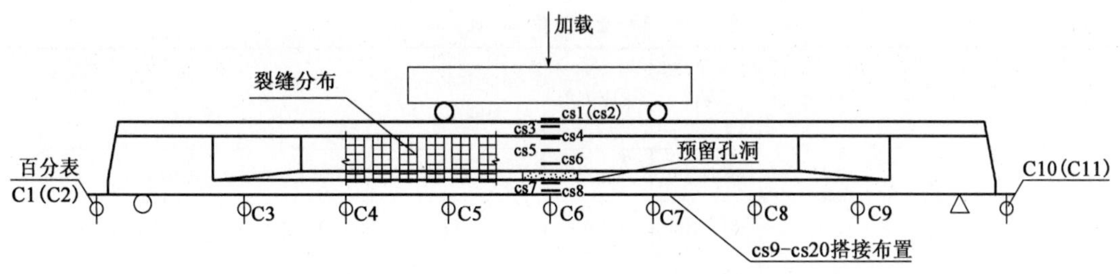

图 5-5　模型梁加载和测点布置

通过电化学腐蚀对预应力混凝土模型梁内钢绞线进行腐蚀,钢绞线腐蚀损失率分别为 0%、5%和 10%。分别对未腐蚀的 L1 号梁、腐蚀损失率 5%的 L2 号梁和腐蚀损失率 10%的 L3 号梁进行静载试验。共分 4 级加载至模型梁计算极限承载力的 80%,而后通过位移加载控制试验,得到模型梁完整的荷载—位移曲线。

模型梁的荷载—位移曲线,如图 5-6 所示。梁 L2 的极限承载力实测值为 263kN,梁 L3 的

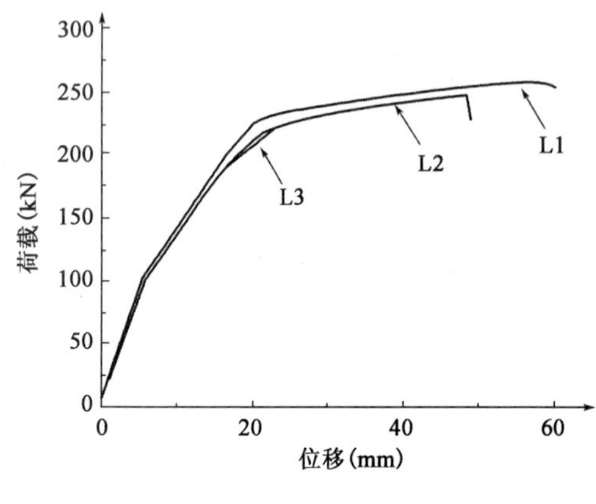

图 5-6　模型梁 L1、L2 和 L3 的荷载—位移曲线

极限承载力实测值为 210kN。在腐蚀损失率较低(5%)的情况下,模型梁还具有一定的延性,从屈服后到接近破坏时还有很大的变形能力;而在腐蚀损失率较高(10%)的情况下,脆性破坏特征明显,达到极限承载力后发生突然破坏。试验中梁 L3 在各级荷载作用下沿截面高度应变相交于距梁底 310mm 左右的位置,说明中和轴在整个加载过程中稳定在该处,基本没有变化,属脆性破坏。由梁 L3 与梁 L1 相比可见,较大的腐蚀损失率使模型梁的极限承载力降低,同时也使破坏形态由延性破坏变为脆性破坏。

显然,随腐蚀损失率的增加模型梁的承载能力呈下降趋势。试验表明,在腐蚀损失率较小(<5%)的情况下,为延性破坏;当腐蚀损失率较大(>5%)时,脆性破坏特征明显,且裂缝开展程度不均匀,跨中裂缝对挠度贡献最大,可见腐蚀对模型梁的静力力学性能影响很大。

由试验结果可知:预应力钢束腐蚀程度不同,破坏模式也不同。预应力钢束腐蚀较小时,其破坏模式为,跨中钢绞线屈服,继而受压区混凝土被压碎,属于延性破坏;预应力钢束腐蚀损失率较大时,其破坏模式为,预应力钢绞线断裂,压区混凝土未被压碎,属于脆性破坏。

5.2.2　模拟坑蚀预应力混凝土梁模型试验研究

扬州大学曹大富、蔺恩超(2011)进行了预应力钢束腐蚀后混凝土梁的受力性能模型试验研究。以下仅选择与梁破坏模式相关部分,分析受腐蚀预应力混凝土梁的破坏模式。

模型梁的尺寸为:梁宽 $b=150$,梁高 $h=250$mm,长度 $L=1500$mm。C40 混凝土。试件设计参数:设计预应力度(PPR)$\lambda_1=0.5$,$\lambda_2=0.7$;模型梁采用直线布筋方式。试验在预应力筋中间段间距 100mm 均布钻取 6 个相同深度的坑,每根预应力筋坑的深度不同。其主要参数、坑蚀的平均深度见表 5-2。

模型梁参数表　　表 5-2

编号	受拉区配筋	受压区配筋	箍筋	预应力筋	预应力筋坑蚀深度(mm)	实测预应力度	普通纵筋配筋率(%)	有效预应力(MPa)
SCC0-2	2φ14	2φ8	φ8@100	φ16	0	0.49	0.91	348
SCC2-1	2φ14	2φ8	φ8@100	φ16	1.93	0.52	0.91	363
SCC2-2	2φ14	2φ8	φ8@100	φ16	3.53	0.56	0.91	397
SCC2-3	2φ14	2φ8	φ8@100	φ16	4.18	0.52	0.91	364
SCC2-4	2φ14	2φ8	φ8@100	φ16	4.86	0.44	0.91	364
SCC1-3	2φ14	2φ8	φ8@100	φ16	4.23	0.67	0.91	472

试验采用液压千斤顶加载,在试验反力架上进行静力试验。为防止支座处混凝土局部压碎,分别在两支座上垫加钢板。取标准荷载为破坏荷载的 75% 左右,采用每级约为 15% 的标

准荷载,试验开始前预加载为1级荷载值。

每根预应力筋坑蚀的深度不同,通过构件的承载力试验研究预应力坑蚀深度对构件抗裂能力、承载能力和破坏状况的影响。

从构件破坏过程分析,预应力筋坑蚀对构件的抗裂能力和承载能力具有不利的影响。预应力筋坑蚀后,构件承载能力明显下降,且随坑蚀深度增大承载能力继续下降。随坑蚀深度增大构件开裂荷载逐渐减小。若坑蚀深度继续增加,有可能导致塑性变形达到一定程度,促使预应力筋的突然破坏,坑蚀导致的预应力筋塑性变形加剧或破坏极易导致构件在低荷载下的脆性破坏。

由于该试验采用钻孔方式模拟预应力筋的坑蚀情况,模拟的腐蚀情况与实际的腐蚀情况不同,预应力筋的性能与腐蚀预应力筋存在一定的差别,如预应力筋的极限强度、弹性模量均未发生变化,因此梁体破坏表现出一定的延性特征。该试验模拟方法与实际情况存在差异,但该研究表明预应力筋局部坑蚀或损伤情况对桥梁结构可靠性和安全存在较大的影响。

5.3 受腐蚀预应力混凝土梁斜截面抗剪失效模式模型试验研究

5.3.1 受腐蚀预应力混凝土梁斜截面抗剪模型试验研究

近年来的工程调查表明,由于箍筋直径小且保护层厚度小的不利条件,往往箍筋腐蚀程度比纵向受力钢筋腐蚀程度要严重,箍筋的腐蚀将造成箍筋截面面积减小、混凝土保护层的锈胀开裂以及箍筋和混凝土黏结能力的降低,将很大程度地影响预应力混凝土受弯构件抗剪性能。目前对腐蚀预应力混凝土受弯构件抗剪性能的研究很少。因预应力混凝土梁箍筋构造设置与钢筋混凝土梁相似,此处仅以腐蚀钢筋混凝土梁抗剪试验为例来说明。

徐善华(2004)通过18根尺寸为12cm×24cm×140cm腐蚀钢筋混凝土简支梁和3根无腐蚀的普通钢筋混凝土对比梁斜截面抗剪性能试验及理论分析,研究在不同剪跨比下,箍筋腐蚀程度对钢筋混凝土简支梁斜截面抗剪性能的影响,建立腐蚀钢筋混凝土简支梁斜截面承载力退化模型。

为保证构件破坏为斜截面破坏,梁配置足够的抗弯钢筋和锚固钢筋。为研究箍筋腐蚀对腐蚀钢筋混凝土梁的裂缝形成、开展及破坏机理的影响,设计试件时,采用一端腐蚀一端不腐蚀的方法。采用外加电流对试件钢筋进行快速腐蚀,试件分三批进行腐蚀,三批试件腐蚀的天数分别为10d、7d和5d,形成不同的腐蚀损失率。试验装置如图5-7所示。

承载能力试验采用两点对称加载,所选择的剪跨比为1和2。开裂前,加载等级为预估破坏荷载的5%左右;开裂后,加载等级加密为预估破坏荷载的2.5%。测试内容包括:荷载—跨中挠度曲线、裂缝的发展以及裂缝宽度、开裂荷载和极限荷载;极限荷载试验之后,实测钢筋腐蚀程度。试验多数试件腐蚀钢筋截面损失率为10%~30%,属中等及严重程度腐蚀。

模型梁均为斜截面剪切破坏,最后的破坏均发生在腐蚀端。在弯矩和剪力共同作用下,当主拉应力超过混凝土的抗拉强度时,在纯弯段出现与梁轴线垂直裂缝,在弯剪段出现倾斜的斜裂缝,垂直裂缝宽度基本上不发展,斜裂缝的出现和发展造成模型梁的破坏。

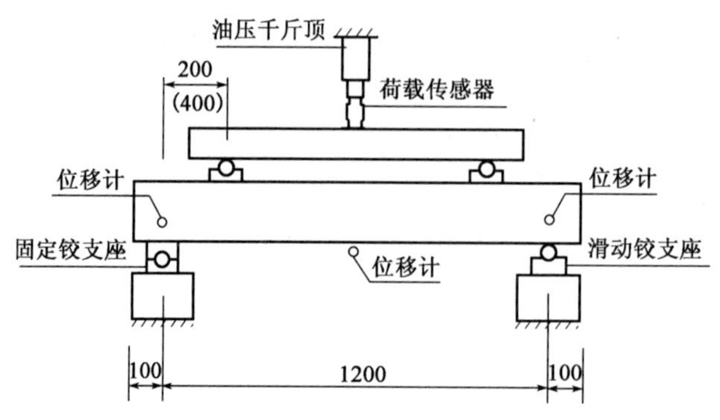

图 5-7 试验装置(尺寸单位:mm)

表 5-3 分别给出剪跨比为 1 和 2 时,模型梁的开裂荷载和极限荷载。结果表明,箍筋腐蚀对模型梁的开裂荷载影响很小。箍筋腐蚀对模型梁的抗剪极限荷载影响较大。

模型梁开裂荷载与极限荷载 表 5-3

剪跨比 $\lambda=1$			剪跨比 $\lambda=2$		
梁编号	开裂荷载 P_{cr}(kN)	极限荷载 P_c(kN)	梁编号	开裂荷载 P_{cr}(kN)	极限荷载 P_c(kN)
C	105	275.3	B	58	142.7
A-1	90	190.0	A	60	145.9
B-1	80	210.0	A-2	60	107.0
C-1	110	220.0	B-2	60	120.0
A-4	90	237.4	C-2	60	139.0
B-4	80	262.6	A-3	75	126.1
C-4	110	293.6	B-3	70	122.1
A-6	90	249.0	C-3	70	120.3
B-6	80	235.8	A-5	60	100.4
C-6	100	258.5			

模型梁抗剪试验表明,梁的抗剪破坏形态一般取决于剪跨比,箍筋腐蚀程度和混凝土强度只影响梁抗剪承载力的大小,基本不影响梁的抗剪破坏形态,也即随着箍筋腐蚀程度的增加,梁的抗剪破坏形态不变,但抗剪承载力可靠度降低。

5.3.2 受腐蚀预应力混凝土梁斜截面抗剪失效模式研究

对于预应力混凝土梁而言,预应力本身对梁体的抗剪承载力影响有限。分析可简单从《公路钢筋混凝土及预应力混凝土桥涵设计规范》(JTG 3362—2018)中混凝土梁斜截面抗剪承载力计算公式入手,即

$$\gamma_0 \leqslant V_{cs} + V_{sb} + V_{pb} \tag{5-1}$$

式中:V_{cs}——斜截面内混凝土和箍筋共同的抗剪承载力(kN);

V_{sb}——斜截面内与斜截面相交的普通弯起钢筋抗剪承载力(kN)；

V_{pb}——斜截面内与斜截面相交的预应力弯起钢筋抗剪承载力(kN)。

对于预应力混凝土梁而言，不设普通弯起钢筋，故上式可以简化为：

$$\gamma_0 \leqslant V_{cs} + V_{pb} \tag{5-2}$$

其中

$$V_{cs} = \alpha_1\alpha_2\alpha_3 0.45 \times 10^{-3} bh_0 \sqrt{(2+0.6P)\sqrt{f_{cu,k}}\rho_{sv} f_{sv}} \tag{5-3}$$

$$V_{pb} = 0.75 \times 10^{-3} f_{pd} \sum A_{pb} \sin\theta_p \tag{5-4}$$

对于先张法预应力混凝土梁，不设弯起预应力钢束，式(5-2)还可以进一步简化为：

$$\gamma_0 \leqslant V_{cs} \tag{5-5}$$

式中各参数意义不一一赘述。P 为斜截面内纵向受拉钢筋的配筋百分率，$P=(A_p + A_{pb} + A_s)/100bh_0$，当 $P>2.5$ 时，取 $P=2.5$，这里对于预应力钢束、预应力弯起束和普通钢筋的抗剪作用是同等看待的。预应力混凝土梁与普通混凝土梁抗剪承载力的区别除了力学参数的取值不同外，主要就是在 V_{cs} 中给出了 α_2 预应力提高系数，对于预应力混凝土梁，取 1.25，但当由预应力钢束合力引起的截面弯矩与外弯矩的方向相同时或允许出现裂缝的预应力混凝土梁，取 1.0，即不考虑预应力影响。

根据前述分析，预应力钢束腐蚀后截面面积、强度、延伸率及弹性模量都将下降，当预应力钢束腐蚀损失率达到 10% 时，预应力储备将降低 20% 左右。在这种情况下，预应力混凝土梁将可能出现裂缝。以前述空心板梁为例，梁体下缘混凝土拉应力超出混凝土抗拉强度，发生裂缝。预应力对梁体斜截面抗剪承载力的提升作用失去。不考虑箍筋腐蚀，仅钢绞线腐蚀对梁体斜截面抗剪承载力的影响见图 5-8、图 5-9。

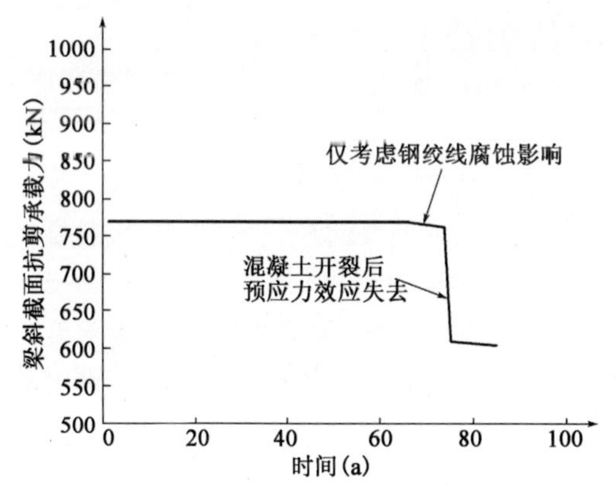

图 5-8 钢绞线腐蚀对预应力混凝土梁抗剪承载力的影响

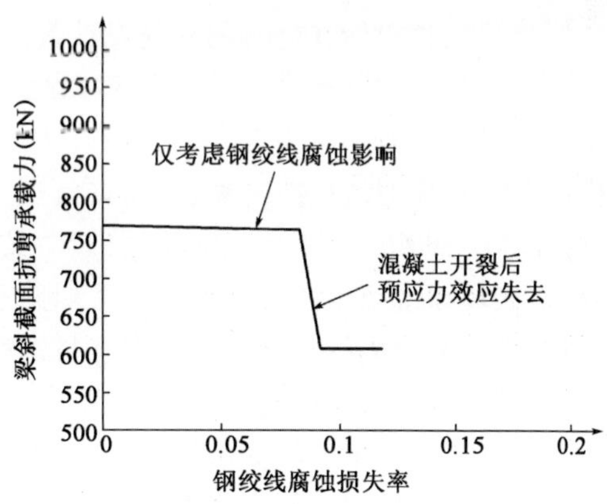

图 5-9 钢绞线腐蚀损失率与预应力混凝土梁抗剪承载力的关系

由于钢绞线腐蚀，发生预应力损失，预应力效应减弱，梁体可能开裂，预应力对梁体抗剪承载力的提升作用随之减弱，抗剪承载力出现急剧的下降段。也即当预应力钢束腐蚀到一定程度后，预应力效应对于斜截面抗剪承载力的提高作用将消失。之后继续下降，当钢绞线腐蚀损失率达到或超过 10% 时，由于钢绞线自身强度下降较多，钢绞线将可能发生破断。

从图 5-8、图 5-9 中可见，扣除预应力效应，钢绞线本身对梁体斜截面抗剪强度影响较小，也就是说，预应力混凝土梁的抗剪承载力主要体现在预应力效应和箍筋配置上。

总的来说，根据前述试验和分析可以判断预应力混凝土梁的斜截面破坏形态与钢筋混凝土梁基本一致，预应力混凝土梁的抗剪破坏形态一般取决于剪跨比，预应力钢束、箍筋腐蚀程度和混凝土强度只影响梁抗剪承载力的大小，基本不影响梁的抗剪破坏形态。即随着预应力钢束、箍筋腐蚀程度的增加，梁的抗剪破坏形态不变，但抗剪承载力降低。

5.4　在役预应力混凝土梁桥结构体系失效模式分析

从上述腐蚀预应力混凝土梁模型试验可见，预应力钢束腐蚀对模型梁的静力力学性能影响很大，因此，可初步认为在役预应力混凝土梁桥梁体抗弯失效模式与预应力钢束的腐蚀损失率有关。

根据前述研究，对于在役预应力混凝土梁（设计为适筋梁），当等代腐蚀损失率 $<1.68\%$ 时，由于腐蚀预应力钢束的力学性能没有发生明显变化，因而其破坏形态、承载能力以及变形性能与未腐蚀梁基本相同。

当预应力钢束等代腐蚀损失率增加（$1.68\% \sim 6.29\%$）时，其破坏形态基本上仍为延性破坏，但由于预应力钢束腐蚀引起的预应力钢束截面积的减小和屈服强度的降低，使得腐蚀构件的承载力随腐蚀程度的不同而出现不同程度的降低。同时，腐蚀构件的弯曲裂缝数量减小，间距和宽度增大；抗弯刚度减小，挠度增大。

当预应力钢束等代腐蚀损失率较大（$>6.29\%$）时，预应力钢束强度与塑性性能大大降低，构件的破坏形态将从延性破坏转向脆性破坏，其承载力和变形性能也大幅下降。其中当锚固区预应力钢束严重腐蚀时，构件可能发生预应力钢束锚固破坏。

可以认为，这里指在合理的配筋设计条件下，预应力钢束腐蚀程度不同，破坏模式也不同。预应力钢束轻微腐蚀（等代腐蚀损失率 $<1.68\%$）时，其破坏模式为，跨中预应力钢束屈服，受压区混凝土被压碎；预应力钢束腐蚀损失率较小（等代腐蚀损失率为 $1.68\% \sim 6.29\%$）时，其破坏模式为，预应力钢绞线断裂，受压区混凝土被压碎；预应力钢束腐蚀损失率较大（等代腐蚀损失率 $>6.29\%$）时，梁体发生脆性破坏，其破坏模式为，预应力钢绞线断裂，压区混凝土未被压碎。破坏模式与梁体的配筋率有密切关系。

预应力混凝土梁的斜截面破坏形态与钢筋混凝土梁基本一致，预应力钢束混凝土梁的抗剪破坏形态一般取决于剪跨比，预应力钢束、箍筋腐蚀程度和混凝土强度只影响梁抗剪承载力的大小，基本不影响梁的抗剪破坏形态。即随着预应力钢束、箍筋腐蚀程度的增加，梁的抗剪破坏形态不变，但抗剪承载力降低。

从上述三项实桥试验可见，上部结构预应力钢束基本没有腐蚀，梁体破坏过程中表现出了明显的延性破坏特征，而当梁体发生破坏时，桥墩、桥台均未发生破坏，墩台的强度和安全系数明显高于上部结构梁体，说明就桥梁结构整体而言，竖向荷载作用下（横向荷载如洪水冲击、漂浮物撞击不在本研究范围内）其主控失效模式梁体破坏，也即其简化失效模式为上部结构梁体破坏。相应的在研究中，可以把上部结构梁体抽出来单独研究，梁体的安全即代表了桥梁整体结构的安全。

在多片梁通过横隔板横向组成整体结构的桥梁中，首先是单片梁的破坏，之后才会发生横向连接结构的破坏，因此，可将单片梁抽出来单独研究，单片梁体的安全即代表了桥梁整体结构的安全。以简支T梁为例，桥梁是由多片单梁组成的简支桥梁体系，可以将该桥一跨的多片T形梁看作是一个串联体系，任何一根T形梁的失效将导致整座桥不能使用，在任一服役时间，整座桥的体系可靠度由可靠度指标最小（失效概率最大）的T梁决定。某预应力混凝土T梁桥破坏情况见图5-10。

在多片空心板通过铰缝横向组成整体结构的桥梁中，首先是铰缝的破坏，之后才会发生边板的破坏，但铰缝为设置于板间完全附属于板连接构造，铰缝的破坏说明并不可靠的双向板的受力模式转化为单向板的受力模式，板间的横向联系弱化甚至消失，因此，可将单片空心板抽出来单独研究，单片空心板的安全即代表了桥梁整体结构的安全。某预应力混凝土空心板桥单板破坏情况见图5-11、图5-12。

图5-10　某预应力混凝土T梁桥破坏情况

图5-11　某预应力混凝土空心板桥单板破坏情况一

图5-12　某预应力混凝土空心板桥单板破坏情况二

5.5　有限元仿真分析失效功能函数

5.5.1　简支体系预应力混凝土梁桥失效功能函数

1）承载能力极限状态下的失效功能函数

承载能力极限状态对应于结构或构件达到最大承载能力，该状态直接关系到结构的安全与否。任何工程结构均须做承载能力极限状态的设计，且要求其出现的失效概率要相当低。对于简支梁，承载能力极限状态验算一般是考虑在荷载作用下跨中附近的最大弯矩以及支座处的最大剪力是否超过结构相应截面的抗力。简支单梁为静定结构，离支点 $h/2$ 处的斜截面和跨中截面是以串联的形式来保证结构的可靠性，一处失效则整个结构就失效；由于结构的对称性，可取一侧离支点 $h/2$ 处的斜截面和跨中截面分别进行最不利布载，求解这两个截面在相应最不利布载作用下的可靠度，并取较小者作为简支单梁的可靠度。因此，对于简支梁体系的桥梁，承载能力极限状态下的失效模式有受弯破坏和受剪破坏两种，相应有两种承载能力极限状态下的失效功能函数。而从《公路工程结构可靠度设计统一标准》(GB/T 50283—1999)可见，梁体抗剪承载力的统计参数明显高于抗弯承载力的统计参数，即一般而言，梁体的抗剪承载力可靠度高于其抗弯承载力可靠度，故研究的重点应在抗弯承载力方面。

(1)受力最不利主梁的跨中截面失效功能函数

根据荷载横向分布分析，边梁横向分布系数最大，而设计时，边梁的预应力配束也往往最多，跨中截面失效模式中最不利主梁不一定是边梁。在结构可靠度分析中，可建立梁桥整体空间模型(整体空间模型便于考虑横梁损伤退化对梁桥可靠度的影响)，或分别选择边梁及受荷最大的中梁，按照横向分布系数(考虑荷载横向分布系数的概率分布)分配荷载在相应主梁上，然后在纵向按跨中最不利位置布载，计算得到的失效概率即作为桥梁体系在该失效模式下的失效概率。

预应力混凝土桥梁的正截面受力状态分为以下几个阶段：

①加载至受拉边缘混凝土预压应力为零。一般把这种状态称为消压状态。

②加载至受拉区裂缝即将出现。当构件在消压状态后继续加载，使受拉区混凝土应力达到抗拉极限强度，称为裂缝即将出现状态。

③加载至构件破坏。预应力钢束屈服，预应力混凝土构件在破坏时与普通混凝土构件相类似，压区混凝土抗压强度耗尽，出现纵向水平裂缝，随即混凝土被压碎，梁截面破坏，但筋束仍维持在屈服强度，梁的破坏属于塑性破坏，即延性破坏。

由以上的分析，当预应力钢束腐蚀率≤6.29%时，最不利主梁的跨中截面失效模式功能函数为：

$$Z_1 = f_{cm} - f_{c,\max} \tag{5-6}$$

式中：f_{cm}——混凝土抗压强度；

$f_{c,\max}$——最不利荷载作用下跨中截面上缘的最大压应力。

根据试验研究结论，预应力钢束腐蚀后，有效截面面积减小，其实际抗拉强度降低，当预应力钢束腐蚀率>6.29%时，会出现预应力钢绞线钢丝断裂，一旦出现裂缝即刻发生梁体破坏，属脆性破坏，压区混凝土未达到极限应变。此时，主梁的失效模式功能函数为：

$$Z_1 = \sigma_{y,u} - \sigma_{y,\max} \tag{5-7}$$

式中：$\sigma_{y,u}$——预应力钢束腐蚀后的屈服强度，可根据钢束平均腐蚀率确定；

$\sigma_{y,\max}$——最不利荷载作用下跨中截面预应力钢束的最大应力。

(2)受力最不利主梁的斜截面失效功能函数

在离支座 $h/2$ 处的斜截面结构可靠度分析中，按照横向分布系数分配荷载施加在中梁上，然后在纵向按最不利荷载位置布载,计算得到的失效概率即作为桥梁体系在该失效模式下的失效概率。

典型的剪压破坏过程为:随着荷载的增大,梁的弯剪区内陆续出现几条斜裂缝,其中一条发展为临界斜裂缝。临界斜裂缝出现后,箍筋应力急剧增加并屈服,梁承受的荷载还能继续增加,而斜裂缝伸展到荷载作用位置,直到斜裂缝顶端(剪压区)的混凝土在正应力、剪应力及荷载引起的局部压应力的共同作用下被压酥而破坏。破坏处可见很多平行的斜向短裂缝和混凝土碎渣。合理的设计条件下,梁体一般均发生剪压破坏。

考虑临界剪跨比时混凝土主压应力已接近混凝土抗压强度的事实,在腐蚀梁中,当剪跨比小于临界剪跨比时,近似认为小剪跨比时混凝土受压区的压应力可达和超过混凝土抗压强度。受剪截面失效模式功能函数可采用式(5-7)。

剪跨比较大时,预应力混凝土受弯构件的斜截面的受力状态为:斜裂缝出现以前,剪力由全截面抵抗,但腹筋的应力很小,箍筋的作用不大。斜裂缝出现后,与斜裂缝相交的箍筋和弯起钢筋的应力突然增大,起到抵抗梁剪切破坏的作用,同时能有效地减小斜裂缝开展的宽度。若箍筋的配置数量偏少,当箍筋屈服后,其变形迅速增大,不再能有效地抑制斜裂缝的开展和延伸,最后,斜裂缝上端的混凝土在复合应力作用下达到极限强度,发生剪切破坏,这种斜截面的剪切破坏属于脆性破坏。

因此,对于剪跨比较大的情况,在最不利主梁的离支座 $h/2$ 处的斜截面失效模式中,确定功能函数为:

$$Z_2 = \alpha_1 f_{tm} - \sigma_{t,max} \tag{5-8}$$

式中:α_1——修正系数,可取 1.25;

f_{tm}——混凝土抗拉强度;

$\sigma_{t,max}$——最不利荷载作用下离支座 $h/2$ 处的斜截面上的最大主拉应力。

当预应力钢束腐蚀率 >6.29% 时,会出现预应力钢绞线钢丝断裂, 且出现裂缝即刻发生梁体破坏,属脆性破坏,压区混凝土未达到极限应变。此时,主梁的失效首先源于钢绞线断裂,其功能函数为:

$$Z_1 = \sigma_{y,u} - \sigma_{y,max} \tag{5-9}$$

式中:$\sigma_{y,u}$——预应力钢束腐蚀后的屈服强度,可根据钢束平均腐蚀率确定;

$\sigma_{y,max}$——最不利荷载作用下跨中截面预应力钢束的最大应力。

2)正常使用极限状态下的失效功能函数

使用阶段对应于结构或构件达到正常使用或耐久性能的某项规定限值,涉及结构的工作条件和耐久程度,一般从应力、变形和裂缝三个方面进行验算。本研究主要就活载作用下梁体的变形进行验算。活载作用下梁体挠度失效功能函数为:

$$Z_1 = \Delta_{dL} - \Delta_d \tag{5-10}$$

式中:Δ_{dL}——使用阶段梁体挠度限值;

Δ_d——活载作用下梁体最大挠度。

《公路钢筋混凝土及预应力混凝土桥涵设计规范》(JTG 3362—2018)规定,使用阶段梁体挠度限值取计算跨径的 1/600,在役预应力混凝土梁桥也采用这一标准。

5.5.2 连续体系预应力混凝土梁桥梁体失效功能函数

根据预应力混凝土连续梁桥在使用期的特点和要求，考虑到主梁不仅是受力构件，而且是桥面单元，任意截面的破坏均会导致桥面不宜继续行车，此时即认为结构失效。因此，连续梁的破坏准则为：当连续梁的某一跨出现塑性铰，即认为整个连续梁破坏。

预应力混凝土连续梁桥按截面形式可分为等截面和变截面连续梁桥，这两种不同截面形式的桥梁形成机构时的工况也不一样。

(1)等截面预应力连续梁桥

当荷载均向下作用时，每跨内最大正、负弯矩只可能出现在跨中和中间跨支点处，所以塑性铰一般只在每跨的中间和两端出现，即跨中为正弯矩失效点，中间跨支点为负弯矩失效点。

(2)变截面预应力连续梁桥

当各跨截面变化时，在连续梁内会产生很多个可能的失效截面，因此就有很多个对应的可能的塑性铰。但从连续刚构桥、变截面连续梁桥的病害情况看，病害多为跨中下挠、跨中底板横向裂缝、支点顶面横向裂缝、$L/4$ 截面附近腹板斜裂缝，破坏只可能发生在这些截面。虽然如此，其失效模式仍显复杂。一般来说，由于跨中截面最为单薄，外荷载作用下受力较大，梁体破坏一般首先源于该截面，上部结构变为悬臂体系后，梁根部无法承受巨大的剪力，连续发生剪切破坏。

帕劳共和国 Koror-Babeldaob 桥于1977 年前建成，原桥为中间设铰的变截面预应力混凝土悬臂梁桥，主跨 240.8m，后跨中发生 1.2m 下挠，1996 年加固设置体外预应力并封铰，变为连续体系。该桥于 1996 年 9 月垮塌。该桥的破坏即始于跨中截面，继而梁根部发生剪切破坏。Koror-Babeldaob 桥加固前后结构体系如图 5-13 所示，破坏情况如图 5-14 ~ 图 5-16 所示。

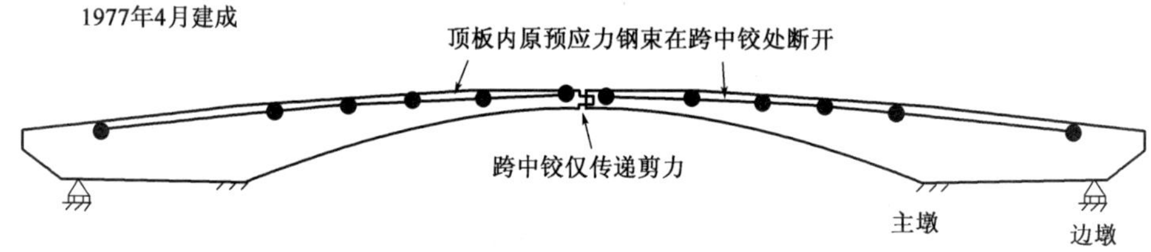

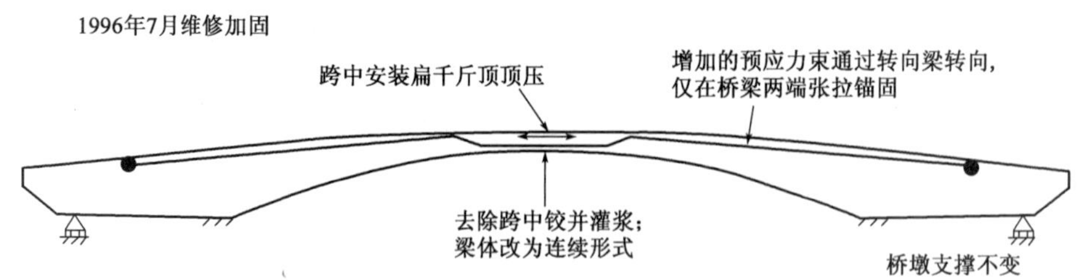

图 5-13　Koror-Babeldaob 桥加固前后结构体系

在结构可靠度仿真分析中可模拟搜索最先可能出现破坏的截面，确定结构的实际可靠度。

图 5-14 Koror-Babeldaob 桥跨中下挠

图 5-15 Koror-Babeldaob 桥坍塌后

在对连续体系梁桥结构体系进行可靠性分析前,先作出如下假定:

图 5-16 Koror-Babeldaob 桥坍塌后桥墩位置情况

①材料均匀且各向同性时,材料的力学行为是完全弹塑性的,即已经形成塑性铰的截面服从塑性变形原理,而其他截面则表现为完全弹性。

②主梁结构发生强度破坏之前,不发生整体或局部失稳。

③塑性铰的转角不能无限增大,至受压区混凝土压碎时破坏。

④塑性铰只发生在跨中或墩顶控制截面,且同一主梁上各塑性铰不同时发生。

桥梁结构体系破坏的一般形式,主要包括脆性破坏、延性破坏与变形过大三种。按不同的失效类型,分析连续梁桥结构体系的破坏准则。

(1)结构强度

①跨中区段梁顶或支点区段梁底主梁塑性铰受压区混凝土外缘的压应变达到 0.0033,导致塑性铰受压区混凝土崩裂破坏。预应力钢束腐蚀损失率 <6.29% 时,其失效模式功能函数见式(5-7),预应力钢束腐蚀损失率 >6.29% 时,其失效模式功能函数见式(5-8)。

②主梁在支点附近截面发生剪切破坏,考虑到主梁不仅是受力构件,而且是桥面单元,桥面不宜继续行车,认为结构失效。其失效模式功能函数见式(5-9)。

(2)变形过大

根据规范要求,变形不超过 $L/600$,(L 为主梁计算跨径),出于变形过大考虑认为结构不宜继续承载。其失效模式功能函数见式(5-10)。

5.6 小　　结

本章通过总结已有的受腐蚀预应力混凝土梁抗弯失效模式试验、腐蚀混凝土梁截面抗剪失效模式试验,研究在役预应力混凝土梁桥结构体系失效模式及仿真分析功能函数。

预应力钢束腐蚀程度不同,破坏模式也不同。预应力钢束轻微腐蚀(等代腐蚀损失率 $<$ 1.68%)时,其破坏模式为,跨中预应力钢束屈服,受压区混凝土被压碎;预应力钢束腐蚀损失率较小(等代腐蚀损失率为 1.68% ~6.29%)时,其破坏模式为,预应力钢绞线断裂,受压区混凝土被压碎;预应力钢束腐蚀损失率较大(等代腐蚀损失率 $>$6.29%)时,梁体发生脆性破坏,其破坏模式为,预应力钢绞线断裂,压区混凝土未达到极限强度。

预应力钢束混凝土梁的抗剪破坏形态一般取决于剪跨比,预应力钢束、箍筋腐蚀程度和混凝土强度主要影响梁抗剪承载力的大小,基本不影响梁的抗剪破坏形态。

就桥梁结构整体而言,竖向荷载作用下其主控失效模式为梁体破坏,也即其简化失效模式为上部结构梁体破坏。在多片梁通过横隔板横向组成整体结构的桥梁中,其失效模式可简化为单片梁的破坏。在多片空心板通过铰缝横向组成整体结构的桥梁中,其失效模式可简化为单片空心板的破坏。

在此基础上建立在役预应力混凝土简支梁桥、连续梁桥失效有限元仿真分析的失效功能函数,用于后续的随机有限元分析。

◇ 本章参考文献 ◇

[1] 徐文平. 既有预应力混凝土梁桥承载能力实桥试验及分析研究[D]. 南京:东南大学,2006.

[2] 夏叶飞. 预应力混凝土简支 T 梁桥的承载能力实桥试验分析研究[D]. 南京:东南大学,2006.

[3] 康省桢. 预应力混凝土空心板梁桥破坏机理试验研究[D]. 郑州:郑州大学,2010.

[4] 毛伟. 腐蚀预应力混凝土梁静动力性能模型试验研究[D]. 大连:大连理工大学,2011.

[5] 蔺恩超. 预应力筋应力腐蚀后预应力混凝土梁的受力性能试验研究[D]. 扬州:扬州大学,2006.

[6] 徐善华. 锈蚀钢筋混凝土简支梁斜截面抗剪性能研究[J]. 建筑结构学报,2004,25(5):98-104.

[7] 中华人民共和国行业标准. JTG 3362—2018　公路钢筋混凝土及预应力混凝土桥涵设计规范[S]. 北京:人民交通出版社,2004.

[8] 陶峰,王林科,王庆霖,等. 服役钢筋混凝土构件承载力的实验研究[J]. 工业建筑,1996,26(4):17-20.

[9] 惠云玲,李荣,林志伸. 混凝土基本构件钢筋锈蚀前后性能的实验研究[J]. 工业建筑,1997,27(6):14-18.

[10] 袁迎曙,余索. 锈蚀钢筋混凝土梁的结构性能退化[J]. 建筑结构学报,1997,18(4):41-45.

[11] 牛荻涛,翟彬,王林科,等. 锈蚀钢筋混凝土梁的承载力分析[J]. 建筑结构,1999,29(8):23-25.

[12] 王庆霖,池永亮,牛荻涛. 锈后无粘结钢筋混凝土梁的模拟试验与分析[J]. 建筑结构,2001,31(4):51-53.

[13] 金伟良,赵羽习. 锈蚀钢筋混凝土梁抗弯强度的试验研究[J]. 工业建筑,2001,31(5):9-11.

[14] 黄海东,向中富. 基于预应力损失识别的连续刚构桥内力计算方法[J]. 公路交通科技,2008,25(8):71-75.

[15] 任伟,宋一凡,赵小星. 在役桥梁混凝土桩基安全性评价方法[J]. 中外公路,2008,28(2):129-131.

[16] 张建仁,龚文俊,刘扬. 混凝土连续梁桥使用期的时变体系可靠度计算[D]. 长沙:长沙理工大学,2006.

[17] Feng YS. Enumerating significant failure modes of a structural system by using criterion methods[J]. Computers & Structures,1988,30(5):1153-1157.

[18] Pritpal S,Mangat,Mahmoud S. Elgarf. Flexural strength of concrete beams with corroding reinforcement[J]. ACI Structural Journal,1999,96(1):149-158.

[19] Christopher Higgins,William C Farrom,Brian S Nicholas,et al. High-cycle fatigue of diagonally cracked reinforced concrete bridge girders:field tests[J]. Journal of Bridge Engineering,2006,11(6):699-706.

6 在役预应力混凝土梁桥可靠度随机有限元仿真分析

数值模拟技术是进行土木工程极限分析的重要手段,由于桥梁工程这类大型结构体系的特殊性,在桥梁工程领域借助高性能的仿真分析可以有效地弥补试验研究的不足。在合理的假设和简化前提下,研究具体工程的特点,选择正确的模拟技术,有针对性地分析问题,为深入研究桥梁体系在各种灾害下的破坏模式和安全状况提供了依据。本章将研究在役预应力混凝土梁桥可靠度随机有限元仿真分析方法。

6.1 预应力混凝土梁桥有限元模型的建立

6.1.1 有限元建模策略

预应力混凝土结构属于复合材料结构,通常由混凝土、预应力钢束和普通钢筋组成。对于这类结构的模拟,通常有整体式、分离式两种模型。整体式模型是将钢筋弥散在整个混凝土单元中,并把混凝土单元视为连续均匀材料。分离式模型是在混凝土单元和钢筋单元之间插入联结单元,以模拟钢筋或预应力钢束与混凝土之间的黏结与滑移;或将混凝土单元节点与钢筋、预应力钢束单元节点耦合,使之具有相同的约束条件,假设钢筋或预应力筋和混凝土之间位移完全协调,不考虑两者之间的滑移。由于一般结构中钢筋、预应力钢束和混凝土之间都有良好的锚固,根据前述研究,即使发生锈蚀,相互之间的滑移带来的问题仍然很小,一般不必考虑。

采用分离式模型进行预应力钢束与混凝土复合的方法可分为两大类,其一是将预应力钢束的作用以荷载的形式作用于结构,即“等效荷载法”;其二是预应力钢束和混凝土分别用相应的单元模拟,在形成有效连接后,对钢束单元施加预应力,称之为“实体力筋法”。

预应力的模拟方法有降温法和初应变法。降温方法比较简单,同时可以对钢束分段设置不同的预应力值,即能够对预应力损失进行模拟;初应变法通常不能考虑预应力损失,否则每个单元的实常数各不相等,工作量较大。

实体力筋法在建模处理上有实体分割法、节点耦合法、约束方程法。其中,节点耦合法是分别建立实体和预应力钢束的几何模型,并进行各自的单元划分,采用耦合节点自由度将预应力钢束单元和实体单元联系起来。该方法建模比较简单,但当混凝土单元划分不够密时,预应力钢束节点位置可能偏位,造成一定误差,需要将混凝土单元划分得较密,以牺牲计算效率增加模型的精确性。

约束方程法是在分别建立几何模型和划分单元后，选择所有预应力钢束节点，并通过CEINTF命令自动选择混凝土单元的多个节点（在TOLER容差范围内）与单个预应力钢束节点一一建立约束方程，以达到使预应力钢束单元和混凝土单元协同工作的目的，比较符合实际情况，且对混凝土网格密度要求不高，可显著提高工作效率，大为减少计算量，计算较节点耦合法更为精确，因此采用该法。

其基本步骤可归结如下：

(1)建立混凝土实体几何模型，此时不考虑预应力钢束。

(2)建立预应力钢束线的几何模型，此时不考虑混凝土实体的存在。

(3)将几何模型按一定的要求划分单元，此时也是各自独立地划分。

(4)将预应力钢束节点与一定范围内的一些混凝土单元节点之间建立约束方程。

(5)施加边界条件和荷载，求解。

该方法是解决大量复杂预应力钢束线型的有效方法。

6.1.2 建模中的关键问题

1)混凝土开裂模拟

混凝土在较低的应力水平下就会开裂，开裂后的混凝土力学行为与未开裂的混凝土有很大的区别，能否正确模拟开裂后的混凝土是混凝土有限元分析中的关键问题。

有限元中裂缝的处理方式有三种，即分离裂缝模型、分布裂缝模型和内嵌裂缝单元模型，后者目前尚处于研究阶段，主要应用的是分离裂缝模型和分布裂缝模型。

分离裂缝模型即将裂缝处理为单元边界，一旦出现裂缝就调整节点位置或增加新的节点，并重新划分单元网格，使裂缝处于单元边界与边界之间。但由于混凝土结构中开裂问题的复杂性，以及网格重新划分技术的限制，目前主要用于分析有少量裂缝的素混凝土结构，分析的对象也大部分是平面问题。

分布裂缝模型：其实质是将实际的混凝土裂缝"弥散"到整个单元中，将混凝土材料处理为各向异性材料，利用混凝土的材料本构模型来模拟裂缝的影响。这样，当混凝土某一单元的应力超过了开裂应力，只需将材料本构矩阵加以调整，无须改变单元形式或重新划分单元网格，易于有限元程序的实现，因此得到了非常广泛的应用。分布裂缝模型因为将单个的裂缝连续化，不需要改变有限元网络划分，特别适用于有限元分析。对于正常配筋的大型混凝土构件，分布裂缝模型在一定程度上更接近工程实际情况，分析结果也较好。

混凝土裂缝模型采用分布裂缝模型中的弥散固定裂缝模型（Smeared Fixed Crack Model），采用Rankine最大拉应力准则，达到最大拉力就开裂，裂缝方向不随主应变方向变化。其基本假设为：①开裂允许发生在每个积分点的三个垂直的方向；②如果一个积分点上发生开裂，裂缝通过调整材料特性来模拟，将裂缝处理为弥散的条带区域，而不是离散的裂缝；③混凝土材料假设为初始各向同性的。

2)混凝土压溃模拟

如果材料在某个积分点由于单轴、双轴或三轴受压而破坏了，即认为材料在该点压溃。压溃定义为结构材料整体性彻底损坏，即材料破碎。在压溃的情况下，可以认为材料强度退化到在该积分点对单元的刚度贡献可以忽略。

3)普通钢筋的考虑

将普通钢筋分散到混凝土单元后,单元应力—应变矩阵如下:

$$[D] = \left(1 - \sum_{i=1}^{N_r} V_i^R\right)[D^c] + \sum_{i=1}^{N_r} V_i^R [D^r]_i \tag{6-1}$$

式中:N_r——钢筋材料数;

V_i^R——钢筋材料 i 相对于整个单元体积的体积配筋率;

$[D^c]$——混凝土应力应变矩阵;

$[D^r]_i$——钢筋材料 i 的应力应变矩阵。

4)预应力的模拟

预应力混凝土桥梁结构中的预应力钢束采用杆单元来模拟,单元材料、截面面积都按实际尺寸计取。预应力张拉过程采用杆单元的降温来模拟,例如:弹性模量为 E 的杆单元降温 Δt 时,产生的应力为 σ,$\sigma = E\alpha\Delta t$,其中 α 为预应力钢束的线膨胀系数,σ 为有效预应力,需要扣除必要的预应力损失。考虑到不同位置的预应力钢束的预应力损失各不相同,可以采用分段降低不同的温度的方法来近似模拟预应力对结构的作用。

预应力损失可以按《公路钢筋混凝土和预应力混凝土桥涵设计规范》(JTG 3362—2018)规定计算,包括:预应力钢束与管道壁之间的摩擦,锚具变形、钢筋回缩,混凝土的弹性压缩,预应力钢束的应力松弛,混凝土的收缩和徐变。考虑到混凝土的弹性压缩引起的损失,实体有限元模型本身计算已包含,应予扣除。

降温法具体可按照以下公式进行:

$$\alpha\Delta t = \varepsilon = \frac{\sigma}{E} = \frac{N}{EA} \tag{6-2}$$

首先指定膨胀系数 α,从而确定温度变化 Δt,然后施加温度,设定一个初始温度,再设一个终止温度。

5)外荷载的施加

采用分级加载方式,提高非线性计算精度和收敛性。整个加载过程分成若干个荷载步,按实际试验加载情况进行加载,直至结构破坏,达到极限承载状态。同时每个荷载分成若干个荷载子步,子步数由计算收敛性确定。

6.2 基于随机有限元的结构可靠度仿真分析方法

6.2.1 ANSYS 概率分析功能

ANSYS 软件 PDS 模块为用户提供了进行结构可靠性分析的开发平台。其提供的概率分析功能可以解决以下问题:根据模型中输入参数的不确定性计算待求结果变量的不确定性;确定由于输入参数的不确定性导致结构失效概率数值;判断对输出结果和失效概率影响显著的因素,计算输出结果相对于输入参数的灵敏度;确定输入变量输出变量之间的相关系数等。

在 ANSYS 中进行结构的可靠性分析时,通常由生成分析文件、可靠性分析、阶段结果后处理三个步骤组成,见图6-1。分析文件是可靠度分析的基础,因为程序通过重复执行分析文件来完成可靠度分析的循环文件中要求包括完整的分析过程。

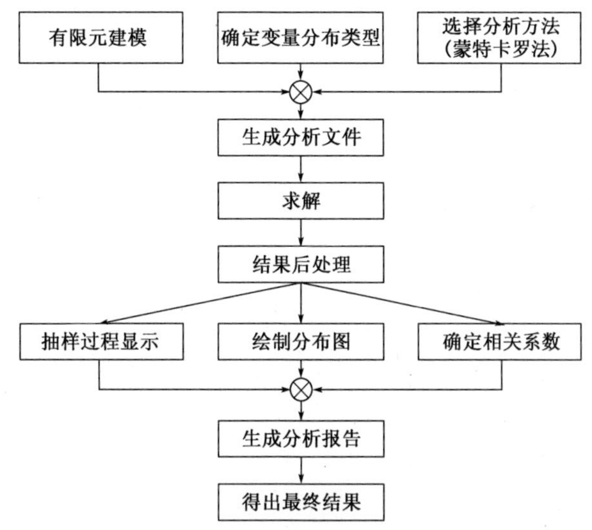

图6-1　构件可靠性分析流程

(1)生成分析文件由3个模块组成,采用批处理(命令流)建立结构的循环分析文件,构建结构有限元模型、定义分析类型及加载等的求解模块以及分析结果后处理模块。

(2)可靠性分析阶段,主要工作包括指定可靠性分析文件、选择和定义输入变量以及输出变量之间的相关系数、确定各输入变量服从的分布类型和分布函数、选择分析工具和方法,如蒙特卡罗法(Monte Carlo Method)或响应面法(Response Surface Method)等,执行分析循环。

(3)后处理阶段通常包括抽样过程显示、绘制设计变量取值分布和失效概率分布函数、确定输入变量和输出变量的相关系数矩阵、由已知结构的失效概率寻找对应的输入变量、灵敏度分析、生成分析报告等。

结构可靠度的基本理论详见第9章,这里主要分析ANSYS中两种基本的概率设计方法,即蒙特卡罗法和响应面法。

蒙特卡罗法又名随机模拟法或统计试验法,是一种根据统计抽样理论近似求解数学问题或物理问题的计算机模拟方法,现已广泛应用于工程领域。其基本思想是,首先建立一个概率模型,使所求问题的解正好是该模型的参数或其他有关的特征量,然后通过模拟统计,即多次随机抽样试验,统计出某事件发生的百分比,只要试验次数足够多,该百分比便近似于事件发生的概率。

蒙特卡罗法的基本步骤如下:

(1)确定随机变量的分布形式。

(2)产生[0,1]区间上均匀分布的伪随机数。产生方法主要是线性同余法,包括混合同余法和乘同余法。

(3)对所得的伪随机数进行检验。随机数的统计特性主要是均匀性和独立性。均匀性检验通常用 $2x$ 检验或K-S检验,独立性检验常采用序列检验。

(4)由伪随机数产生随机变量,通过各种抽样方法,如直接抽样法、重要抽样法、分层抽样法、超拉丁抽样法等,产生符合给定分布的随机变量 X_n。此处采用超拉丁抽样法。该方法是一种多维分层抽样方法,其工作原理为:定义参与计算机运行的抽样数目 N;把每一次输入等概率地分成 N 列($x_{i0} < x_{i1} < x_{i2} < x_{i3} < \cdots < x_{in} < \cdots < x_{iN}$)且有 $P(x_{in} < x < x_{in+1}) = 1N$;对每一列仅抽取 1 个样本,各列中样本选取位置是随机的。相对于单纯的分层抽样法,超拉丁抽样法的最大优势就在于能较容易地产生任何抽样数目。

(5)求得 y 抽样值。由 $y = f(x_1, x_2, \cdots, x_n)$ 即可得到一个 y 的抽样值。

蒙特卡罗法及其程序结构简单,较容易实现;收敛的概率和收敛的速度与问题的维数无关;用模拟的方法计算结构系统的失效概率,不需考虑失效模式的相关性;只要抽样次数足够多,该方法计算所得的结构可靠度的精度满足要求,所以一般用来检验其他方法的计算结果。

在 ANSYS 中,蒙特卡罗法包括直接抽样法和拉丁超立方抽样法(LHS)。其中直接抽样法是最常用的基本方法,可直接用于模拟各种工程的真实过程。效率不高,需做大量仿真循环;对抽样过程没有"记忆"功能,会出现重复抽样;需要指定随机输入参数的样本数值、仿真循环次数和循环终止准则。拉丁超立方抽样法比直接抽样法更先进、更有效;对抽样过程有"记忆"功能,可避免直接抽样法数据点集中而导致的仿真循环重复问题;强制抽样过程中抽样点必须离散分布于整个抽样空间;拉丁超立方抽样法比直接抽样法要少 20% ~40% 的仿真循环资料;需要指定仿真循环次数、重复次数、样本分布位置、循环终止准则和随机输入参数样本种子值。

响应面法的原理是用一个简单的显式函数逐步逼近实际的隐式极限状态函数,使可靠度计算得到简化。该方法可以直接应用在确定性结构的计算程序。

响应面法实际上是用一个超曲面来近似地替代实际的复杂结构输入与输出的关系。其基本思想是数值仿真分析或试验方法,建立结构系统响应 Y 和结构随机变量($X_1, \cdots, X_n$)之间的关系,其内容主要涉及响应面函数设计、试验设计、方差分析和待定系数回归分析等技术。

响应面的基本算法如下:

设结构失效函数为 $Z = g(x)$,结构失效概率为:

$$P_f = P[g(\bar{x}) \leqslant 0] \tag{6-3}$$

式中:$\bar{x}$——$\bar{x} = (X_1, \cdots, X_n)^T$,是基本随机变量;

$P(*)$——概率。

$g(\bar{x})$ 可以看成是系统在一定输入下的响应,称为响应面(Response Surface,简记为 RS),可将其近似表达为多项式的形式 $\hat{g}(\bar{x})$。若取二次完全多项式,则

$$\hat{g}(\bar{x}) = a_0 + \sum_{i=1}^{n} a_i x_i + \sum_{j=1}^{n} a_{ij} x_i x_j \tag{6-4}$$

式中:a_0、a_i、a_{ij}——待定的数,一共有 $n + 1 + [n(n+1)/2]$ 个。

如果不考虑二次交叉项系数 $a_{ij}(i \neq j)$,式(6-4)中的待定系数可减至 $2n + 1$ 个,此时

$$\hat{g}(\bar{x}) = a_0 + \sum_{i=1}^{n} a_i x_i + \sum_{i=1}^{n} a_{ii} x_i^2 \tag{6-5}$$

更简单地，$\hat{g}(\bar{x})$取为一次多项式(直线方程)，式(6-5)可进一步简化为：

$$\hat{g}(\bar{x}) = a_0 + \sum_{i=1}^{n} a_i x_i \tag{6-6}$$

为了得到待定系数，需要选择足够的展开点计算$\hat{g}(\bar{x})$值，从而解线性方程组求出a_i及a_{ij}的值，得到失效函数的拟合表达式。为了得到更精确的解，可以引进一些数值的冗余度，用最小二乘法求a_i及a_{ij}。假定得到k组数据为$(g(\bar{x})_i,(\bar{x})_i)$，其中$i=1,2,\cdots,k$，$k$必须大于或等于相应的未知参数的个数。由以下两式可以求出待定系数：

$$([X]^{\mathrm{T}}[X])\{A\} = [X]^{\mathrm{T}}\{G\} \tag{6-7}$$

$$\{A\} = ([X]^{\mathrm{T}}[X])^{-1}[X]^{\mathrm{T}}\{G\} \tag{6-8}$$

式中：$[X] = \begin{pmatrix} 1 & x_{11} & L & x_{1n} & x_{11}^2 & L & x_n^2 & x_{11}x_{12} & L & x_{1(n-1)}x_{1n} \\ M & & & M & & & M & & M & M \\ 1 & x_{k2} & L & x_{kn} & x_{k1}^2 & L & x_{kn}^2 & x_{k1}x_{k2} & L & x_{k(n-1)}x_{kn} \end{pmatrix}$；

$\{G\} = (g_1 \quad g_2 \quad L \quad g_k)^{\mathrm{T}}$；

$\{A\} = (a_0 \quad a_1 \quad L \quad a_n \quad a_{11} \quad L \quad a_{nn} \quad a_{12} \quad L \quad a_{(n-1)n})^{\mathrm{T}}$；

x_{ij}——第i组数据的第j个随机变量数值；

g_i——第i组数据的失效函数值。

对于大型结构，当随机变量数很多，这一过程的计算量较大。在实际计算中，若已知各基本变量的分布形式及分布参数，首先以均值点为中心，展开点的选择范围μ_{x_i}为$\mu_{x_i} \pm f\sigma_{x_i}$($f$可根据工程上的$3\sigma$原则进行选择)，这里$\mu_{x_i}$与$\sigma_{x_i}$分别是随机变量$x_i$的均值与标准差。取若干组展开点后就可以计算失效函数的近似表达式$\hat{g}(\bar{x})$。第一次得到的近似表达式$\hat{g}(\bar{x})$在验算点附近可能与真实的失效函数的拟合程度不好，这时可根据$\hat{g}(\bar{x})$计算近似的验算点，然后以此验算点为中心展开点，重复计算，直到满意为止。

ANSYS运用响应面法可以计算各种复杂的工程问题。在拟合响应面求出之后，采用最小控制综合(Minimal Control Synthesis，MCS)算法可以方便地求出结构体系的各失效模式的失效概率及总体失效概率。

响应面法比蒙特卡罗法模拟需要的循环次数少；可进行非常低概率问题的分析。

响应面法可选择三种方法：中心合成设计、Box-Bechnken矩阵法和用户指定法。响应面法用数学函数(二次函数)表达随机输入变量和随机输出变量之间的关系。使用回归分析技术(通常是用最小二乘法)确定函数的各项系数。响应面法计算步骤如下：①进行仿真循环计算对应随机输入变量空间样本点的随机输出变量的数据；②进行回归分析确定近似函数。

$$g(X) = a + \sum_{i=1}^{n} b_i x_i + \sum_{i=1}^{j}\sum_{j=1}^{n} c_{ij} x_i x_j \tag{6-9}$$

中心合成设计抽样包括一个中心点、N个轴线点和位于2^{N-f}阶乘个N维超立方体的顶点。

Box-Behnken矩阵抽样包括一个中心点、N维超立方体每边中心点。本书采用此方法。

ANSYS随机有限元的分析具体实现过程如下：

(1)创建分析文件。文件应该包括完整的分析过程，如：

参数化有限元模型(PREP7);

求解(SOLUTION);

获取数据,用做随机输入参数和随机输出参数(POST1/POST26)。

(2)建立概率有限元分析数据库和所有参数。

(3)进入 PDS 模块并指定分析文件。

(4)定义随机输入变量和随机输出变量。

(5)选择概率设计工具或方法。

(6)执行概率设计分析所需要的循环。

(7)拟合响应面(若使用响应面法)。

(8)观察概率设计结果。

ANSYS 基于蒙特卡罗法的可靠度分析基本命令流(APDL)代码描述如下:

```
/INPUT,…        ! 读入分析文件
/PDS            ! 进入可靠度分析模块
PDANL,…         ! 指定分析文件
PDVAR,…         ! 指定输入变量,并确定分布类型及分布参数
PDVAR,…         ! 指定可靠度分析的输出结果变量
PDMETH,…        ! 设定分析方法,包括蒙特卡罗法和响应面法
PDEXE,…         ! 执行分析循环
```

结果后处理通常包括抽样过程显示、灵敏度分析、变量之间的相关性等,常用的命令流(APDL)代码描述如下:

```
PDSHIS,…        ! 绘制输入变量的抽样曲线
PDHIST,…        ! 显示输出变量的柱状图
PDSENS,…        ! 输入变量对输出变量的灵敏度显示
```

6.2.2 基于随机有限元的预应力混凝土梁可靠度分析

矩形截面预应力混凝土简支梁及其有限元模型如图 6-2 所示。已知预应力钢束的截面面积为 139mm^2,其张拉力为 180kN,弹性模量为 $1.95\times10^5\text{MPa}$,质量密度为 7921kg/m^3。混凝土强度等级为 C50,其弹性模量为 $3.45\times10^4\text{MPa}$,质量密度为 2300kg/m^3。梁上承受均布荷载,荷载集度为 0.085N/mm^2。

变量的随机函数分布参数见表 6-1,各随机变量互不相关,根据预应力混凝土梁的使用要求,在梁的使用过程中,假定对于此预应力混凝土梁,梁下缘不允许出现拉应力,所以功能函数为:$G(x)=\text{SMAX}-0$,其中 SMAX 为结构计算后得到的梁跨中下缘的最大应力值。

预应力混凝土简支梁的随机变量概率分布 表 6-1

变量名称	变量符号	分布类型	参数一		参数二	
混凝土密度	densc	均匀分布	最小值	0.95 * densc	最大值	1.05 * densc
混凝土弹性模量	EMCON	正态分布	均值	EMCON	方差	0.05 * EMCON
预应力	Tf	正态分布		Tf		0.05 * Tf
荷载	Q_0	对数分布		Q_0		$0.1 * Q_0$

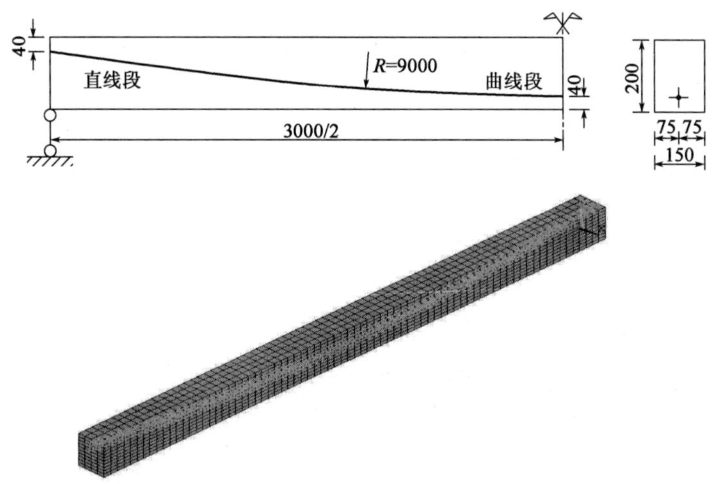

图 6-2 预应力混凝土简支梁及其有限元模型(尺寸单位:mm)

采用 Solid95 单元建立预应力混凝土梁的有限元模型,分别采用蒙特卡罗法和响应面法计算梁的可靠概率。蒙特卡罗法分析精度由抽样次数 N 决定,抽样次数越多,精度越高,因此,为了保证一定的精度,必须满足抽样,此时 $N \geqslant 100/P_f$。响应面法抽样循环的次数取决于随机变量的个数,回归拟合响应面方程后,可直接利用响应面方程代替有限元模型, 能节省大量的计算时间。两种方法计算的结果列于表 6-2,采用蒙特卡罗法抽样 5000 次能满足精度要求,失效概率为 6.4%,采用响应面法计算得到失效概率为 6.5%。两种方法的计算结果基本相符合,说明响应面法能满足一定的精度要求,而且能节省大量的计算时间。用 ANSYS 软件分析的荷载对数分布如图 6-3 所示,预应力对数分布如图 6-4 所示。

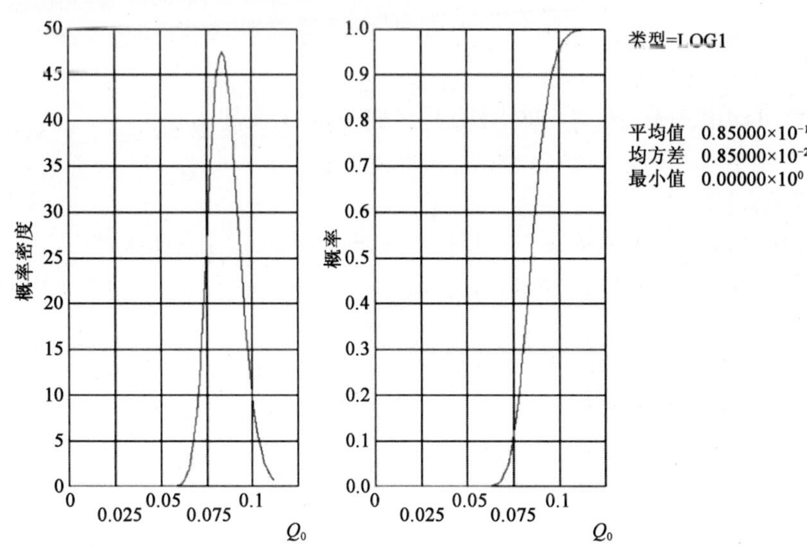

图 6-3 荷载的对数分布

正常使用状态梁的失效概率　　表6-2

方　法	抽样次数	均值	方差	失效概率(%)	可靠度指标	计算时间(min)
蒙特卡罗法	50	-2.4257	1.5153	7.811	1.6008	15
	500	-2.4253	1.5797	5.736	1.5353	40
	1000	-2.4254	1.5744	6.919	1.5405	120
	3000	-2.4254	1.5776	7.026	1.5374	300
	5000	-2.4254	1.5550	6.390	1.5597	500
响应面法	25	-2.4253	1.5670	6.516	1.5477	10

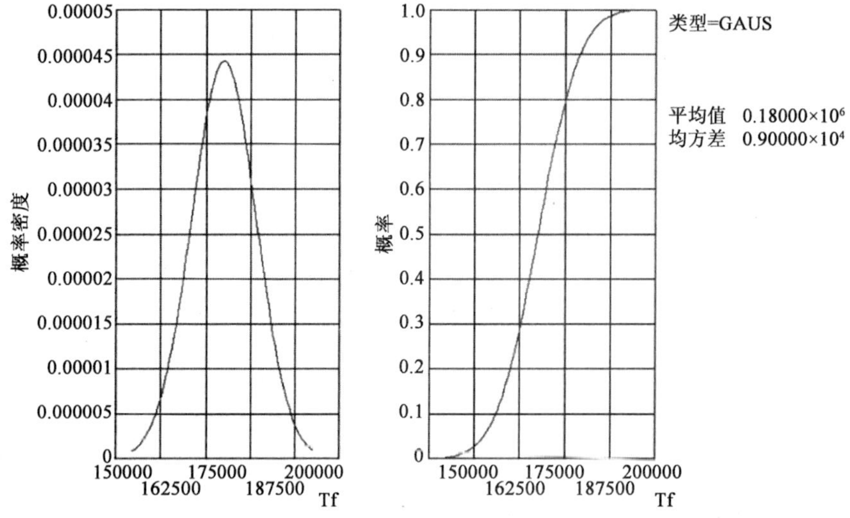

图6-4　预应力的正态分布

(1)ANSYS的蒙特卡罗法APDL程序实现过程如下：

```
/CLEAR
PDS-BEAM-LOOP,MAC        ！初始化分析过程,调用宏文件

/PDS
PDANL,PDS-BEAM-LOOP,MAC        ！进入PDS处理器,指定分析文件
PDVAR,EMCON,GAUS,EMCON,0.05＊EMCON        ！高斯分布,均值EMCON,标准差0.05＊EMCON
PDVAR,DENSC,UNIF,0.95＊DENSC,1.05＊DENSC      ！密度,均匀分布
PDVAR,Q0,LOG1,q0,0.1＊q0     ！LOG1分布,均值Q0,标准差0.1＊Q0
PDVAR,TF,GAUS,TF,0.05＊TF     ！正态分布,均值TF,标准差0.05＊TF

PDVAR,SMAX,RESP
PDMETH,MCS,LHS     ！选择拉丁超立方monte carlo抽样法
PDLHS,1000,1,MEAN, ,ALL, , , ,INIT     ！执行1000次抽样,初始化种值123457
```

```
PDEXE,LHSBEAM,SER,0,,0    ! 执行概率设计仿真循环,并定义文件名为 LHSBEAM

PDSHIS,LHSBEAM,SMAX,SAMP,0.95    ! 查看历史曲线
PDHIST,LHSBEAM,SMAX,,REL    ! 查看概率参数柱状分布图
PDCDF,LHSBEAM,SMAX,EMP,0.95,100    ! 查看累积分布图
PDPROB,LHSBEAM,SMAX,GT,0    ! 列表显示 SMAX 高于 0 的概率
PDSENS,LHSBEAM,SMAX,PIE,RANK,0.025    ! 绘制概率参数的灵敏度图
PDSCAT,LHSBEAM,TF,SMAX,POLY,1,,    ! 绘制概率参数的离散图
PDSCAT,LHSBEAM,Q0,SMAX,POLY,1,,    ! 绘制概率参数的离散图
PDSCAT,LHSBEAM,EMCON,SMAX,POLY,1,,    ! 绘制概率参数的离散图
PDSCAT,LHSBEAM,DENSC,SMAX,POLY,1,,    ! 绘制概率参数的离散图
PDROPT,0,0,0,0,0,0,0,0,0.95    ! 自动生成报告
PDWRITE,SIMPLE PRESTRESSING CONCRETE BEAM ANALYSIS
/REPLOT,RESIZE
```

(2)ANSYS 的响应面法 APDL 程序实现过程如下:

```
FINISH
/CLEAR
PDS-BEAM-LOOP,MAC    ! 初始化分析过程

/PDS
PDANL,PDS-BEAM-LOOP,MAC    ! 进入 PDS 处理器,指定分析文件
PDVAR,EMCON,GAUS,EMCON,0.05 * EMCON    ! 高斯分布,均值 EMCON,标准差
0.05 * EMCON
PDVAR,DENSC,UNIF,0.95 * DENSC,1.05 * DENSC    ! 密度,均匀分布
PDVAR,Q0,LOG1,q0,0.1 * q0    ! LOG1 分布,均值 Q0,标准差 0.1 * Q0
PDVAR,TF,GAUS,TF,0.05 * TF    ! 正态分布,均值 TF,标准差 0.05 * TF

PDVAR,UMAX,RESP    ! 输出变量
PDVAR,SMAX,RESP
PDMETH,RSM,BBM    ! 选择响应面法
PDDOEL,Q0,BBM,PROB,BND,0.01,,0.99
PDDOEL,TF,BBM,PROB,BND,0.01,,0.99
PDDOEL,EMCON,BBM,PROB,BND,0.01,,0.99
PDDOEL,DENSC,BBM,PROB,BND,0.01,,0.99
PDEXE,BBMBEAM,SER,0,,0    ! 执行概率设计仿真循环,并定义文件名为 BBMBEAM

RSFIT,RR,BBMBEAM,SMAX,QUAX,NONE,0,FSR,0.95    ! 拟合响应面方程
RSPRNT,RR,SMAX,NO    ! 查看响应面方程
```

```
RSPLOT,RR,SMAX,Q0,TF,3D
RSSIMS,RR,INIT

PDSHIS,RR,SMAX,,0.95   ! 查看历史曲线
PDHIST,RR,SMAX,,REL    ! 查看概率参数柱状分布图
PDCDF,RR,SMAX,EMP,0.95,100   ! 查看累积分布图
PDPROB,RR,SMAX,GT,0   ! 列表显示 SMAX 高于 0 的概率
PDSENS,RR,SMAX,PIE,RANK,0.025   ! 绘制概率参数的灵敏度图
PDSCAT,RR,TF,SMAX,POLY,1,,   ! 绘制概率参数的离散图
PDSCAT,RR,Q0,SMAX,POLY,1,,   ! 绘制概率参数的离散图
PDSCAT,RR,EMCON,SMAX,POLY,1,,   ! 绘制概率参数的离散图
PDSCAT,RR,DENSC,SMAX,POLY,1,,   ! 绘制概率参数的离散图
PDROPT,0,0,0,0,0,0,0,0,0,0.95   ! 自动生成报告
PDWRITE,SIMPLE PRESTRESSING CONCRETE BEAM ANALYSIS
/REPLOT,RESIZE
```

在概率分析功能的后处理模块中,根据模型中输入参数的不确定性计算得到待求结果变量的不确定性。图 6-5 为计算得到的梁的最大应力 SMAX 在循环抽样后的概率分布柱状图,其中,平均值为 -2.4254MPa,最大值为 4.4160MPa,最小值为 -7.8387MPa。

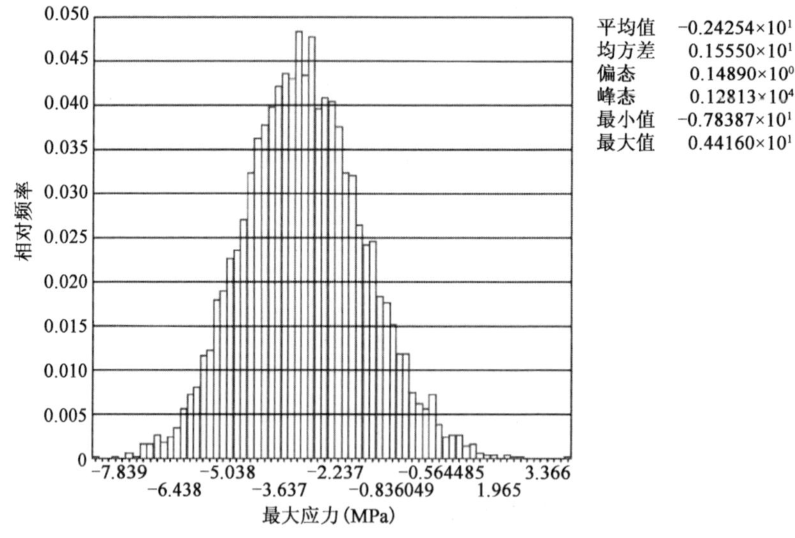

图 6-5 跨中截面底缘最大应力的分布柱状图

查看梁跨中截面底缘最大应力 SMAX 均值历史,如图 6-6 所示样本趋势图,从图中可以看出趋向平稳,说明抽样次数足够。

可以进一步判断对最大应力 SMAX 和失效概率影响最大的参数,计算输出结果相对于输入参数的灵敏度。如图 6-7 所示,对梁的最大应力影响最大的参数是荷载 Q_0,其次是预应力 Tf,梁体弹性模量及密度对最大应力几乎没有影响。

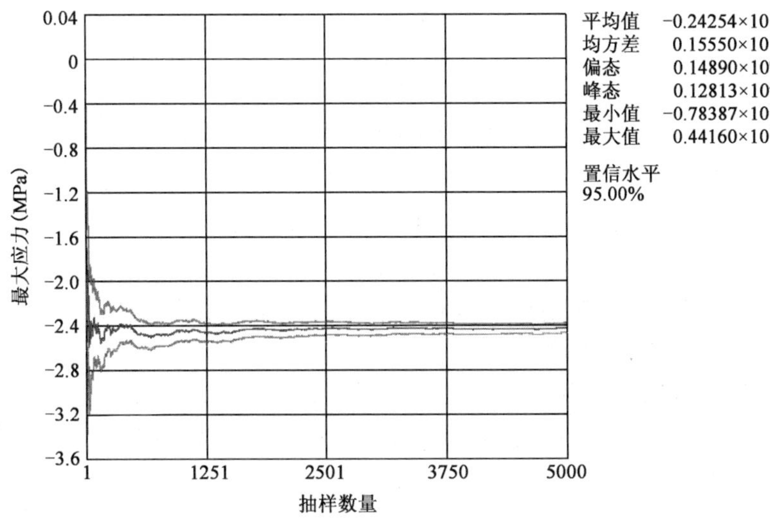

图 6-6　跨中截面底缘最大应力样本趋势

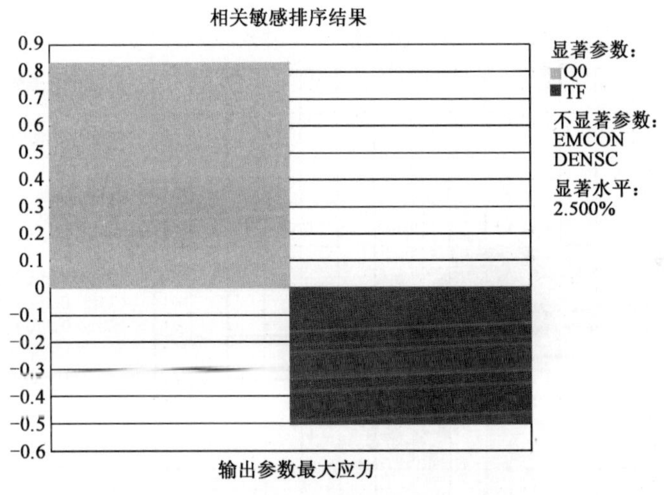

图 6-7　跨中截面底缘最大应力的参数影响敏感性

图 6-8 ~ 图 6-11 是荷载 Q_0、预应力 Tf、混凝土弹性模量 EMCON、混凝土密度 DENSC 与梁的最大应力的相关性的点阵图。横坐标为梁的应力,纵坐标为随机变量的抽样值,以点形式给出用蒙特卡罗法计算 5000 次所得到的结果。荷载与最大应力的相关系数为 0.8491,预应力与最大应力的相关系数为 -0.5202。

由图 6-8 ~ 图 6-11 可见,与梁的应力值相关性大的随机变量,其点阵呈带状分布,而且越靠近带的中心,点越密集,经过回归后的斜率的绝对值越大;而与失效模式相关性小的随机变量,其点阵向外发散、无序分布,经过回归后的斜率越小。从图中分析可得,与梁的应力值相关性大的随机变量,对应力值敏感,即随机值的变化在很大程度上确定了应力值的变化范围;而相关性小的变量,其对应力值不敏感,其随机值变化引起应力值变化的规律容易被其他随机变量所覆盖。

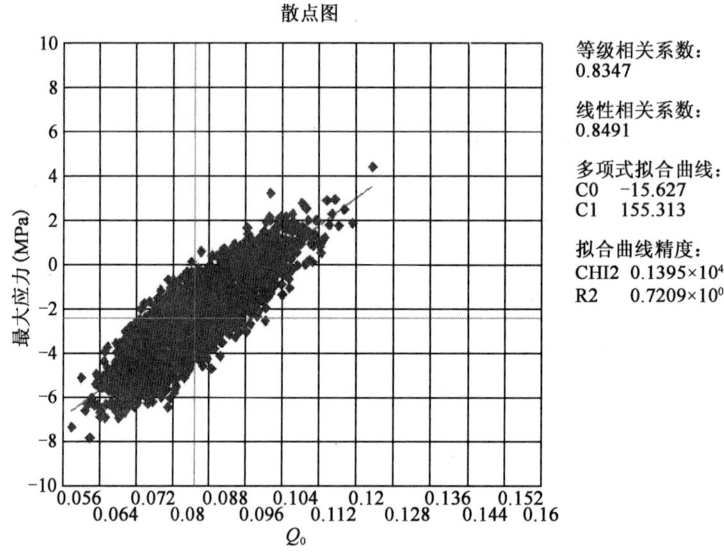

图 6-8 荷载与最大应力的相关性

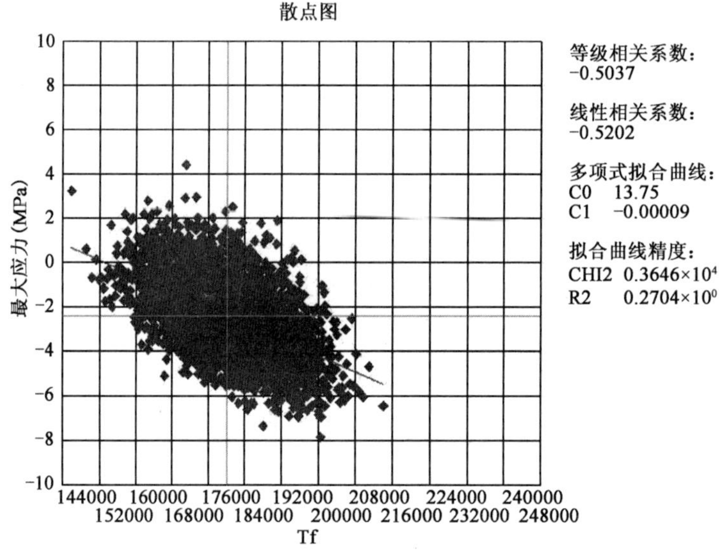

图 6-9 预应力与最大应力的相关性

从以上分析比较可见，采用响应面法的计算效率更高。故以下分析均采用响应面法。

6.2.3 考虑混凝土材料非线性的可靠度分析

仍采用上例，混凝土强度等级为 C50，考虑混凝土材料非线性。梁上承受均布荷载，荷载集度为 0.26N/mm^2。

变量的随机函数分布参数见表 6-1，各随机变量互不相关，根据预应力混凝土梁的使用要求，在梁的使用过程中，假定对于此预应力混凝土梁，梁上缘极限压应变不允许超过 0.003 的事件发生，所以功能函数为：$G(x)=\text{STMAX}-0.0033$，其中 STMAX 为结构计算后得到的梁跨中上缘的最大压应变值。

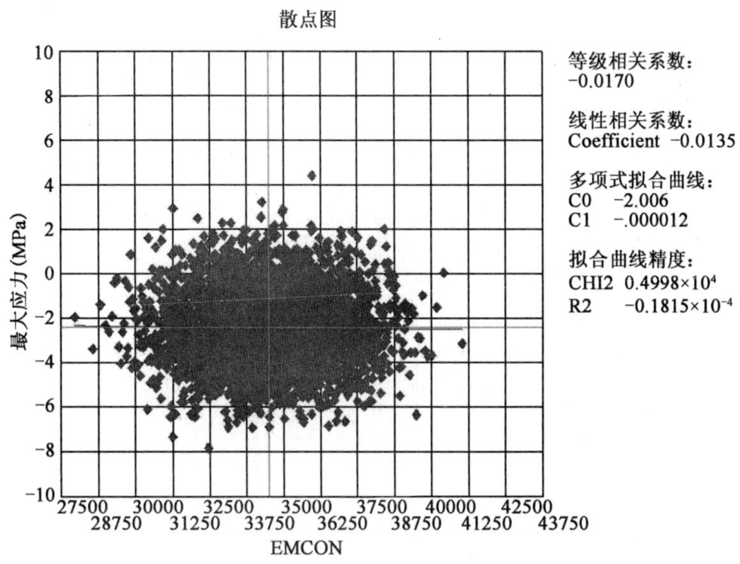

图 6-10　梁体混凝土弹性模量与最大应力的相关性

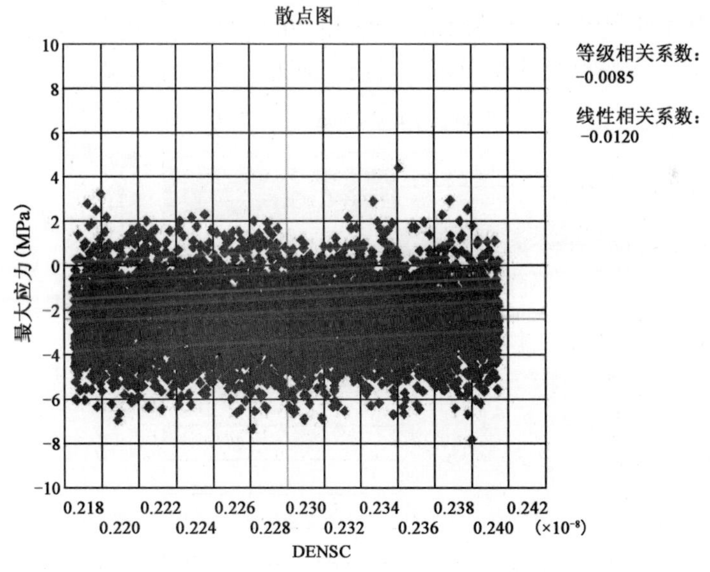

图 6-11　梁体混凝土密度与最大应力的相关性

采用 Solid65 单元建立预应力混凝土梁的有限元模型,考虑混凝土及钢筋的材料非线性,根据上一节的分析,仅采用响应面法计算梁的可靠概率,计算得到失效概率为 4.22%。

在概率分析功能的后处理模块中,根据模型中输入参数的不确定性计算得到待求结果变量的不确定性。图 6-12 是计算得到的梁的最大压应变 STMAX 在循环抽样后的分布柱状图,其中,平均值为 -0.00220,最大值为 -0.00085,最小值为 -0.00448,标准差为 0.000433,相应结构可靠度为 5.08。

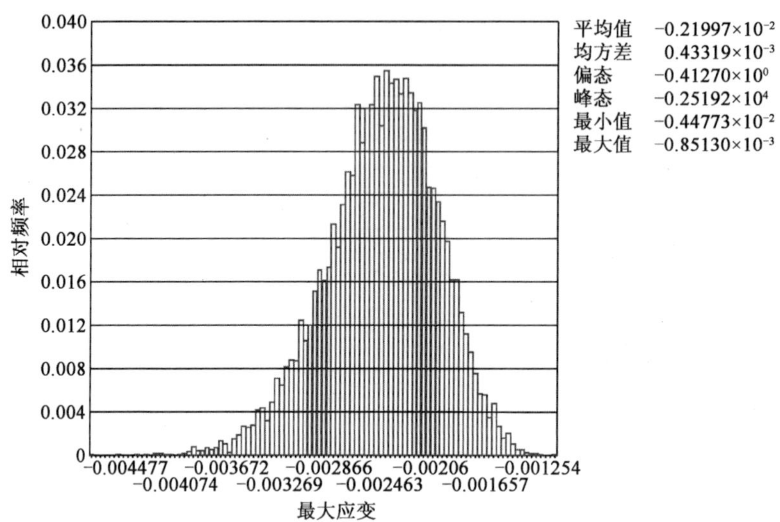

图6-12 跨中截面上缘最大应变的分布柱状图

可以进一步判断对最大压应变 STMAX 和失效概率影响显著的参数,计算输出结果相对于输入参数的灵敏度,如图6-13 所示,对梁的最大应力影响最大的参数是荷载 Q_0,其次是预应力 Tf, 荷载与梁体上缘最大压应变的相关系数为 -0. 9824,预应力与梁体上缘最大压应变的相关系数为0. 1542。梁体弹性模量及密度对最大应力几乎没有影响。

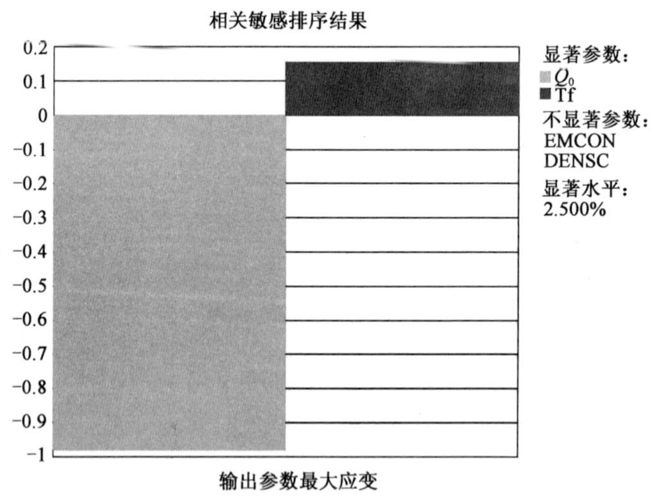

图6-13 跨中截面顶缘最大压应变的参数影响敏感性

在前述第5章的研究中,已在一定程度上回答了结构体系失效模式问题。对于在役预应力混凝土梁桥,结构体系的失效模式可简化为上部结构梁体的破坏,进而简化为单片梁体的破坏。因此,在以下研究中,将以随机有限元法为基础,以预应力混凝土 T 梁桥单片 T 梁为研究对象,结合不利截面布载的方法,对在役预应力混凝土梁桥结构体系可靠度展开仿真分析研究,进一步验证和确定在役预应力混凝土梁桥结构体系可靠度的主要影响因素。

6.3 基于随机有限元的在役预应力混凝土简支梁桥可靠度分析

6.3.1 预应力混凝土简支 T 梁桥设计

在中小跨径混凝土梁式桥中,预应力混凝土 T 梁应用广泛,标准跨径在 20 ~ 50m 之间。为了研究预应力钢束腐蚀对预应力混凝土结构失效概率的影响,本节以 40m 预应力混凝土简支 T 梁桥为原型。该桥设计荷载为公路 I 级,按全预应力混凝土构件设计。桥面敷设 80mm 厚的混凝土现浇层、100mm 厚的沥青混凝土铺装层。

采用 C40 混凝土,泊松比为 0.2,混凝土标准抗压强度为 28MPa,标准抗拉强度为2.6MPa;平均抗压强度为 35.15MPa,平均抗拉强度为3.15MPa。本构关系应力—应变曲线,如图 6-14 所示。

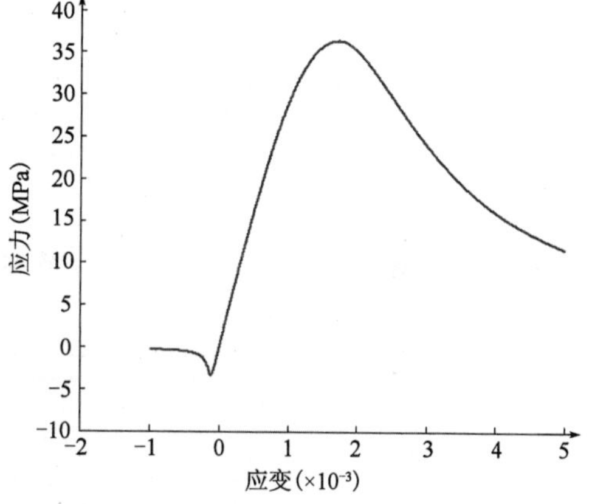

图 6-14 C40 混凝土单轴应力—应变曲线

每根 T 梁设置 5 束 $9\phi_j15.20$mm 低松弛钢绞线,初始弹性模量为 1.95×10^5MPa,泊松比为 0.3,采用双线性强化本构模型,初始抗拉强度标准值 f_{pk} 为 1860MPa,极限应变 ε_{pu} 为0.035,条件屈服强度为 $0.9f_{p0.2}=1617$MPa。按前述分析考虑预应力钢束腐蚀影响。主梁横断面及一般构造如图 6-15、图 6-16 所示。截面配置有 45 根预应力钢绞线,预应力束布置见图 6-17。

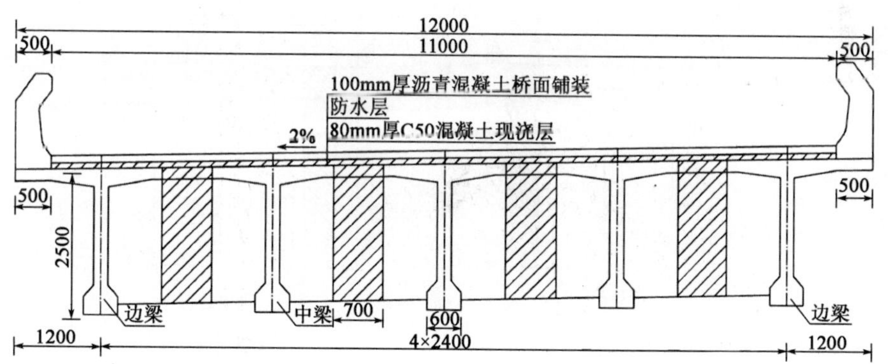

图 6-15 40m T 梁桥横断面(尺寸单位:mm)

6.3.2 建模的关键技术

根据第 6 章的研究,采用 Solid65 单元建立预应力混凝土梁的有限元模型,考虑混凝土及钢筋的材料非线性。普通钢筋采用整体式模型,配筋率弥散于混凝土单元中;预应力钢束的线形、数量和位置完全与设计相同,采用约束方程法模拟预应力钢束与混凝土的黏结,并认为预应力钢束和混凝土之间变形协调,不考虑两者之间的黏结滑移。

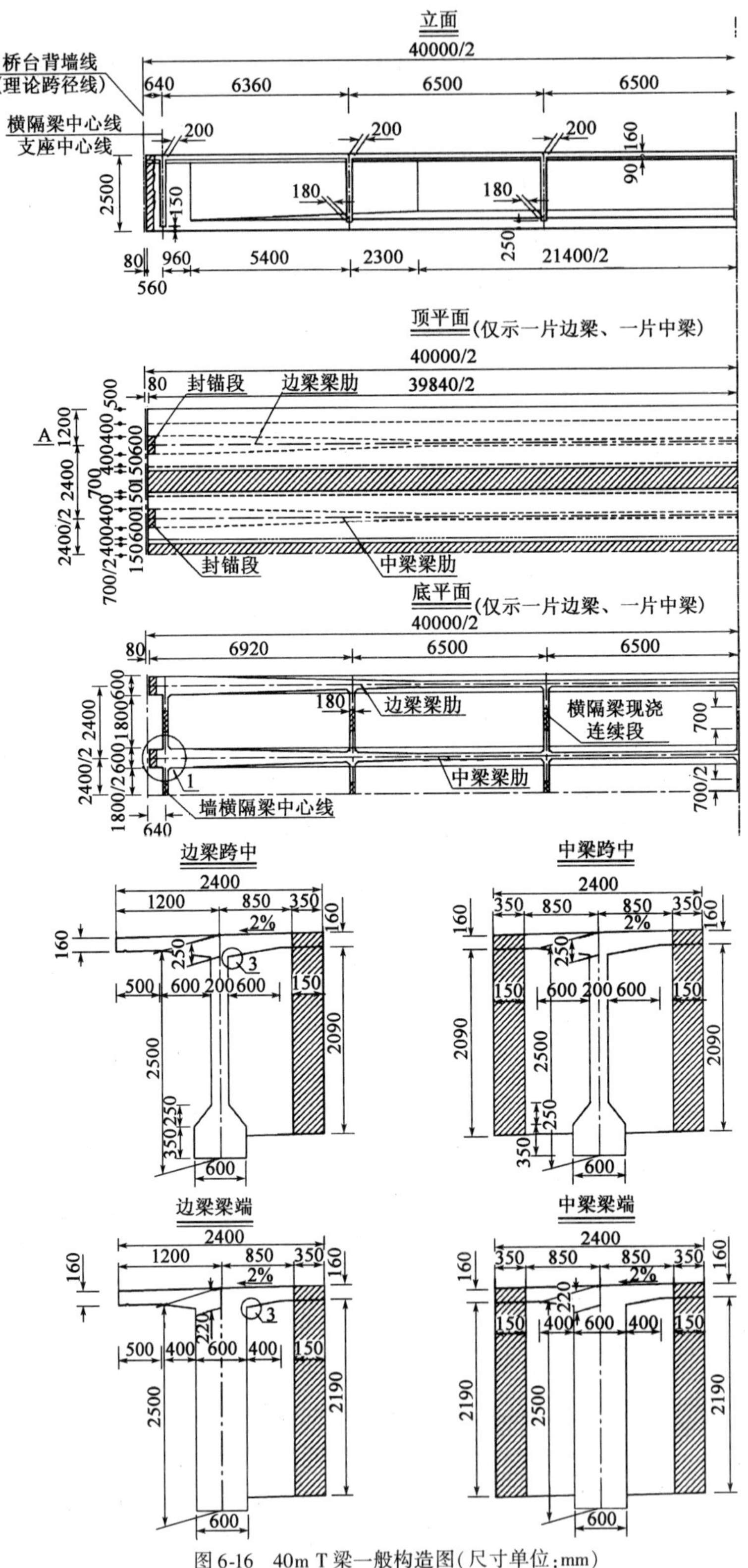

图 6-16　40m T 梁一般构造图(尺寸单位:mm)

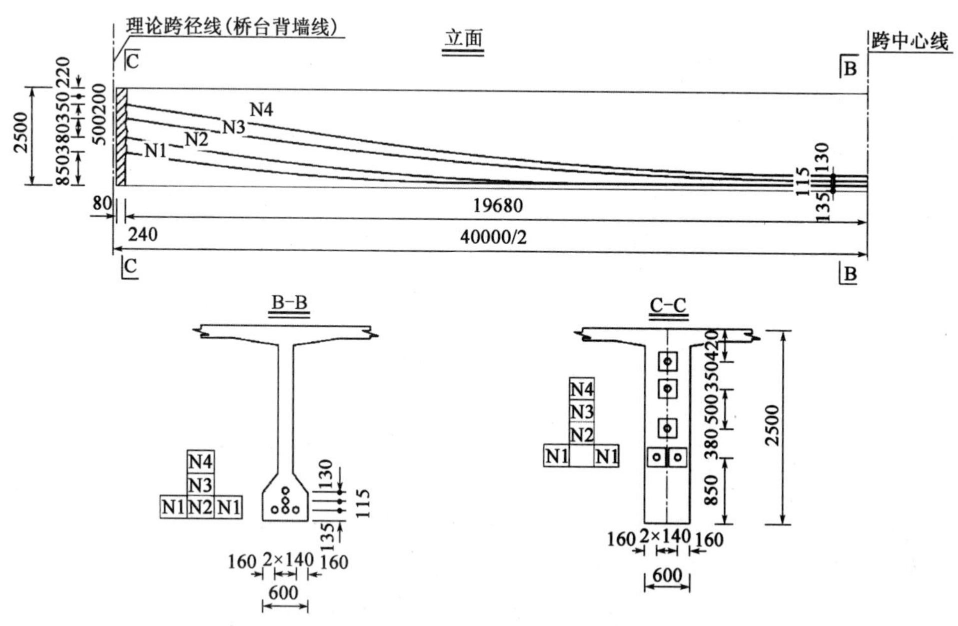

图 6-17 40m T 梁预应力钢束束布置(尺寸单位:mm)

通过对预应力钢束单元施加温度荷载来模拟预应力效应。考虑运营阶段各项预应力损失后,对预应力钢束的有效预应力进行精确赋值。简支 T 梁划分后的有限元模型如图 6-18 所示。模型的边界条件与实桥约束情况相符,支座处对横向及竖向施加约束。

图 6-18 40m T 梁模型

为使计算容易收敛,关闭混凝土压碎选项;裂缝剪力传递系数 β_t 和 β_c 分别取为 0.5 和 0.95;非线性迭代采用 Newton-Raphson 法,打开线性搜索和自适应下降功能以加速收敛,同时采用较多的荷载子步数。

6.3.3 简支 T 梁荷载工况

恒载通过材料密度以加速度的方式由程序自动施加,活载选用现行规范中的公路 I 级车道荷载,按照跨中截面弯矩、支点附近截面剪力影响线进行加载,根据本桥跨径取 q_k = 10.5kN/m,P_k = 340kN。按已运营 40 年考虑,随交通量增加的汽车荷载增长系数取 1.23。取边梁进行分析,横向分布系数 0.729,冲击系数取 1.1954。

考虑预应力钢束因腐蚀损失导致的截面面积变化，并计及由此带来的预应力钢束力学性能变化。预应力混凝土简支T梁加载模式如下图6-19所示。

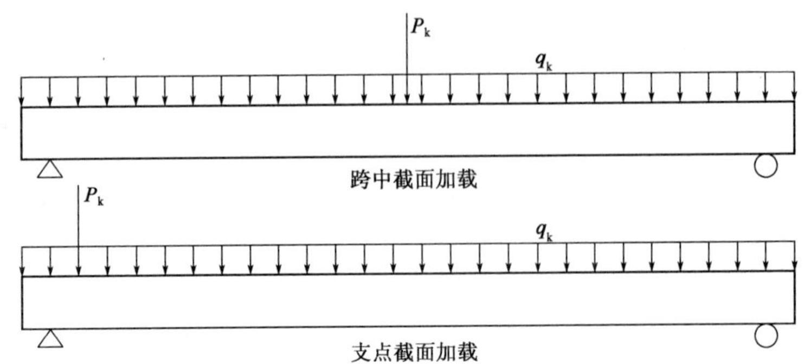

图6-19 预应力混凝土简支T梁加载

根据前述研究，取预应力钢束平均腐蚀率分别取10%、8%、6.29%，变异系数0.15，按式(3-32)、(3-37)、(3-52)考虑在钢束发生腐蚀后的强度、弹性模量、预应力损失。各参数的统计分布见表6-3及图6-20～图6-24。此时T梁的失效模式功能函数按式(5-7)考虑。

某T梁可靠度影响因素统计参数及概率分布类型　　表6-3

序号	影响因素	变量符号	分布类型	平均值	变异系数
1	预制混凝土T梁自重	Dens	正态分布	1.0212 * Dens	0.0462
2	现浇混凝土铺装	D1	正态分布	0.9865 * D2	0.098
3	沥青混凝土铺装	D2	正态分布	0.9891 * D2	0.1114
4	汽车荷载(弯矩)	Ksq	正态分布	0.7882 * Ksq	0.1082
5	汽车荷载(剪力)	Ksq1	正态分布	0.7096 * Ksq1	0.0964
6	主梁荷载横向分布系数	M1	正态分布	0.93 * M1	0.12
7	汽车荷载冲击系数	Mu	正态分布	1.09 * Mu	0.028
8	混凝土抗压平均强度	Fcr	正态分布	1.0 * Fcr	0.12
9	混凝土抗拉平均强度	Ft	正态分布	1.0 * Ft	0.12
10	混凝土弹性模量	Ec	正态分布	1.0 * Ec	0.08
11	钢束初始弹性模量	Es	正态分布	1.0 * Es	0.02
12	钢束初始有效预应力(应变)	Tf	正态分布	0.97 * Tf	0.09
13	钢束初始截面面积	Ay	正态分布	1.0 * Ay	0.02
14	钢束初始平均屈服强度	Fy	正态分布	1.0 * Fy	0.02
15	钢束腐蚀率	Rol	对数正态分布	1.0 * Rol	0.15

梁体尺寸一定的情况下，影响T梁可靠度的因素有：混凝土平均抗压强度Fcr、平均抗拉强度Ft、弹性模量Ec、钢束初始有效预应力Tf、钢束初始截面面积Ay、钢束初始弹性模量Es、钢束初始平均屈服强度Fy、钢束腐蚀率Rol、T梁混凝土密度Dens、混凝土弹性模量Ec、现浇

混凝土铺装 D1、沥青混凝土铺装 D2、汽车荷载(弯矩)Ksq、荷载横向分布系数 M1、汽车荷载冲击系数 Mu。这里通过前文钢束腐蚀率与腐蚀后钢束面积、弹性模量、强度、有效预应力的函数关系,在随机有限元仿真分析中将钢束腐蚀率 Ro1 与钢束初始有效预应力 Tf、钢束初始截面面积 Ay、钢束初始弹性模量 Es、钢束初始平均屈服强度 Fy 分开考虑。

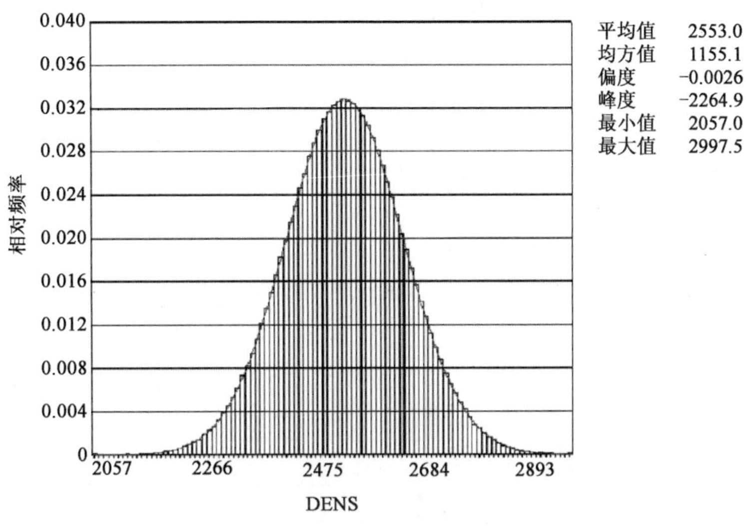

图 6-20 T 梁梁体重量正态分布

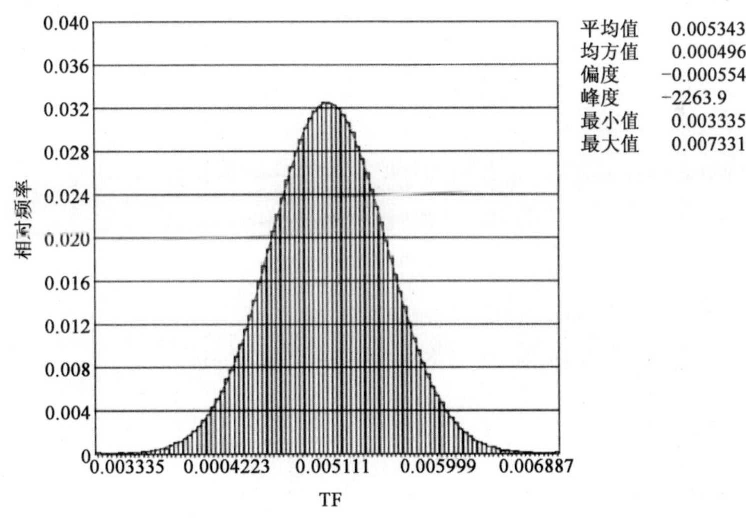

图 6-21 T 梁初始有效预应力(应变)正态分布

6.3.4 简支 T 梁抗弯随机有限元仿真分析

采用随机有限元法,建模计算预应力钢束腐蚀率为 10% 时梁的可靠度,在自重、二期恒载、汽车荷载作用下,计算得到预应力钢束应力超出相应腐蚀后钢绞线条件屈服强度 1033.8MPa的概率,即结构的抗弯失效概率为 0.151289,可靠度为 1.0307;超出钢绞线腐蚀后极限强度 1216.2MPa 的概率为 1.91312×10^{-3},可靠度为 2.8921。

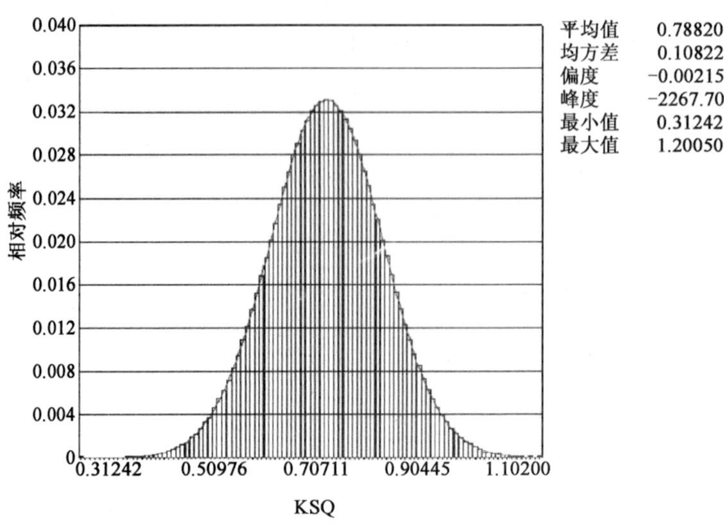

图 6-22 汽车荷载修正系数正态分布

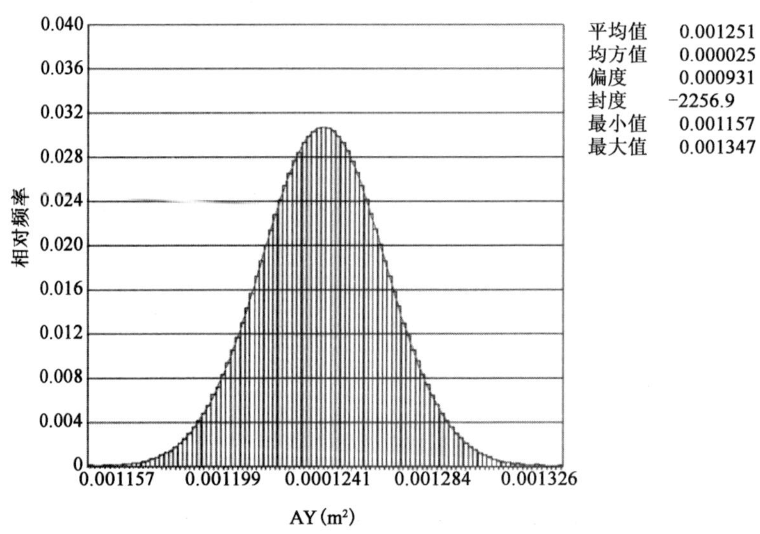

图 6-23 钢束初始截面面积正态分布

在概率分析功能的后处理模块中，根据模型中输入参数的不确定性计算得到待求结果变量的不确定性，图 6-25 是计算得到的钢束最大应力在循环抽样分析后的分布柱状图，其平均值为 949MPa，最大值为 1381MPa，最小值为 680MPa，标准差为 81.4MPa。

随机有限元分析中，每次只能处理 12 个随机变量，经反复试算，现浇混凝土铺装 D1、沥青混凝土铺装 D2 作为随机变量，与钢束最大应力相关系数均很小，后续分析中剔除了这两项随机变量，按相应平均值考虑。另外需要说明的是，由于变量的随机性，重复计算时，两次计算结果对比会有微小的差异，但主要影响因素相关性敏感度基本不变。

当钢束平均腐蚀率达到 10% 时，对钢束最大应力 STMAX 和失效概率影响较显著的因素如图 6-26 所示。依次为初始有效预应力 Tf、钢束腐蚀率 Ro1、钢束初始弹性模量 Es、汽车荷载(弯矩)Ksq、荷载横向分布系数 M1、钢束初始截面面积 Ay、T 梁混凝土密度 Dens、混凝土平均抗压强度 Fcr。其中有效预应力 Tf 的相关系数为 0.893,归一化后的相关性敏感度为52.21%;钢束腐蚀率 Ro1 的相关系数为 -0.284,归一化后的相关性敏感度为 16.61%;钢束弹性模量 Es 相关系数为 0.188,归一化后为 10.97%;汽车荷载(弯矩)Ksq 相关系数为 0.115,归一化后为 6.70%;荷载横向分布系数 M1 相关系数为 0.105,归一化后为 6.14%;T 梁混凝土密度 Dens 的相关系数为 0.056,归一化后为 3.30%;钢束初始截面面积 Ay 相关系数为 -0.046,归一化后为 2.66%;混凝土平均抗压强度 Fcr 为 -0.024,归一化后为 1.42%;其余因素敏感度对钢束应力影响很小。

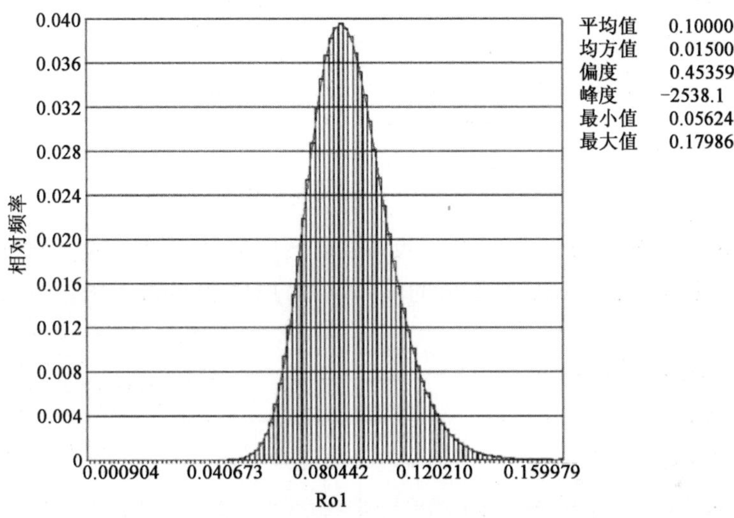

图 6-24 钢束腐蚀率对数正态分布

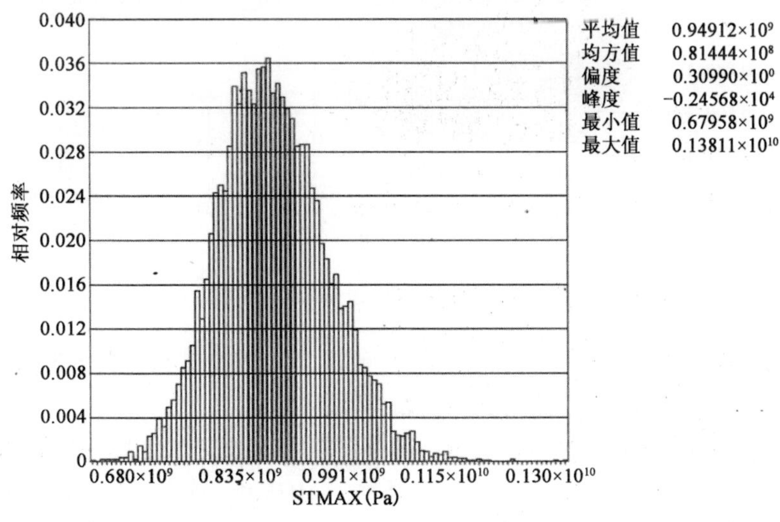

图 6-25 腐蚀率 10% 时的钢束最大应力的分布柱状图

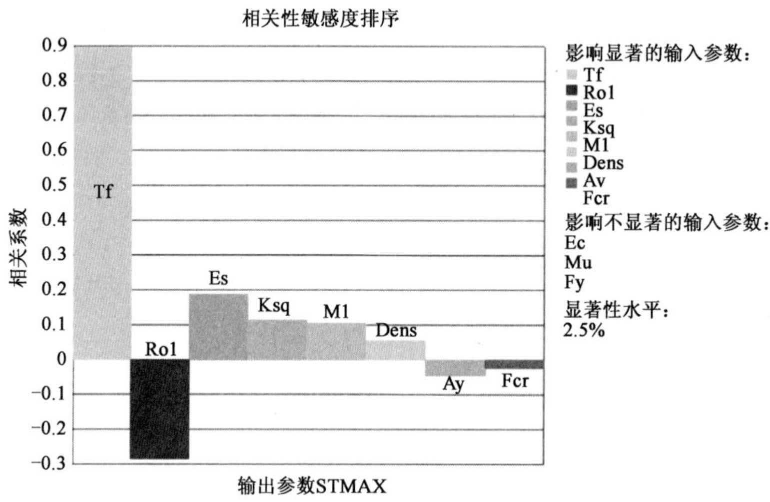

图 6-26　腐蚀率 10% 时钢束最大应力的的影响因素敏感度排序

图 6-27 ~ 图 6-31 是钢束腐蚀率 Ro1、钢束初始有效预应力 Tf、钢束初始强度 Fy、钢束初始弹性模量 Es、T 梁混凝土密度 Dens 与钢束的最大应力的相关性的散点图。

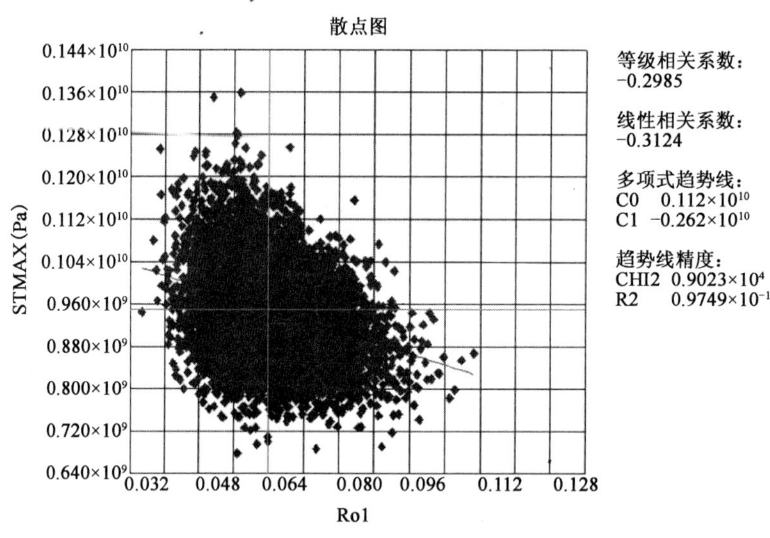

图 6-27　钢束腐蚀率与钢束最大应力的相关性

由图可见与钢束最大应力值相关性大的随机变量，其点阵呈带状密集分布；而与钢束最大应力值相关性小的随机变量，其散点则较为发散、呈饼状分布。

预应力钢束平均腐蚀率为 10% 时，分析可得梁体跨中顶缘应力在循环抽样后的分布柱状图，见图 6-32。其中，平均值 -12.91MPa，最大值为 -2.07MPa，最小值为 -33.03MPa，标准差为 2.87MPa。未达到混凝土抗压平均强度，综合上述分析可知，预应力钢束受腐蚀后，运营荷载下，T 梁首先可能从钢束开始发生破坏。

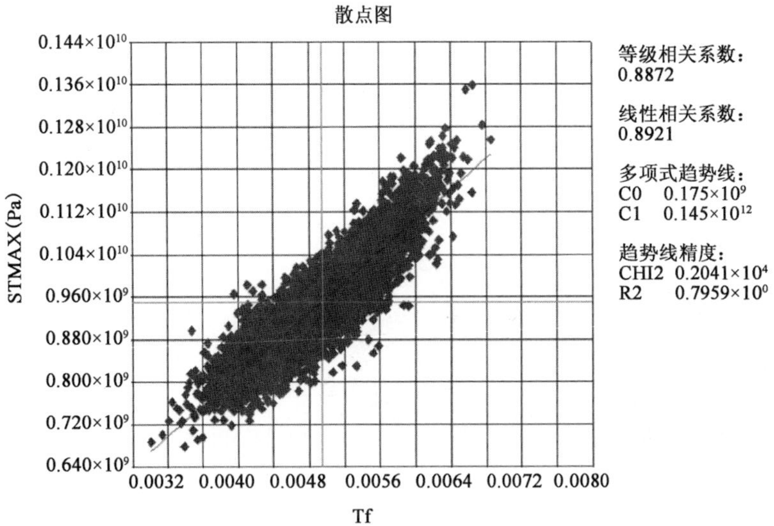

图6-28　钢束初始有效预应力与钢束最大应力的相关性

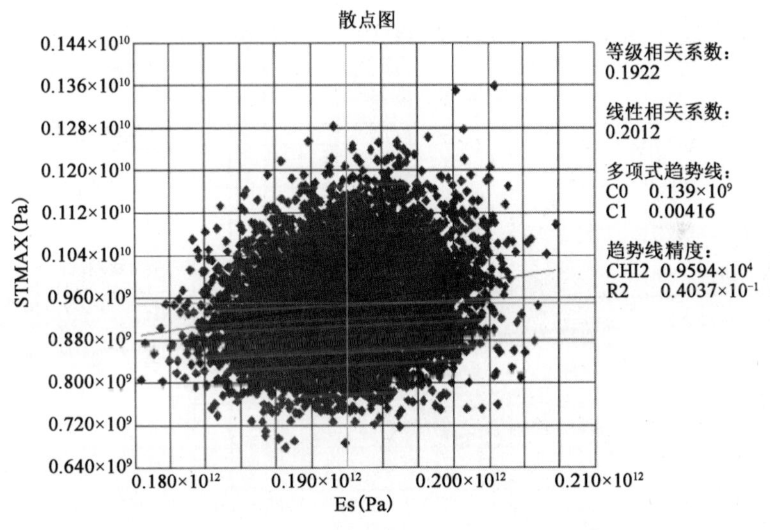

图6-29　钢束初始弹性模量与钢束最大应力的相关性

梁体顶缘压应力 CTMIN 的影响因素如图6-33所示，影响显著的因素依次是汽车荷载Ksq、汽车荷载横向分布系数M1、钢束腐蚀率Ro1、钢束初始有效预应力Tf、混凝土抗压强度Fcr、钢束初始抗拉强度Fy、钢束初始截面面积Ay、T梁混凝土密度Dens。其中汽车荷载Ksq的相关系数为-0.512，归一化后为27.97%；荷载横向分布系数M1的相关系数为-0.478，归一化后为26.15%；钢束腐蚀率Ro1的相关系数为-0.371，归一化后为20.27%；钢束有效预应力Tf的相关系数为0.250，归一化后为13.66%；混凝土抗压强度Fcr的相关系数为-0.084，归一化后为4.60%；钢束初始抗拉强度Fy的相关系数为0.050，归一化后为2.75%；钢束初始截面面积Ay的相关系数为0.049，归一化后为2.66%；T梁混凝土密度Dens的相关

系数为 -0.036，归一化后为 1.95%。

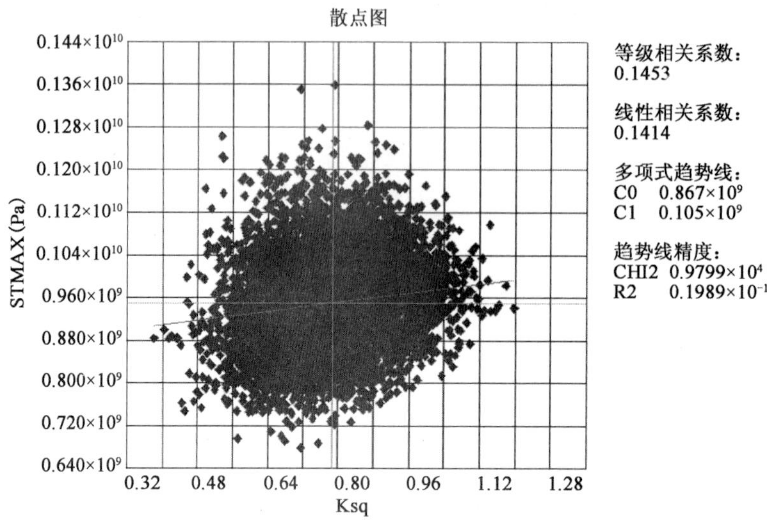

图 6-30　汽车荷载与钢束最大应力的相关性

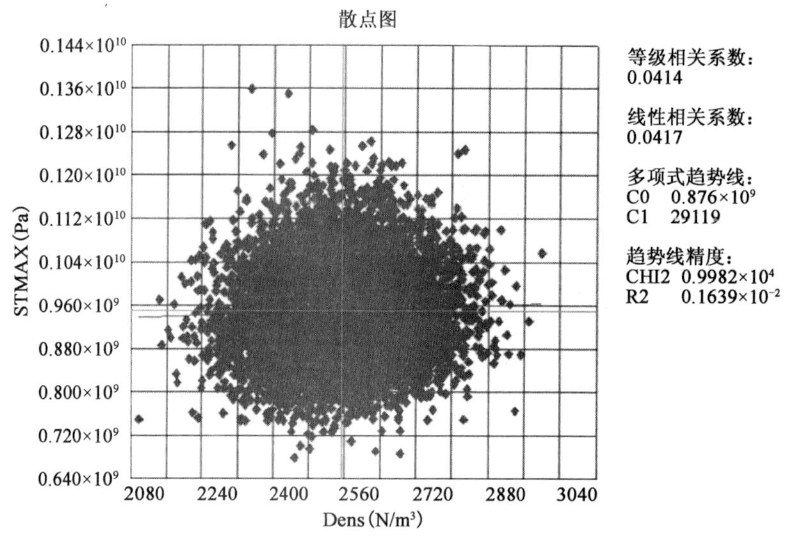

图 6-31　T 梁混凝土密度与钢束最大应力的相关性

预应力钢束平均腐蚀率为 10% 时，分析可得梁体跨中底缘应力在循环抽样后的分布柱状图，见图 6-34。其中，平均值 1.20MPa，最大值为 3.60MPa，最小值为 -5.62MPa，标准差为 0.76MPa。最大值超过混凝土平均抗拉强度，T 梁下缘发生开裂的概率为 1.42526×10^{-3}。

从图 6-35 可见，梁底缘最大拉应力影响显著的因素依次是混凝土抗拉强度 Ft、钢束初始有效预应力 Tf、汽车荷载 Ksq、汽车荷载横向分布系数 M1、钢束腐蚀率 Ro1、T 梁混凝土密度 Dens。其中混凝土抗拉强度 Ft 的相关系数为 0.491，归一化后为 35.60%；钢束初始有效预应力 Tf 的相关系数为 -0.275，归一化后为 19.92%；汽车荷载 Ksq 的相关系数为 0.257，归一化后为 18.62%；荷载横向分布系数 M1 的相关系数为 0.248，归一化后为 17.97%；钢束腐蚀率

Ro1 的相关系数为 0.066，归一化后为 4.77%；T 梁混凝土密度 Dens 的相关系数为 0.043，归一化后为 3.12%；其余因素对梁底缘混凝土拉应力影响很小。

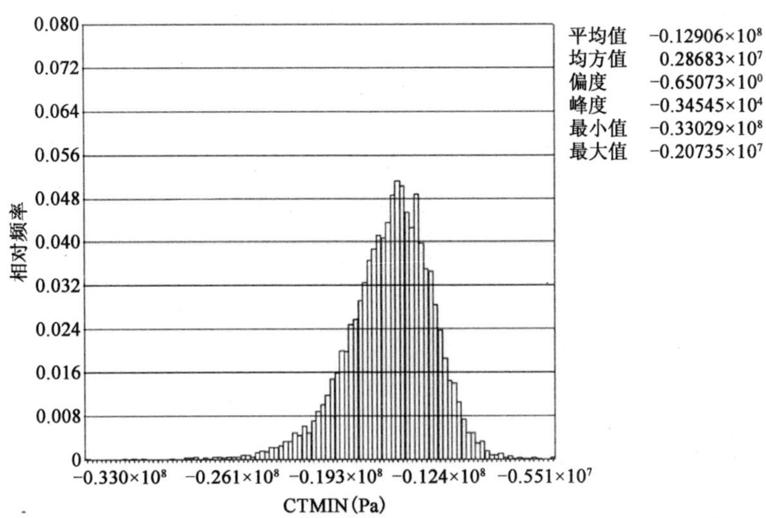

图 6-32　腐蚀率为 10% 时梁体顶缘最小应力的分布柱状图

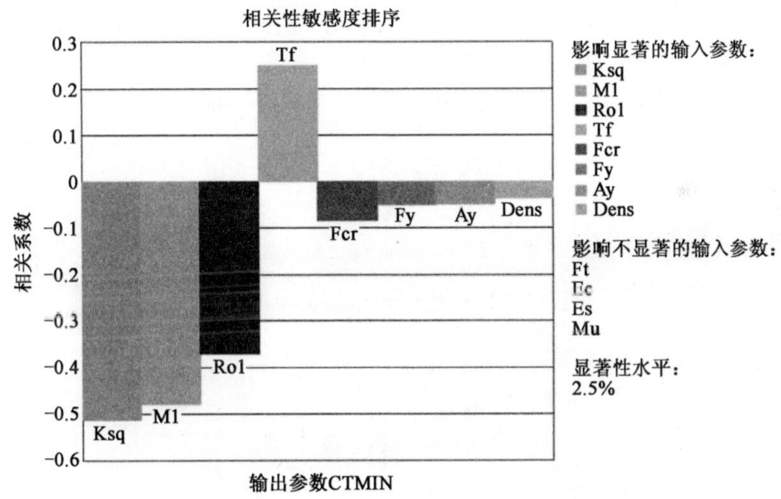

图 6-33　腐蚀率为 10% 时梁体顶缘最小应力的影响因素敏感度排序

分析还可得该梁体跨中挠度平均值为 -13.8mm（向下为负），最大值为 4.2mm，最小值为 -66.7mm，标准差为 8.7mm。见图 6-36。

对梁跨中挠度 UMAX 影响最大的因素依次为初始有效预应力 Tf、汽车荷载 Ksq、横向分布系数 M1、钢束腐蚀率 Ro1、T 梁混凝土密度 Dens、混凝土弹性模量 Ec、钢束初始弹性模量 Es、钢束初始截面面积 Ay、汽车荷载冲击系数 Mu、混凝土平均抗压强度 Fcr。如图 6-37 所示。其中有效预应力 Tf 的相关系数为 0.579，归一化后为 23.10%；汽车荷载 Ksq 的相关系数为 -0.475，归一化后为 18.96%；荷载横向分布系数 M1 的相关系数为 -0.441，归一化后为 17.58%；钢束腐蚀率 Ro1 的相关系数为 -0.264，归一化后为 16.55%；T 梁混凝土密度 Dens

的相关系数为 -0.226,归一化后为 9.02%;混凝土弹性模量 Ec 的相关系数为 0.130,归一化后为 5.18%;钢束弹性模量 Es 的相关系数为 0.127,归一化后为 5.08%;钢束初始截面面积 Ay 的相关系数为 0.117,归一化后为 4.67%;汽车荷载冲击系数 Mu 的相关系数为 -0.101,归一化后为 4.04%;混凝土平均抗压强度 Fcr 的相关系数为 0.046,归一化后为 1.83%;其余相关系数很小,可忽略不计。

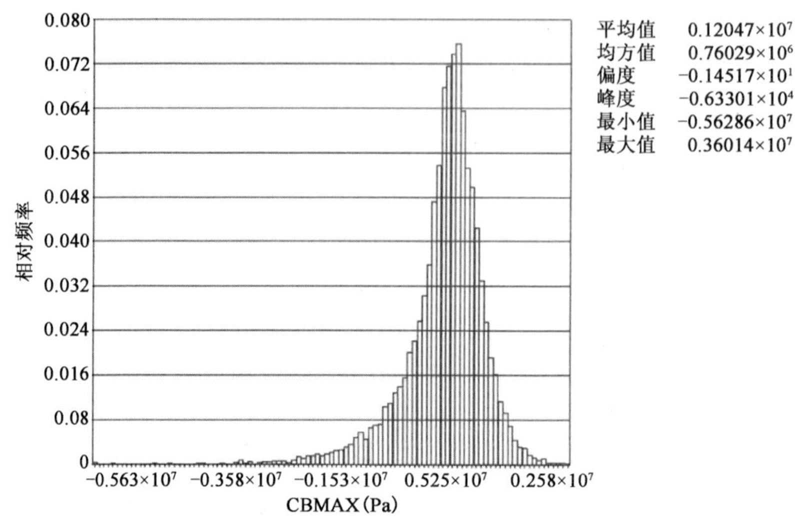

图 6-34 腐蚀率为 10% 时梁体底缘最大应力的分布柱状图

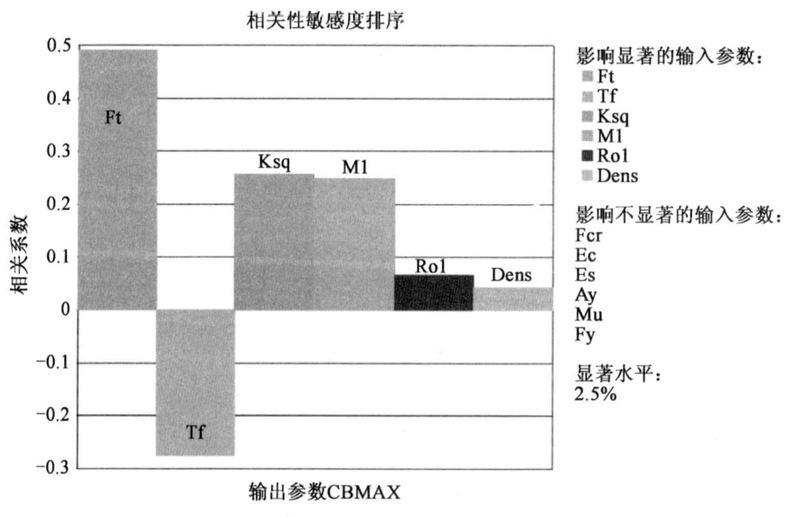

图 6-35 腐蚀率为 10% 时梁体底缘最大应力的影响因素敏感度排序

将预应力钢束平均腐蚀率调整至 8%,分析可得钢束最大应力在循环抽样后的分布柱状图,见图 6-38。其中,平均值 950MPa,最大值为 1333MPa,最小值为 663MPa,标准差为 82.1MPa。计算得到预应力钢束应力超出相应腐蚀后钢绞线平均条件屈服强度 1195.5MPa 的概率,即结构的抗弯失效概率为 4.22372×10^{-3},可靠度为 2.63364。

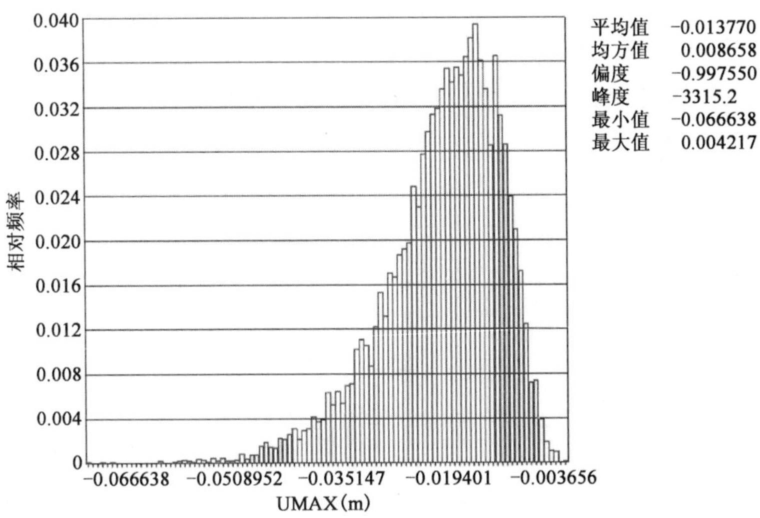

图 6-36 腐蚀率 10% 时的跨中挠度的分布柱状图

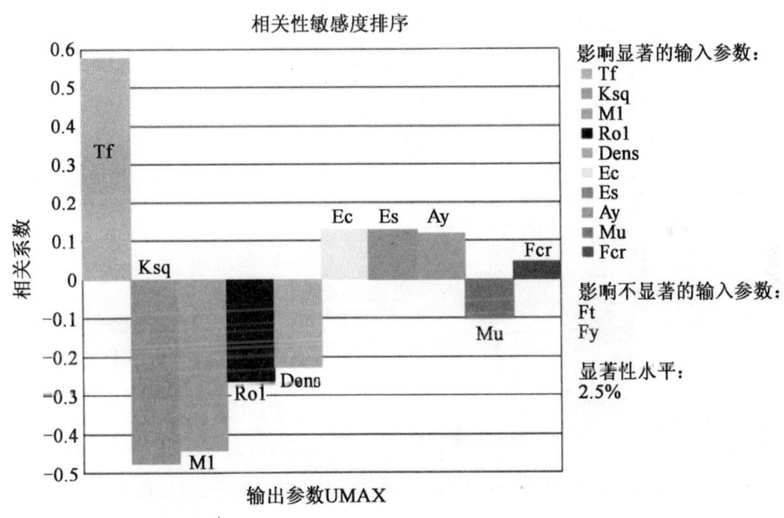

图 6-37 腐蚀率 10% 时跨中挠度的影响因素敏感度排序

进一步分析钢束最大应力 STMAX 的影响因素,如图 6-39 所示,对钢束应力影响显著的因素依次是初始有效预应力 Tf、钢束腐蚀率 Ro1、钢束初始弹性模量 Es、汽车荷载(弯矩)Ksq、荷载横向分布系数 M1、T 梁混凝土密度 Dens、汽车荷载冲击系数 Mu。其中有效预应力 Tf 的相关系数为 0.895,归一化后为 53.12%;钢束腐蚀率 Ro1 的相关系数为 -0.299,归一化后为 17.74%;钢束弹性模量 Es 相关系数为 0.208,归一化后为 12.34%;汽车荷载(弯矩)Ksq 相关系数为 0.109,归一化后为 6.45%;荷载横向分布系数 M1 相关系数为 0.103,归一化后为 6.11%;T 梁混凝土密度 Dens 的相关系数为 0.047,归一化后为 2.81%;汽车荷载冲击系数 Mu 为 -0.024,归一化后为 1.43%;其余参数对钢束应力影响均很小。

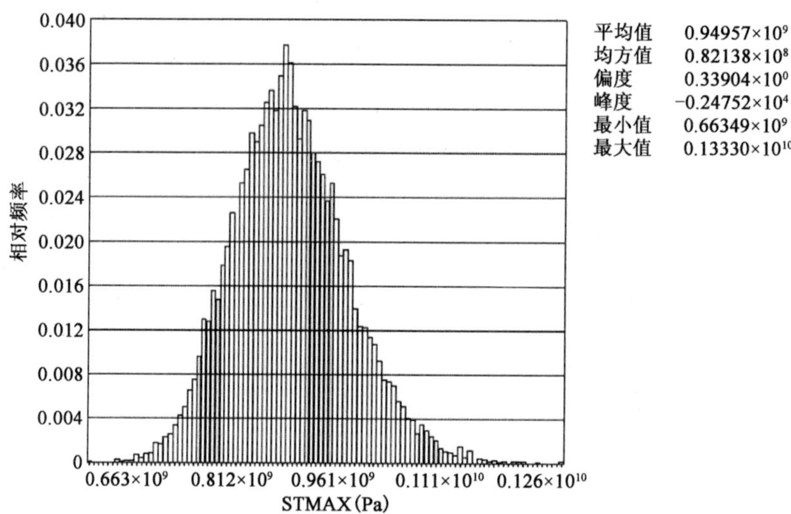

图 6-38 腐蚀率为 8% 时钢束最大应力的分布柱状图

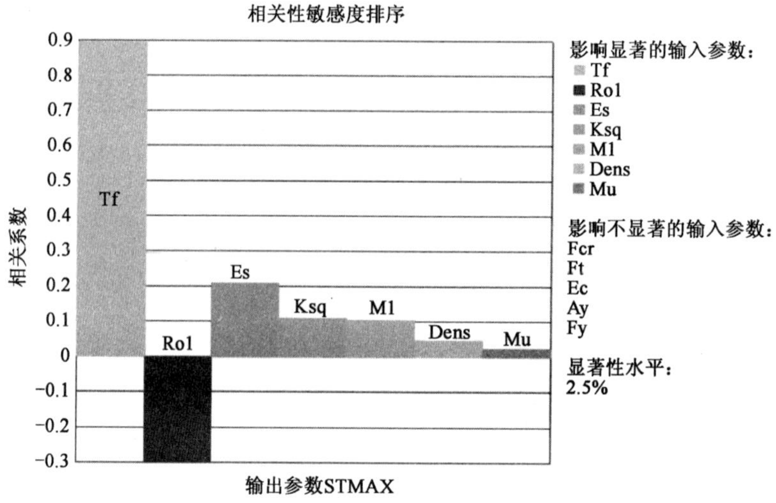

图 6-39 腐蚀率为 8% 时钢束最大应力各影响因素的相关性敏感度

预应力钢束平均腐蚀率为 8% 时,分析可得梁体跨中顶缘应力在循环抽样后的分布柱状图,见图 6-40。其中,平均值 -11.60MPa,最大值为 -7.59MPa,最小值为 -25.54MPa,标准差为 1.84MPa。未达到混凝土抗压平均强度,综合上述分析可知,预应力钢束受腐蚀后,运营荷载下,T 梁首先可能从钢束开始发生破坏。

梁体顶缘压应力 CTMIN 的影响因素如图 6-41 所示,影响显著的因素依次是汽车荷载 Ksq、汽车荷载横向分布系数 M1、钢束初始有效预应力 Tf、钢束腐蚀率 Ro1、T 梁混凝土密度 Dens、汽车荷载冲击系数 Mu、钢束初始截面面积 Ay、钢束初始弹性模量 Es、混凝土抗压强度 Fcr。其中汽车荷载 Ksq 的相关系数为 -0.609,归一化后为 27.43%;荷载横向分布系数 M1 的相关系数为 -0.583,归一化后为 26.27%;钢束有效预应力 Tf 的相关系数为 0.266,归一化后为 12.00%;钢束腐蚀率 Ro1 的相关系数为 -0.240,归一化后为 10.81%;T 梁混凝土密度

Dens 的相关系数为 -0.239，归一化后为 10.77%；汽车荷载冲击系数 Mu 的相关系数为 -0.126，归一化后为 5.68%；钢束初始截面面积 Ay 的相关系数为 0.061，归一化后为 2.75%；钢束初始弹性模量 Es 的相关系数为 0.052，归一化后为 2.32%；混凝土抗压强度 Fcr 的相关系数为 -0.041，归一化后为 1.96%。

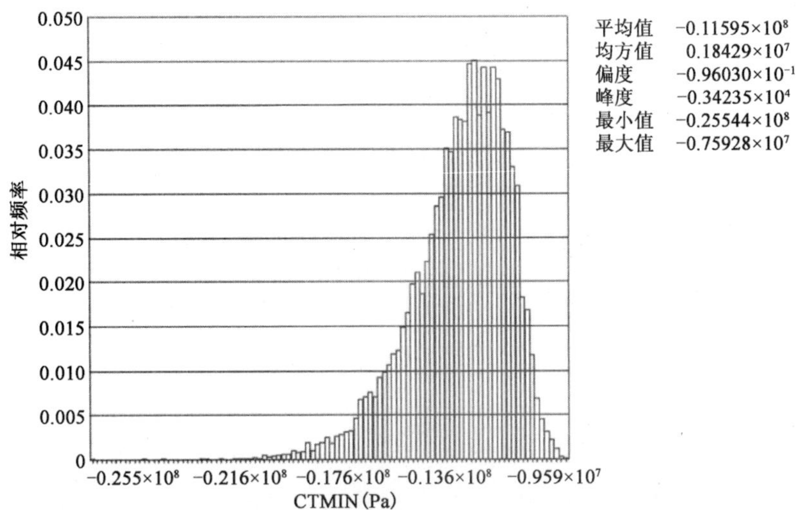

图 6-40 腐蚀率为 8% 时梁体顶缘最小应力的分布柱状图

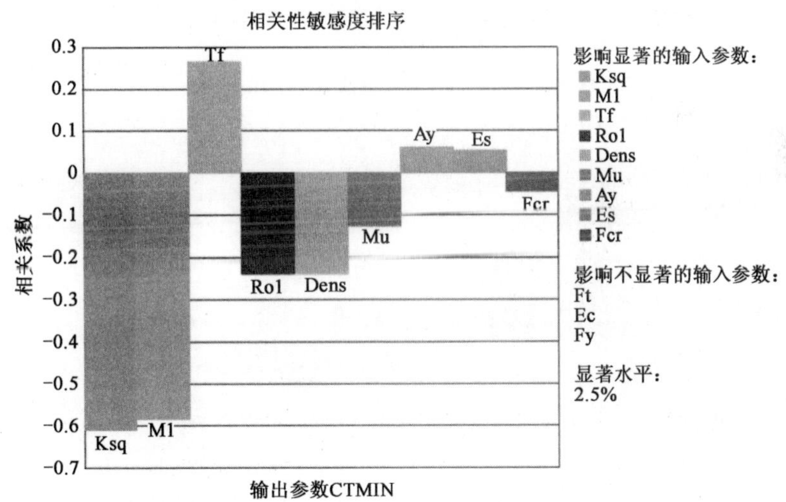

图 6-41 腐蚀率为 8% 时梁体顶缘最小应力的影响因素敏感度排序

预应力钢束平均腐蚀率为 8% 时，分析可得梁体跨中底缘应力在循环抽样后的分布柱状图，见图 6-42。其中，平均值 0.83MPa，最大值为 4.66MPa，最小值为 -8.32MPa，标准差为 1.26MPa。最大值超过混凝土平均抗拉强度，T 梁下缘发生开裂的概率为 2.88572×10^{-3}。

从图 6-43 可见，梁底缘最大拉应力影响显著的因素依次是钢束初始有效预应力 Tf、汽车荷载 Ksq、汽车荷载横向分布系数 M1、钢束腐蚀率 Ro1、T 梁混凝土密度 Dens、钢束初始弹性模量 Es、混凝土抗拉强度 Ft、钢束初始截面面积 Ay、汽车荷载冲击系数 Mu。其中钢束初始有效预应力 Tf 的相关系数为 -0.509,归一化后为 26.13%;汽车荷载 Ksq 的相关系数为 0.350,归一化后为 17.96%;荷载横向分布系数 M1 的相关系数为 0.304,归一化后为 15.59%;钢束腐蚀率 Ro1 的相关系数为 0.227,归一化后为 11.64%;T 梁混凝土密度 Dens 的相关系数为 0.198,归一化后为 10.16%;钢束初始弹性模量 Es 的相关系数为 -0.170,归一化后为8.72%;混凝土抗拉强度 Ft 的相关系数为 0.085,归一化后为 4.38%;钢束初始截面面积 Ay 的相关系数为 -0.065,归一化后为 3.31%;汽车荷载冲击系数 Mu 的相关系数为 0.041,归一化后为 2.10%;其余因素对梁底缘混凝土拉应力影响很小。

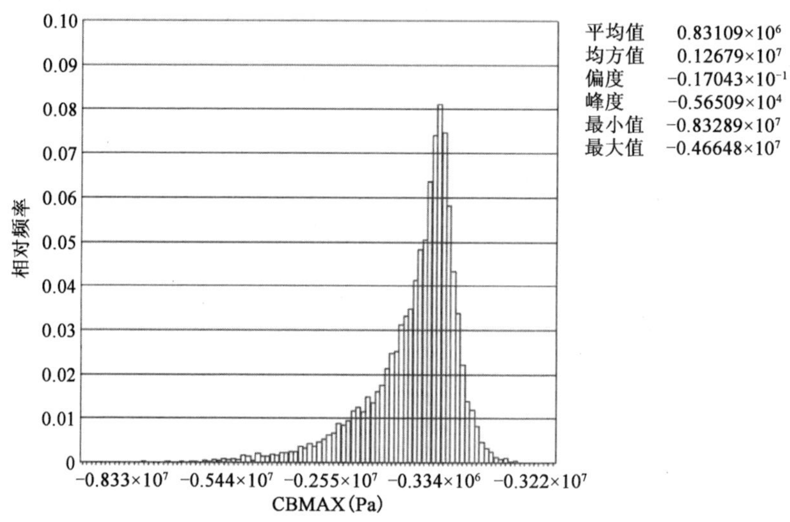

图 6-42 腐蚀率为 8% 时梁体底缘最大应力的分布柱状图

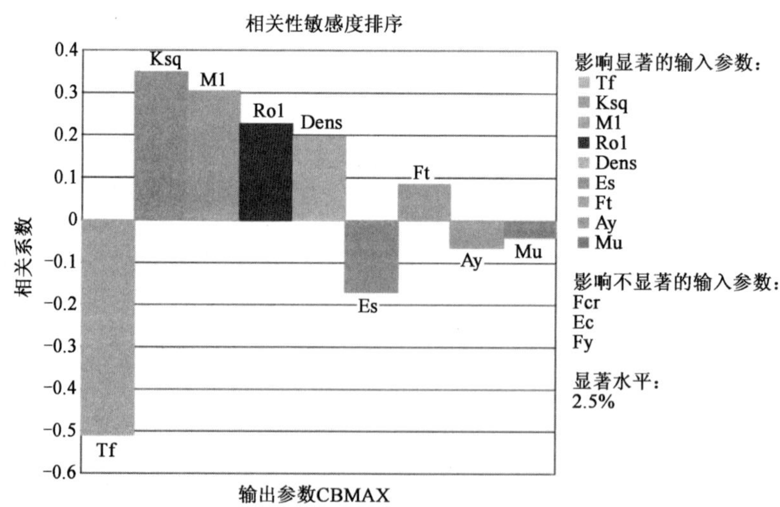

图 6-43 腐蚀率为 8% 时梁体底缘最大应力的影响因素敏感度排序

分析还可得该梁体跨中挠度平均值为 -13.7mm(向下为负),最大值为 7.1mm,最小值为 -71.2mm,标准差为 8.6mm,见图 6-44。

从图 6-45 可见,对梁跨中挠度影响较显著的因素依次是初始有效预应力 Tf、汽车荷载

Ksq、横向分布系数 M1、钢束腐蚀率 Ro1、T 梁混凝土密度 Dens、汽车荷载冲击系数 Mu、钢束初始截面面积 Ay、钢束初始弹性模量 Es、混凝土弹性模量 Ec、混凝土平均抗压强度 Fcr，见图 6-37。其中有效预应力 Tf 的相关系数为 0.584，归一化后为 23.57%；汽车荷载 Ksq 的相关系数为 -0.468，归一化后为 18.89%；荷载横向分布系数 M1 的相关系数为 -0.423，归一化后为 17.06%；钢束腐蚀率 Ro1 的相关系数为 -0.288，归一化后为 11.63%；T 梁混凝土密度 Dens 的相关系数为 -0.199，归一化后为 8.04%；汽车荷载冲击系数 Mu 的相关系数为 -0.124，归一化后为 5.00%；钢束初始截面面积 Ay 的相关系数为 0.123，归一化后为 4.98%；钢束弹性模量 Es 的相关系数为 0.120，归一化后为 4.85%；混凝土弹性模量 Ec 的相关系数为 0.110，归一化后为 4.44%；混凝土平均抗压强度 Fcr 的相关系数为 0.038，归一化后为 1.54%；其余因素敏感度均小于 1%，对钢束应力影响很小。

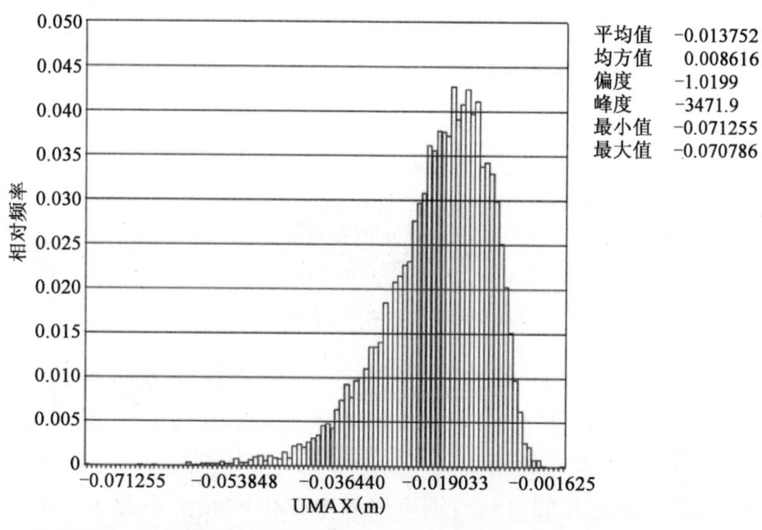

图 6-44　腐蚀率 8% 时的跨中挠度的分布柱状图

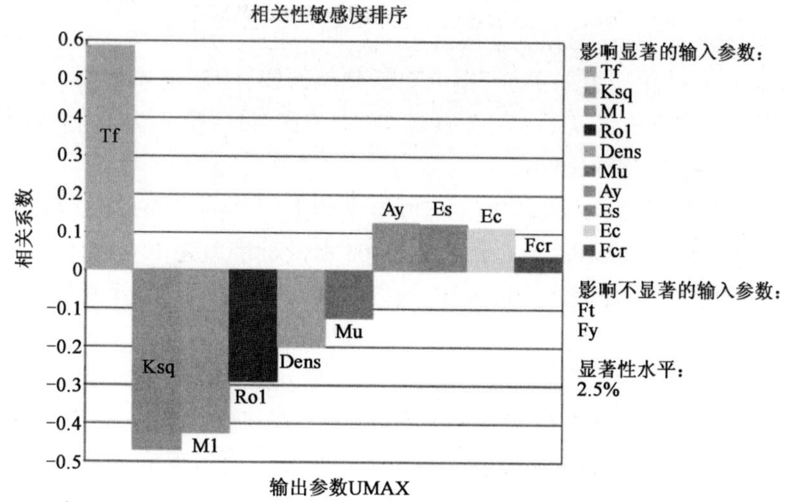

图 6-45　腐蚀率 8% 时跨中挠度的影响因素敏感度排序

将预应力钢束平均腐蚀率调整至6.29%时，可得钢束最大应力平均值为949MPa，最大值为1349MPa，最小值为690MPa，标准差为81.6MPa，见图6-46。此时可得钢束最大应力超出相应腐蚀后钢绞线平均条件屈服强度1322.9MPa的结构抗弯失效概率为 1.30761×10^{-4}，可靠度为3.65070。

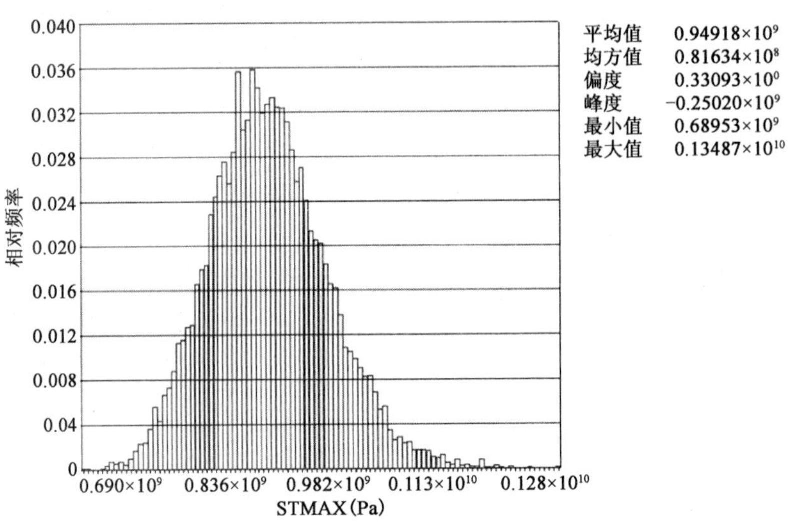

图6-46　腐蚀率6.29%时钢束最大应力的分布柱状图

从图6-47可见，对钢束应力影响显著的因素依次是初始有效预应力Tf、钢束腐蚀率Ro1、钢束初始弹性模量Es、荷载横向分布系数M1、汽车荷载(弯矩)Ksq、T梁混凝土密度Dens、汽车荷载冲击系数Mu、钢束初始截面面积Ay、混凝土平均抗压强度Fcr。其中有效预应力Tf的相关系数为0.896，归一化后为52.15%；钢束腐蚀率Ro1的相关系数为−0.280，归一化后为16.29%；钢束弹性模量Es相关系数为0.193，归一化后为11.20%；荷载横向分布系数M1相关系数为0.122，归一化后为7.09%；汽车荷载(弯矩)Ksq相关系数为0.100，归一化后为5.80%；T梁混凝土密度Dens的相关系数为0.043，归一化后为2.53%；汽车荷载冲击系数Mu相关系数为0.033，归一化后为1.91%；钢束初始截面面积Ay相关系数为−0.027，归一化后为1.56%；混凝土平均抗压强度Fcr相关系数为−0.025，归一化后为1.45%；其余因素敏感度均小于1%，对钢束应力影响很小。

预应力钢束平均腐蚀率调为6.29%时，可得梁体上缘法向最小应力(压应力)平均值为−11.2MPa，最大值为−7.20MPa，最小值为−23.03MPa，标准差为1.60MPa，见图6-48。未达到混凝土抗压平均强度，综合上述分析可知，预应力钢束受腐蚀后，运营荷载下，T梁首先可能从钢束开始发生破坏。

梁体顶缘压应力CTMIN的影响因素如图6-49所示，影响显著的因素依次是汽车荷载Ksq、汽车荷载横向分布系数M1、钢束初始有效预应力Tf、T梁混凝土密度Dens、钢束腐蚀率Ro1、汽车荷载冲击系数Mu、钢束初始弹性模量Es、混凝土抗压强度Fcr、钢束初始截面面积Ay、混凝土抗拉强度Ft。其中汽车荷载Ksq的相关系数为−0.631，归一化后为28.82%；荷载横向分布系数M1的相关系数为−0.591，归一化后为27.00%；钢束有效预应力Tf的相关系数为0.281,归一化后为12.85%;T梁混凝土密度Dens的相关系数为-0.246,归一化后为11.22%;钢束腐蚀率Ro1的相关系数为-0.146,归一化后为6.68%;汽车荷载冲击系数Mu的相关系数为-0.130,归一化后为5.95%;钢束初始弹性模量Es的相关系数为0.054,归一化后为2.49%;混凝土抗压强度Fcr的相关系数为-0.043,归一化后为1.94%;钢束初始截面面积Ay的相关系数为0.061,归一化后为2.75%;混凝土抗拉强度Ft的相关系数为-0.026,归一化后为1.18%。

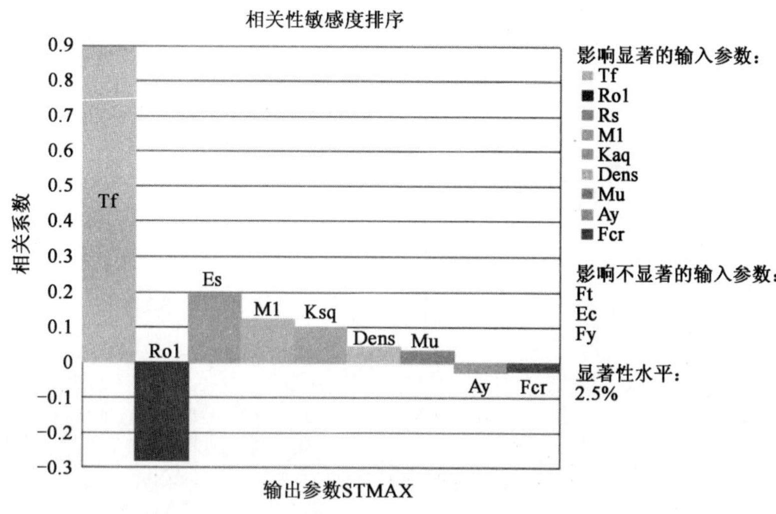

图6-47 腐蚀率6.29%时钢束最大应力的影响因素敏感度排序

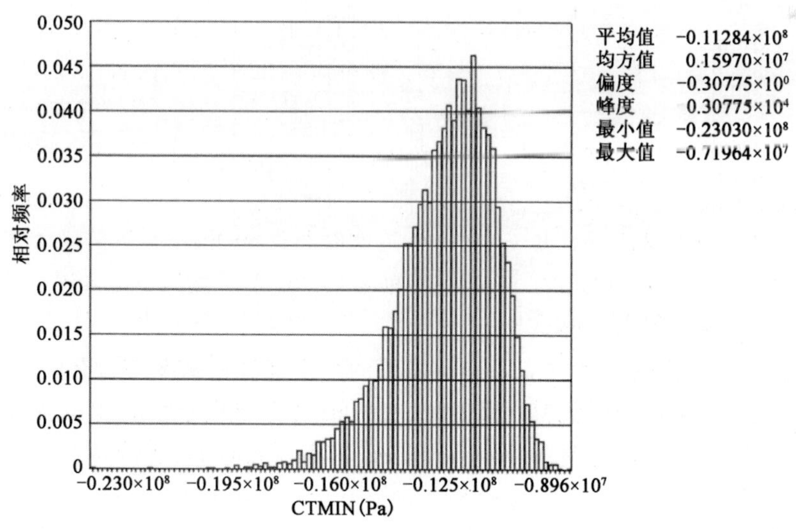

图6-48 腐蚀率6.29%时梁体上缘压应力的分布柱状图

预应力钢束平均腐蚀率为6.29%时,分析可得梁体跨中底缘应力在循环抽样后的分布柱状图,见图6-50。其中,平均值0.25MPa,最大值为3.38MPa,最小值为-9.61MPa,标准差为1.53MPa。最大值超过混凝土平均抗拉强度,T梁下缘发生开裂的概率为5.79799×10^{-4}。

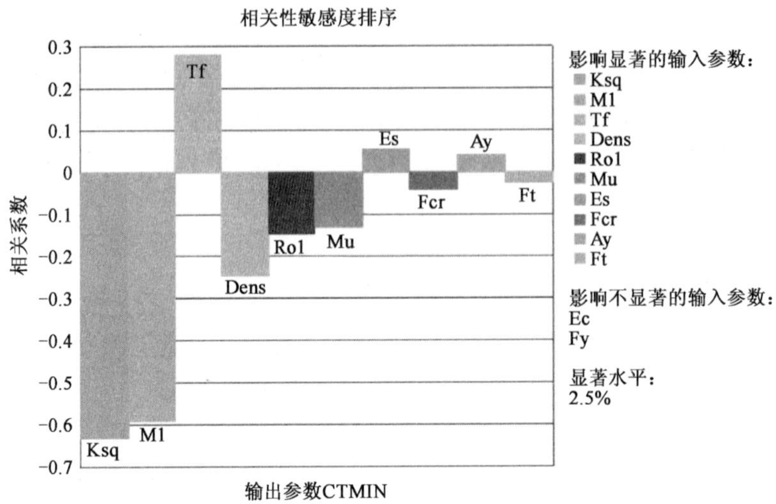

图 6-49　腐蚀率 6.29% 时梁体上缘压应力的影响因素敏感度排序

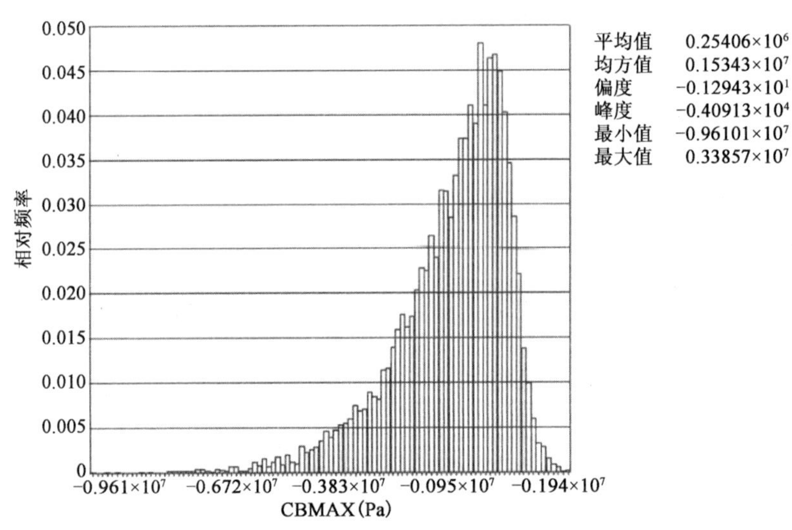

图 6-50　腐蚀率 6.29% 时梁体下缘最大拉应力的分布柱状图

从图 6-51 可见，梁底缘最大拉应力影响显著的因素依次是钢束初始有效预应力 Tf、汽车荷载 Ksq、汽车荷载横向分布系数 M1、钢束腐蚀率 Ro1、T 梁混凝土密度 Dens、钢束初始弹性模量 Es、混凝土抗拉强度 Ft、汽车荷载冲击系数 Mu。其中钢束初始有效预应力 Tf 的相关系数为 -0.621，归一化后为 28.60%；汽车荷载 Ksq 的相关系数为 0.439，归一化后为 20.22%；荷载横向分布系数 M1 的相关系数为 0.421，归一化后为 19.36%；钢束腐蚀率 Ro1 的相关系数为 0.189，归一化后为 8.67%；T 梁混凝土密度 Dens 的相关系数为 0.169，归一化后为 7.78%；钢束初始弹性模量 Es 的相关系数为 -0.167，归一化后为 7.69%；钢束初始截面面积 Ay 的相关系数为 -0.113，归一化后为 5.21%；汽车荷载冲击系数 Mu 的相关系数为 0.054，归一化后为 2.47%；其余因素对梁底缘混凝土拉应力影响很小。

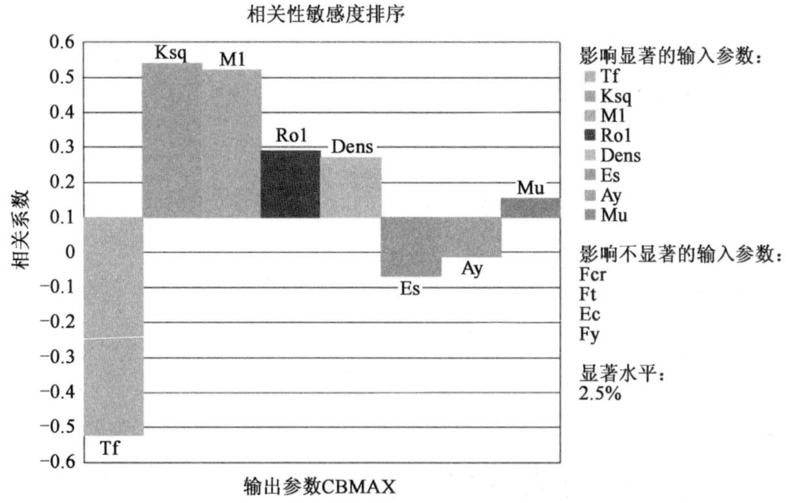

图 6-51　腐蚀率 6.29% 时梁体下缘拉应力的影响因素敏感度排序

预应力钢束平均腐蚀率为 6.29% 时，可得梁体跨中挠度平均值为 -13.7mm（向下为负），最大值为 3.8m，最小值为 -58.2mm，标准差为 8.6mm，见图 6-52。

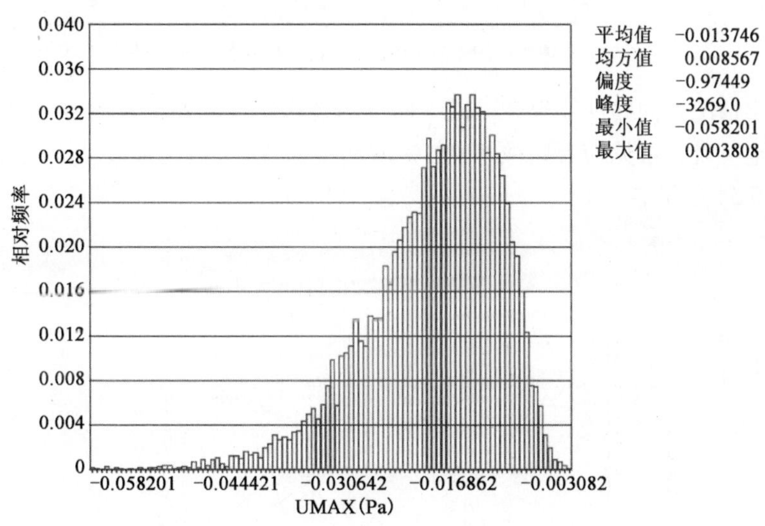

图 6-52　腐蚀率 6.29% 时跨中挠度的分布柱状图

对梁跨中挠度影响显著的因素依次是初始有效预应力 Tf、汽车荷载 Ksq、横向分布系数 M1、钢束腐蚀率 Ro1、T 梁混凝土密度 Dens、钢束初始截面面积 Ay、钢束初始弹性模量 Es、混凝土弹性模量 Ec、汽车荷载冲击系数 Mu、混凝土平均抗压强度 Fcr，见图 6-53。其中有效预应力 Tf 的相关系数为 0.583，归一化后为 23.73%；汽车荷载 Ksq 的相关系数为 -0.485，归一化后为 19.77%；荷载横向分布系数 M1 的相关系数为 -0.434，归一化后为 17.69%；钢束腐蚀率 Ro1 的相关系数为 -0.249，归一化后为 10.15%；T 梁混凝土密度 Dens 的相关系数为 -0.221，归一化后为 9.01%；钢束初始截面面积 Ay 的相关系数为 0.143，归一化后为5.82%；

钢束弹性模量 Es 的相关系数为 0.115，归一化后为 4.69%；混凝土弹性模量 Ec 的相关系数为 0.106，归一化后为 4.31%；汽车荷载冲击系数 Mu 的相关系数为 -0.082，归一化后为 3.33%；混凝土平均抗压强度 Fcr 的相关系数为 0.037，归一化后为 1.51%；钢束应力对其余因素的敏感度均很小。

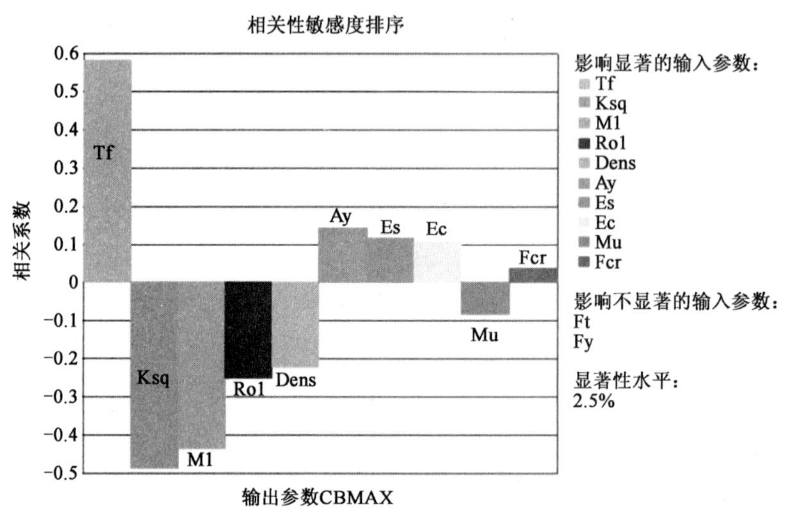

图 6-53　腐蚀率 6.29% 时跨中挠度的的影响因素敏感度排序

其他腐蚀率情况可同样计算得到。以下通过图表将腐蚀率 6%、6.29%、8%、10% 四种情况对比更清晰地呈现。可见随着腐蚀率从 6% 增加至 10%，梁体可靠度从 3.75 降至 1.03，降幅较大。如图 6-54 所示。

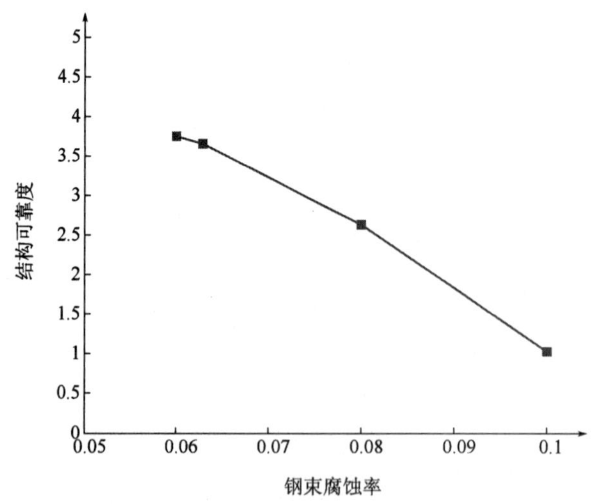

图 6-54　不同腐蚀率下梁体可靠度变化

不同腐蚀率条件下，各因素对钢束应力的影响程度对比如表 6-4。

不同腐蚀率条件下钢束应力与各因素相关性对比　　表6-4

序号	腐蚀率6%		腐蚀率6.29%		腐蚀率8%		腐蚀率10%	
	参数	敏感度	参数	敏感度	参数	敏感度	参数	敏感度
1	Tf	54.06%	Tf	52.15%	Tf	53.12%	Tf	52.21%
2	Rol	17.01%	Rol	16.29%	Rol	17.74%	Rol	16.61%
3	Es	11.92%	Es	11.20%	Es	12.34%	Es	10.97%
4	M1	6.48%	M1	7.09%	Ksq	6.45%	Ksq	6.70%
5	Ksq	6.23%	Ksq	5.80%	M1	6.11%	M1	6.14%
6	Dens	2.86%	Dens	2.53%	Dens	2.81%	Dens	3.30%
7	Mu	1.44%	Mu	1.91%	Mu	1.43%	Ay	2.66%
8	Fcr	—	Ay	1.56%	Fcr	—	Fcr	1.42%
9	Ft	—	Fcr	1.45%	Ft	—	Ft	—
10	Ec	—	Ft	—	Ec	—	Ec	—
11	Ay	—	Ec	—	Ay	—	Mu	—
12	Fy	—	Fy	—	Fy	—	Fy	—

从表6-4可见，在6%～10%腐蚀率条件下，钢束应力对初始有效预应力Tf的敏感度在52.21%～54.06%，对钢束腐蚀率Rol的敏感度分别在16.29%～17.74%、对钢束初始弹性模量Es的敏感度分别在10.97%～12.34%，钢束应力与三者间的相关系数变化较小，排序不变；而荷载横向分布系数M1、汽车荷载（弯矩）Ksq对钢束应力的敏感度先后排序发生变化，其相关性敏感度在5.80%～7.09%之间；钢束应力对T梁混凝土密度Dens的敏感度为2.53%～3.30%，对汽车荷载冲击系数Mu、钢束初始截面面积Ay、混凝土平均抗压强度Fcr与钢束应力的相关性敏感度为1.42%～2.66%，混凝土抗拉平均强度Ft、混凝土弹性模量Ec、钢束初始平均屈服强度Fy等随机参数的相关性敏感度很小。

不同腐蚀率条件下，各因素对梁顶缘压应力的影响程度对比如表6-5。

不同腐蚀率条件下梁顶缘压应力与各因素相关性对比　　表6-5

序号	腐蚀率6%		腐蚀率6.29%		腐蚀率8%		腐蚀率10%	
	参数	敏感度	参数	敏感度	参数	敏感度	参数	敏感度
1	Tf	54.06%	Tf	52.15%	Tf	53.12%	Tf	52.21%
2	Rol	17.01%	Rol	16.29%	Rol	17.74%	Rol	16.61%
3	Es	11.92%	Es	11.20%	Es	12.34%	Es	10.97%
4	M1	6.48%	M1	7.09%	Ksq	6.45%	Ksq	6.70%
5	Ksq	6.23%	Ksq	5.80%	M1	6.11%	M1	6.14%
6	Dens	2.86%	Dens	2.53%	Dens	2.81%	Dens	3.30%
7	Mu	1.44%	Mu	1.91%	Mu	1.43%	Ay	2.66%
8	Fcr	—	Ay	1.56%	Fcr	—	Fcr	1.42%
9	Ft	—	Fcr	1.45%	Ft	—	Ft	—
10	Ec	—	Ft	—	Ec	—	Ec	—
11	Ay	—	Ec	—	Ay	—	Mu	—
12	Fy	—	Fy	—	Fy	—	Fy	—

不同腐蚀率条件下,各因素对跨中挠度影响程度对比如表 6-6。

不同腐蚀率条件下跨中挠度与各因素的相关性对比 表 6-6

序号	腐蚀率 6%		腐蚀率 6.29%		腐蚀率 8%		腐蚀率 10%	
	参数	敏感度	参数	敏感度	参数	敏感度	参数	敏感度
1	Tf	22.79%	Tf	23.73%	Tf	23.57%	Tf	23.10%
2	Ksq	18.56%	Ksq	19.77%	Ksq	18.89%	Ksq	18.96%
3	M1	17.16%	M1	17.69%	M1	17.06%	M1	17.58%
4	Ro1	10.81%	Ro1	10.15%	Ro1	11.63%	Ro1	16.55%
5	Dens	9.81%	Dens	9.01%	Dens	8.04%	Dens	9.02%
6	Ay	5.52%	Ay	5.82%	Mu	5.00%	Ec	5.18%
7	Es	5.39%	Es	4.69%	Ay	4.98%	Es	5.08%
8	Ec	4.90%	Ec	4.31%	Es	4.85%	Ay	4.67%
9	Mu	3.99%	Mu	3.33%	Ec	4.44%	Mu	4.04%
10	Fcr	1.70%	Fcr	1.51%	Fcr	1.54%	Fcr	1.83%
11	Ft	—	Ft	—	Ft	—	Ft	—
12	Fy	—	Fy	—	Fy	—	Fy	—

从表 6-6 可见,跨中挠度对初始有效预应力 Tf、汽车荷载(弯矩)Ksq、荷载横向分布系数 M1 的敏感度在 17.16% ~23.73% 之间,对钢束腐蚀率 Ro1 的敏感度在 10.15% ~16.55% 之间,当钢束腐蚀率达到 10% 时,腐蚀率的影响骤然增加;对 T 梁混凝土密度 Dens 的敏感度在 8.04% ~9.81% 之间。在上述不同腐蚀率条件下,跨中挠度与上述四者间的相关系数变化较小,排序不变。钢束应力对钢束初始截面面积 Ay 的敏感度在 4.98% ~5.82% 之间;对汽车荷载冲击系数 Mu 的敏感度在 3.33% ~5.00% 之间,对钢束初始弹性模量 Es 的敏感度在 4.69% ~5.52% 之间;对混凝土弹性模量 Ec 的敏感度在 4.31% ~5.18% 之间;在上述不同腐蚀率条件下,钢束应力对上述 Ay、Mu、Es、Ec 的敏感度排序略有变化。混凝土平均抗压强度 Fcr 的相关性敏感度低于 2%,混凝土抗拉平均强度 Ft、钢束初始平均屈服强度 Fy 的相关性敏感度很小。

6.3.5 简支 T 梁抗剪随机有限元仿真分析

采用 ANSYS 随机有限元法,建模计算预应力钢束腐蚀率为 10% 时梁的可靠度,在自重、二期恒载、汽车荷载作用下,计算得到预应力钢束应力超出相应腐蚀后钢绞线条件屈服强度 1033.8MPa 的概率,即结构的抗剪失效概率为 1.04253×10^{-2},可靠度为 2.31068。

在概率分析功能的后处理模块中,根据模型中输入参数的不确定性计算得到待求结果变量的不确定性,图 6-55 是计算得到的预应力钢束最大应力在循环抽样后的分布柱状图,其中,平均值 805MPa,最大值为 1220MPa,最小值为 42MPa,标准差为 90.5MPa。

抗剪分析中,考虑钢束腐蚀情况下,对钢束应力影响显著的因素依次是初始有效预应力 Tf、钢束腐蚀率 Ro1、钢束初始弹性模量 Es、荷载横向分布系数 M1、钢束初始截面面积 Ay。其中有效预应力 Tf 的相关系数为 0.684,归一化后为 41.79%;钢束腐蚀率 Ro1 的相关系数为

-0.660,归一化后为40.31%;钢束弹性模量Es相关系数为0.162,归一化后为9.88%;荷载横向分布系数M1相关系数为0.066,归一化后为4.04%;钢束初始截面面积Ay相关系数为-0.039,归一化后为2.40%;T梁混凝土密度Dens的相关系数为0.026,归一化后为1.58%;钢束应力对其余因素的敏感度均很小。如图6-56所示。

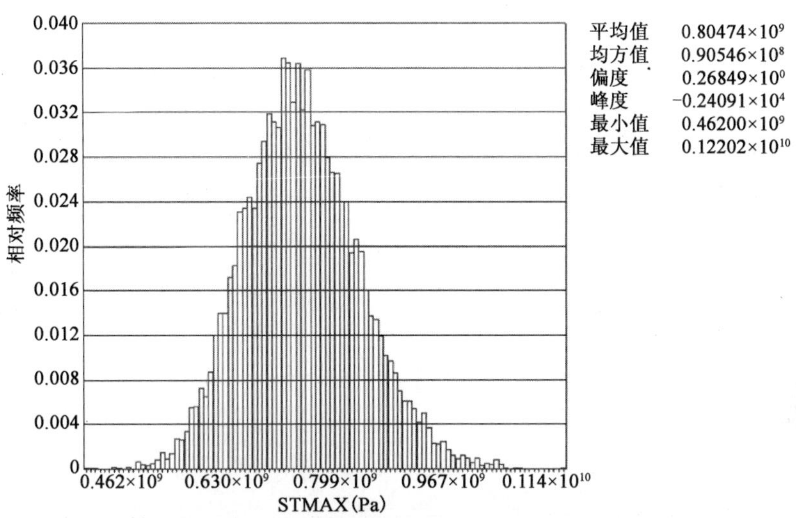

图6-55　腐蚀率10%时抗剪分析钢束最大应力的分布柱状图

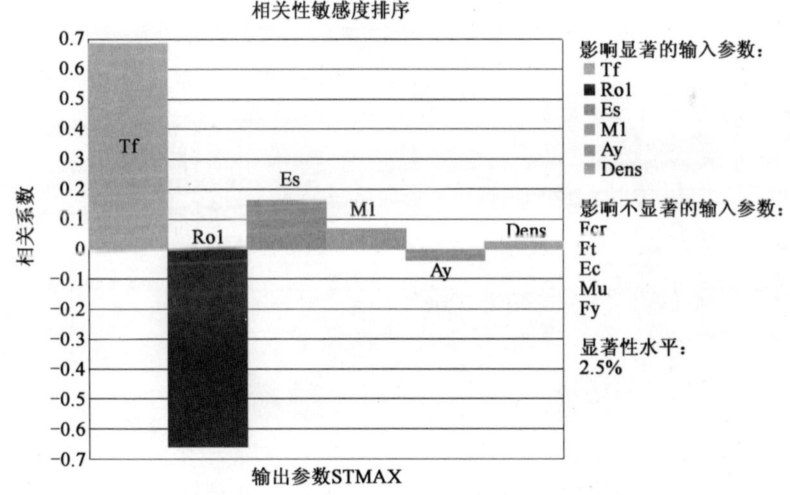

图6-56　腐蚀率10%时抗剪分析钢束最大应力的各影响因素相关系数

图6-57是计算得到的梁腹板最大应力CTMAX在循环抽样后的分布柱状图,其中,平均值0.37MPa,最大值为4.01MPa,最小值为-0.09MPa,标准差为0.304MPa。

计算得到梁体腹板应力超出相应混凝土抗拉强度3.15MPa的概率,即腹板开裂概率为4.38153×10^{-4},可靠度为3.32749。

从图6-58可见,在前述影响因素中,对梁支点附近截面腹板应变影响显著的因素依次是钢束腐蚀率Ro1、初始有效预应力Tf、荷载横向分布系数M1、T梁混凝土密度Dens、汽车荷载冲击系数 Mu、钢束初始截面面积 Ay。其中钢束腐蚀率 Ro1 的相关系数为 0.575,归一化后为 35.68%;有效预应力 Tf 的相关系数为 -0.350,归一化后为 21.76%;荷载横向分布系数 M1 的相关系数为 0.292,归一化后为 18.13%;T 梁混凝土密度 Dens 的相关系数为 0.141,归一化后为 8.72%;汽车荷载冲击系数 Mu 的相关系数为 0.134,归一化后为 8.33%;钢束初始截面面积 Ay 的相关系数为 -0.119,归一化后为 7.38%;其余因素对支点附近腹板应力影响均很小。

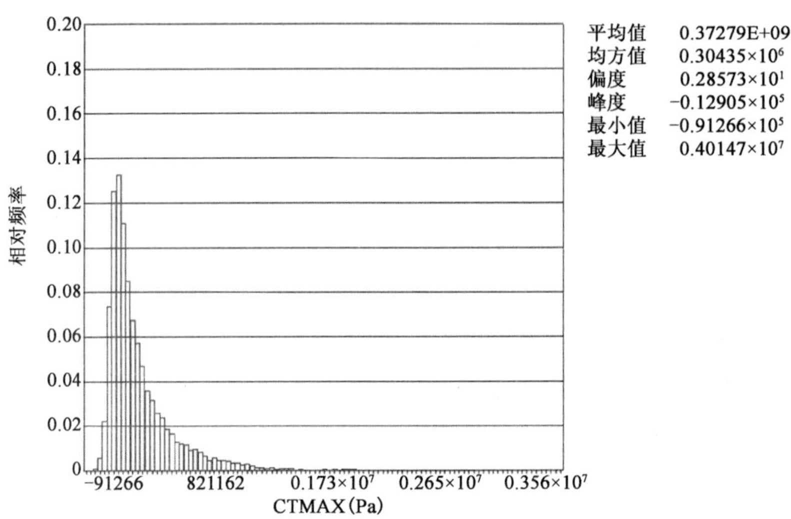

图 6-57 腐蚀率 10% 时抗剪分析支点附近截面腹板最大应力的分布柱状图

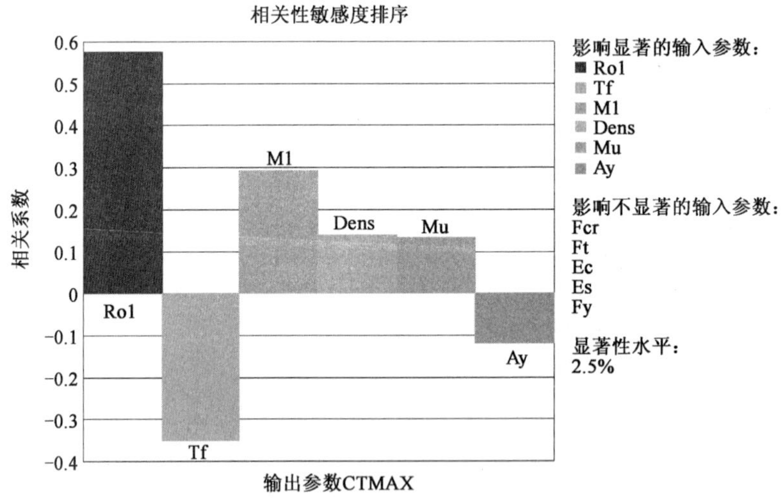

图 6-58 腐蚀率 10% 时抗剪分析支点附近截面腹板最大应力的影响因素敏感度排序

图 6-59 是计算得到的梁的最大应力 CTMIN 在循环抽样后的分布柱状图,其中,平均值 -6.19MPa,最大值为 -4.92MPa,最小值为 -7.48MPa,标准差为 0.339MPa。

可以进一步判断对支点附近截面最大应力和失效概率影响显著的因素,计算输出结果相对于输入参数的灵敏度,如图 6-60 所示,在前述 15 个影响因素中,对梁支点附近截面腹板主压应力影响显著的因素依次是荷载横向分布系数 M1、T 梁混凝土密度 Dens、汽车荷载冲击系数 Mu、钢束初始有效预应力 Tf、钢束腐蚀率 Ro1、混凝土弹性模量 Ec。其中荷载横向分布系数 M1 的相关系数为 -0.800，归一化后为 46.75%；T 梁混凝土密度 Dens 的相关系数为 -0.489，归一化后为 28.58%；汽车荷载冲击系数 Mu 的相关系数为 -0.184，归一化后为 10.77%；钢束有效预应力 Tf 的相关系数为 -0.098，归一化后为 5.72%；钢束腐蚀率 Ro1 的相关系数为 0.077，归一化后为 4.52%；混凝土弹性模量 Ec 的相关系数为 -0.063，归一化后为 3.66%；其余均随机变量统计参数对支点附近腹板应力影响均很小。

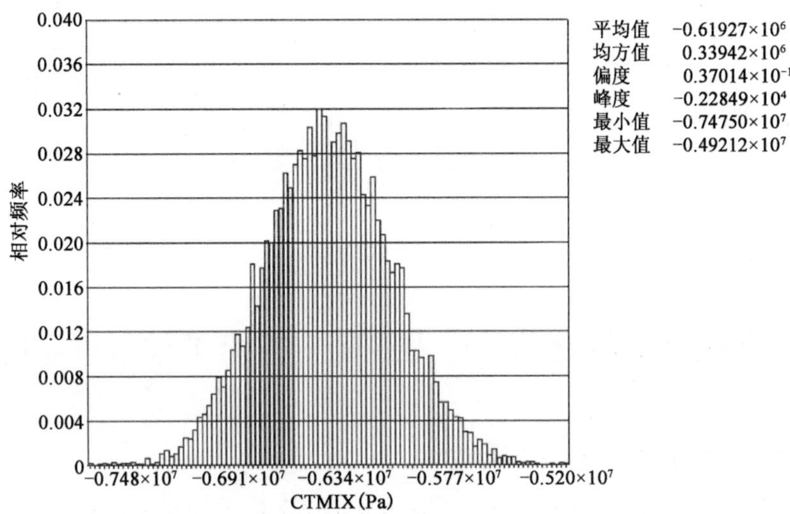

图 6-59 腐蚀率 10% 时抗剪分析支点附近截面腹板最小应力的分布柱状图

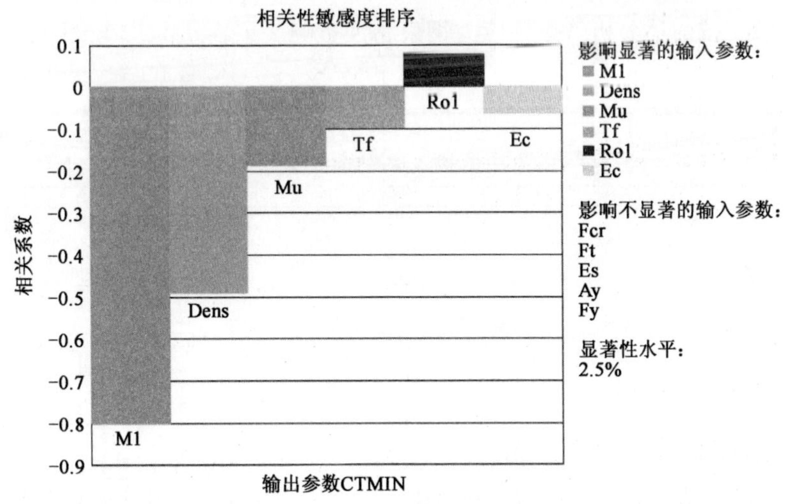

图 6-60 腐蚀率 10% 时抗剪分析支点附近截面腹板最小应力的影响因素敏感度排序

分析还可得梁体跨中挠度平均值为 -10.3mm(向下为负)，最大值为 9.6mm，最小值为 -97.3mm，标准差为 9.5mm。如图 6-61 所示。

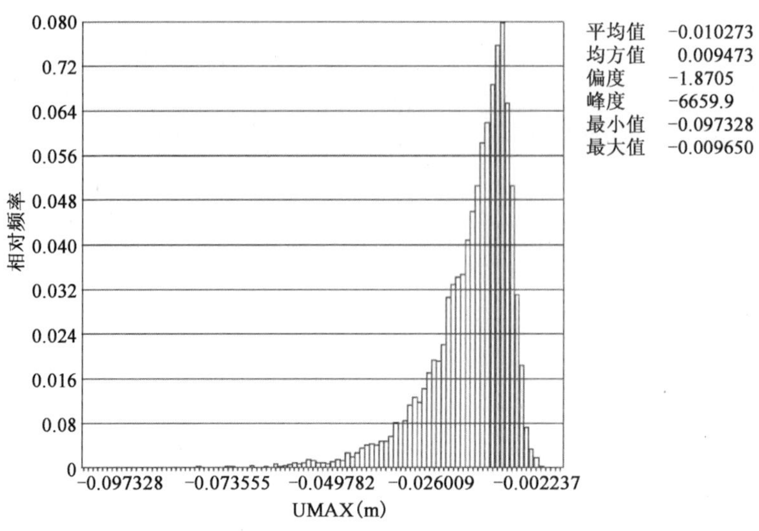

图 6-61 腐蚀率 10% 时抗剪分析时跨中挠度的分布柱状图

6.4 基于随机有限元的预应力混凝土连续 T 梁桥可靠度分析

6.4.1 预应力混凝土连续 T 梁桥

本节分析以 3×40m 预应力混凝土连续 T 梁桥为原型。设计荷载均为公路 I 级，按全预应力混凝土构件设计。每根边跨 T 梁设置 5 束 $9\phi_j15.20$mm 低松弛钢绞线，中跨 T 梁设置 5 束 $8\phi_j15.20$mm 低松弛钢绞线，墩顶湿接缝位置翼板内设置负弯矩区预应力钢束。主梁一般构造参见图 6-62。按前述分析考虑预应力钢束腐蚀影响。

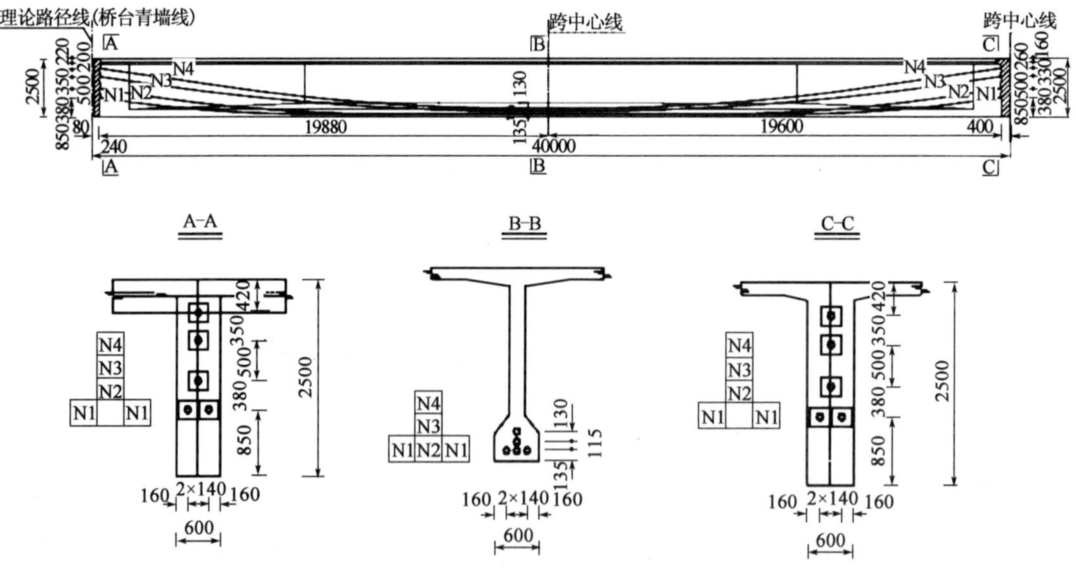

图 6-62 T 梁桥预应力钢束布置

6.4.2 连续T梁加载方式

恒载通过材料密度以加速度的方式由程序自动施加，活载选用现行《公路桥涵通用设计规范》(JTG D60—2015)中的公路Ⅰ级车道荷载，按照中跨跨中截面弯矩影响线进行加载，根据本桥跨径取 $q_k = 10.5/\mathrm{kN \cdot m}$，$P_k = 340\mathrm{kN}$。定义公路Ⅰ级车道荷载为基准荷载 Q，则某一时刻主梁上作用活载 P 大小为 $P = \eta\zeta Q = KQ$，其中，η 为荷载横向分布系数，ζ 为重载或超载交通下的活载影响修正系数，K 为荷载因子，$K = \zeta\eta$，考虑两边跨加载。

6.4.3 连续T梁抗弯随机有限元仿真分析

连续T梁加载变形如图6-63所示。采用响应面法计算预应力钢束腐蚀率为10%时梁的可靠度，在自重、二期恒载、汽车荷载作用下，计算得到腹板预应力钢束应力超出腐蚀后钢绞线强度1033.8MPa的概率，即结构的抗弯失效概率为 8.36290×10^{-3}，可靠度为2.39268。

图6-63 预应力混凝土连续T梁加载变形示意图

在概率分析功能的后处理模块中，根据模型中输入参数的不确定性计算得到待求结果变量的不确定性，图6-64是计算得到腹板预应力钢束的最大拉应力在循环抽样后的分布柱状图，其中，平均值805MPa，最大值为1184MPa，最小值为425MPa，标准差为89.2MPa。

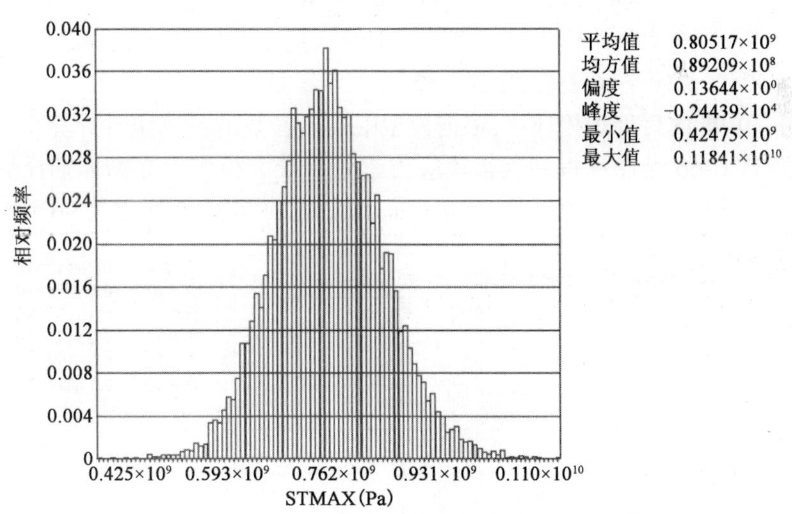

图6-64 连续T梁腹板预应力钢束最大应力的分布柱状图

进一步判断对钢束最大应力和失效概率影响显著的因素，计算输出结果相对于输入参数的灵敏度，如图6-65所示，当钢束平均腐蚀率达到10%时，对钢束应力影响显著的因素依次是初始有效预应力Tf、钢束腐蚀率Ro1、钢束初始弹性模量Es、荷载横向分布系数M1、汽车荷载(弯矩)Ksq、T梁混凝土密度Dens、钢束初始截面面积Ay、汽车荷载冲击系数Mu。其中有效预应力Tf的相关系数为0.656，归一化后为37.65%；钢束腐蚀率Ro1的相关系数为−0.652，归一化后为 37.43%；钢束弹性模量 Es 的相关系数为 0.148，归一化后为 8.51%；荷载横向分布系数 Ml 的相关系数为 0.106，归一化后为 6.07%；汽车荷载(弯矩)Ksq 的相关系数为 0.093，归一化后为 5.34%；T 梁混凝土密度 Dens 的相关系数为 0.034，归一化后为 1.96%；钢束初始截面面积 Ay 相关系数为 -0.027，归一化后为 1.55%；汽车荷载冲击系数 Mu 的相关系数为 0.026，归一化后为 1.49%；其余因素对钢束应力影响均很小。与简支 T 梁相比略有不同，初始有效预应力 Tf 的相关系数有所降低，但其影响仍为最大，钢束腐蚀率 Ro1 的影响相关系数则有所提高，其余因素相关系数排序略有变化，但变化幅度较小。

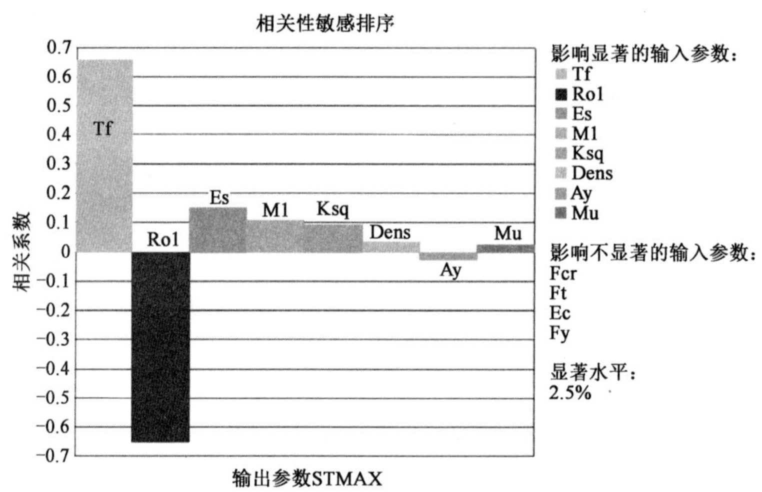

图 6-65　连续 T 梁腹板钢束最大应力的影响因素敏感度排序

计算得到顶板预应力钢束应力超出腐蚀后钢绞线强度 1033.8MPa 的概率，即结构的抗弯失效概率为 4.20423×10^{-3}，可靠度为 2.63521。

在概率分析功能的后处理模块中，根据模型中输入参数的不确定性计算得到待求结果变量的不确定性，图 6-66 是计算得到顶板预应力钢束的最大拉应力在循环抽样后的分布柱状图，其中，平均值 763MPa，最大值为 1225MPa，最小值为 349MPa，标准差为 96.0MPa。

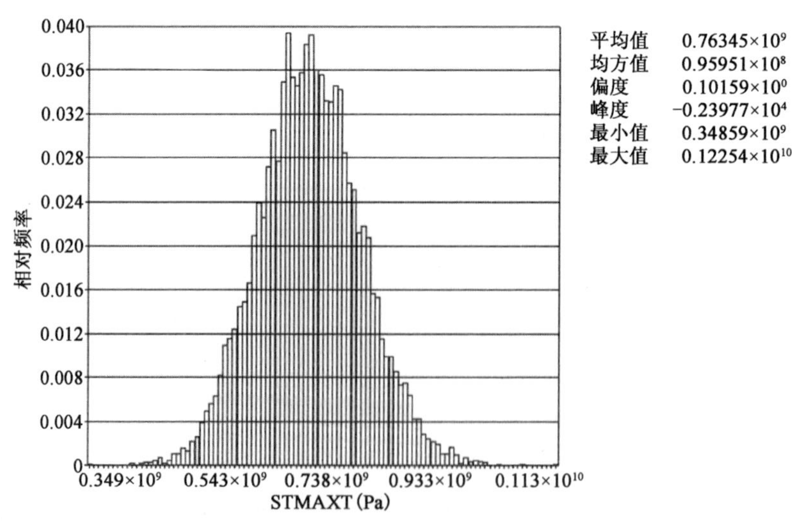

图 6-66　连续 T 梁顶板预应力钢束最大应力的分布柱状图

如图 6-67 所示，当钢束平均腐蚀率达到 10% 时，对顶板钢束应力影响显著的因素依次是初始有效预应力 Tf、钢束腐蚀率 Ro1、钢束初始弹性模量 Es、荷载横向分布系数 Ml。其中有效预应力 Tf 的相关系数为 0.692，归一化后为 45.61%；钢束腐蚀率 Ro1 的相关系数为 -0.650，归一化后为 42.86%；钢束弹性模量 Es 相关系数为 0.147，归一化后为 9.71%；荷载横向分布系数 M1 相关系数为 0.028，归一化后为 1.82%；其余参数均小于 1%，对钢束应力影响相对较小。相同腐蚀率情况下，顶板预应力钢束较腹板钢束的可靠度略有提高，主要影响参数减少，相关系数排序与腹板钢束一致。

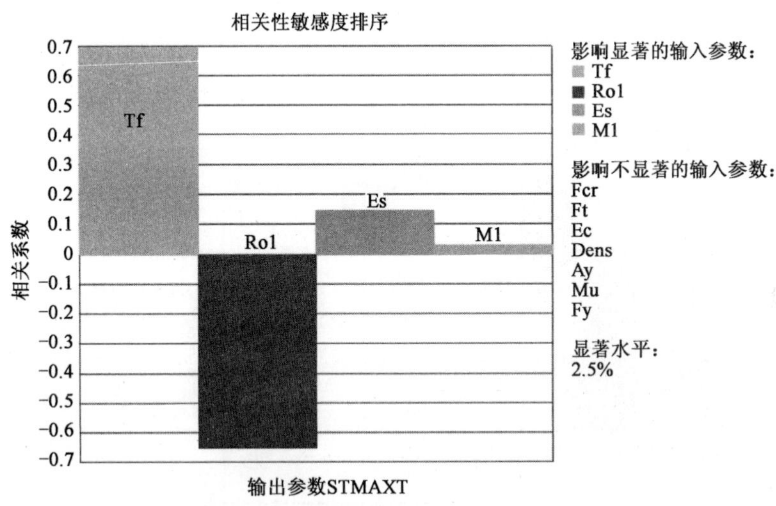

图 6-67 连续 T 梁顶板钢束最大应力的影响因素敏感度排序

此时，梁跨中顶缘的混凝土压应力平均值 -9.53MPa，最大值 -6.29MPa，最小值 -17.4MPa，标准差为 1.33MPa，远未达到混凝土抗压强度平均值，见图 6-68。综合上述分析可知，预应力钢束受腐蚀后，运营荷载下，T 梁首先可能从钢束开始发生破坏。

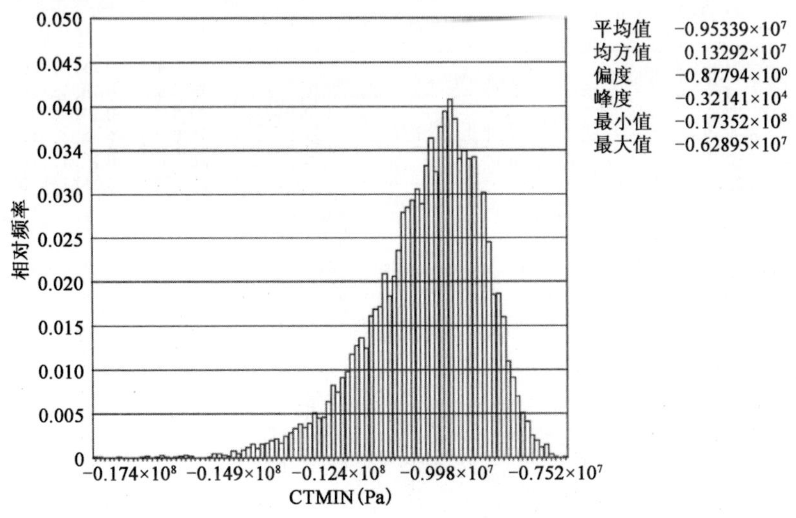

图 6-68 连续 T 梁顶缘混凝土压应力的分布柱状图

从图 6-69 可见,梁顶缘应力影响显著的因素依次是汽车荷载 Ksq、汽车荷载横向分布系数 M1、钢束腐蚀率 Ro1、T 梁混凝土密度 Dens、钢束初始有效预应力 Tf、汽车荷载冲击系数 Mu、钢束初始截面面积 Ay、混凝土抗压强度 Fcr。其中汽车荷载 Ksq 的相关系数为 -0.661,归一化后为33.45%;荷载横向分布系数 M1 的相关系数为 -0.608,归一化后为30.73%;钢束腐蚀率 Ro1 的相关系数为 -0.195,归一化后为 9.88%;T 梁混凝土密度 Dens 的相关系数为 -0.187,归一化后为 9.46%;钢束有效预应力 Tf 的相关系数为 0.126,归一化后为 6.36%;汽车荷载冲击系数 Mu 的相关系数为 -0.118,归一化后为 5.97%;钢束初始截面面积 Ay 的相关系数为 0.041,归一化后为 2.07%;混凝土抗压强度 Fcr 的相关系数为 0.041,归一化后为 2.07%。

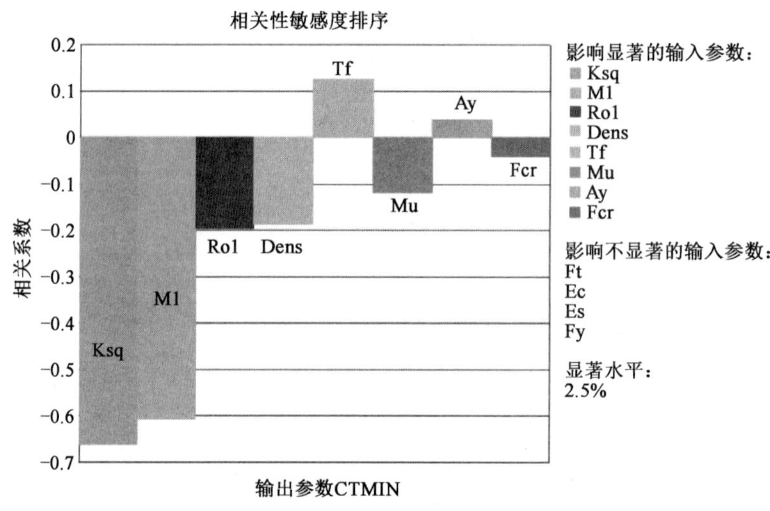

图 6-69 连续 T 梁顶缘混凝土最小压应力的影响因素敏感度排序

此时,梁跨中底缘的混凝土应力平均值 1.12MPa,最大值 3.58MPa,最小值 -7.74MPa,标准差为 1.31MPa。预应力钢束腐蚀 10% 后,运营荷载下,梁体开裂概率 0.99733,T 梁基本确定会发生开裂。如图 6-70。

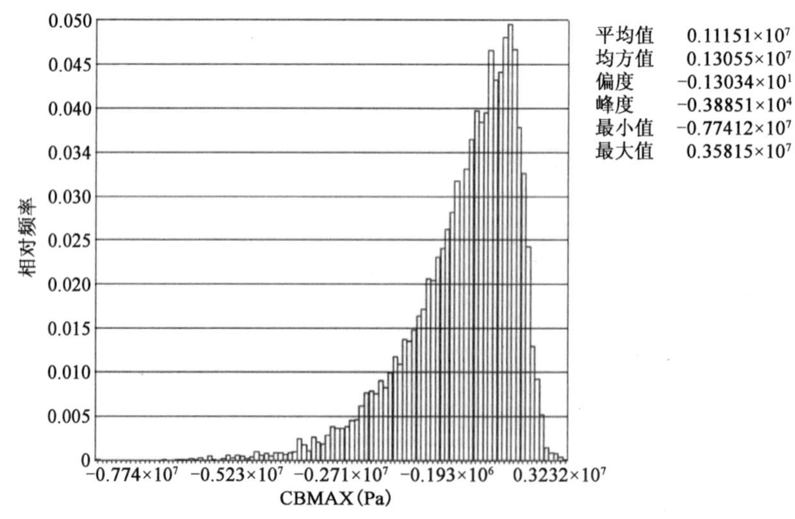

图 6-70 连续 T 梁跨中底缘混凝土最大拉应力的分布柱状图

从图6-71可见，梁底缘最大拉应力影响显著的因素依次是钢束腐蚀率Ro1、钢束初始有效预应力Tf、汽车荷载横向分布系数M1、汽车荷载Ksq、钢束初始弹性模量Es、T梁混凝土密度Dens、混凝土抗拉强度Ft、钢束初始截面面积Ay、汽车荷载冲击系数Mu。其中钢束腐蚀率Ro1的相关系数为0.505，归一化后为22.28%；钢束初始有效预应力Tf的相关系数为-0.467，归一化后为20.59%；荷载横向分布系数M1的相关系数为0.434，归一化后为19.13%；汽车荷载Ksq的相关系数为0.421，归一化后为18.54%；钢束初始弹性模量Es的相关系数为-0.144，归一化后为6.33%；T梁混凝土密度Dens的相关系数为0.137，归一化后为6.03%；混凝土抗拉强度Ft的相关系数为0.055，归一化后为2.43%；钢束初始截面面积Ay的相关系数为-0.053，归一化后为2.34%；汽车荷载冲击系数Mu的相关系数为0.053，归一化后为2.32%；其余因素对梁底缘混凝土拉应力影响很小。

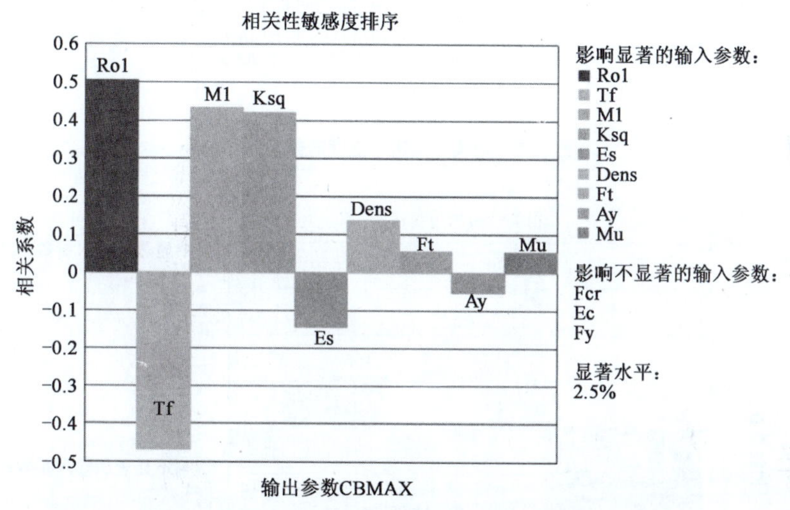

图6-71　连续T梁底缘混凝土最大拉应力的影响因素敏感度排序

分析还可得梁体跨中挠度平均值为-0.3mm(向下为负)，最大值为-1.0mm，最小值为-80.6mm，标准差为6.9mm，见图6-72。计算得到梁体跨中挠度超出梁体挠度限值$L/600$的概率，即结构的正常使用失效概率为1.72785×10^{-4}，可靠度为3.5785。

由图6-73可见，对梁跨中挠度影响显著的因素依次是钢束腐蚀率Ro1、汽车荷载Ksq、横向分布系数M1、初始有效预应力Tf、T梁混凝土密度Dens、混凝土弹性模量Ec、钢束初始弹性模量Es、钢束初始截面面积Ay、汽车荷载冲击系数Mu。其中钢束腐蚀率Ro1的相关系数为-0.497，归一化后为20.55%；汽车荷载Ksq的相关系数为-0.466，归一化后为19.27%；荷载横向分布系数M1的相关系数为-0.436，归一化后为18.02%；有效预应力Tf的相关系数为0.381，归一化后为15.75%；混凝土弹性模量Ec的相关系数为0.192，归一化后为7.93%；T梁混凝土密度Dens的相关系数为-0.154，归一化后为6.36%；钢束弹性模量Es的相关系数为0.113，归一化后为4.66%；钢束初始截面面积Ay的相关系数为0.095，归一化后为3.91%；汽车荷载冲击系数Mu的相关系数为-0.086，归一化后为3.54%；其余因素敏感度均小于1%，对钢束应力影响很小。

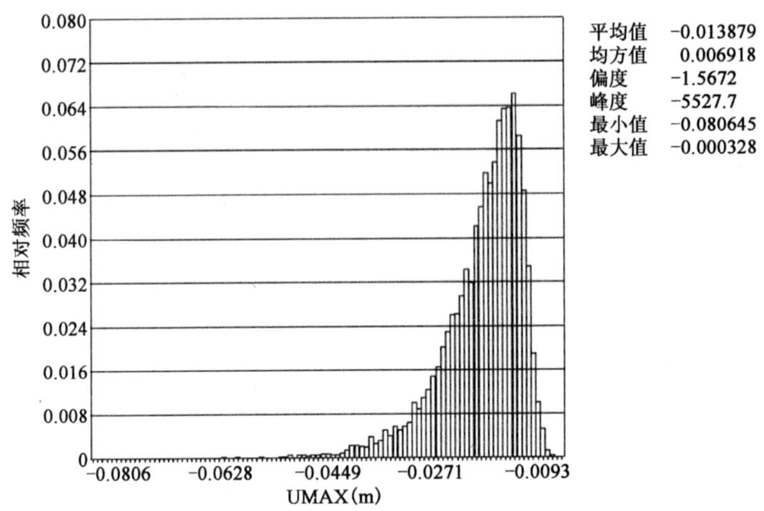

图 6-72　连续 T 梁跨中挠度的分布柱状图

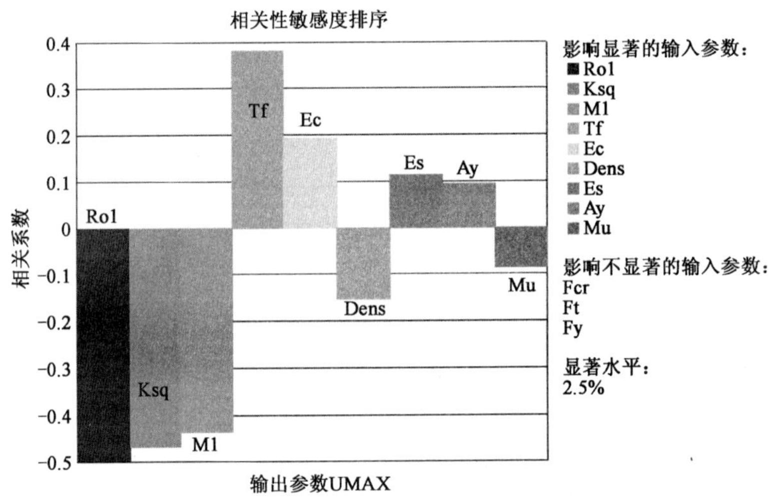

图 6-73　连续 T 梁跨中挠度的影响因素敏感度排序

6.4.4　连续 T 梁抗剪随机有限元仿真分析

采用响应面法计算预应力钢束腐蚀率为 10% 时梁的可靠度，在自重、二期恒载、汽车荷载作用下，计算得到腹板预应力钢束应力超出腐蚀后钢绞线强度 1033.8MPa 的概率，即结构的抗弯失效概率为 8.16203×10^{-3}，可靠度为 2.40159。

在概率分析功能的后处理模块中，根据模型中输入参数的不确定性计算得到待求结果变量的不确定性，图 6-74 是计算得到腹板预应力钢束的最大压应力在循环抽样后的分布柱状图，其中，平均值 797MPa，最大值为 1166MPa，最小值为 282MPa，标准差为 100.2MPa。

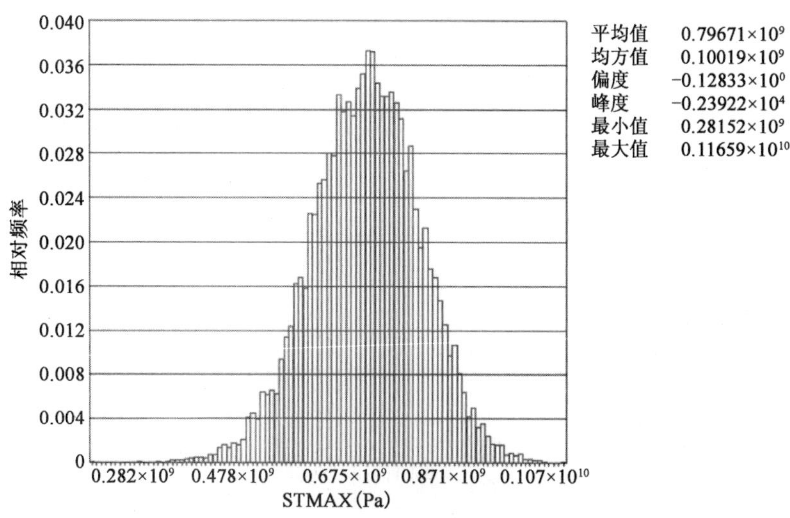

图 6-74 连续 T 梁受剪时腹板预应力钢束最大应力的分布柱状图

进一步判断对钢束最大应力和失效概率影响显著的因素，计算输出结果相对于输入参数的灵敏度，如图 6-75 所示，当钢束平均腐蚀率达到 10% 时，对腹板钢束应力影响显著的因素依次是初始有效预应力 Tf、钢束腐蚀率 Ro1、钢束初始弹性模量 Es、汽车荷载(剪力) Ksq、荷载横向分布系数 M1。其中有效预应力 Tf 的相关系数为 0.677，归一化后为 43.87%；钢束腐蚀率 Ro1 的相关系数为 -0.668，归一化后为 43.23%；钢束弹性模量 Es 相关系数为 0.142，归一化后为 9.18%；汽车荷载(剪力) Ksq 相关系数为 0.029，归一化后为 1.88%；荷载横向分布系数 M1 的相关系数为 0.028，归一化后为 1.83%；其余因素统计参数对钢束应力影响均很小。

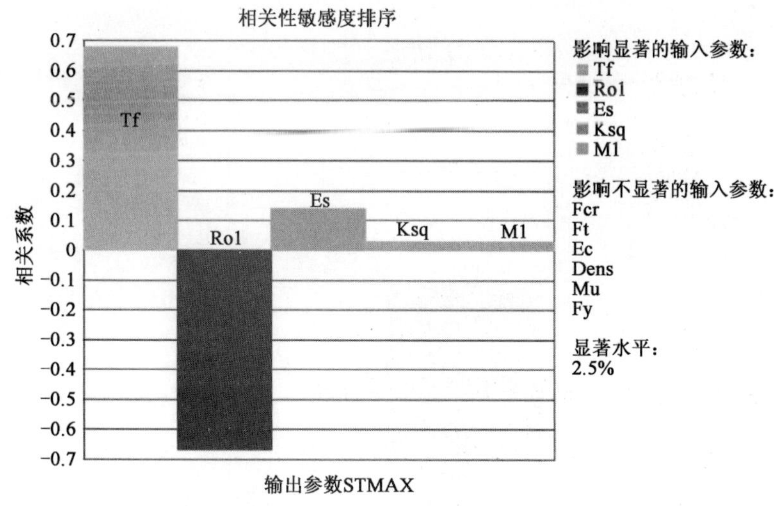

图 6-75 连续 T 梁受剪时腹板预应力钢束最大应力的影响因素敏感度排序

同时可计算得到顶板预应力钢束应力超出腐蚀后钢绞线强度 1033.8MPa 的概率，即结构的抗弯失效概率为 1.94415×10^{-3}，可靠度为 2.88709。

在概率分析功能的后处理模块中，根据模型中输入参数的不确定性计算得到待求结果变量的不确定性，图6-76是计算得到腹板预应力钢束的最大压应力在循环抽样后的分布柱状图，其中，平均值758MPa，最大值为1212MPa，最小值为146MPa，标准差为99.1MPa。

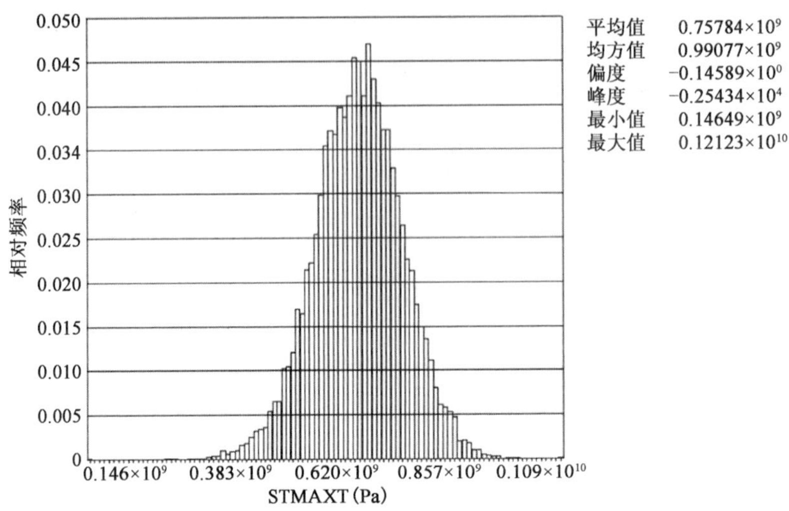

图6-76 连续T梁受剪时顶板预应力钢束最大应力的分布柱状图

进一步分析对钢束最大应力和失效概率影响显著的因素，计算输出结果相对于输入参数的灵敏度，如图6-77所示，当钢束平均腐蚀率达到10%时，对顶板钢束应力影响显著的因素依次是初始有效预应力Tf、钢束腐蚀率Ro1、钢束初始弹性模量Es。其中有效预应力Tf的相关系数为0.694，归一化后为46.34%；钢束腐蚀率Ro1的相关系数为－0.654，归一化后为43.70%；钢束弹性模量Es相关系数为0.149，归一化后为9.96%；其余因素统计参数对钢束应力影响均很小。

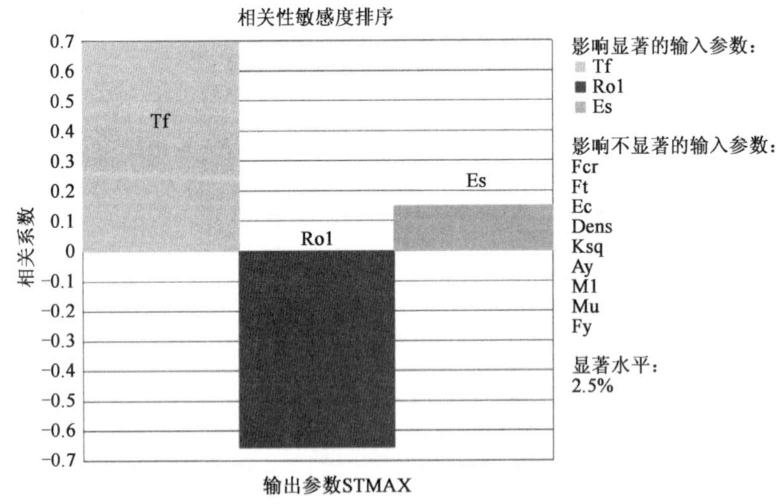

图6-77 连续T梁受剪时顶板预应力钢束最大应力的影响因素敏感度排序

在概率分析功能的后处理模块中，根据模型中输入参数的不确定性计算得到待求结果变量的不确定性，图6-78是计算得到的梁的最大主拉应力在循环抽样后的分布柱状图，平均值0.35MPa，最大值1.75MPa，最小值0.02MPa，标准差为0.106MPa。

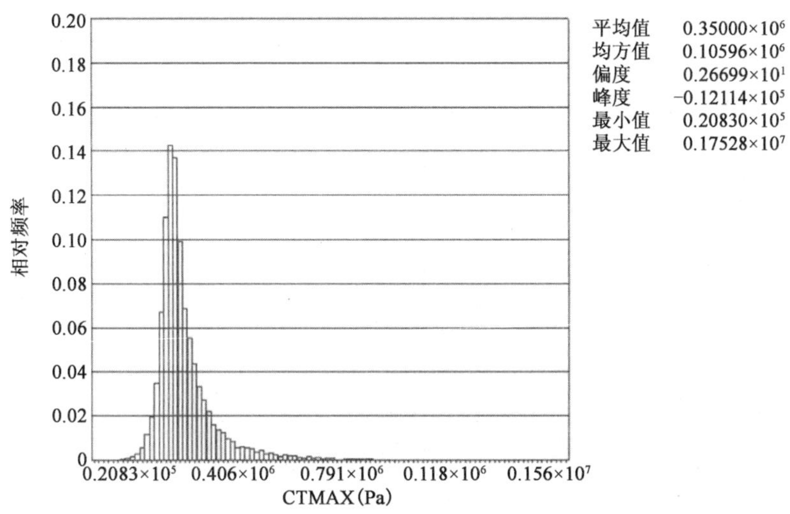

图 6-78　连续 T 梁受剪时支点附近腹板区段最大主拉应力的分布柱状图

从图 6-79 可见,对梁支点附近腹板主拉应力影响显著的因素依次是钢束腐蚀率 Ro1、汽车荷载 Ksq、横向分布系数 M1、初始有效预应力 Tf、钢束初始截面面积 Ay、T 梁混凝土密度 Dens。其中钢束腐蚀率 Ro1 的相关系数为 0.294,归一化后为 27.78%;汽车荷载 Ksq 的相关系数为 0.206,归一化后为 19.43%;荷载横向分布系数 M1 的相关系数为 0.199,归一化后为 18.77%;初始有效预应力 Tf 的相关系数为 0.141,归一化后为 13.29%;钢束初始截面面积 Ay 的相关系数为 0.092,归一化后为 8.72%;钢束弹性模量 Es 的相关系数为 -0.067,归一化后为 6.31%;T 梁混凝土密度 Dens 的相关系数为 0.060,归一化后为 5.70%;其余均因素对腹板主拉应力影响相对较小。

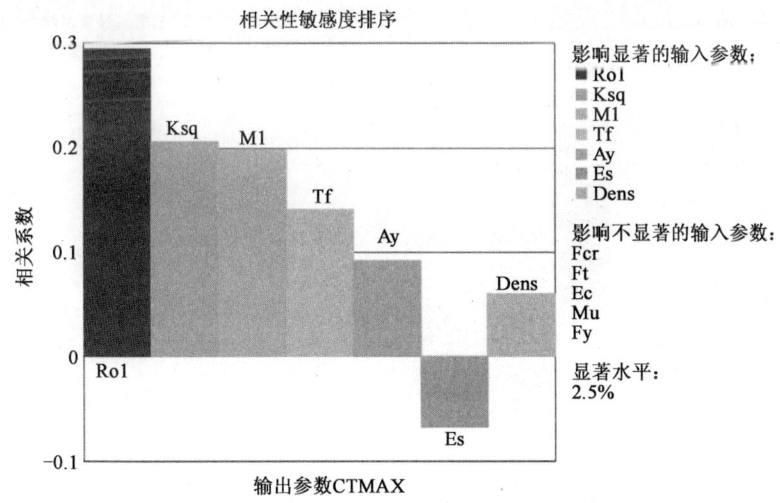

图 6-79　连续 T 梁受剪时支点附近腹板区段最大主拉应力的参数敏感性

计算得到的梁的最大主压应力在循环抽样后的分布柱状图见图 6-80,平均值 -4.60MPa,最大值 -3.33MPa,最小值 -6.31MPa,标准差为 0.357MPa。

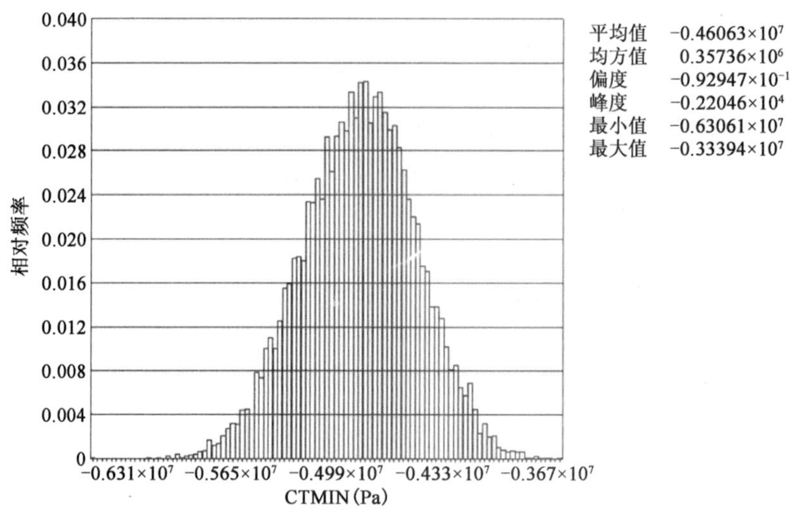

图6-80　连续T梁受剪时支点附近腹板区段最小主压应力的分布柱状图

对梁支点附近腹板主压应力影响显著的因素依次是汽车荷载 Ksq、横向分布系数 M1、钢束腐蚀率 Ro1、初始有效预应力 Tf、T梁混凝土密度 Dens、钢束初始截面面积 Ay、钢束初始弹性模量 Es、汽车荷载冲击系数 Mu、混凝土弹性模量 Ec。其中汽车荷载 Ksq 的相关系数为 -0.512，归一化后为22.09%；荷载横向分布系数 M1 的相关系数为 -0.492，归一化后为21.17%；钢束腐蚀率 Ro1 的相关系数为0.400，归一化后为17.23%；有效预应力 Tf 的相关系数为 -0.376，归一化后为16.20%；T梁混凝土密度 Dens 的相关系数为 -0.237，归一化后为10.20%；钢束初始截面面积 Ay 的相关系数为 -0.093，归一化后为4.01%；钢束弹性模量 Es 的相关系数为 -0.085，归一化后为3.66%；汽车荷载冲击系数 Mu 的相关系数为 -0.080，归一化后为3.46%；混凝土弹性模量 Ec 的相关系数为 -0.046，归一化后为1.98%；其余均因素对腹板主压应力影响均很小。如图6-81。

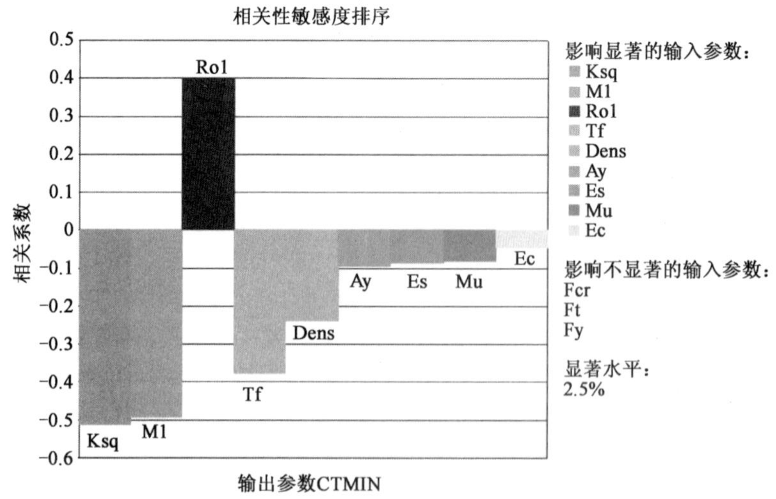

图6-81　连续T梁受剪时支点附近腹板区段最小主压应力的参数敏感性

6.5 小　　结

本章首先探讨了采用ANSYS概率设计进行预应力混凝土梁桥可靠度随机有限元仿真分析方法,研究了考虑材料非线性情况下预应力混凝土梁桥有限元建模、ANSYS软件PDS模块进行结构可靠性分析的实现方法,提出采用计算效率较高的响应面法进行在役预应力混凝土梁桥的可靠度分析,并给出了APDL参数化设计程序及分析要点。

进而基于随机有限元法,结合40m预应力混凝土简支T梁桥、3×40m预应力混凝土连续T梁桥实例,研究了钢束不同腐蚀率情况下预应力混凝土梁抗弯、抗剪可靠度及钢束应力、梁顶上下缘应力、跨中挠度等不同参量的影响因素。详细分析了混凝土平均抗压强度、平均抗拉强度、弹性模量、钢束初始有效预应力、钢束初始截面面积、钢束初始弹性模量、钢束初始平均屈服强度、钢束腐蚀率、T梁混凝土密度、混凝土弹性模量、汽车荷载、荷载横向分布系数、汽车荷载冲击系数等因素在一定概率分布模型下的相关系数和相关性敏感度。

研究表明,在役预应力混凝土桥梁预应力钢束发生腐蚀后,其可靠度主要由钢束控制。影响其抗弯承载能力可靠度的主要因素依次为初始有效预应力、钢束腐蚀率、钢束初始弹性模量、荷载横向分布系数、汽车荷载(弯矩)、T梁混凝土密度、汽车荷载冲击系数、钢束初始截面面积、混凝土平均抗压强度;影响在役预应力混凝土桥梁抗剪承载能力可靠度的主要因素依次为初始有效预应力、钢束腐蚀率、钢束初始弹性模量、荷载横向分布系数、钢束初始截面面积、T梁混凝土密度。

本章参考文献

[1] 刘晓銮,张杨永,毕研川.基于APDL的大型桥梁结构可靠度分析程序[J].燕山大学学报,2009.33(6):517-520.

[2] 秦权.随机有限元及其进展度随机有限元和随机有限元的应用[J].工程力学,1999(1):2-9.

[3] 王鹏,张力,赖明.基于随机有限元法的在役预应力混凝土T梁桥可靠度影响因素分析[J].中国公路学会桥梁和结构工程分会全国桥梁学术会议论文集,2013:801-809.

[4] 曾俊明.既有桥梁仿真评估与加固技术探讨[D].成都:西南交通大学,2004.

[5] 陆新征,李易,张炎圣,等.桥梁在灾害作用下的高性能仿真分析[J].首届工程设计高性能计算(HPC)技术应用论坛论文集,2007(12):102-110.

[6] Bruno Sudret, Armen Der kiureghian. Comparison of finite element reliabilitymethods[J]. Probabilistic Engineering Mechanics, 2002,17:337-348.

[7] 王新敏.ANSYS工程结构数值分析[M].北京:人民交通出版社,2007.

7 钢绞线不同腐蚀程度下的预应力混凝土梁性能对比试验

如前所述,预应力混凝土结构中预应力钢绞线的静力学性能因为其腐蚀损失率的变化,结构本身力学性能也会发生一定程度的变化。第5章中总结了部分已有的试验研究成果,但试验数据有限,需要更深入地开展试验对比研究。

笔者带领研究生聂长勇开展了钢绞线不同腐蚀程度下的预应力混凝土梁性能对比试验。试验梁根据实际试验设备加载能力、试验场地的大小及尺寸效应影响来选取合适的尺寸。本试验对5片后张法有黏结预应力混凝土T形截面模型梁开展了静力试验研究,其中1片为预应力钢绞线无腐蚀对比模型梁,4片为钢绞线不同腐蚀程度模型梁。

7.1 钢绞线不同腐蚀程度试验梁设计

7.1.1 试验梁设计与制作

5片试验梁采用相同的截面尺寸与配筋形式。梁的截面高度400mm,上翼缘宽度400mm,下翼缘(马蹄)宽度200mm,腹板宽度100mm,梁长4000mm,计算跨径取3600mm,保护层厚度取为20mm。预应力筋的张拉端和锚固端同时预埋加强筋和螺旋筋用来承受局部压力,并且在梁体与锚圈之间位置设置钢垫板,钢垫板尺寸为90mm×90mm×14mm,螺旋筋为6mm的钢丝,内径为90mm,缠绕5匝。为保护支座处混凝土局部完整性,分别在两个支座位置预埋尺寸为100mm×100mm×10mm的钢垫板。模型梁几何尺寸如图7-1所示,钢绞线及钢筋配筋如图7-2所示。

为了使加速腐蚀的精确度更高,取跨中纯弯段中200mm的长度作为腐蚀区段,在试验梁浇筑前事先留好预留槽,预留槽的位置及尺寸如图7-3所示。穿束前凿除预留槽处的波纹管,预先粘贴好钢绞线应变片并进行包裹防护,并将腐蚀部位的钝化膜用打磨机打磨掉,方便电化学腐蚀,然后才进行穿束;穿束的时候需要调整钢绞线的位置,使粘贴应变片部位处于预留槽的中间位置;穿束完成后还需要将应变片的导线和腐蚀导线从预留槽中引出。待钢绞线张拉锚固结束后,将腐蚀试验梁的钢绞线两端与腐蚀电极的正极导线连接。然后用木条堵住预留孔槽,立即采用高压灌浆泵对预应力管道进行压浆。待灌浆完成且养护结束后,除去预留槽内的木条,进行加速腐蚀试验。最后将预留槽内壁凿毛,然后配制与试验梁相同强度的环氧砂浆进行回填养护处理。

7.1.2 试验梁混凝土配合比及性能

试验梁混凝土强度等级为C50,采用的配合比如下:水∶水泥∶沙∶石=144∶480∶638∶1185,

水泥采用 42.5R 普通硅酸盐水泥,粗集料最大粒径小于 16mm,细集料为天然河沙(中砂),减水剂采用高效减水剂,掺量为拌和水质量的 0.4%。普通受力钢筋采用直径为 14mm 的 HRB400 带肋钢筋,预应力筋采用直径 15.2mm 的 1860 级低松弛钢绞线,箍筋和架立筋分别采用直径为 6mm 和 8mm 的 HPB300 光圆钢筋。其中箍筋分为三段布设,在梁端 500mm 内的间距为 50mm,然后是过渡段 500mm 的箍筋间距 50mm,中间区段间距为 100mm。波纹管的内直径为 29mm,外直径为 35mm。

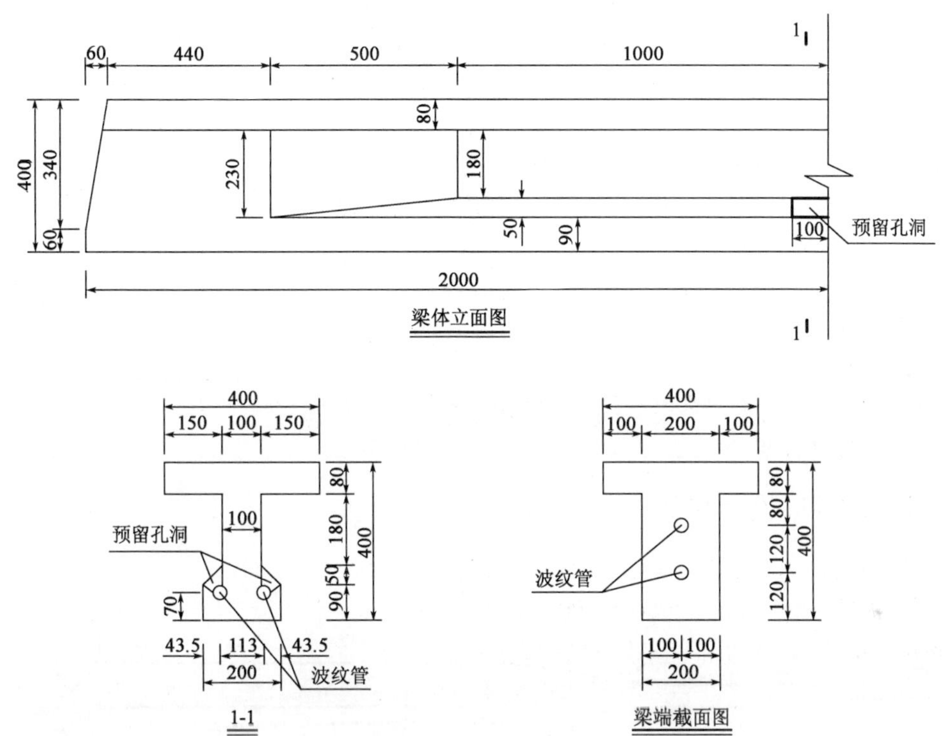

图 7-1 试验梁的几何尺寸(尺寸单位:mm)

灌浆用水泥浆体 M50 的配合比如下:水:水泥:膨胀剂:减水剂 =435 :1413 :141 :42.39,水胶比为 0.28,水泥采用 42.5R 普通硅酸盐水泥,膨胀剂为 UEA 膨胀剂,为了使钢绞线腐蚀均匀,需在浆体内掺加水泥用量 1% 的 NaCl。试件用混凝土采用机械搅拌,木模成型后浇筑混凝土,为保证混凝土的密实性,在浇筑过程中要采用振动棒振捣。为获取在试验时梁的混凝土实际强度,浇注梁的同时,每根试验梁制作 3 块尺寸为 150mm × 150mm × 150mm 的混凝土立方体标准试块,与梁进行同条件养护。在梁进行试验时,对相应梁的混凝土试块进行同期混凝土抗压强度试验。具体试验方法和操作标准参照《普通混凝土力学性能试验方法标准》(GB/T 50081—2002)进行,各试验梁的混凝土力学性能详见表 7-1。

混凝土材料的实测力学性能 表 7-1

试验梁编号	A-1	A-2	A-3	A-4	A-5
抗压强度 f_{cu} (MPa)	54.2	51.8	51.8	50.1	53.9

注:编号为 A-1 的试验梁为未腐蚀对比梁,编号为 A-2 到 A-5 的试验梁腐蚀程度依次为 5%、8%、10% 和 12%。

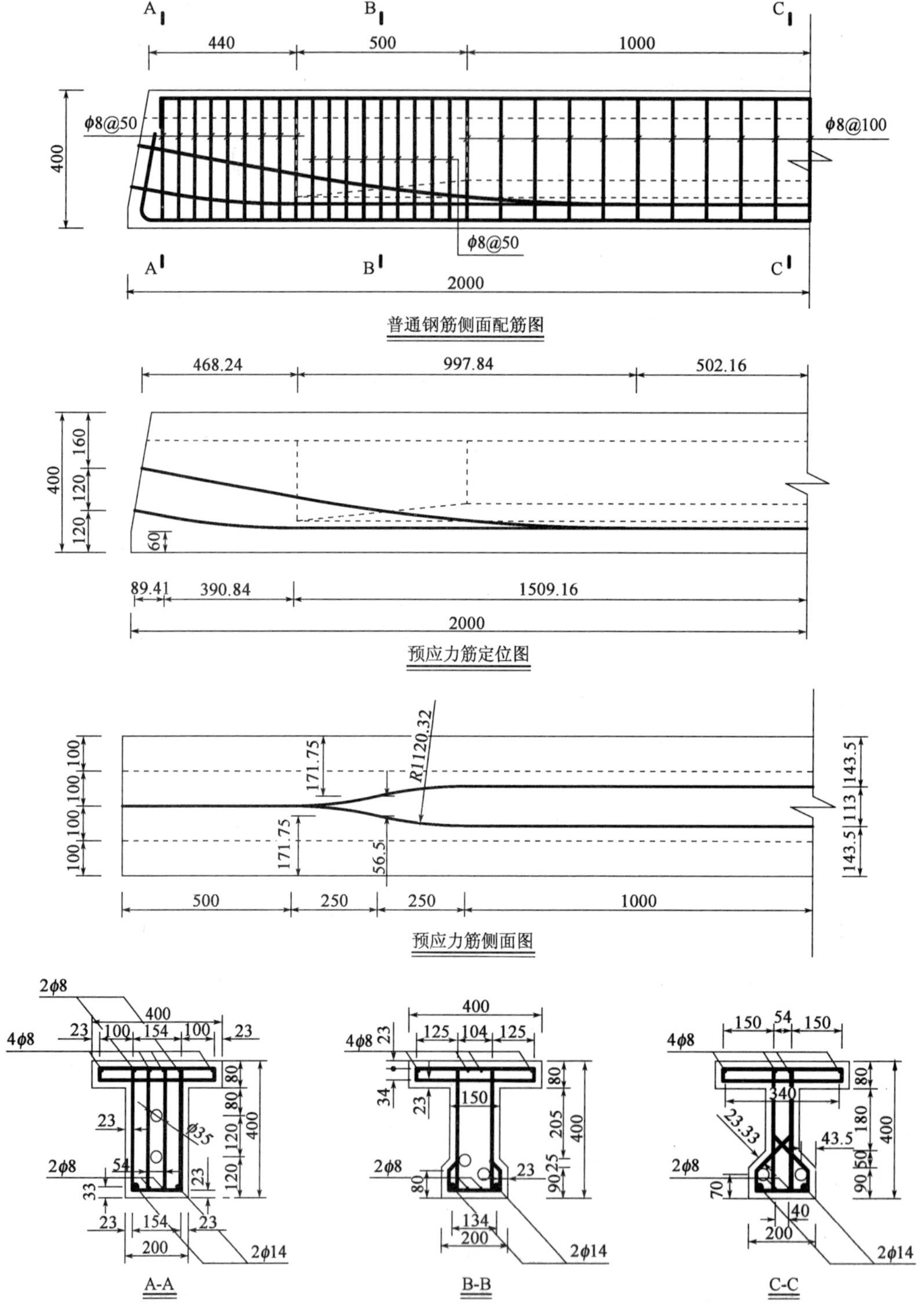

图 7-2　试验梁的钢筋配筋图(尺寸单位:mm)

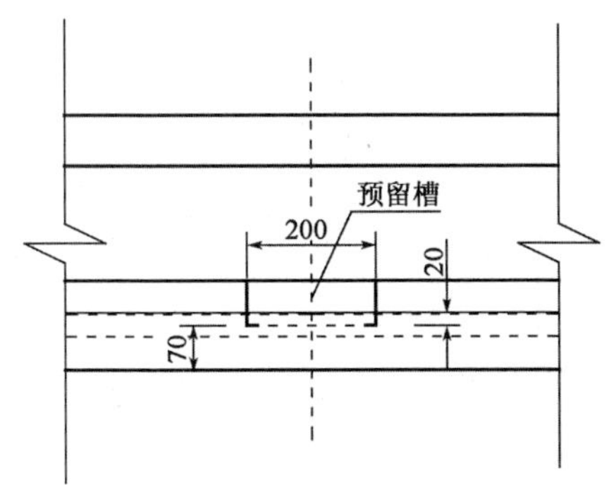

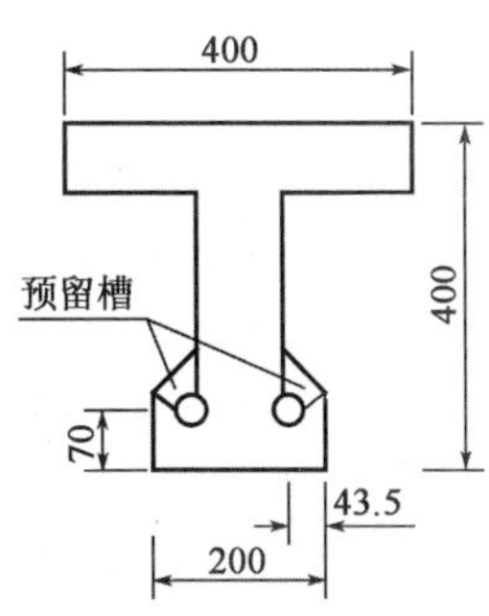

图 7-3　加速腐蚀试验预留槽位置及尺寸(尺寸单位:mm)

7.1.3　试验梁预应力筋的张拉

试件预应力筋孔道采用预埋塑料波纹管成型,钢绞线采用一端张拉,张拉在养护超过 28d 才可进行。试验梁的张拉控制应力 σ_{con} 均取为 $0.72f_{ptk}$,即为 1339.2MPa。预应力筋在正式张拉前先进行一次预张拉,从 0 缓慢加载至 10%,然后卸载,主要是调整预应力筋束的均匀受力和松弛应变。然后分 5 级进行张拉,5 级张拉分别为 10%、20%、50%、100% 和 105%。超张拉到 105% 持续 5min 后卸载至 100%,然后锚固。在张拉过程中,两根钢绞线同时张拉,同步进行,保持试验梁截面受力均匀。同时记录每一级张拉后的预应力筋的伸长值和张拉控制应力,对预应力筋的张拉精确度形成双控。预应力张拉现场如图 7-4 所示。

图 7-4　预应力张拉现场图

根据《公路桥涵施工技术规范》(JTG/T F50—2011)中 7.6.2 条的相关技术要求,取张拉控制应力的 10% 为初应力。张拉过程中各数据的计算和统计结果如表 7-2 所示。

张拉过程中各量数据统计　　表 7-2

级数	控制应力占百分比(%)	张拉力(kN)	理论伸长量(mm)	实测伸长量(mm)	(实测 - 理论)÷理论
1	10	18.7	—	—	—
2	20	37.5	2.75	2.86	4%
3	50	93.7	10.99	11.29	2.7%
4	100	187.5	24.72	25.31	2.4%
5	105	196.9	26.10	26.40	1.1%

7.1.4 试验梁钢绞线的加速腐蚀

为了加快对梁内钢绞线的腐蚀,更早地获得试验数据,试验采用恒直流且可变压的方法对钢绞线进行快速腐蚀。钢绞线的电化学加速腐蚀如图7-5、图7-6所示。主要步骤如下:

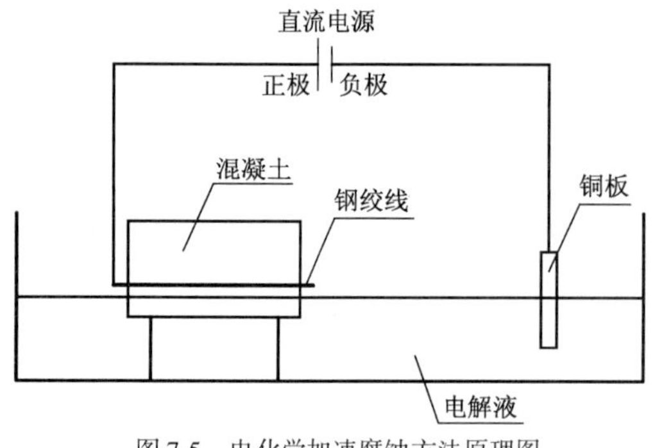

图7-5 电化学加速腐蚀方法原理图

(1)待灌浆养护结束后,除去预留槽内的木条填充物,使预留槽处波纹管内灌浆料露出以便于操作。

(2)在预留槽的四周用防水玻璃胶进行密封,注意预留槽的底部不能密封。

(3)在预留槽内注入盐水作为腐蚀液,其浓度为5%,为了保持腐蚀液浓度的恒定,可以在槽内塞满用于湿润的海绵。

(4)梁内腐蚀段钢绞线所接导线作为阳极,槽中间的铜板所接导线作为阴极,通入直流电进行加速腐蚀,在通电过程中通过调整滑动变阻器来保持外加电流恒定为0.6A。

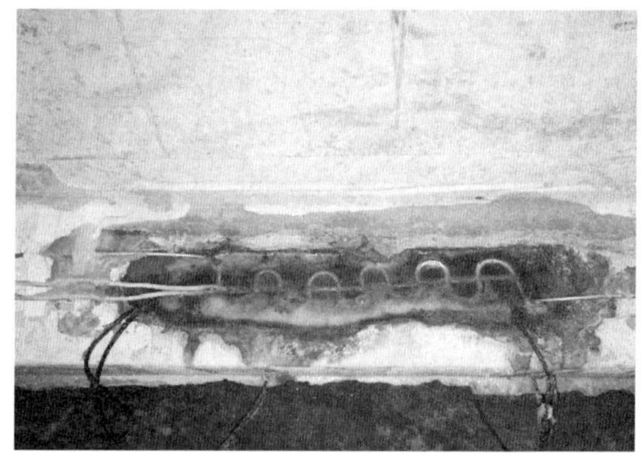

图7-6 现场钢绞线的电化学腐蚀

加速腐蚀试验采用的可调式稳压直流电源提供的电压为0~20V,电流表量程为0~2A。腐蚀所需时间均按照法拉第定律进行计算。钢绞线的设计理论腐蚀损失率为5%、8%、10%和12%四种,试验梁的通电腐蚀时间如表7-3所示。需要注意的是,腐蚀完成后需打磨掉四周的防水玻璃才能进行凿毛,最后才能用与混凝土强度相同的环氧砂浆进行回填处理。

试验梁编号及目标腐蚀损失率　　表7-3

序　号	试验梁编号	目标腐蚀损失率(%)	通电腐蚀时间(h)
S-1	A-1	0	0
S-2	A-2	5	17.6
S-3	A-3	8	28.2
S-4	A-4	10	35.2
S-5	A-5	12	42.3

7.2 试验梁测点布置及试验方案

7.2.1 试验梁测点布置

1)试验梁钢筋及钢绞线应变测点布置

本试验在每根试件的跨中位置共布置了8片电阻应变片,其中4片用于非预应力钢筋(直径为14mm)的应变量测,4片用于两根预应力钢绞线的应变量测。在打磨平整光滑的钢筋或钢绞线表面上采用502胶水(AB胶)使钢筋应变片粘贴在其表面上,为防潮通常在其表面用纱布蘸环氧树脂包裹,导线按照应变片的位置集束处理后就近引出试验梁外。需要注意的是预应力钢绞线上的应变片需事先粘贴在钢绞线上才能进行穿束,为防止应变片损伤,需对粘贴应变片位置的钢绞线进行包裹保护。试件的内部钢筋应变测点布置如图7-7所示。

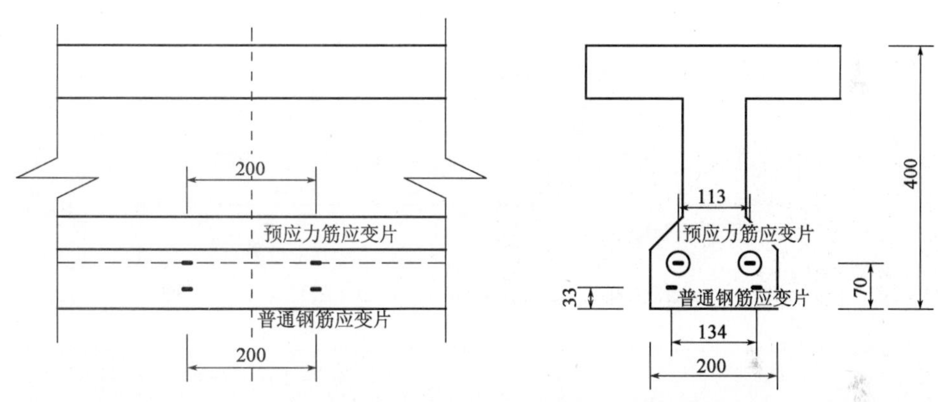

图7-7 钢筋应变测点布置(尺寸单位:mm)

2)试验梁混凝土应变测点布置

本试验考虑应变片的精度和因跨中截面底面部分由于开裂会导致应变片的失效问题,确定应变片按如下方式设置:为精确测量混凝土的最大压应变,在试件的顶面布置3片混凝土应变片;采用机械测量和应变片测量相结合的方法,以避免因在试件底面受拉区开裂而导致应变片测量的失效,安装精度较高的BDI应变器测量表架和粘贴应变片,沿高度方向应变片的分布距底面分别为40mm、115mm和200mm处,1片混凝土应变片和2个BDI应变器分别布置在底面。具体布置如图7-8所示。

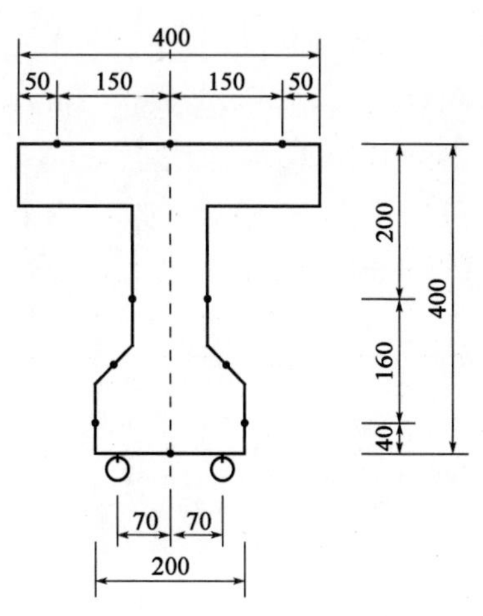

图7-8 应变片、BDI应变器的布置(尺寸单位:mm)

3)试验梁挠度测点布置

为测试加载过程中模型梁的挠度变化,在梁底面安装百分表。百分表的安装位置为沿梁长的跨中底面、$L/4$跨底面和梁两端支座位置底面。每根试验梁需要5个百分表。为了避免挠度过大造成百分表失效,跨中百分表的最大量程为 50mm,$L/4$ 跨和支座位置百分表的最大量程为 30mm。

4)试验梁加载过程裂缝观测与记录

在模型梁两支座位置之间两侧表面及底面各刷一层稀释的石灰水,待石灰水晾干再画上 50mm×50mm 的方格网。试验中进行实时观察,采用目测结合放大镜的方法观察裂缝的出现;采用裂缝观测仪测量裂缝宽度;裂缝长度采用刻度尺测量。为了详细记录裂缝的延伸和发展,通常在每级荷载作用下都要做记录,且在裂缝端记上对应的荷载,并用数码相机拍摄裂缝变化情况。

7.2.2 试验梁分级加载方案

静力试验在反力架上进行,采用电液伺服作动器加载,拟采用两点加载法对试验构件进行加载,其加载装置如图 7-9 和图 7-10 所示。

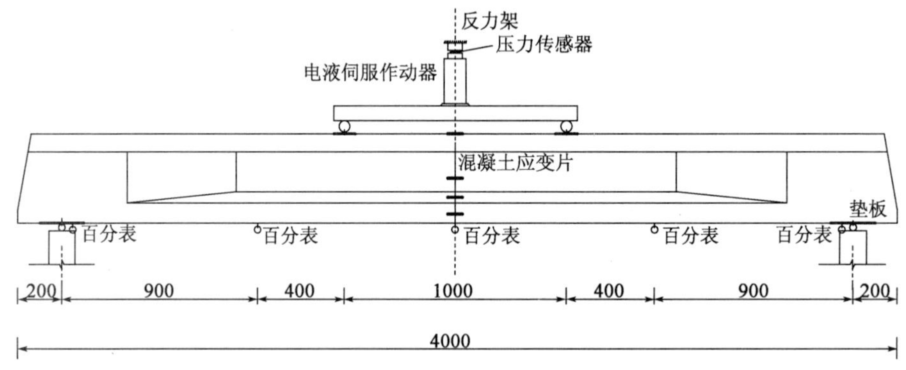

图 7-9 加载装置设计简图(尺寸单位:mm)

静力加载步骤需要按如下三个加载阶段进行:

(1)预加载阶段。该阶段的目的主要有两个,一是检验试验装置及量测设备的工作是否正常,二是使试验梁体的各接触部位等接触紧密进入工作状态,最大限度消除误差。预加载不能使梁体开裂,其值一般为 1~2 级荷载值。

图 7-10 现场加载图

(2)标准荷载循环阶段。为了弥补在试验中以短期荷载代替长期荷载的不足,结构标准循环荷载的施加就是为了让构件更接近实际的受力状态。在加载过程中,要求梁体在每级荷载下停留一定时间使结构的变形得到发展。由于观察、收集和分析数据的需要,需采用分级加载的方法进行荷载施加,每级为 10%~20% 的标准荷载。

(3)破坏荷载阶段。在临近开裂和破坏前,可取 5%~10% 的标准荷载或更小的荷载值作为一级荷载值,以便准确确定开裂和破坏荷载值。

标准试验荷载取为200kN。采用每级约为10%的标准荷载,在开裂和破坏阶段适当减小每级比例到5%左右。试验正式开始前预加载1次,荷载值为20kN。试验一共分为4次循环,前3次为标准荷载循环阶段,最大荷载为80kN,最后一次为破坏加载。每级加载时间为10min;前4min为荷载施加时间,荷载值由上次荷载平均加到本次目标荷载值;后6min为持荷观察时间,记录测量数据并简单分析数据是否异常,以便安全进入下一阶段的加载。加载方案如表7-4和图7-11所示。

加载方案数值表　　表7-4

级数	预加载		1	2	3	4	5	6
时间(min)	10	20	30	40	50	60	70	80
荷载(kN)	20	0	20	40	60	80	40	0
级数	7	8	9	10	11	12	13	14
时间(min)	90	100	110	120	130	140	150	160
荷载(kN)	20	40	60	80	40	0	20	40
级数	15	16	17	18	19	20	21	22
时间(min)	170	180	190	200	210	220	230	240
荷载(kN)	60	80	40	0	20	40	60	80
级数	23	24	25	26	27	28	29	30
时间(min)	250	260	270	280	290	300	310	320
荷载(kN)	90	100	110	120	140	160	180	200
级数	40	50	60	70	80			
时间(min)	330	340	350	360	370			
荷载(kN)	210	220	230	240	250			

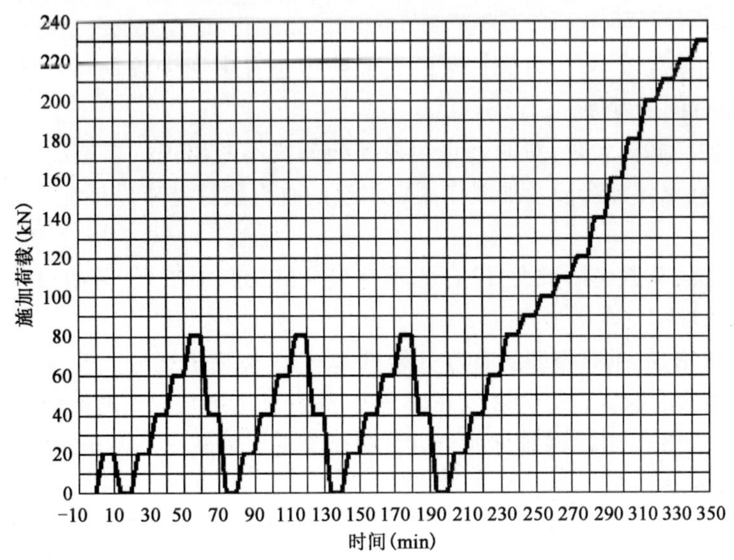

图7-11　加载方案流程图

7.2.3　加载过程试验梁梁体状态控制点确定

1)截面开裂荷载确定

试验过程中在达到估算开裂荷载范围时,每级加载之后都需要用放大镜仔细观察梁跨中纯弯段的裂缝是否出现,当观察到裂缝首次出现时,此时的荷载即为开裂荷载。

2)试验梁极限破坏点确定

加载时,当梁体接近破坏时注意观察试验梁的破坏特征并确定极限破坏荷载。当本试验的试验梁出现以下五种情况之一时,即认为梁体破坏:

(1)受拉钢筋应变达到0.01,或达到屈服强度。

(2)受拉钢筋或预应力钢绞线拉断。

(3)受拉主钢筋处最大垂直裂缝宽度达到2.00mm。

(4)挠度达到计算跨度的1/50。

(5)试验梁临界截面上受压边缘混凝土达到最大压应变,混凝土压碎。

7.3　试验梁静载试验结果及分析

通过对5根不同腐蚀程度的试验梁的测试数据进行综合分析,从模型梁试验过程中裂缝开展、破坏形态、荷载—挠度曲线、普通钢筋及预应力钢绞线应变变化规律和荷载—混凝土最大压应变曲线等方面,研究分析了试验梁的预应力钢绞线不同腐蚀条件下的承载能力性能。

7.3.1　试验过程与试验梁破坏模式

不同腐蚀程度的预应力混凝土试验梁的裂缝分布情况和破坏状况如图7-12所示。

图7-12中分别给出5片试验梁的侧面裂缝和破坏状况,试验梁的裂缝发展和基本破坏过程总结如下:

(1)当施加的荷载较小时,首先在梁的底部跨中位置出现少数垂直裂缝。并随着荷载增加从侧面延伸垂直向上发展。

(2)当施加的荷载较大时,新的垂直裂缝在纯弯段不断出现。当施加的荷载超过开裂荷载30kN左右后,在梁体纯弯段及加载作用点附近的垂直裂缝基本发展完全,不会新增太多的垂直裂缝。

(3)随着施加的荷载继续增大,已有的垂直裂缝继续向上扩展,弯剪段开始出现45°左右的斜裂缝,且裂缝长度急剧增加。

(4)荷载继续增加,垂直裂缝的宽度开始迅速增大,裂缝出现分叉现象但裂缝长度达到稳定不变的状态;弯剪段的斜裂缝宽度也开始增大,裂缝长度增加的同时向加载作用点方向继续扩展,在梁体底部的斜裂缝出现延伸并合并成腹剪裂缝。混凝土开始出现爆裂声,应变片开始出现大量损坏的情况。

综合以上的分析,施加荷载过程中,梁体在跨中首先产生垂直裂缝,且随着荷载的增大,跨中纯弯段裂缝变多,随之斜裂缝出现并增加。当垂直裂缝发展至一定程度后,将出现裂缝向两侧延伸的分叉现象。斜裂缝会较晚出现,但出现后开展迅速,向加载作用点方向约45°延伸,且斜裂缝垂直高度一般较大,部分超过垂直裂缝。在临近破坏时,梁体挠度快速增加,裂缝宽度也迅速增加,当加载至极限荷载时,混凝土出现比较大的爆裂声,垂直裂缝部分延伸到翼板,通过裂缝观测仪可知裂缝宽度已超过 2mm,则认为梁体破坏。

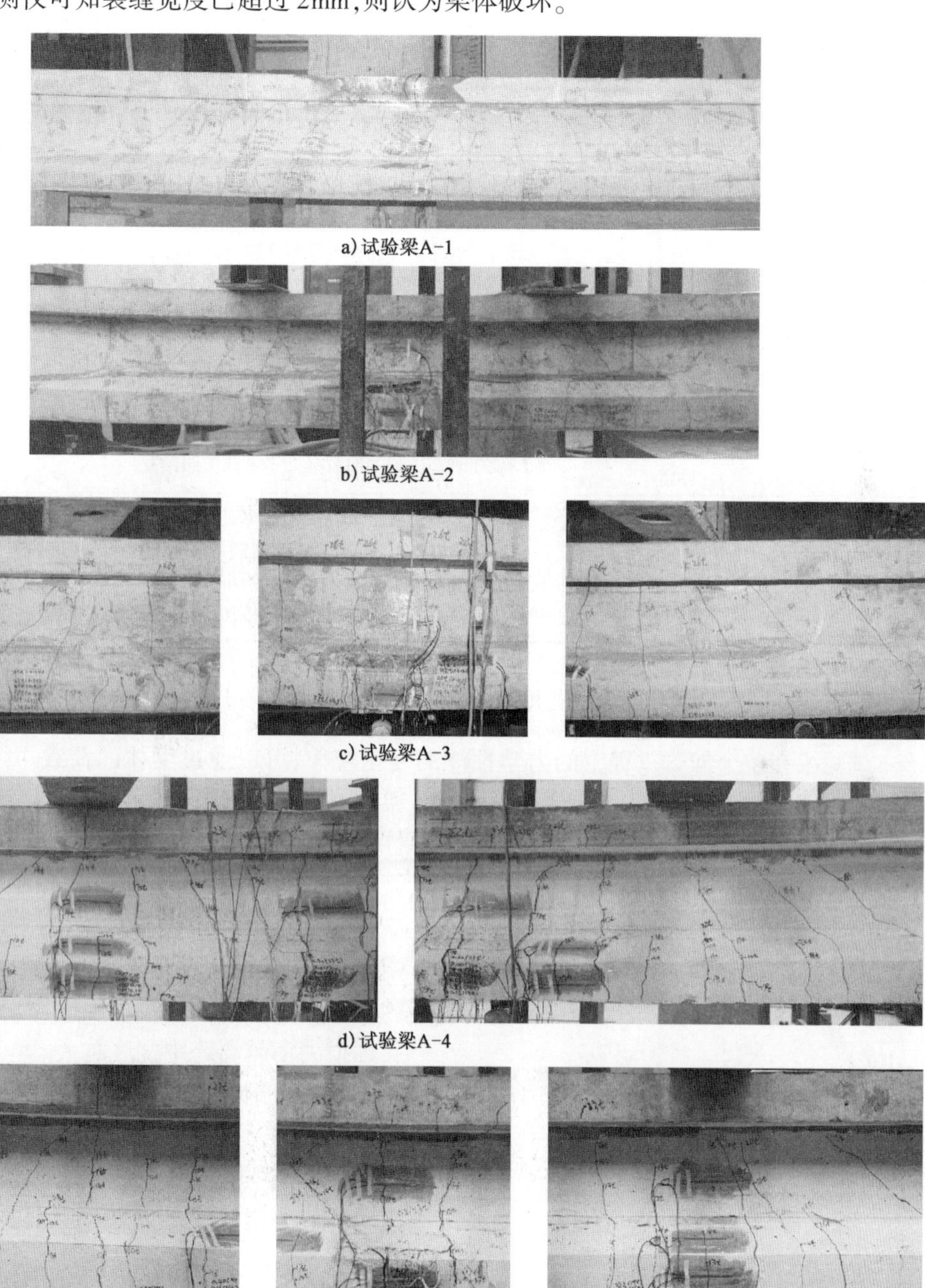

a) 试验梁A-1

b) 试验梁A-2

c) 试验梁A-3

d) 试验梁A-4

e) 试验梁A-5

图 7-12 极限破坏状态试验梁体的裂缝分布

前面已经叙述了试验梁裂缝发展和破坏状况的一些共同特点,但是由于预应力钢绞线腐蚀程度的不同,每根试验梁具有其自身破坏的特点。表 7-5 列出了各梁体在试验过程中的状态表现。

试验中梁的状态表现　　表 7-5

试件编号	开裂荷载（kN）	极限荷载（kN）	极限挠度（mm）	试验梁状况
A-1	120	350	43.8	第一条裂缝出现在跨中区域，且跨中区域出现的裂缝较均匀，梁体由于钢绞线进入屈服状态而产生较大挠度，裂缝宽度达到2mm而破坏，且最大宽度裂缝处于纯弯段但不处于跨中位置
A-2	120	340	31.9	第一条裂缝出现在受腐蚀区段，纯弯段的垂直裂缝大多集中在腐蚀区段和加载点附近，在达到极限荷载时，腐蚀区段跨中位置裂缝宽度最先达到2mm
A-3	110	260	16.0	第一条裂缝出现在纯弯段但非腐蚀区段，当加载至极限荷载时，梁体出现一声砰的声音，判断为钢绞线钢丝拉断，继续加载则荷载值不再增加，梁体挠度和裂缝宽度急剧增加，并伴随多次砰的声音，多根钢丝拉断。最终由于处于腐蚀和未腐蚀接触位置的裂缝超过2mm而梁体破坏
A-4	100	230	13.6	第一条裂缝出现的情况以及破坏状况与A-3梁相似，与A-3梁相比，开裂荷载值变化不大，但极限荷载明显降低，并出现更多次的响声，多根钢丝拉断。梁体破坏时宽度最大的裂缝处于腐蚀中间位置
A-5	80	200	11.3	第一条裂缝出现在第一次加载循环阶段，当加载至130kN时梁体就出现了三声砰的声音，钢丝拉断。继续加载，至190kN时出现第四声，当加载至极限荷载200kN时梁体再次出现砰的两声，继续加载则荷载值不再增加，梁体挠度和裂缝宽度急剧增加，直到腐蚀中间位置的裂缝超过2mm

7.3.2　试验梁的荷载-挠度曲线对比

试验梁在整个加载过程中的力学性能的变化规律，可以通过梁体的荷载-挠度曲线反映，梁的开裂荷载、极限承载力、刚度和延性等均可体现。图7-13显示了5片试验梁的荷载-挠度曲线对比。由图可知，当荷载比较小时，不同的预应力钢绞线腐蚀损失率对梁的刚度影响作用不明显；当荷载加大梁体开裂后，相同荷载下梁体的刚度随预应力钢绞线腐蚀损失率增大而减小，腐蚀损失率越高跨中挠度越大。

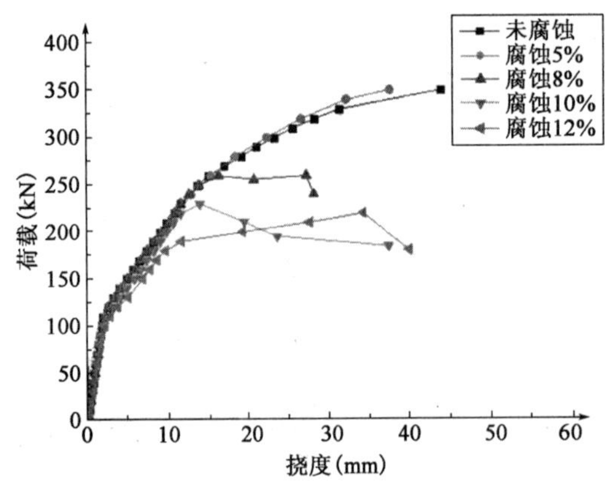

图 7-13　梁体的荷载-挠度曲线

预应力钢绞线不同腐蚀损失率对梁体抗裂能力的影响。梁体的开裂荷载值相差不大，只是随腐蚀损失率的增加梁体开裂荷载值略微降低。说明预应力钢绞线的腐蚀对梁体的抗裂能力影响较小。

预应力钢绞线不同腐蚀损失率对梁体极限承载能力的影响。随腐蚀损失率的增加梁体破坏荷载逐渐降低，其原因是腐蚀影响了预应力钢绞线的极限强度和延伸率，使梁体的承载能力降低。腐蚀损失率为5%的试验梁极限荷载相对未腐蚀梁基本未降低；腐蚀损失率为8%的试验梁极限荷载则下降了25%，这与表4-2钢绞线腐蚀情况分类标准的规定基本一致；腐蚀损失率为10%的试验梁极限荷载下降达到了34%；腐蚀损失率为12%的试验梁极限荷载下降高达43%。从各梁体破坏荷载的比较可以看出,腐蚀钢绞线预应力混凝土梁极限承载力小于未腐蚀钢绞线预应力混凝土梁,而且随腐蚀损失率的增加,梁体破坏荷载呈现加速下降趋势。试验梁极限挠度随腐蚀率的增加而大幅降低,按裂缝宽度限值判断,最大降幅达到74%,呈现脆性破坏特征。

7.3.3 普通钢筋及预应力钢绞线应变变化规律

图7-14为5片试验梁的普通钢筋荷载-应变曲线。由图可以看出,混凝土开裂前,试验梁钢筋的应变增量很小,腐蚀梁的普通钢筋荷载-应变曲线几乎与未腐蚀梁重合,表明开裂前钢绞线腐蚀对普通钢筋应力影响不显著。在应变曲线的转折点位置开始出现混凝土开裂现象,各试验梁的普通钢筋荷载-应变曲线随混凝土的相继开裂,各曲线转折点较为接近,开裂后的曲线斜率几乎一致,表明钢绞线腐蚀对开裂前梁内普通钢筋的应力影响较小,对开裂后的影响也较有限,各梁普通钢筋达到屈服点的加载值基本一致,仅腐蚀损失率为12%的梁略有降低(加载值降低约12.5%)。在试验加载的中后期,普通钢筋进入强化阶段,其中腐蚀损失率为8%、10%、12%的梁加载值依次递减,表明随着钢绞线腐蚀程度的加深,钢绞线所能分担的荷载减少。

图7-15为5片试验梁的预应力钢绞线荷载-应变曲线。由图可以看出,混凝土开裂前,试验梁钢绞线的应变增量随着腐蚀损失率的增加逐渐变大,腐蚀梁的钢绞线荷载-应变曲线与未腐蚀梁基本无差别。混凝土开裂发生在应变曲线的转折点位置,开裂后腐蚀试验梁的预应力钢绞线应变增长十分显著,尤其是钢丝出现断裂的情况,钢绞线剩余钢丝承重,应变增长更为明显。腐蚀损失率为12%的试验梁钢绞线应变基本未变,原因是应变片恰好贴在拉断的钢丝上。

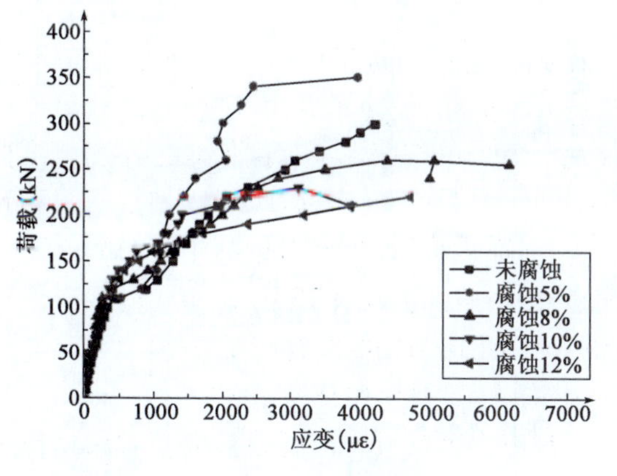

图7-14　受拉普通钢筋的荷载-应变曲线

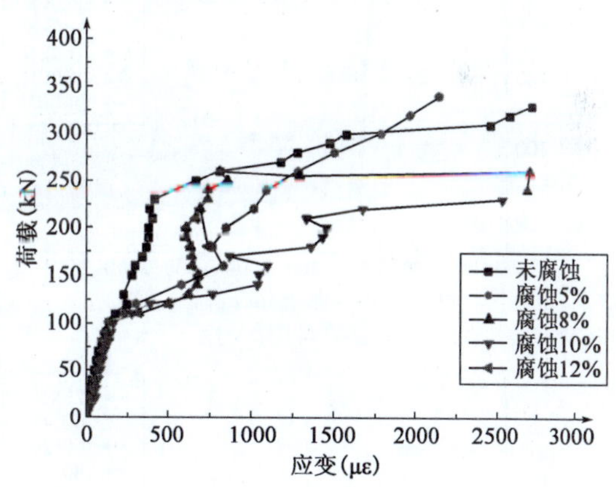

图7-15　受拉预应力钢绞线的荷载-应变曲线

7.3.4 荷载-混凝土最大压应变曲线

通过统计与计算分析梁体跨中顶面位置布置的混凝土应变片在各级荷载作用下的应变记录,得到混凝土最大压应变随荷载的变化曲线,如图7-16所示。根据混凝土的荷载-应变曲线,可以从梁体顶面混凝土压应变的变化趋势获得构件的开裂荷载和破坏荷载等特征数据,为综合分析判断梁体性能提供一定的依据。

从图中可以观察到,各试验梁在加载的过程中,混凝土最大压应变的变化情况和前面的荷载-位移曲线基本吻合。其中腐蚀损失率为 12% 的试验梁混凝土压应变达到 2600με，接近混凝土的极限压应变值。

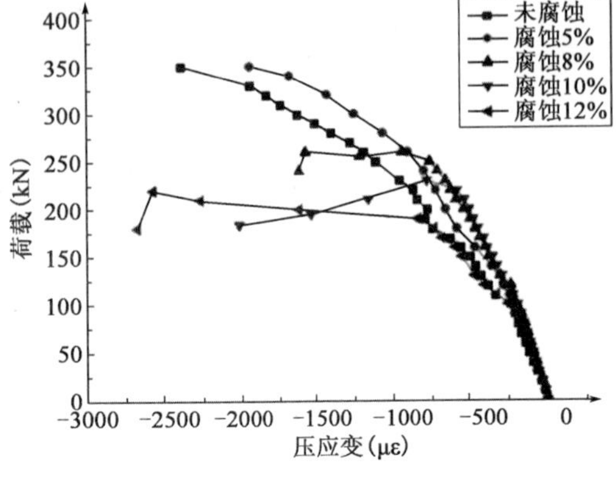

图 7-16　梁体混凝土荷载-最大压应变曲线

7.3.5　跨中截面混凝土应变变化规律

图 7-17 为 5 片试验梁在不同荷载作用下沿跨中截面高度的混凝土应变变化曲线图。

根据开裂荷载前后和裂缝完全开展前后梁体截面不同高度的应变变化对其截面进行了分析，对梁体开裂前后混凝土截面应变规律进行了分析。各试件的截面变形在开裂前应变基本呈线性关系，大致遵循平截面假定。试件开裂后，截面变形的增长速率加速明显，荷载-应变曲线的形状大体上符合平截面的假定，但是截面的中和轴上升的趋势较为明显，即混凝土受压区高度在逐步减小。梁体在荷载值增加到一定时，垂直裂缝出现完全开展，此时试验梁底部开裂位置应变呈现陡增的趋势，未开裂位置应变不再增加。通过综合分析可以认为，跨中截面的平截面假定同样适用。

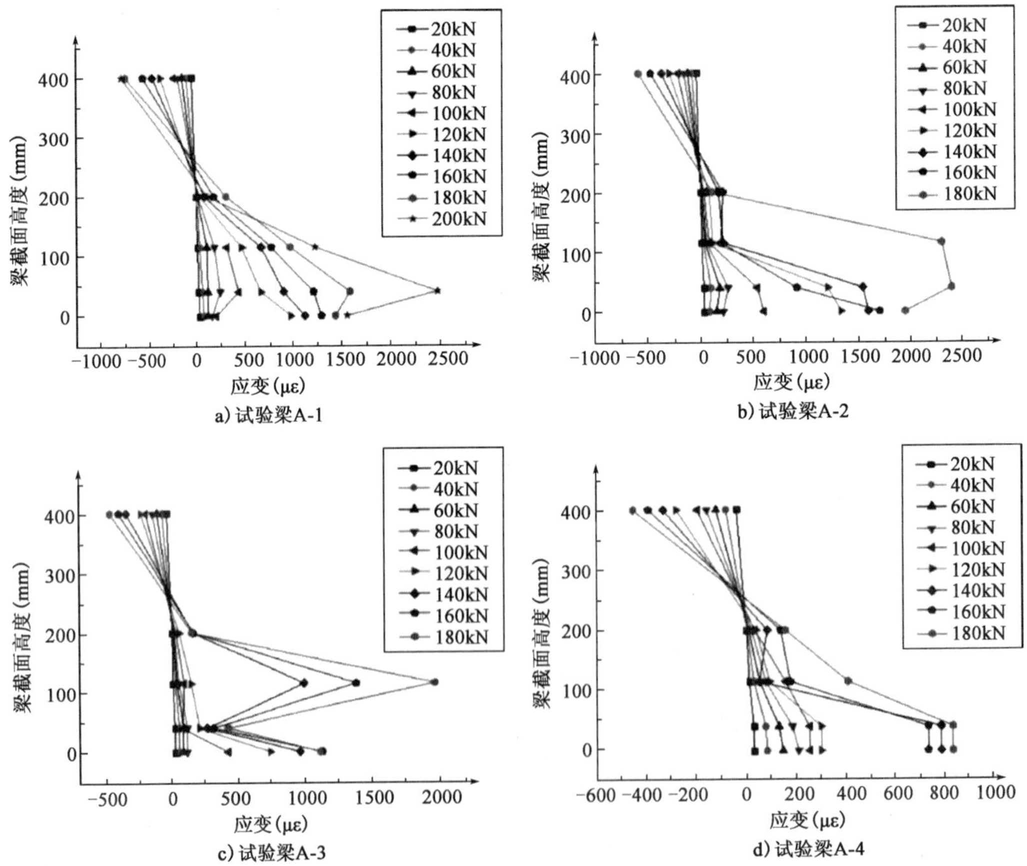

a) 试验梁A-1

b) 试验梁A-2

c) 试验梁A-3

d) 试验梁A-4

图　7-17

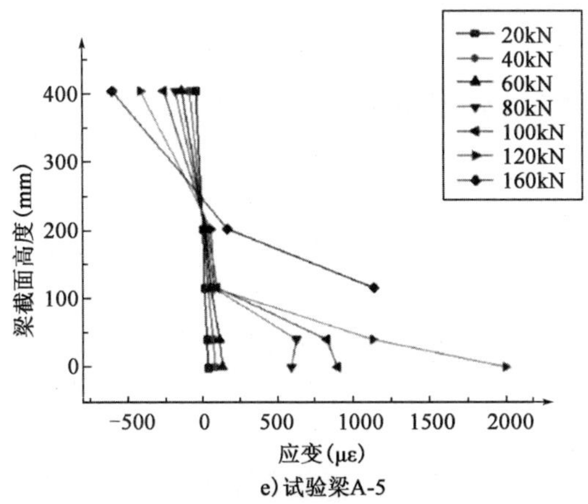

图 7-17 各试验梁沿截面不同高度处的混凝土应变分布图

7.4 有限元仿真结果对比分析

基于以上所述模型试验研究,本节对静载试验梁在钢绞线不同腐蚀程度下的受力全过程进行了 FEA 有限元分析,与试验结果开展进一步的比较研究。

7.4.1 钢绞线腐蚀条件下计算模型的建立

1)材料本构模型

在材料的本构模型设置中,FEA 提供了比较全面的模型类型,其中包括弹性、朗肯、特雷斯卡、范梅塞斯、德鲁克-普拉格、莫尔-库伦、总应变裂缝和用户自定义等。不同的类型用于不同的材料:弹性模型用于结构的静力线性分析;朗肯和总应变裂缝模型常用于混凝土模型,总应变裂缝还会考虑出现裂缝对结构的受力影响;范梅塞斯模型用于钢筋和钢绞线。

(1)混凝土

分析中采用总应变裂缝模型模拟混凝土结构的本构关系。在总应变裂缝本构模型中,分别采用旋转裂缝模型和割线刚度,并不考虑横向裂缝和约束影响。其中混凝土受压区的受压函数类型选择为常量,混凝土受拉区的受拉函数类型选择为线性函数。该模型的应力应变曲线的建立需要确定混凝土的抗压强度及抗拉强度的平均值,其计算方法如下:

$$f_c = \frac{f_{ck}}{1 - 1.645\delta_c} \tag{7-1}$$

$$f_t = \frac{f_{tk}}{1 - 1.645\delta_c} \tag{7-2}$$

式中:f_c、f_{ck}——混凝土抗压强度的平均值、标准值;

f_t、f_{tk}——混凝土抗拉强度的平均值、标准值;

δ_c——混凝土的强度变异系数。

在计算试验梁的开裂荷载时,采用荷载步进行分析,在线性函数类型下,有限元分析会由于受拉区应力计算值达到零而停止运算;在计算试验梁的极限荷载时,由于大应力下某些地方存在应力突变而不采用荷载步进行计算,采用常量函数类型可以更接近混凝土的材料属性。

(2)普通钢筋与钢绞线

分析中普通钢筋本构关系取的完全弹塑性双直线模型。

钢绞线属于硬钢,没有明显的流幅,则其屈服强度的确定都是以极限抗拉强度为依据。《预应力混凝土用钢绞线》(GB/T 5224—2014)中关于钢绞线屈服强度的定义为:引伸计标距的非比例延伸达到引伸计标距0.2%时所受的力,0.2%屈服力 $F_{po.2}$ 值应为整根钢绞线实际最大力 F_{ma} 的88% ~95%。

分析中,预应力钢绞线的条件屈服强度取为极限强度的0.85倍,并假设钢绞线拉应力达到极限强度设计值时,钢绞线瞬间被拉断。应力-应变关系如图7-18所示。

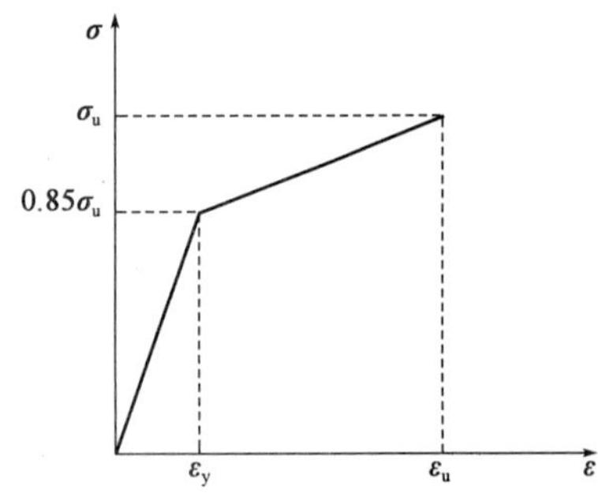

图7-18　预应力钢绞线的应力-应变关系

2)试验梁计算模型的建立

当混凝土采用总应变裂缝模型进行分析时,钢绞线单元的两端点与混凝土单元接触位置由于钢绞线的张拉会出现耦合节点处应力过大,超过结构的极限强度值,造成结构在此处计算收敛困难。同样在梁体支承处也会因较大应力而使得计算收敛困难。本试验重点在于梁体的跨中部分,对于梁体两端的受力性能不是本次研究的内容,所以综合考虑将梁体两端500mm的部分设置为弹性混凝土单元。

由于在加载点实际荷载为面荷载,模型输入也是采用面荷载,但是有限元分析却是采用点荷载直接作用。然而采用点荷载会使加载处混凝土单元产生应力奇异,使加载点过早压碎破坏或加载点附近过早开裂破坏,造成收敛困难。因此进行结构建模时在加载点处添加弹性混凝土垫块以防止应力集中。

为了使数值模拟计算能够最大限度地接近实际结构,建立的FEA有限元模型必须能够达到如下两点:①在材料属性、几何形状、约束条件和加载情况等方面,应尽可能地与实际结构保持一致;②利用对称性尽量对模型进行简化。第一点要求保证了数据数值分析的有效性,第二点要求保证了模型运算的快速性和可行性。但是由于钢绞线布置和施加预应力的非对称性,试验梁最终还是采用整体建模。结合FEA的特点,并考虑钢绞线的空间布筋形式,因此建模中采用分离式模型对混凝土与钢筋进行单独建模。

预应力混凝土梁的有限元建模步骤如下:

(1)设置结构组成部分构件的单元类型和材料的性质。

(2)采用3D直线、样条曲线和关键点相互作用来构造钢绞线的空间分布曲线,然后结合普通钢筋的配筋情况简化钢筋模型(箍筋和架立钢筋不考虑)。划分钢筋网格单元,赋予钢筋单元对应的材料属性。

(3)建立混凝土实体模型。首先根据关键点、线建立2D模型,划分2D网格单元,然后延伸2D网格到3D网格实体单元,赋予混凝土单元对应的材料属性。为防止应力集中,试验梁两端部分采用混凝土弹性本构关系,加载点处添加混凝土弹性垫块。混凝土模型如图7-19所示。

(4)设置支座处的位移约束,施加预应力。

(5)施加外部荷载,进行分析求解。

3)腐蚀钢绞线的模型处理

腐蚀能够影响钢绞线的材料性能,从而引起材料的属性与构件的受力行为变化,在 FEA 中需要通过改变材料的力学性能和截面面积来实现梁体腐蚀状态的改变,从而以更接近实际的状态研究钢绞线梁体的腐蚀性能。

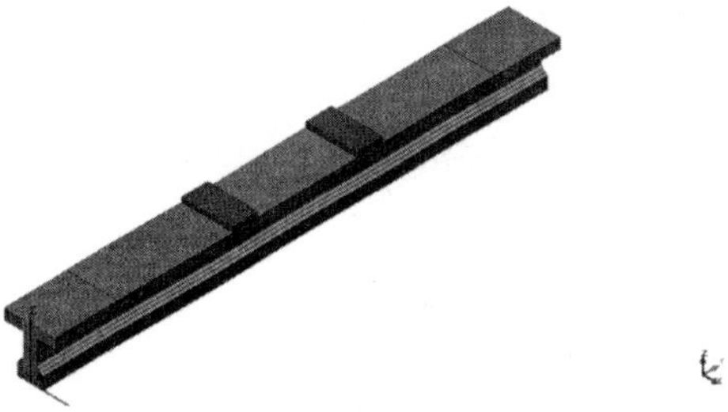

图 7-19 预应力混凝土模型梁计算模型

(1)力学性能模拟

腐蚀钢绞线的力学性能模拟主要为名义极限强度和名义弹性模量,参见第 3.2.4 节。

(2)截面面积模拟

试验中模型梁全部为局部腐蚀,腐蚀区段模拟取为跨中 200mm 内,但由于计算软件的局限性,钢筋单元不能实现局部的截面积改变。且由于同一腐蚀损失率下钢绞线的局部截面腐蚀和整体截面腐蚀对梁桥的影响区别不太大,所以本章利用 FEA 模拟的时候采用了整体截面腐蚀,钢绞线的全截面面积损失直接按照截面平均腐蚀损失率进行计算。表 7-6 中列出有限元分析不同腐蚀损失率下的各特征参数取值。

特征参数取值表 表 7-6

编号	腐蚀损失率	名义极限强度(MPa)	名义屈服强度(MPa)	名义弹性模量(N/mm^2)	截面面积(mm^2)
1	未腐蚀	1860	1581	195000	140
2	5%	1610	1369	186732	133
3	8%	1461	1242	181771	128.8
4	10%	1361	1157	178464	126
5	12%	1261	1072	175157	123.2

7.4.2 试验梁开裂荷载、极限荷载对比分析

钢绞线腐蚀引起截面面积减小,弹性模量和屈服强度的变化不仅会影响梁体的极限强度,也会造成梁体提前开裂,影响梁体的正常使用。有限元模拟计算得到梁体开裂荷载和极限荷载值,如表 7-7 所示,在表中也同时列出相应的试验荷载值,并进行了比较分析。

不同腐蚀程度下梁体荷载值 表 7-7

腐蚀损失率	有限元计算值(kN)		试验值(kN)		开裂荷载误差(%)	极限荷载误差(%)
	开裂荷载	极限荷载	开裂荷载	极限荷载		
未腐蚀	110	300	120	350	8.3	14.3
5%	102	280	120	340	15	17.6
8%	102	260	110	260	7.3	0
10%	102	240	100	230	-2.0	-4.4
12%	98.6	200	80	200	-23.2	0

7.4.3 试验梁破坏模式仿真分析

图 7-20 ~ 图 7-24 分别给出了不同腐蚀程度下的试验梁在极限荷载作用下的混凝土应力

云图、钢绞线应力云图。由图可以得出:腐蚀损失率为5%、8%和未腐蚀的梁体均为钢绞线进入屈服状态,跨中挠度过大,裂缝宽度超过允许宽度,从而引起梁体破坏;腐蚀损失率为10%和12%的梁体,由于钢绞线的延性变差而在超过屈服强度后发生脆性断裂而导致梁体破坏。与试验结果基本一致。

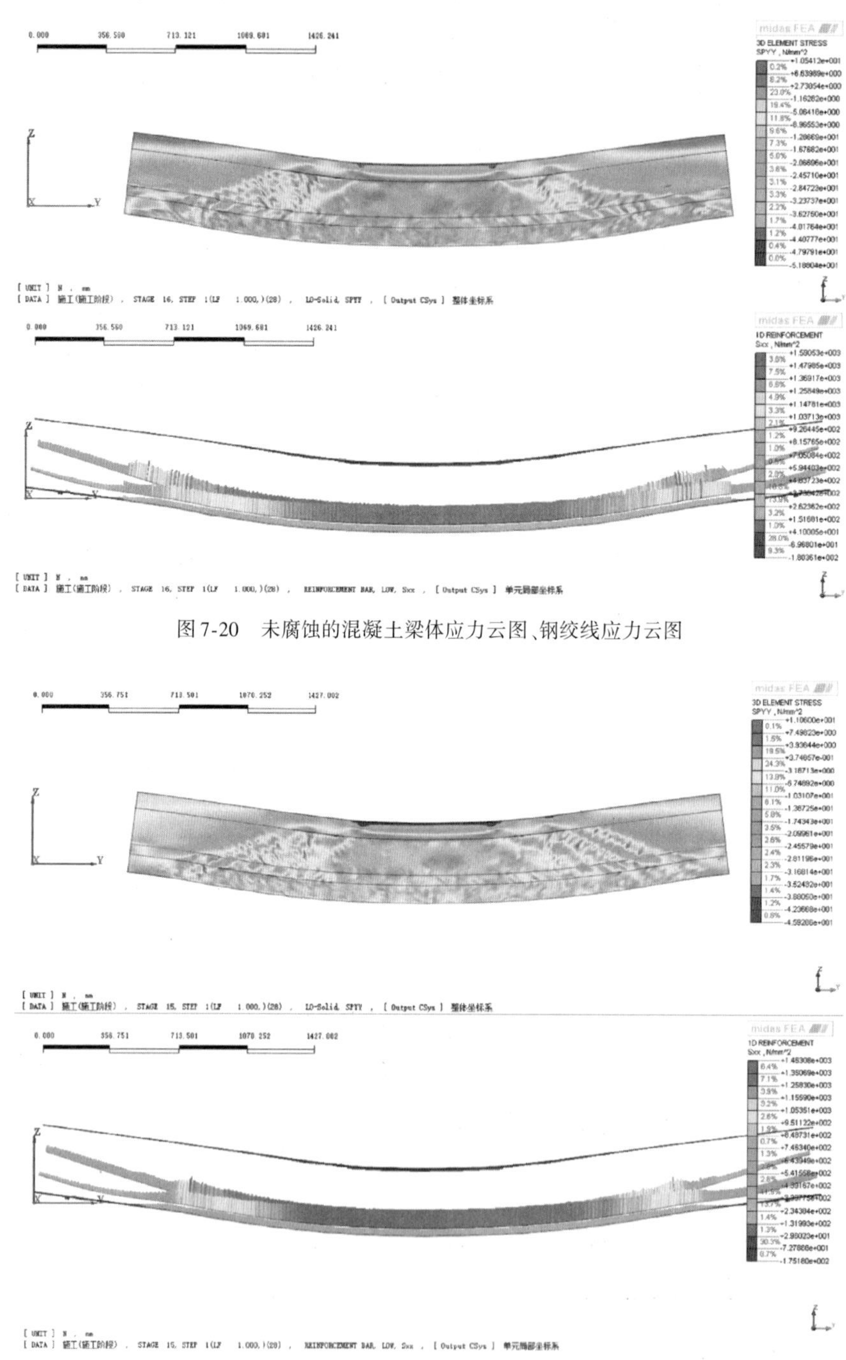

图7-20　未腐蚀的混凝土梁体应力云图、钢绞线应力云图

图7-21　腐蚀损失率为5%的梁体应力云图、钢绞线应力云图

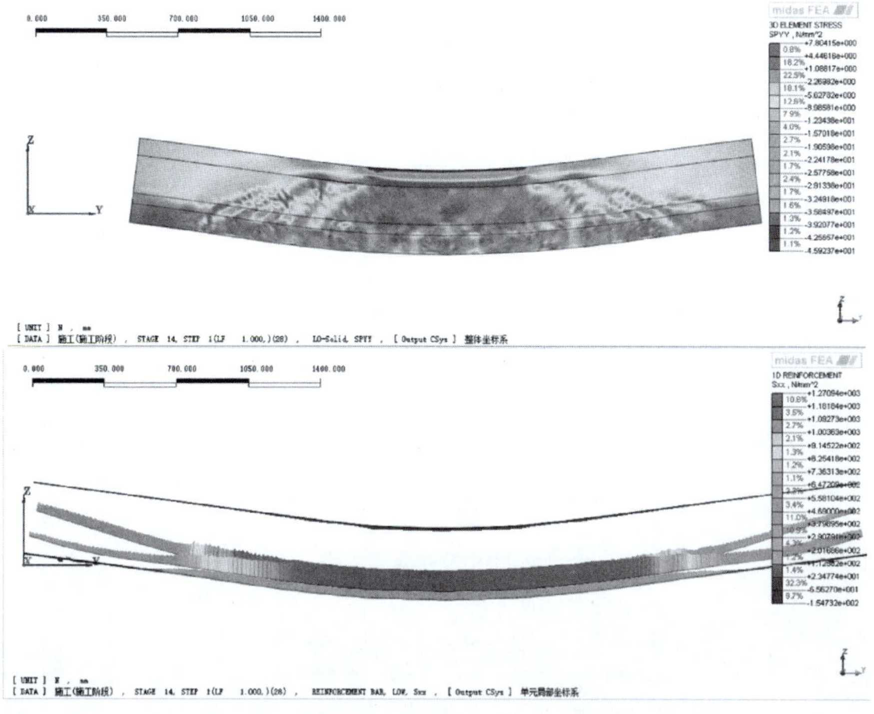

图 7-22 腐蚀损失率为 8% 的梁体应力云图、钢绞线应力云图

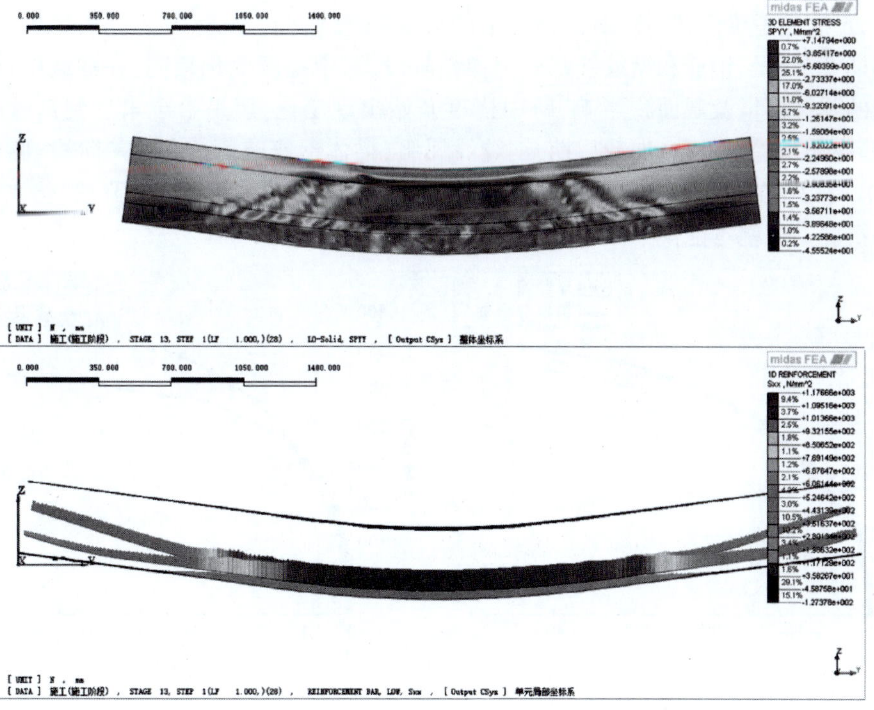

图 7-23 腐蚀损失率为 10% 的梁体应力云图、钢绞线应力云图

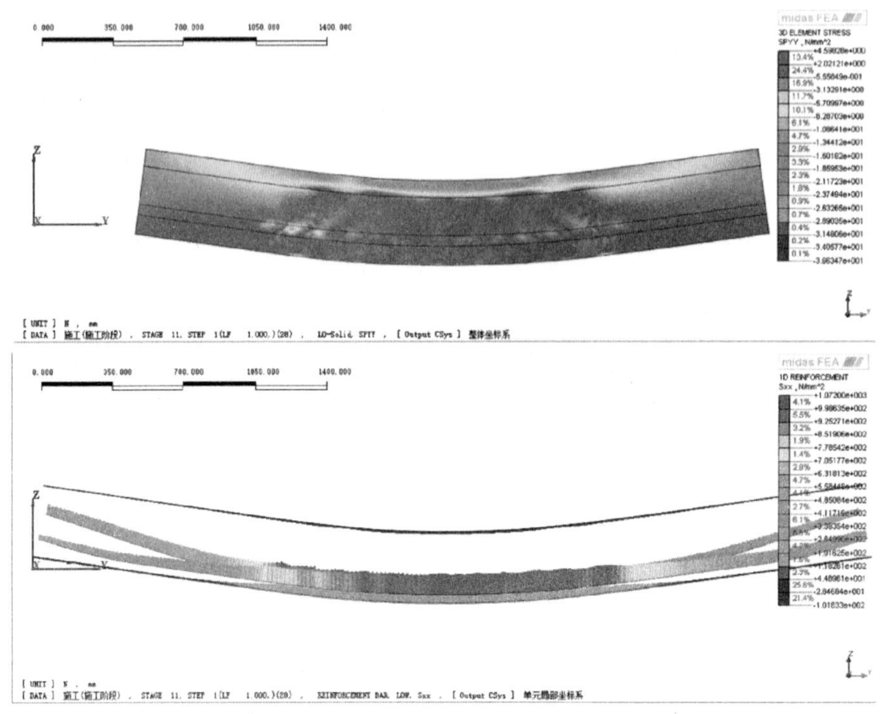

图 7-24 腐蚀损失率为 12% 的梁体应力云图、钢绞线应力云图

7.4.4 试验梁荷载-挠度曲线对比分析

图 7-25 给出了梁体在不同腐蚀程度下的荷载-挠度曲线。从有限元分析结果可以看出：在加载初期，混凝土、钢筋和钢绞线都处于弹性阶段，跨中挠度变化相同；在加载中期，由于腐蚀钢绞线的弹性模量及截面积影响，跨中挠度开始出现变化，但是由于未达到钢绞线屈服应力，变化趋势还是趋于一致；加载后期，钢绞线屈服，梁体迅速破坏。在这一阶段，腐蚀损失率为 8%、10%、12% 的情况由于试验中发生钢丝断裂，荷载-位移曲线存在下降段，仿真分析难以模拟这一情况。但基本能模拟出梁体受力变化的整个过程。

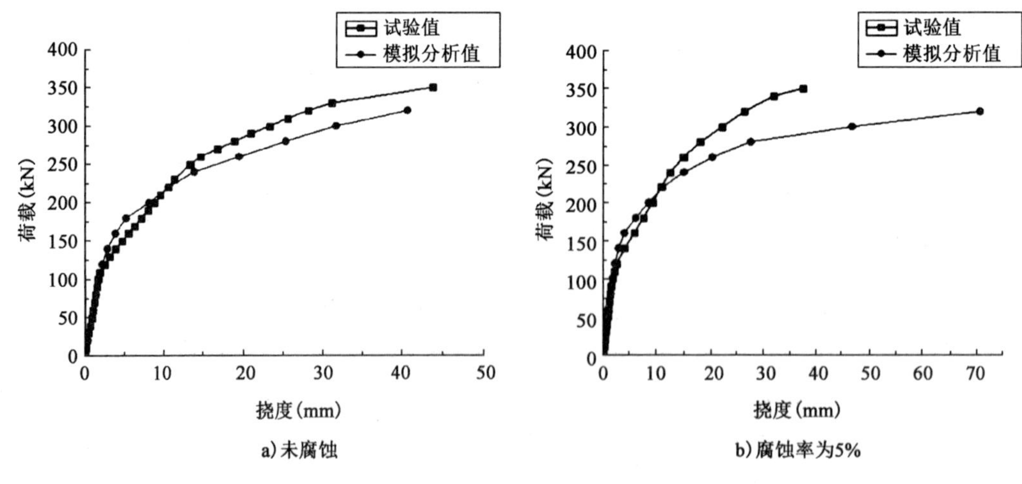

图 7-25

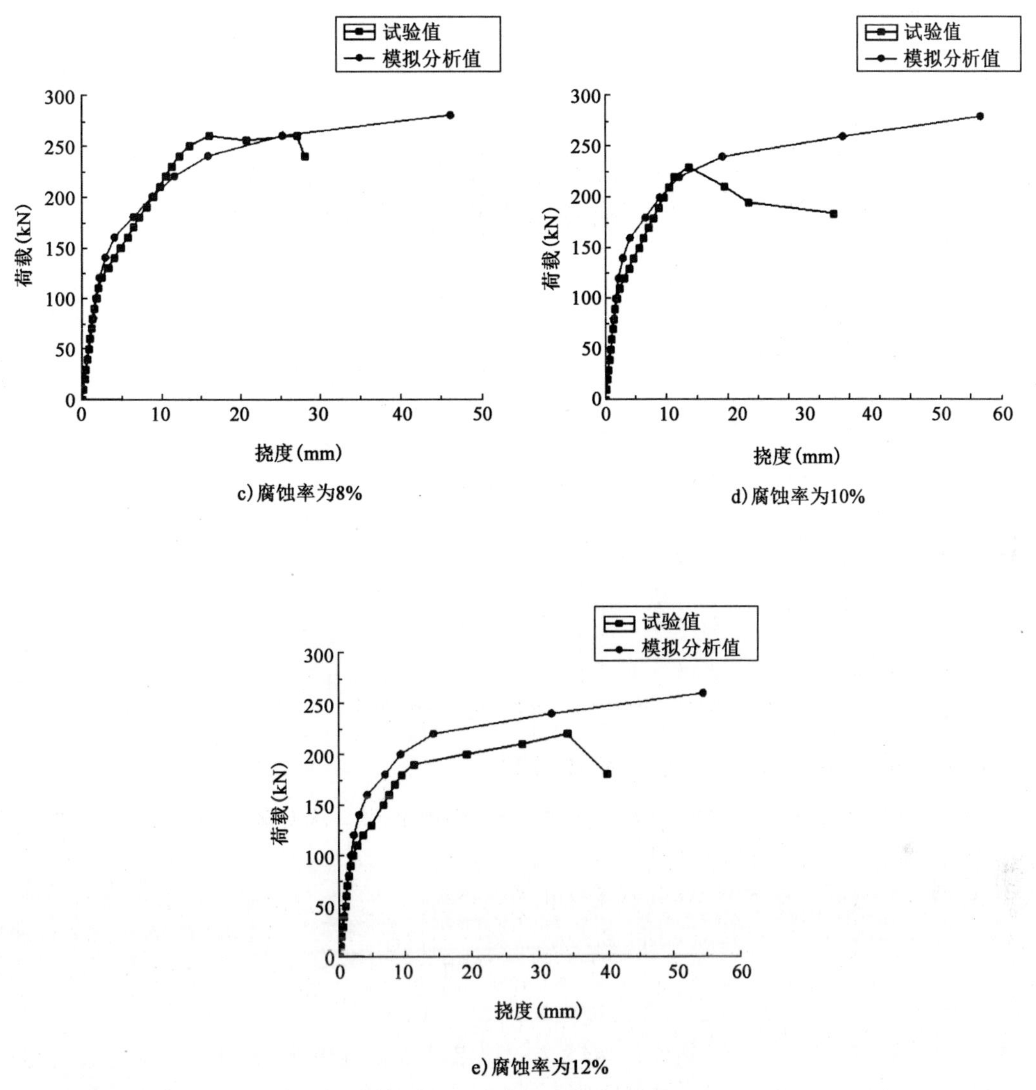

图 7-25 不同腐蚀程度下的荷载-挠度曲线

7.4.5 试验梁裂缝分部对比分析

图 7-26 比较了未腐蚀试验梁 A-1 的实际裂缝分布和有限元分析的裂缝分布。可以看到,两种结果的裂缝形态在主要裂缝位置、裂缝发展走向和高度上都是比较吻合的,分析有限元模拟结果可以知道梁体为典型受弯破坏,符合试验结果。但两者也有不同之处,其一是有限元得到的裂缝明显比实际试验的裂缝多,其二是有限元得到的裂缝不能准确判断宽度和间距。对于有限元裂缝较多的问题,分析可知,有限元软件认为混凝土的受拉本构模型在拉应力最大时就开裂,但实际混凝土还存在一定的塑性变形,此时拉应力保持不变或减小,应变还在增加,只有当达到最大允许变形时混凝土才开裂。

a)试验裂缝结果

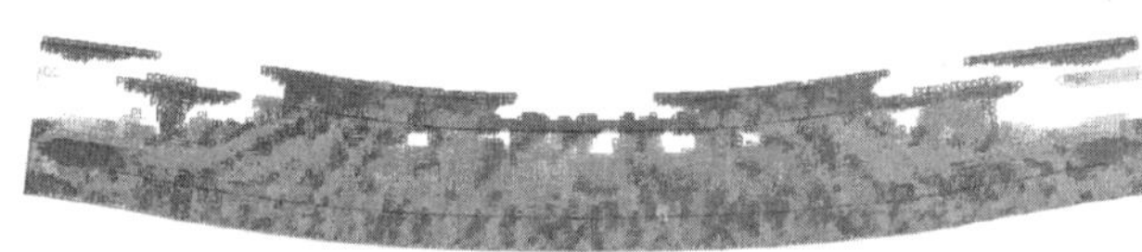

b)有限元裂缝结果

图 7-26　有限元分析结果和试验结果对比

7.5　小　　结

本章首先对钢绞线腐蚀预应力混凝土试验梁的设计进行了阐述，然后对试件进行静力加载试验研究，并进行了有限元仿真对比分析。

随着钢绞线腐蚀损失率的增大，预应力混凝土试验梁的承载能力和延性均降低，且在较高腐蚀损失率的情况下，腐蚀预应力钢绞线的延伸率降低导致钢绞线发生断丝，这种情况可能导致梁体在低荷载下的脆性破坏或垮塌。未腐蚀梁体和腐蚀损失率为 5% 的梁体在加载过程中没有发生断丝，且裂缝开展较均匀；腐蚀损失率为 8% 和 10% 的梁体达到极限荷载附近才开始出现断丝，且继续加载伴随多次断丝而裂缝宽度超限导致梁体破坏；腐蚀损失率为 12% 的梁体在加载过程中出现了多次断丝，达到极限荷载时跨中位置裂缝宽度超限导致梁体破坏，其破坏模式已偏向脆性破坏。

试验发现，在预应力钢绞线不同腐蚀情况下，梁体的抗裂能力相差不大，但腐蚀钢绞线预应力混凝土梁的极限承载能力小于未腐蚀钢绞线预应力混凝土梁，且随腐蚀损失率的增加，梁体极限承载力呈加速下降趋势，腐蚀损失率为 12% 的试验梁相比未腐蚀梁其下降率高达 43%。预应力钢绞线的腐蚀是影响梁体极限承载能力的主要因素。与前述研究结论基本一致。

研究开展有限元仿真分析，从各荷载值（开裂荷载及极限荷载）、破坏形态、荷载-挠度关系和裂缝发展分析等各个方面与试验得到的结果进行了对比分析。结果表明，借助有限元软件建立的不同腐蚀程度的钢绞线预应力混凝土梁有限元模型得到的计算行为与试验过程得到的受力行为规律基本一致。

本章参考文献

[1] 姚振纲,刘祖华. 建筑结构试验[M]. 上海:同济大学出版社,1996.

[2] 中华人民共和国行业标准. JGJ 55—2011 普通混凝土配合比设计规程[S]. 北京:中国建筑工业出版社,2011.

[3] 中华人民共和国国家标准. GB/T 50081—2002 普通混凝土力学性能试验方法标准[S]. 北京:中国建筑工业出版社,2002.

[4] 中华人民共和国国家标准. GB/T 5224—2014 预应力混凝土用钢绞线[S]. 北京:中国标准出版社,2014.

[5] 叶见曙. 结构设计原理[M]. 北京:人民交通出版社,2014.

[6] 中华人民共和国行业标准. JTG/T F50—2011 公路桥涵施工技术规范[S]. 北京:人民交通出版社,2011.

[7] 毛伟. 腐蚀预应力混凝土梁静动力性能研究[D]. 辽宁:大连理工大学,2011.

[8] Malumbela G, Moyo P, Alexander M. Behaviour of RC beams corroded under sustained service loads [J]. Construction and Building Materials, 2009, 23(11):3346-3351.

[9] Bennett E. W., Chandrasekhar C S. Supplementary tensile reinforcement in prestressed concrete beams [J]. Concrete, 1972, 6(10):35-39.

[10] 聂长勇. 钢绞线腐蚀对预应力混凝土梁桥受力性能影响模型试验研究[D]. 重庆:重庆交通大学,2017.

[11] 东南大学,等. 混凝土结构[M]. 北京:中国建筑工业出版社,2001.

8　在役预应力混凝土梁桥时变可靠度模型及安全评估程序

本章主要以国内外混凝土桥梁承载能力和技术状况评定资料收集分析为基础，对在役预应力混凝土梁桥安全评估进行了系统的研究。分析给出在役预应力混凝土梁桥抗力的概率模型，建立了基于可靠度的在役预应力混凝土梁桥安全性评定等级、安全性评定模型和方法。采用 MATLAB 编写在役预应力混凝土梁桥安全评估分析程序，可用于评估鉴定工作。

8.1　结构可靠度理论

8.1.1　结构可靠度基本原理

结构可靠度是指在规定的时间内，在规定的条件下结构完成预定功能的概率。极限状态实质就是结构的可靠与失效的界限。《公路工程结构可靠度设计统一标准》(GB/T 50283—1999)中规定，“整个结构或结构的一部分超过某一特定状态就不能满足设计规定的某一功能要求，此特定状态为该功能的极限状态”。

公路工程结构宜按承载能力极限状态和正常使用极限状态进行设计。设影响结构某一功能的基本随机变量为 $X=(X_1,X_2,\cdots,X_n)$，则与此功能对应的结构功能函数为：

$$Z=g(X_1,X_2,\cdots,X_n) \tag{8-1}$$

将影响结构可靠性的诸多因素概括为结构的荷载效应 S 和结构的抗力 R。结构的功能函数就可以表示为：

$$Z=g(R,S)=R-S \tag{8-2}$$

显然，当 $Z>0$ 时，结构处于安全状态；当 $Z=0$ 时，结构处于极限状态；当 $Z<0$ 时，结构处于失效状态。

结构的安全性可以用可靠度来度量，表示为 P_S。若结构有两个相互独立的随机变量 R 和 S，其相应的概率密度函数为 $f_R(r)$ 和 $f_S(s)$，则结构的失效概率为：

$$\begin{aligned} P_f &= P(Z<0) = \iint\limits_{R<S} f_R(r)f_S(s)\,\mathrm{d}r\mathrm{d}s \\ &= \int_0^{+\infty}\left[\int_0^S f_R(r)\,\mathrm{d}r\right]f_S(s)\,\mathrm{d}s = \int_0^{+\infty} f_R(s)f_S(s)\,\mathrm{d}s \end{aligned} \tag{8-3}$$

在公式(8-3)中假定 R 和 S 均服从正态分布，其平均值和标准差分别为 μ_R、μ_S 和 σ_R、σ_S，

则功能函数 $Z=R-S$ 也服从正态分布，其平均值和标准差分别为 $\mu_Z=\mu_R-\mu_S$ 及 $\sigma_Z=\sqrt{\sigma_R^2+\sigma_S^2}$。图8-1表示随机变量 Z 的分布，即 $P_f=P(Z<0)$，此值即为图中阴影部分的面积。

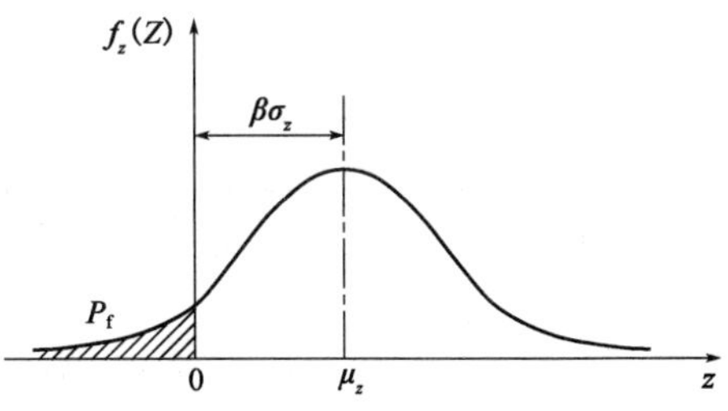

图8-1　结构失效概率与可靠度指标的关系

由图8-1可见，由0到平均值 μ_z 这段距离可以用标准差度量，$\mu_z=\beta\sigma_z$。由图可见 β 与 P_f 存在一一对应的关系。因此，β 和 P_f 一样，可以作为衡量结构可靠性的一个指标，即可靠度指标。此时，失效概率为：

$$P_f=P(Z<0)=F_z(0)=\int_{-\infty}^{0}\frac{1}{\sqrt{2\pi}\sigma_z}\exp\left[-\frac{(z-\mu_z)^2}{2\sigma_Z^2}\right]\mathrm{d}z$$

$$=\Phi\left(-\frac{\mu_z}{\sigma_z}\right)=\Phi(-\beta) \tag{8-4}$$

相应可得

$$\beta=\frac{\mu_z}{\sigma_z}=\frac{\mu_R-\mu_S}{\sqrt{\sigma_R^2+\sigma_S^2}} \tag{8-5}$$

$$P_s=1-P_f=1-\Phi(-\beta)=\Phi(\beta) \tag{8-6}$$

由式(8-5)定义的可靠度指标是以功能函数服从正态分布为前提的。但在实际工程中，一般很难直接计算结构的可靠度指标，而需利用结构可靠度指标计算的近似方法求解。

8.1.2　可靠度指标近似计算方法

1)验算点法(JC法)

验算点法属一次二阶矩法的一种。该方法特点是能够考虑非正态的随机变量，在计算工作量增加不多的条件下，可对可靠度指标进行精度较高的近似计算，求得满足极限状态方程的“验算点”设计值。

设结构的极限状态方程是由多个相互独立的正态随机变量 $X_1,X_2,\cdots,X_n$ 组成的，即

$$Z=g(X_1,X_2,\cdots,X_n)=0 \tag{8-7}$$

方程(8-7)表达为以基本变量 $X_i(i=1,2,\cdots,n)$ 为坐标的 n 维空间上的一个曲面。作标准正态变换：

$$\hat{X}_i=\frac{X_i-\mu_{X_i}}{\sigma_{X_i}}\qquad(i=1,2,\cdots,n) \tag{8-8}$$

则极限状态方程(8-7)在坐标系 $\hat{O}\text{-}\hat{X}_1\hat{X}_2\cdots\hat{X}_n$ 中表达为：

$$Z=g(\hat{X}_1\sigma_{X_1}+\mu_{X_1},\hat{X}_2\sigma_{X_2}+\mu_{X_2},\cdots,\hat{X}_n\sigma_{X_n}+\mu_{X_n})=0 \tag{8-9}$$

此时的可靠度指标 β 是标准正态空间坐标系 $\hat{O}\text{-}\hat{X}_1\hat{X}_2\cdots\hat{X}_n$ 中原点 $\hat{O}$ 到极限状态曲面的最短距离，也即是 P^* 点沿其在极限状态曲面的切平面法线方向至原点 $\hat{O}$ 的长度。极限状态曲

面在 P^* 点的法线 $\hat{O}P^*$ 对坐标向量的方向余弦为：

$$\cos\theta_{X_i}=\frac{-\left.\frac{\partial g}{\partial X_i}\right|_{P^*}\sigma_{X_i}}{\left[\sum_{i=1}^{n}\left(\left.\frac{\partial g}{\partial X_i}\right|_{P^*}\sigma_{X_i}\right)^2\right]^{\frac{1}{2}}} \tag{8-10}$$

式中：$\left.\frac{\partial g}{\partial X_i}\right|_{P^*}$——函数 $g(X_i)$ 对 X_i 的偏导数在 P^* 点赋值。由方向余弦定义：

$$\hat{X}_i^*=\hat{O}P^*\cos\theta_{X_i}=\beta\cos\theta_{X_i}\qquad(i=1,2,\cdots,n) \tag{8-11}$$

又由公式(8-8)得：

$$\hat{X}_i^*=\frac{X_i^*-\mu_{X_i}}{\sigma_{X_i}}\qquad(i=1,2,\cdots,n) \tag{8-12}$$

得

$$\frac{X_i^*-\mu_{X_i}}{\sigma_{X_i}}=\beta\cos\theta_{X_i} \tag{8-13}$$

即得：

$$X_i^*=\mu_{X_i}+\beta\sigma_{X_i}\cos\theta_{X_i}\qquad(i=1,2,\cdots,n) \tag{8-14}$$

因为 P^* 是极限状态曲面上的点，必然满足方程(8-7)，即

$$Z=g(X_1^*,X_2^*,\cdots,X_n^*)=0 \tag{8-15}$$

由公式(8-10)～公式(8-14)，可以联立求解 β 及 $X_i^*(i=1,2,\cdots,n)$。

工程结构的极限状态方程的随机变量往往是非正态的。例如，永久荷载一般服从正态分布，可变荷载一般服从极值Ⅰ型分布或其他分布，结构抗力一般服从对数正态分布。此时需首先把非正态随机变量变换为正态随机变量。

“当量正态化”的条件是：①在设计验算点 X_i^* 处，当量正态随机变量 X'_i(其平均值为 $\mu_{X'_i}$，标准差为 $\sigma_{X'_i}$)的分布函数值 $F_{X'_i}(X_i^*)$ 与原随机变量(其平均值为 μ_{X_i}，标准差为 σ_{X_i})的分布函数值 $F_{X_i}(X_i^*)$ 相等；②在设计验算点 x_i^* 处，当量正态随机变量概率密度函数值 $f_{X_i^*}(X_i^*)$ 与原随机变量概率密度函数值 $f_{X_i}(X_i^*)$ 相等。

由条件①：

$$F_{X_i^*}(X_i^*)=F_{X_i}(X_i^*) \tag{8-16}$$

即

$$\Phi\left(\frac{X_i^*-\mu_{X_i^*}}{\sigma_{X_i^*}}\right)=F_{X_i}(X_i^*) \tag{8-17}$$

可解得正态分布平均值 μ_{X_i} 为：

$$\mu_{X_i^*}=X_i^*-\Phi^{-1}[F_{X_i}(x_j^*)]\sigma_{X_i^*} \tag{8-18}$$

由条件②：

$$f_{X'_i}(X_i^*)=f_{X_i}(X_i^*) \tag{8-19}$$

即

$$\begin{cases}\phi\left(\dfrac{X_i^* - \mu_{X'_i}}{\sigma_{X'_i}}\right)/\sigma_{X'_i} = f_{X_i}(X_i^*) \\ \phi\{\Phi^{-1}[F_{X_i}(X_i^*)]\}/\sigma_{X'_i} = f_{X_i}(X_i^*)\end{cases} \tag{8-20}$$

可解得当量正态分布的标准差为：

$$\sigma_{X_i} = \frac{\phi\{\Phi^{-1}[F_{X_i}(X_i^*)]\}}{f_{X_i}(X_i^*)} \tag{8-21}$$

式中：$\Phi(*)$——标准正态分布函数；

$\Phi^{-1}(*)$——标准正态分布函数的反函数；

$\phi(*)$——标准正态分布的概率密度函数。

当非正态随机变量的平均值和标准差所对应的正态随机变量的平均值和标准差求出后，即可利用公式(8-10)～式(8-15)计算β。

以对数正态分布为例，对数正态分布是以对数为正态分布的任意随机变量的概率分布。如果X是正态分布的随机变量，则$\exp(X)$为对数正态分布；同样，如果X是对数正态分布，则$\ln X$为正态分布。当量正态变量的平均值和标准差变为式(8-22)、式(8-23)。

$$\mu_{X_i^*} = X_i^*\left\{1 - \ln X_i^* + \ln\left[\frac{\mu_{X_i}}{\sqrt{1+\left(\dfrac{\sigma_{X_i}}{\mu_{X_i}}\right)^2}}\right]\right\} \tag{8-22}$$

$$\sigma_{X_i^*} = X_i^* \ln\sqrt{1+\left(\frac{\sigma_{X_i}}{\mu_{X_i}}\right)^2} \tag{8-23}$$

$$\mu_{\ln X_i} = \ln\left[\frac{\mu_{X_i}}{\sqrt{1+\left(\dfrac{\sigma_{X_i}}{\mu_{X_i}}\right)^2}}\right] \tag{8-24}$$

$$\sigma_{\ln X_i} = \ln\sqrt{1+\left(\frac{\sigma_{X_i}}{\mu_{X_i}}\right)^2} \tag{8-25}$$

也可采用优化方法计算可靠度指标。如前所述，可靠度指标β是标准正态空间坐标系$\hat{O}-\hat{X}_1\hat{X}_2\cdots\hat{X}_n$中原点$\hat{O}$到极限状态曲面的最短距离。可表示为：

$$\beta = \sqrt{\sum \hat{X}_i^{*2}} = \sqrt{\sum\left(\frac{X_i^* - \mu_{X_i}}{\sigma_{X_i}}\right)^2} \tag{8-26}$$

开始时验算点未知，把β看成极限状态曲面上点$P(X_1, X_2, \cdots, X_n)$的函数，通过优化求解，找到β最小值，即可得到可靠度指标β和验算点$P^*(X_1^*, X_2^*, \cdots, X_n^*)$。求解可靠度指标可以归结为以下约束优化模型：

$$\min\beta^2 = \sum_{i=1}^{n}\left(\frac{X_i^* - \mu_{X_i}}{\sigma_{X_i}}\right)^2 \tag{8-27}$$

并考虑约束条件式(8-15)，即得可靠度指标。

如极限状态方程中某个变量X_j可用其他变量表示：

$$X_j = g_1(X_1, X_2, \cdots, X_{j-1}, X_{j+1}, \cdots, X_n) \tag{8-28}$$

则式(8-25)也可转化为无约束优化模型：

$$\min\beta^2=\sum_{i=1,i\neq j}^{n}\left(\frac{X_i^*-\mu_{X_i}}{\sigma_{X_i}}\right)^2+\left(\frac{g_1(X_1^*,\cdots,X_{j-1}^*,X_{j+1}^*,\cdots,X_n^*)-\mu_{X_j}}{\sigma_{X_j}}\right)^2 \tag{8-29}$$

2)MATLAB 实现

MATLAB 是一种功能极其强大的科学和工程计算数学软件系统。它汇集了大量数学、统计、科学和工程所需的函数，除了具有类似于其他计算机编程语言的编程特性外，对计算数学领域的特定数学问题，MATLAB 都给出了该问题的各种高效算法。此外 MATLAB 还提供一个阵容强大、范围广泛的基本运算体系，例如常用的矩阵代数运算、数组运算等，使用户可以以多种形式快速地操作数据集。

MATLAB 实现 JC 法的程序示例：

已知某安全等级为一级的空心板桥标准图，结构可靠度方程为 $Z=R-S_G-S_Q$，其中结构自重作用及其效应 S_G服从正态分布，中板跨中弯矩均值 $\mu_G=1165.6$kN·m，变异系数 $\delta_G=0.0431$，密集运行情况下，中板汽车荷载及其效应 S_Q服从正态分布，均值 $\mu_Q=467.8$kN·m，变异系数 $\delta_Q=0.1082$；抗力 R 服从对数正态分布，均值 $\mu_R=3681.1$kN·m，变异系数 $\delta_R=0.1414$。用 JC 法计算可靠度指标及设计验算点坐标($S_G*,S_Q*,R*$)。

功能函数梯度为 $g(S_G,S_Q,R)=(-1,-1,1)^T$。

MATLAB 原程序如下：

```
clear;clc;
muX = [1165.6;467.8;3681.1];
cvX = [0.0431;0.1082;0.1414];
sigmaX = cvX. * muX;% 初始均值,变异系数,标准差
sLn = sqrt(log(1 + (sigmaX(3)/muX(3))^2));
mLn = log(muX(3)) - sLn^2/2;
% 对数正态分布的初始正态化
muX1 = muX; sigmaX1 = sigmaX;
x = muX; normX = eps;
while abs(norm(x) - normX)/normX > 1e - 6
    normX = norm(x);
    g = - x(1) - x(2) + x(3);
    gX = [ - 1; - 1;1];
    cdfX = logncdf(x(3),mLn,sLn); % 求当量正态分布函数
    pdfX = lognpdf(x(3),mLn,sLn); % 求当量正态分布的概率密度函数
    nc = norminv(cdfX); % 求当量正态分布函数的反函数
    sigmaX1(3) = normpdf(nc)/pdfX; % 求当量正态分布函数的标准差
    muX1(3) = x(3) - nc * sigmaX1(3);
    gs = gX. * sigmaX1;
    alphaX = - gs/norm(gs); % cosx
    bbeta = (g + gX' * (muX1 - x))/norm'(gs) % 可靠度计算
```

```
    x = muX1 + bbeta * sigmaX1. * alphaX %新的样本点
end
PF = normcdf( - bbeta)
```

可得设计验算点坐标(S_G*,S_Q*,$R*$) = (1219.612,522.629,1742.241) ,可靠度beta = 5.463669 ,失效概率为 2.331958e - 08。

采用优化方法时,上述 MATLAB 程序可改为:

```
function reliability_JC_optimization_method_hollow_slab_example;
global muX1 sigmaX1
muX = [1165.6;467.8;3681.1];
cvX = [0.0431;0.1082;0.1414];
sigmaX = cvX. * muX;% 初始均值,变异系数,标准差
sLn = sqrt(log(1 + (sigmaX(3)/muX(3))^2));
mLn = log(muX(3)) - sLn^2/2; % 对数正态分布的初始正态化
muX1 = [muX(1),muX(2),mLn];
sigmaX1 = [sigmaX(1),sigmaX(2),sLn];
x0 = [muX1(1),muX1(2),muX1(3)]; % 赋初值
options = optimset('LargeScale','on','Algorithm','active - set'); % 设置与最优化函数有关的参数
[x,fval] = fmincon(@obj,x0,[],[],[],[],[],[],@st,options); % 调用优化工具箱求解
bata = sqrt(fval);
pf = cdf('norm', - bata,0,1)
fprintf ('可靠度指标为 bata = %f\n',bata);
fprintf ('验算点为[%f,%f,%f]\n',x(1),x(2),exp(x(3)));
function CC = obj(x); % 目标函数子函数
global  muX1 sigmaX1
CC = ((x(1) - muX1(1))/sigmaX1(1))^2 + ((x(2) - muX1(2))/sigmaX1(2))^2 +
((x(3) - muX1(3))/sigmaX1(3))^2; % 可靠度指标平方
function [c,ceq] = st(x); % 求可靠度约束条件子函数
c = []; % 不等式约束条件
ceq = - x(1) - x(2) + exp(x(3)); % 等式约束条件
```

计算可得:可靠度指标为 bata = 5.463669,验算点为[1219.608558,522.636824,1742.245383],失效概率为 2.3319578×10^{-8}。

3)蒙特卡罗法

蒙特卡罗方法在第 6 章中已初步介绍过。就结构可靠度分析而言,蒙特卡罗法就是以最简单的方法随机地对每一个随机变量进行抽样以得到一个样本值名,然后对是否出现功能函数 $G(\hat{X}_i \leqslant 0)$ 进行检查,如果超过了极限状态,就可认为结构或构件已经“失效”了。蒙特卡罗

法的优点是它回避了结构可靠度分析中的数学困难,不需要考虑极限状态曲面的复杂性;缺点是计算量大,但是具有相对精确的优点,所以它常用于结构可靠度各种近似方法计算精度的检验和计算结果的校核。

蒙特卡罗法是利用了计算机可以产生伪随机数的功能对各随机变量按照其所服从的概率分布函数进行随机抽样。概括起来,蒙特卡罗法求解结构失效概率的步骤如下:

(1)利用随机抽样以获得每一个变量的样本值 $\hat{X}_i(i=1,2,\cdots,n)$。

(2)根据上述的抽样值计算功能函数的值 $Z=g(\hat{X}_1,\hat{X}_2,\cdots,\hat{X}_n)$。

(3)如果进行了 N 次这样的抽样试验,那么失效概率可由下式近似给出:

$$P_f \approx \frac{n(Z<0)}{N} \tag{8-30}$$

式中:$n(Z<0)$——功能函数值小于 0 的次数。

在蒙特卡罗法中失效概率就是结构失效次数占总试验次数的频率。

结构可靠度蒙特卡罗分析常用的抽样方法包括直接抽样和重要抽样。直接通过随机抽样对结构可靠度进行模拟是结构可靠度蒙特卡罗分析最基本的一种方法,它几乎不需要作任何前期准备工作和特殊处理。这种抽样效率和精度较低,只适用于结构可靠度不高的情况。因为对于小概率事件的结构失效问题,直接用蒙特卡罗模拟实现一次 $Z=g(X)<0$ 的机会是非常不容易的。这样只有通过大量的抽样试验次数才能得出较为接近实际的失效概率估计值,因而影响了抽样计算的效率。

提高蒙特卡罗法抽样效率的途径是增加 $Z<0$ 的机会,即使抽样的样本点有较多的机会落入失效域内,这时需要改变随机变量的“重心”。这就是结构可靠度的蒙特卡罗模拟的重要抽样问题。

4)蒙特卡罗法的 MATLAB 实现

将 MATLAB 用于蒙特卡罗法的一个显著优点是它拥有功能强大的随机数发生器指令。而 MATLAB 提供了 23 种随机变量分布类型的随机数发生器,如正态分布、对数正态分布、泊松分布、威布尔分布等,包括了工程实际中出现的变量分布情况,可直接产生变量 x 以代入功能函数,极大地提高了效率。常用指令如下:

(1)正态随机分布 normrnd()

此函数生成指定均值、标准差的正态分布的随机数。其基本语法如下:

```
R = normrnd(mu,sigma)
R = normrnd(mu,sigma,m,n,...)
R = normrnd(mu,sigma,[m,n,...])
```

生成的随机数服从均值为 mu,标准差为 sigma(注意标准差是正数)正态分布,这些随机数排列成 m * n... 多维向量。如果只写 m,则生成 m * m 矩阵;如果参数为[m,n]可以省略掉方括号。例如:

```
normrnd(2,3,5,1) %生成5个随机数排列的列向量
normrnd(2,3,5) %生成5行5列的随机数矩阵
normrnd(2,3,[5,4]) %生成一个5行4列的随机数矩阵
```

上述语句生成的随机数所服从的正态分布都是均值为2，标准差为3。

设钢绞线的截面面积平均值为125.10mm^2，其标准差为23.14 mm^2，由此可生成的随机数分布：

```
x = normrnd(125.10,23.14,100000,1);
hist(x,50);
```

如图8-2所示，均值为125.10，标准差为23.14的10万个随机数的大致分布。

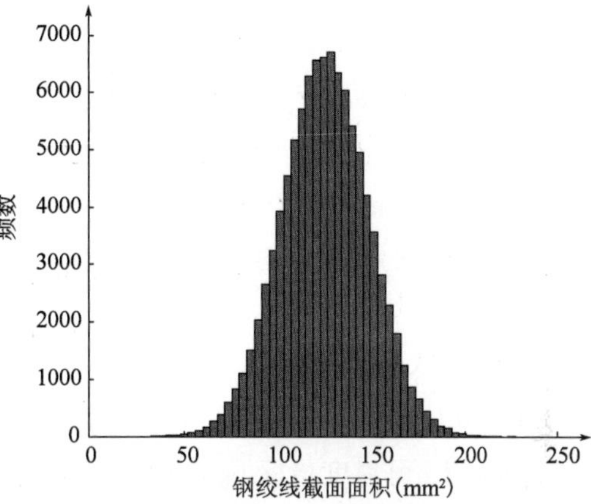

图8-2　钢绞线截面面积正态随机分布

(2)对数随机分布 lognrnd()

此函数生成服从对数正态分布的随机数。其有两个参数：mu 和 sigma，这样的随机数取对数后就服从均值为mu，标准差为sigma的正态分布。

生成对数正态分布随机数的语法是：

```
R = lognrnd(mu,sigma)
R = lognrnd(mu,sigma,m,n,...)
R = lognrnd(mu,sigma,[m,n,...])
```

(3)极值型随机分布 evrnd()

此函数生成服从极值型分布的随机数。其有两个参数：mu 和 sigma。

生成极值型分布随机数的语法是：

```
R = evrnd(mu,sigma)
R = evrnd(mu,sigma,m,n,...)
R = evrnd(mu,sigma,[m,n,...])
```

由于MATLAB能直接产生服从各相应概率分布函数的随机变量数组，从而使编程过程大为简化。设功能函数为$g(x_1,x_2,\cdots,x_n)$，$x_i(i=1,2,\cdots,n)$为服从各相应概率分布函数的随机变量。首先用相应随机数发生器指令产生$m\times n$的随机变量数组$x_i(k,l)$，$(i=1,2,\cdots,n;k=1,2,\cdots,m;l=1,2,\cdots,n)$。然后，将各数组中各元素一一对应代入功能函数。由于Matlab提供了数组运算指令，避免了使用循环语句，从而执行更快。最后得到功能函数结果数组，统计结果数组中小于等于0的元素个数j，可得失效概率$P_f=j/(m\times n)$。

已知条件同上题，用蒙特卡罗法求可靠度指标β及验算点($S_G*,S_Q*,R*$)。

Matlab源程序如下：

```
function reliability_monte_carlo_hollow_slab_example(n);
global muX1 sigmaX1
muX = [1165.6;467.8;3681.1];
cvX = [0.0431;0.1082;0.1414];
sigmaX = cvX.*muX;%初始均值,变异系数,标准差
sLn = sqrt(log(1 + (sigmaX(3)/muX(3))^2));
mLn = log(muX(3)) - sLn^2/2; %对数正态分布的初始正态化
muX1 = [muX(1),muX(2),mLn];
```

```
sigmaX1 = [sigmaX(1),sigmaX(2),sLn];
SG = normrnd(muX1(1),sigmaX1(1),1,n);
SQ = normrnd(muX1(2),sigmaX1(2),1,n);
R  = SG + SQ;
fx1  = normcdf(SG,muX1(1),sigmaX1(1));
y1  = norminv(fx1,0,1);
fx2  = normcdf(SQ,muX1(2),sigmaX1(2));
y2  = norminv(fx2,0,1);
fx3  = normcdf(log(R),muX1(3),sigmaX1(3));
y3  = norminv(fx3,0,1);
b1  = sqrt(y1.^2 + y2.^2 + y3.^2);
b  = min(b1);
c  = find(b1 = =b);
pf = cdf('norm', -b,0,1);
fprintf ('可靠度指标 bata = % f \n',b);
fprintf ('验算点为[%f,%f,%f]\n',SG(c),SQ(c),R(c));
fprintf ('失效概率 pf = % f\n',pf);
```

进行抽样计算,计算结果如下:

> >reliability_monte_carlo_hollow_slab_example(100000)

可靠度指标 bata = 5.463673,验算点为[1219.489265,522.339407,1741.828672],失效概率 $p_f = 2.331912 \times 10^{-8}$。

增加抽样次数至 1000000,可得可靠度指标 bata = 5.463670,验算点为[1219.559570,522.651088,1742.210658],失效概率 $p_f = 2.331947 \times 10^{-8}$。

三种方法计算结果基本一致,都可采用,比较而言,采用优化验算点法更为方便,以下主要采用优化验算点法进行分析。

8.2 各类技术状况下梁桥目标可靠度指标

对既有桥梁结构进行时变可靠度分析时,须在荷载的概率模型和统计参数已知的基础上进行。关于汽车荷载时变概率模型已在第 6 章研究中详细论述,结构自重、人群荷载则按《公路工程结构可靠度设计统一标准》(GB/T 50283—1999)取用,兹不赘述。

在役桥梁构件的目标可靠度指标是确定其承载能力分级原则的重要指标。目标可靠度指标理论上应根据结构的重要性、失效后果、破坏性质、经济指标等因素以优化方法分析确定。我国的设计规范采用“校准法”来确定设计结构的目标可靠度指标,而对于在役结构而言,国内外还没有比较统一的确定方法。

《公路钢筋混凝土及预应力混凝土桥涵设计规范》(JTG D62—2004)中规定,持久状况承载能力极限状态结构安全等级是根据桥涵破坏可能产生的后果的严重程度划分的。特大桥、重要大桥安全等级为一级,大桥、中桥、重要小桥为二级,小桥涵洞为三级,见表8-1。

公路桥涵结构设计安全等级 表8-1

设计安全等级	破坏后果	适用对象
一级	很严重	①各等级公路上的特大桥、大桥、中桥; ②高速公路、一级公路、二级公路、国防公路及城市附近交通繁忙公路上的小桥
二级	严重	①三、四级公路上的小桥; ②高速公路、一级公路、二级公路、国防公路及城市附近交通繁忙公路上的涵洞
三级	不严重	三、四级公路上的涵洞

注:表中所列特大、大、中、小桥、涵洞是根据《公路桥涵设计通用规范》(JTG D60—2015)表1.0.5中的单孔跨径确定,对于多跨不等跨桥梁,以其中最大跨径为准。

对于结构安全等级为一级公路桥梁,根据《公路工程结构可靠度设计统一标准》(GB/T 50283—1999)规定,构件破坏的目标可靠度指标见表8-2,当有充分依据时,可对该值作幅度不超过±0.25的调整。

公路桥梁结构的目标可靠度 表8-2

构件破坏类型	结构安全等级					
	一级		二级		三级	
	β	P_f	β	P_f	β	P_f
延性破坏	4.7	$1.301e \times 10^{-6}$	4.2	1.335×10^{-5}	3.7	1.078×10^{-4}
脆性破坏	5.2	9.964×10^{-8}	4.7	1.301×10^{-6}	4.2	1.335×10^{-5}

此外,在预应力混凝土梁桥结构体系的可靠度分析中,一般将构件的这些失效模式进一步理想化为延性破坏和脆性破坏。延性破坏是指构件在达到极限状态前,表现为弹性,达到极限状态后则表现为塑性,但是能够维持其承载能力不变。预应力混凝土梁桥结构中的受弯构件(适筋梁)、大偏心受压构件及受拉破坏构件,均可以归纳为此类。脆性破坏是指构件在达到极限状态前表现为弹性或者弹塑性,达到极限状态后则表现为脆性破坏,丧失其承载能力。预应力混凝土梁桥结构中的受弯构件(超筋梁)、小偏心及轴心受压构件等均可以归纳为此类。延性破坏和脆性破坏的目标可靠度指标存在差异。

姚晓飞(2009)根据严格控制一类、二类、三类、四类、五类标准的原则,给出各级公路桥梁结构及构件安全指标评估标准,但他是按公路等级给出的安全等级评估标准,对于四类、五类桥梁的最低可靠度指标限定过于严格,见表8-3。

姚晓飞(2009)给出的一级公路桥梁结构及构件可靠度评估标准 表8-3

桥梁技术状况	一 类	二 类	三 类	四 类	五 类
延性破坏	$\beta \geqslant 4.7$	$4.7 > \beta \geqslant 4.41$	$4.41 > \beta \geqslant 4.1$	$4.1 > \beta \geqslant 4.0$	$4.0 > \beta$
脆性破坏	$\beta \geqslant 5.2$	$5.2 > \beta \geqslant 4.96$	$4.96 > \beta \geqslant 4.75$	$4.75 > \beta \geqslant 4.42$	$4.42 > \beta$

根据《公路桥涵养护规范》(JTG H11—2004)第3.5.2条中表3.5.2-3规定,承载能力为桥梁技术状况评定标准中一项重要指标。一类桥梁:承载能力和桥面行车条件符合设计指标;二类桥梁:承载能力和桥面行车条件达到设计指标;三类桥梁:承载能力比设计降低10%以内,桥面行车不舒适;四类桥梁:承载能力比设计降低10%~25%;五类桥梁:承载能力比设计降低25%以上。

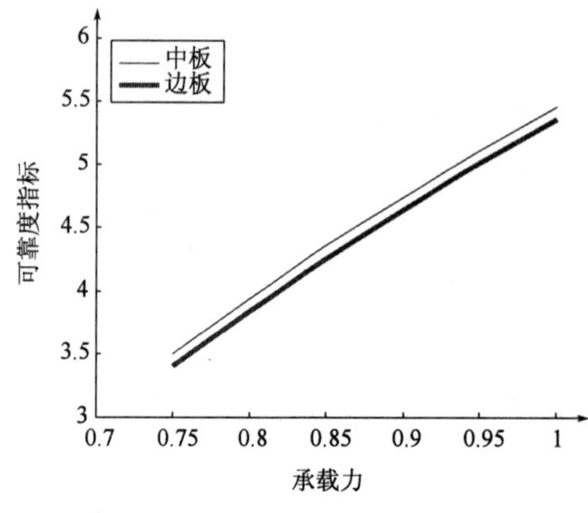

图 8-3　空心板可靠度指标与承载力的关系

依据前述标准图空心板桥例子，考虑设置的 2 根 $d=25\mathrm{mm}$ Ⅱ级钢筋。另外，边板跨中弯矩均值 $\mu_G=1446.8\mathrm{kN\cdot m}$，变异系数 $\delta_G=0.0431$，密集运行情况下，中板汽车荷载及其效应 S_Q 服从正态分布，均值 $\mu_Q=587.6\mathrm{kN\cdot m}$，变异系数 $\delta_Q=0.1082$；抗力 R 服从对数正态分布，均值 $\mu_R=4517.3\mathrm{kN\cdot m}$，变异系数 $\delta_R=0.1414$。可对应计算得承载力不同下降幅度下的可靠度指标，见表 8-4，并可得到可靠度指标随承载力降低的变化曲线，见图 8-3。

依据前述标准图 T 梁桥例子，已知边跨 T 梁跨中弯矩均值 $\mu_G=7066.6\mathrm{kN\cdot m}$，变异系数 $\delta_G=0.0462$，密集运行情况下，汽车荷载及其效应 S_Q 服从正态分布，均值 $\mu_Q=2468.3\mathrm{kN\cdot m}$，变异系数 $\delta_Q=0.1082$；抗力 R 服从对数正态分布，均值 $\mu_R=31629\mathrm{kN\cdot m}$，变异系数 $\delta_R=0.1414$。可对应计算得承载力不同下降幅度下的可靠度指标，见表 8-5，并可得到可靠度指标随承载力降低的变化曲线，见图 8-4。

标准图空心板桥在不同桥梁技术状况下的可靠度指标　　表 8-4

桥梁技术状况		设计承载力	承载力降低 5%	承载力降低 10%	承载力降低 15%	承载力降低 20%	承载力降低 25%
中板	可靠度指标	5.46	5.11	4.74	4.36	3.94	3.50
边板	可靠度指标	5.36	5.01	4.64	4.25	3.84	3.40

标准图 T 梁桥在不同桥梁技术状况下的可靠度指标　　表 8-5

桥梁技术状况		设计承载力	承载力降低 5%	承载力降低 10%	承载力降低 15%	承载力降低 20%	承载力降低 25%
中跨	可靠度指标	8.38	8.02	7.64	7.27	6.85	6.42
边跨	可靠度指标	7.72	7.40	7.00	6.62	6.20	5.78

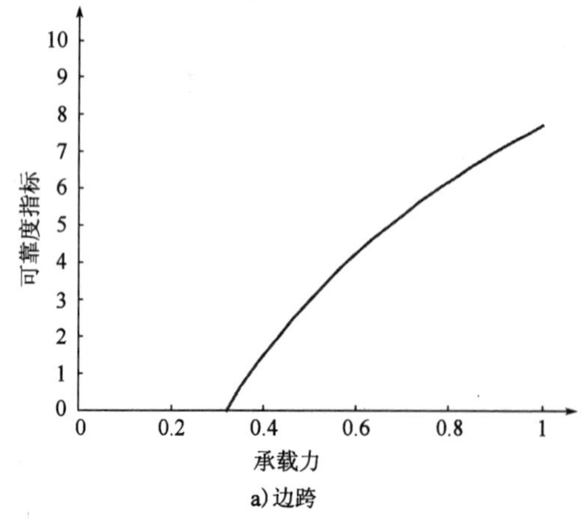

a)边跨

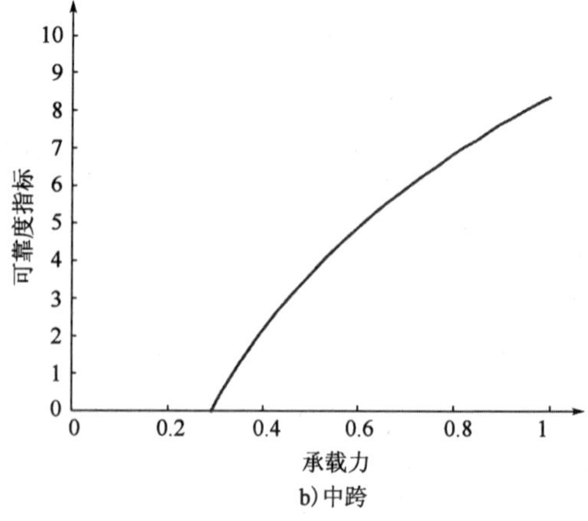

b)中跨

图 8-4　T 梁可靠度指标与抗弯承载力的关系

从图 8-4 可见,空心板桥边板和中板可靠度指标接近,均达到并超过目标可靠度指标,空心板桥可靠度指标随空心板实际承载力的降低而降低,两者基本呈线性关系。由此确定各种技术状况下的结构可靠度指标范围。从图 8-4 可见,T 梁桥边跨和中跨梁可靠度指标均达到并超过目标可靠度指标 T 梁桥可靠度指标随 T 梁实际承载力的降低而降低,两者基本呈线性关系。空心板桥与 T 梁桥可靠度指标随承载力的降低呈相近幅度变化,承载力降低 10%,可靠度指标降低约 0.7;承载力降低 10% ~25%,可靠度指标降低约 1.2;由此确定各种技术状况下的结构可靠度指标范围。

根据《公路工程结构可靠度设计统一标准》(GB/T 50283—1999),在最基本的荷载组合中,汽车荷载标准值效应与恒载标准值效应的比值 $\rho(=S_{Qk}/S_{Gk})$ 不同,可靠度指标 β 值也将随之变化。当 ρ 值确定后,S_{Qk} 或 S_{Gk} 量值的增减也使 R_k 值按同一比例增减,表明荷载效应的具体取值并不影响 β 值的计算结果。由此可见,姚晓飞给出的四类、五类桥梁可靠度评估标准值得商榷,对应桥梁技术状况四类脆性破坏情况可靠度指标不小于 4.42,延性破坏情况不小于 4.0 过于严格,见表 8-4。相对而言,闫磊(2009)根据“严格一、二、三类,放松四、五类”原则给出的可靠度指标较为合理,但闫磊并未给出各种安全等级下桥梁结构及构件的可靠度评估标准,如表 8-6 所示。

闫磊(2009)给出的桥梁结构及构件可靠度评估标准 表 8-6

桥梁技术状况	一　类	二　类	三　类	四　类	五　类
延性破坏	$\beta \geq 4.2$	$4.2>\beta \geq 3.95$	$3.95>\beta \geq 3.70$	$3.70>\beta \geq 2.95$	$2.95>\beta$
脆性破坏	$\beta \geq 4.7$	$4.7>\beta \geq 4.45$	$4.45>\beta \geq 4.20$	$4.20>\beta \geq 3.45$	$3.45>\beta$

在已有研究成果及本项目研究基础上,笔者提出各种安全等级下桥梁结构及构件的可靠度评估标准。一、二类界限可靠度指标之间考虑 0.3 的变化量,三类与二类界限可靠度指标之间考虑 0.4 的变化量,四类与三类界限可靠度指标之间考虑 1.2 的变化量。评估标准见表 8-7 ~ 表 8-9。桥梁技术状况为五类时,需要拆除重建。

安全等级一级桥梁结构及构件可靠度评估标准 表 8-7

桥梁技术状况	一　类	二　类	三　类	四　类	五　类
延性破坏	$\beta \geq 4.7$	$4.7>\beta \geq 4.4$	$4.4>\beta \geq 4.0$	$4.0>\beta \geq 2.8$	$2.8>\beta$
脆性破坏	$\beta \geq 5.2$	$5.2>\beta \geq 4.9$	$4.9>\beta \geq 4.5$	$4.5>\beta \geq 3.3$	$3.3>\beta$

安全等级二级桥梁结构及构件可靠度评估标准 表 8-8

桥梁技术状况	一　类	二　类	三　类	四　类	五　类
延性破坏	$\beta \geq 4.2$	$4.2>\beta \geq 3.9$	$3.9>\beta \geq 3.5$	$3.5>\beta \geq 2.3$	$2.3>\beta$
脆性破坏	$\beta \geq 4.7$	$4.7>\beta \geq 4.4$	$4.4>\beta \geq 4.0$	$4.0>\beta \geq 2.8$	$2.8>\beta$

安全等级三级桥梁结构及构件可靠度评估标准 表 8-9

桥梁技术状况	一　类	二　类	三　类	四　类	五　类
延性破坏	$\beta \geq 3.7$	$3.7>\beta \geq 3.4$	$3.4>\beta \geq 3.0$	$3.0>\beta \geq 1.8$	$1.8>\beta$
脆性破坏	$\beta \geq 4.2$	$4.2>\beta \geq 3.9$	$3.9>\beta \geq 3.5$	$3.5>\beta \geq 2.3$	$2.3>\beta$

根据上述研究,桥梁结构可靠度指标与现行养护规范《公路桥涵养护规范》(JTG H11—2004)桥梁技术状况等级、桥梁承载力的对应关系及加固对策措施的关系参考姚晓飞的研究,修正后的安全等级一级桥梁的结构可靠度指标与结构状态、结构承载力及养护对策的关系详见表8-10。

结构可靠度指标与结构状态、结构承载力及养护对策的关系 表8-10

桥梁技术状况		一类	二类	三类	四类	五类
可靠度指标安全等级一级	延性	$\beta \geq 4.7$	$4.7 > \beta \geq 4.4$	$4.4 > \beta \geq 4.0$	$4.0 > \beta \geq 2.8$	$2.8 > \beta$
	脆性	$\beta \geq 5.2$	$5.2 > \beta \geq 4.9$	$4.9 > \beta \geq 4.5$	$4.5 > \beta \geq 3.3$	$3.3 > \beta$
结构状态		完好、良好状态	较好状态	较差状态	很差状态	危险状态
结构承载力		承载能力符合设计指标,具有足够的承载能力	承载能力达到设计指标,基本不影响承载力	承载能力比设计降低10%以内,影响承载力	承载能力比设计降低10%~25%,显著影响承载力	承载能力比设计降低25%以上,严重影响承载力
养护维修对策		不必采取措施	可不采取措施	有部分构件应采取适当加固措施	应及时采取有效加固措施,少数构件必须立即采取加固措施	需拆除重建

这里需要注意的问题是,预应力混凝土梁体在未发生腐蚀时为延性破坏,在腐蚀发生后,当钢绞线腐蚀发生到一定程度,如前所述,预应力钢束等代腐蚀率≥10%,其破坏模式为脆性破坏。

8.3 在役预应力混凝土梁桥主梁承载力可靠度时变模型

为了研究混凝土梁桥的时变可靠度,必须先建立混凝土梁桥的结构时变抗力概率模型和荷载的概率模型。预应力混凝土梁桥抗力随时间的变化是一个复杂的物理、化学和力学损伤过程,抗力的概率模型应该是以时间为参数的随机过程。对于预应力混凝土结构,主要由预应力钢束和混凝土两种材料组成,因此抗力的概率模型应该建立在混凝土和预应力钢束的材料性能以及几何参数的概率模型的基础上。

结构的功能函数公式(8-1)、式(8-2)可改为:

$$Z(t)=g(X_1(t),X_2(t),\cdots,X_n(t)) \tag{8-31}$$

或

$$Z(t)=R(t)-S_G(t)-S_Q(t) \tag{8-32}$$

可将影响桥梁结构可靠性的桥梁荷载的概率模型以及混凝土强度、预应力钢束截面积、预应力钢束强度时变模型等诸多因素,均按照实际的随机过程处理,就可得出结构与时间因素有关的失效概率 $P_f(t)$,即"时变失效概率",相应的可靠度指标 $\beta(t)$ 则为"时变可靠度指标"。

第3章已分析提出桥梁荷载的概率模型以及混凝土强度、预应力钢束截面积、预应力钢束强度时变模型等。本节将在前述研究基础上，根据设计规范公式，引入随机变量，研究建立在役预应力混凝土梁桥的时变可靠度模型。

8.3.1　梁正截面受弯时变可靠度模型

预应力混凝土梁桥为减轻自重和充分利用材料，一般采用空心板、T形梁或箱梁，这三种截面形式均可转化为T形截面进行抗弯承载力验算。因此，梁正截面受弯时变抗力模型可仅针对T形截面梁展开研究。对于预应力混凝土T形截面梁，其正截面承载能力分析首先需按中性轴所在位置不同分为两种类型，即先按混凝土受压区高度x进行判定，因对于全预应力混凝土梁桥，普通钢筋一般作为箍筋、分布钢筋等构造钢筋，故不考虑普通钢筋的作用。混凝土受压区高度为：

$$x(t)=\frac{f_{pd}(t)A_p(t)}{f_{cd}(t)b'_f(t)} \tag{8-33}$$

从式(8-33)可以看出，当预应力钢束随时间推移发生腐蚀后，由于预应力钢绞线的强度、截面积都将减小，$x(t)$将随之减小，也就是说截面中性轴位置将因预应力钢束的腐蚀而发生移动，对于$t_0<t_1$很可能出现$x(t_0)>h'_f(t_0)$，$x(t_1)\leqslant h'_f(t_1)$的情况。

当$x(t)\leqslant h'_f$时，中性轴位于翼缘内，预应力混凝土梁正截面抗弯承载能力时变模型方程为：

$$R_M(t)=f_{pd}(t)A_p(t)\left(h_0(t)-\frac{x(t)}{2}\right) \tag{8-34}$$

当$x(t)>h'_f$时，说明混凝土受压区高度已超出翼缘厚度，中性轴位于腹板内。

$$x(t)=\frac{f_{pd}(t)A_p(t)-f_{cd}(t)(b'_f(t)-b(t))h'_f(t)}{f_{cd}(t)b(t)} \tag{8-35}$$

此时预应力混凝土梁正截面抗弯承载能力时变模型方程可以写为：

$$R_M(t)=f_{cd}(t)(b'_f(t)-b(t))h'_f(t)\left(h_0(t)-\frac{h'_f(t)}{2}\right)+$$

$$f_{cd}(t)b(t)x(t)\left(h_0-\frac{x(t)}{2}\right) \tag{8-36}$$

以上式中：$R_M(t)$——t时刻正截面受弯承载力；

$A_p(t)$——t时刻梁体受拉区纵向预应力钢束截面面积(mm^2)；

$f_{pd}(t)$——t时刻预应力钢束抗拉强度(MPa)；

$f_{cd}(t)$——t时刻混凝土轴心抗压强度(MPa)；

$b'_f(t)$——t时刻T形截面受压翼缘有效宽度(mm)；

$h'_f(t)$——t时刻T形截面受压翼缘板的厚度(mm)；

$h_0(t)$——t时刻预应力钢束重心至梁顶缘的距离，即梁截面有效高度(mm)；

$b(t)$——t 时刻腹板厚度(mm)。

需要说明的是,从第 3.1 节的研究可知,混凝土在初期强度(一般在 10 年内)随时间的增加而增大,混凝土在后期强度(一般在 10 年后)随时间的增加而减小,但强度减小幅度不大,即使龄期达到 100 年时,仍能满足原设计强度要求。因此可以认为,在无有害介质侵入情况下,混凝土强度随龄期变化对结构强度可靠性影响较小。但一些桥梁所处的环境是恶劣的,当处于有害环境下,混凝土可能出现劣化或损伤。几种混凝土劣化情况如侵蚀性介质腐蚀、冻融破坏等影响虽然有限,但必要时应计入其作用。混凝土劣化或损伤导致的混凝土强度降低、截面腹板宽度折减及翼板厚度折减仅在特别必要的情况下考虑。一般情况下不考虑混凝土及截面尺寸的时变效应。

若将式(3-26)或式(3-29)及式(3-35)代入式(8-34)、式(8-36),即可得由时间表达的梁正截面抗弯承载力时变模型。

将式(8-34)、式(8-36)代入式(8-32)即可得梁正截面受弯时变可靠度模型。由此利用 MATLAB 编制可靠度计算程序,即可计算梁的抗弯承载能力时变可靠度。

8.3.2 梁斜截面受剪时变可靠度模型

结合上述分析,同样可得梁斜截面受剪时变可靠度模型。

$$R_Q(t)=\alpha_1\alpha_2(t)\alpha_3 0.45\times10^{-3}b(t)h_0(t)\sqrt{(2+0.6P(t))\sqrt{f_{cu,k}(t)}\rho_{sv}(t)f_{sv}(t)k_{bsv}(t)}+0.75\times10^{-3}f_{pd}(t)\sum A_{pb}(t)\sin\theta_p \tag{8-37}$$

$$P(t)=100\frac{A_p(t)}{b(t)h_0(t)} \tag{8-38}$$

$$\rho_{sv}(t)=\frac{A_{sv}(t)}{s_v b(t)} \tag{8-39}$$

式中: $R_Q(t)$——t 时刻斜截面受剪承载力随机变量;

α_1——异号弯矩影响系数,计算简支梁和连续梁近边支点梁段的抗剪承载力时,$\alpha_1=1.0$,计算连续梁和悬臂梁近中间支点梁段的抗剪承载力时,$\alpha_1=0.9$;

$\alpha_2(t)$——t 时刻预应力提高系数,对预应力混凝土受弯构件,$\alpha_2(t)=1.25$,当因预应力损失等原因导致梁体出现裂缝后,$\alpha_2(t)=1.0$;

α_3——受压翼缘影响系数,$\alpha_3=1.1$;

$P(t)$——t 时刻斜截面内纵向受拉钢筋的配筋百分率,当 $P(t)>2.5$ 时,取 $P(t)=2.5$;

$\rho_{sv}(t)$——t 时刻斜截面内箍筋配筋率;

$k_{bsv}(t)$——t 时刻箍筋与混凝土的协同工作系数;

$f_{cu,k}(t)$、$f_{sv}(t)$、$f_{pd}(t)$——t 时刻混凝土立方体抗压强度、箍筋抗拉强度以及预应力弯起钢筋抗拉强度设计值。

将式(8-37)代入式(8-32)即可得梁斜截面受剪时变可靠度模型。由此利用 MATLAB 编制可靠度计算程序,即可计算梁的抗剪承载能力时变可靠度。

8.4　在役预应力混凝土梁桥安全评估程序

在动态可靠度方面,由于抗力的衰减,所要计算的可靠度指标变为时变可靠度指标,它随着时间的取值不同,计算结果也不相同。因此,对于很多个时间点,就要计算很多次可靠度指标,故选用计算机编程才是解决问题的最佳途径。笔者采用 MATLAB 等语言编写了在役预应力混凝土梁桥时变可靠度安全评估程序。

根据上述分析,可采用 JC 验算点法中的优化方法或蒙特卡罗法计算在役预应力混凝土梁桥的可靠度指标,对照表 8-7 ~ 表 8-9,即可评估桥梁构件的技术状况安全等级,从而确定处治措施。第 4 章中给出了在役预应力混凝土梁桥预应力混凝土梁承载能力及正常使用安全评价模型可做参考。具体评估流程如图 8-5 所示。其中有关结构有限元分析计算的内容可借助桥梁结构分析专用程序实现。

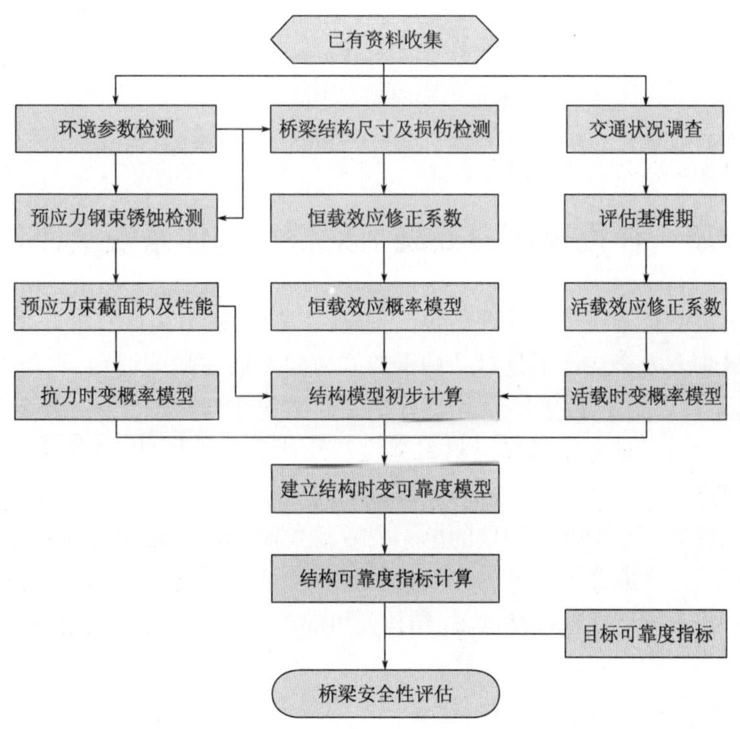

图 8-5　在役预应力混凝土梁桥可靠度评估流程图

应当注意到的是,当预应力钢束腐蚀损失率达到一定程度,例如大于 10% 时有可能发生脆性破坏,由于脆性破坏和延性破坏对应的可靠度指标不属于同一数量级,此时应考虑采用脆性破坏的目标可靠度指标作为主梁的可靠度指标。梁体抗力时变概率模型的建立过程见图 8-6。将第 3 章 MATLAB 编制的时变影响分析程序与本章可靠度分析程序合并,并考虑材料几何尺寸、力学性能等时变效应,即可形成在役预应力混凝土梁桥主梁安全评估程序。

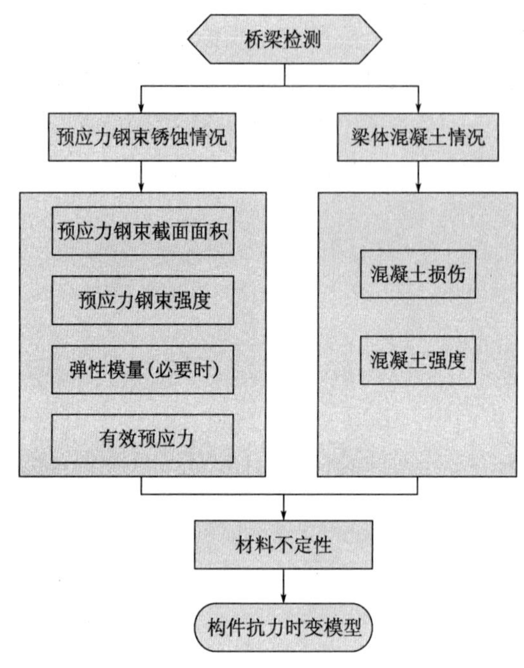

图 8-6 梁体时变抗力计算程序流程图

8.5 在役预应力混凝土梁桥结构体系安全评估

在役预应力混凝土梁桥可靠性评估包括安全性、适用性、耐久性三个方面。这三个方面相互联系又互有区别。安全性评估是对结构承载能力的评估或强度评估,它与人身安全及财产损失有关,是桥梁评估的主要内容;适用性评估是对结构运营状态(与变形、裂缝、结构振动等有关)的评估;耐久性评估主要是指对材料强度和结构损伤的评估,其结果为安全性、适用性评估提供重要信息。

以上分析是针对一个构件或构件的单一失效模式而言的。而在实际工程中,结构往往是由多个构件组成。一个或几个构件的失效会引起整个结构的破坏,不同失效构件的组合所引起的结构破坏形态不同。在这些情况下,结构的可靠度往往从体系的角度加以分析,即结构体系可靠度。

对于静定结构预应力混凝土梁桥,任意一个构件失效,结构系统也将随之失效,延性失效和脆性失效并无差别。对于超静定结构梁桥,从受力角度看,某一构件失效,无论是延性失效还是脆性失效,将会导致荷载效应的重新分布,可能不会导致结构整体失效。但从桥梁使用角度讲,虽然整个结构未完全破坏,但局部的破坏足以危及桥梁结构运营的安全。例如,对于预应力混凝土连续梁桥,其中一跨发生弯曲破坏;对于预应力混凝土空心板梁桥或 T 梁桥,任一根梁发生破坏,车辆将无法通行。此时,可以认为,桥梁结构已失效。从这一角度讲,并结合第 5 章的分析,笔者认为,桥梁结构体系的可靠性从构件方面说,结构系统中任何一个主要构件失效都会导致整个结构系统的失效,即桥梁结构系统,属于串联系统。进一步可认为,梁体控制截面的破坏代表构件的失效，即梁体控制截面的失效破坏代表整个桥梁结构系统的失效。对于在役预应力混凝土梁桥，关键的问题是上部结构梁体本身的安全性。

关于钢筋混凝土或圬工墩台、基础等的影响已有很多研究成果，本书不再过多涉及。根据《公路工程结构可靠度设计统一标准》(GB/T 50283—1999)规定，搜集了各种受力构件承载力的试验数据1200多个，同时进行了50根圆截面钢筋混凝土偏压构件和钢筋混凝土梁斜截面抗剪承载力的试验，给出了钢筋混凝土构件的抗力 R 的统计参数，见表8-11。

钢筋混凝土构件抗力 ***R*** 的统计参数　　表8-11

受力状态	κ_R		δ_k
轴心受压(短柱)	1.3743		0.1546
轴心受拉	1.0821		0.1322
正截面受弯	1.2262		0.1414
斜截面受剪	矩形截面	1.6717	0.2883
	T形截面	2.1798	0.2230
大偏心受压(短柱)	1.2042		0.1447
小偏心受压(短柱)	1.4362		0.1517

其中

$$\kappa_R = \frac{\mu_R}{R_k} \tag{8-40}$$

式中：μ_R——构件的实测抗力均值；

R_k——规范规定的材料性能和几何参数标准值用抗力计算公式求得的构件抗力值。

桥梁墩柱一般为小偏心受压构件，表8-11从侧面说明墩柱(短柱)受压的可靠度高于梁体的正截面受弯的可靠度，姚晓飞(2009)的相关研究成果也说明了这一点。而梁体的斜截面受剪可靠度高于墩柱(短柱)受压、梁体的正截面受弯的可靠度。一般而言，混凝土梁体正截面受弯为桥梁结构体系中的最薄弱环节。

8.6　小　　结

本章首先分析总结了结构可靠度基本理论，重点分析了可靠度分析法中的JC验算点法和蒙特卡罗法，研究了两种方法的MATLAB实现方法并编制了分析程序；进而在已有研究成果基础上，提出了规范规定的各种技术状况等级下梁桥的目标可靠度指标；提出在役预应力混凝土梁桥主梁正截面受弯、斜截面受剪承载力时变可靠度模型。设计编写了安全评估软件编写流程和在役预应力混凝土梁桥时变安全评估程序。

本章参考文献

[1] 赵国藩.工程结构可靠性理论与应用[M].大连：大连理工大学出版社，1996.

[2] 赵国藩，曹居易，张宽权.工程结构可靠度[M].北京：科学出版社，2011.

[3] 中华人民共和国国家标准.GB/T 50283—1999　公路工程结构可靠度设计统一标准[S].北京：中国计划

出版社,1999.

[4] 中华人民共和国行业标准. JTG 3362—2004 公路钢筋混凝土及预应力混凝土桥涵设计规范[S]. 北京:人民交通出版社,2004.

[5] 中华人民共和国行业标准. JTG/T J21—2011 公路桥梁承载能力检测评定规程[S]. 北京:人民交通出版社,2011.

[6] 中华人民共和国行业标准,JTG/T H21—2011 公路桥梁技术状况评定标准[S]. 北京:人民交通出版社,2011.

[7] 李扬海,鲍卫刚,郭修武,等. 公路桥梁可靠度与概率极限状态设计[M]. 北京:人民交通出版社,1997.

[8] 张赞鹏. 在役预应力混凝土连续刚构桥承载力时变可靠度研究[D]. 重庆:重庆交通大学, 2014.

[9] 姚晓飞. 既有公路混凝土梁式桥损伤评估与可靠性评定研究[D]. 西安:长安大学,2009.

[10] 王有志,王广洋,任锋,等. 桥梁的可靠性评估与加固[M]. 北京:中国水利水电出版社,2002.

[11] 张玲玲,马建勋. 服役结构可靠性的模糊综合评判法及其应用[J]. 土木工程学报,2001,34(5):20-23,28.

[12] 辛保兵. 既有预应力混凝土梁桥剩余承载力评估方法研究[D]. 郑州:郑州大学,2010.

[13] 吕颖钊. 在役混凝土桥梁可靠度评估与寿命预测研究[D]. 西安:长安大学,2006.

[14] 王红,禹智涛. 考虑荷载历史的既有桥梁结构可靠度分析方法[J] . 中南公路工程,2004(4):29.

[15] 李星新,汪正兴,王天亮,等. 考虑目标可靠指标时变的既有桥梁动态可靠度评估[J]. 桥梁建设,2007(1):132-134.

[16] 王春生,陈惟珍,陈艾荣. 桥梁损伤安全评定与维护管理策略[J]. 交通运输工程学报,2002(4):22-28.

[17] 吕颖钊,贺拴海. 缺损钢筋混凝土梁桥模糊可靠性评价模型[J]. 交通运输工程学报,2005(4):59-62.

[18] 赵涛. 在役预应力混凝土桥梁耐久性评价[D]. 西安:长安大学,2008.

[19] 缪伟. 预应力简支 T 梁有效预应力评估研究[D]. 西安:长安大学,2005.

[20] 张建仁,秦权. 现有混凝土桥梁的时变可靠度分析[J]. 工程力学,2005,22(5):90-95.

[21] 薛鹏飞. 预应力混凝土连续钢构桥结构性能退化预测评估研究[D]. 杭州:浙江大学,2009.

[22] 赵冬兵,范立础. 既有钢筋混凝土桥承载能力退化和维修需求分析[J]. 桥梁建设,2006(02):71-73.

[23] 陈万春,马建秦. 既有桥梁可靠度与安全使用寿命的综合评估[J]. 公路交通科技,2006,23(7):78-81.

[24] 张玲玲,马建勋. 服役结构可靠性的模糊综合评判法及其应用[J]. 土木工程学报,2001,34(5):20-23,28.

[25] 桂劲松,康海贵. 结构可靠度计算的最优化方法及其 Matlab 实现[J]. 四川建筑科学研究,2004,30(2):18-20.

[26] D V Val,R. E. Melchers. Reliability of deteriorating RC slab bridges [J]. Structural Engineering ASCE,1997,123(12):1638-1644.

[27] M. D. Pandey,M. A. Nessin. Reliability-based inspection of post-tensioned concrete slabs[J]. Journal of Civil Engineering(Canada),2011,23(1):242-249.

[28] Darmawan M S,Stewart M G. Spatial time-dependent reliability analysis of corroding pretensioned prestressed concrete bridge girders[J]. Structural Safety,2007(29):16-31.

[29] Maes M A,Wei X,Dilger W H. Fatigue reliability of deteriorating prestressed concrete bridges due to stress corrosion cracking [J]. Canadian Journal of Civil Engineering,2001(28):673-683.

[30] Stewart M G,Rosowsky D V. Time-dependent reliability of deteriorating reinforced concrete bridge decks[J]. Structural Safety,1998(20):91-109.

[31] Birgul,Koyuncu,Ahlborn,et al. A 40-year performance assessment of prestressed concrete (PC)I-girder bridges In Michigan[J]. TRB 2003 Annual Meeting CD-ROM,2003.

[32] Jaeho Lee. A methodology for developing bridge condition rating models based on limited inspection records [D]. Griffith School of Engineering, 2007.

[33] Agrawal, A. K., Kawaguchi A. Bridge element deterioration rates[D]. New York: The City College of New York Department of Civil Engineering, 2009.

9 在役预应力混凝土梁桥承载力时变可靠度实例分析

本章基于前述研究成果，对在役预应力混凝土空心板桥、T形梁桥承载力时变可靠度展开分析。通过预应力混凝土空心板桥、T梁桥两项具体实例研究在役预应力混凝土梁桥承载力随预应力钢束腐蚀发生、发展的可靠度经时变化。

9.1 在役预应力混凝土空心板桥时变可靠度实例分析

仍以前述跨径20m预应力混凝土空心板标准设计为例进行时度可靠度分析。

标准跨径20m空心板计算跨径$l = 19.6$m，空心板的基本规格尺寸参见我国交通行业《公路桥涵通用图》，横断面布置见图9-1，单板截面尺寸见图9-2。预制空心板、铰缝和桥面现浇层均采用C50混凝土，其弹性模量为3.45×10^4MPa。采用抗拉强度标准值$f_{pk} = 1860$MPa，公称直径$d = 15.2$mm的低松弛高强度钢绞线，单根预应力钢束的截面面积为139mm^2，弹性模量为1.95×10^5MPa，净保护层厚度为49.4mm，共设置18根，均按非角部考虑，张拉控制应力为1265MPa。设置了2根$d = 25$mm Ⅱ级钢筋。

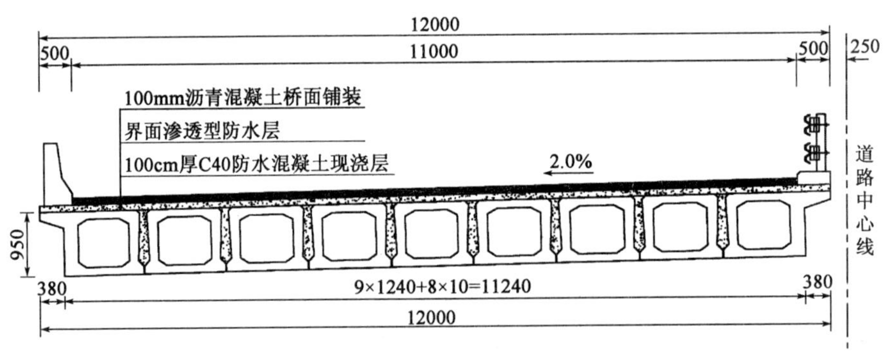

图9-1 预应力空心板桥横断面布置(尺寸单位:mm)

该桥空心板梁自重作用及其效应S_G服从正态分布，中板跨中弯矩均值$\mu_G = 1165.6$kN·m，变异系数$\delta_G = 0.0431$，密集运行情况下，中板汽车荷载及其效应S_Q(不含冲击力)服从正态分布，均值$\mu_Q = 467.8$kN·m，变异系数$\delta_Q = 0.1082$；抗力R服从对数正态分布，均值μ_R根据计算确定，变异系数$\delta_R = 0.1414$。边板跨中弯矩均值$\mu_G = 1446.8$kN·m，变异系数$\delta_G = 0.0431$，密集运行情况下，边板汽车荷载及其效应S_Q服从正态分布，均值$\mu_Q = 587.6$kN·m(不含冲击力)，变异系数$\delta_Q = 0.1082$；抗力R服从对数正态分布，均值μ_R根据计算确定，变异系数$\delta_R = 0.1414$。空心板荷载效应标准值及抗力见表9-1。

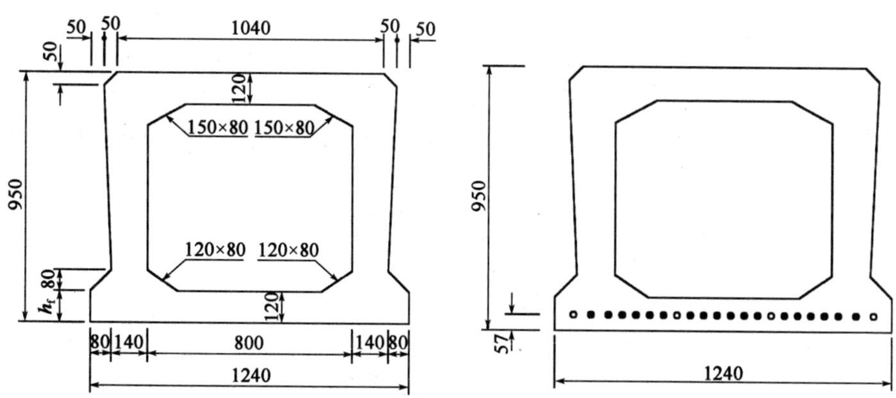

图 9-2　20m 空心板中板截面(尺寸单位:mm)

空心板荷载效应标准值及抗力　　表 9-1

空心板类型	正态分布				对数分布	
	自重跨中弯矩 S_G		汽车荷载跨中弯矩 S_Q		结构抗力 R	
	μ_G(kN·m)	δ_G	μ_Q(kN·m)	δ_Q	μ_R(kN·m)	δ_R
中板	1190.3	0.0431	470.1	0.1082	根据计算确定	0.1414
边板	1477.5	0.0431	590.5	0.1082		0.1414

9.1.1　预应力筋腐蚀对空心板承载力及可靠度的影响

以下主要就中板讨论。根据前述方法,可计算得预应力钢绞线腐蚀开始时间平均值为 65.1 年。可根据预应力钢绞线腐蚀开始时间及预应力钢绞线腐蚀损失率随时间变化,分析给出空心板梁跨中抗弯承载力与预应力钢绞线腐蚀损失率的关系(图 9-3)、承载力的经时变化(图 9-4)。

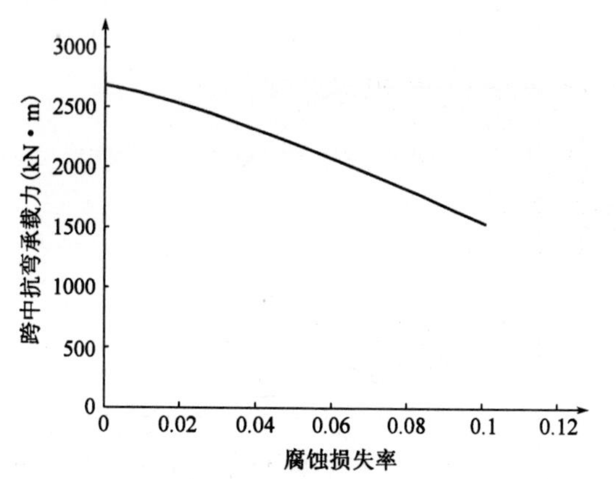

图 9-3　空心板跨中抗弯承载力与腐蚀损失率的关系(未考虑普通钢筋)

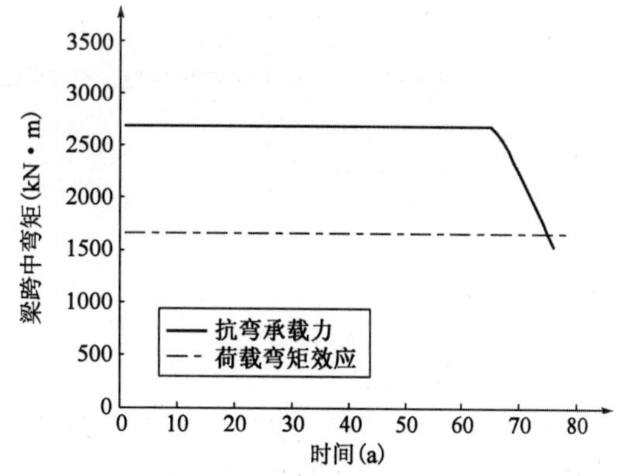

图 9-4　空心板跨中抗弯承载力经时变化(未考虑普通钢筋)

如图 9-3、图 9-4 所示,抗弯承载力随腐蚀损失率的增加而降低,预应力钢绞线一旦腐蚀,抗弯承载力急剧下降,经过 10 年时间,腐蚀损失率达到 10%,抗弯承载力降低至 1660kN·m,

荷载组合效应相当,降低幅度达38.2%。

计入2根 $d=25\text{mm}$ Ⅱ级钢筋后承载力提高,分析中考虑了普通钢筋的腐蚀时变效应,此时,腐蚀开始后,承载力随时间的降低率有所减缓,但趋势相同,见图9-5。相应可得控制截面(跨中)抗弯承载力的经时变化。预应力钢绞线腐蚀后15年时间,预应力混凝土梁抗弯承载力低于设计荷载效应,已不能满足承载要求。

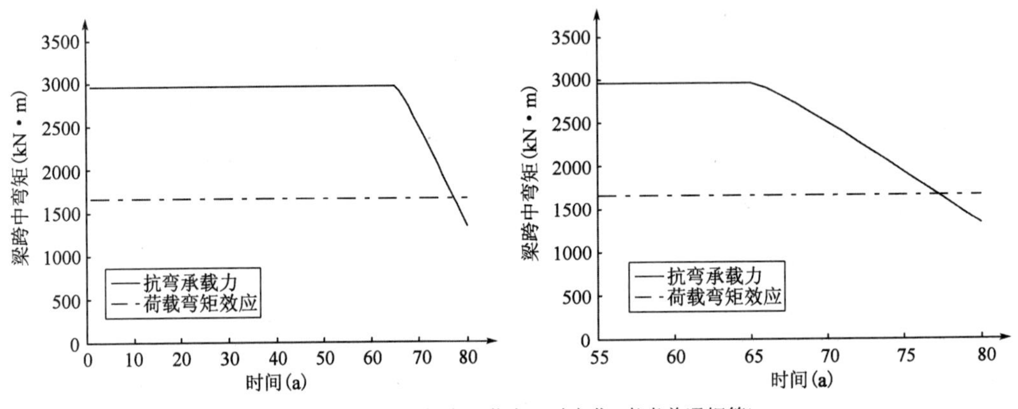

图9-5 空心板跨中抗弯承载力经时变化(考虑普通钢筋)

预应力混凝土空心板抗弯承载力可靠度经时变化见图9-6。空心板的初始可靠度为5.24,预应力钢绞线腐蚀开始后其可靠度逐步降低,按安全等级二级桥梁结构考虑,根据表8-8及图9-6可知,预应力钢绞线腐蚀开始后4.6年时间可靠度低于4.2,即降为二类桥,可不采取维护措施;此后经历1年时间,可靠度低于3.9,降为三类桥,需要采取一定的加固措施;若不加维护,则此后经历1.4年时间,可靠度低于3.5,降低为四类桥,应立即采取有效加固措施;若不加维护,则此后又经历2年时间,可靠度低于2.8(此时,由于预应力钢绞线腐蚀损失率增大,按脆性破坏考虑,故取可靠度指标为2.8),降低为五类桥,需拆除重建。即若不采取任何措施加以维护,则该空心板桥自预应力钢绞线腐蚀开始至降低为五类桥仅需9年左右时间。

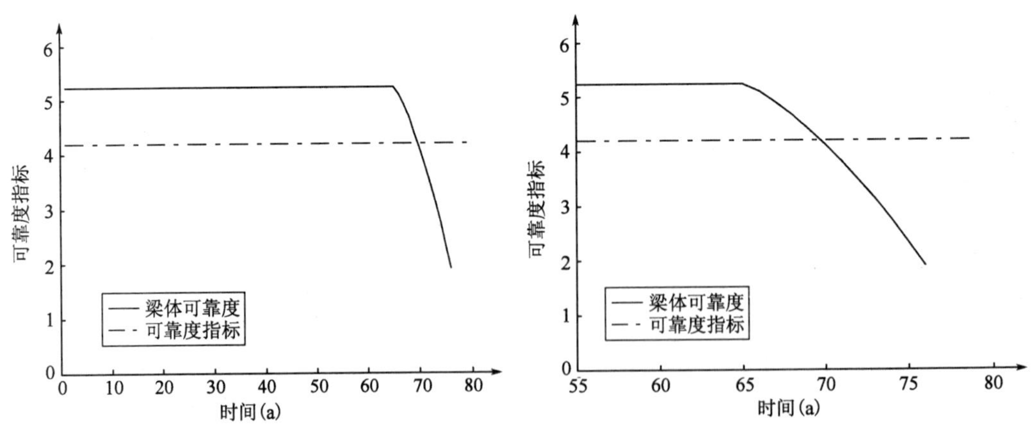

图9-6 空心板抗弯承载力可靠度经时变化(考虑普通钢筋)

从第3章及相关分析可知,预应力钢绞线的锈蚀开始时间受多种因素影响,如碳化模型计算结果与实际结构测试结果之间的差异,CO_2浓度、工作应力影响,混凝土立方体抗压强度环境温度、环境湿度、裂缝等。所以预应力钢绞线的锈蚀开始时间具有随机性,见图3-6。故上述图中所取时间为腐蚀开始的平均时间,实际工程中,预应力的腐蚀开始时间可能提前也可能拖后。从施工质量看,腐蚀开始时间提前的可能性更大。周履(1998)编译美国的桥梁缺陷率及使用寿命期望值统计资料中,州道中的预应力混凝土桥梁的使用寿命期望值为68年,与上述分析可相互印证。

9.1.2 交通量增长与钢绞线腐蚀共同作用的影响

上述分析中未考虑由于交通量增长导致的汽车荷载变化,下面分一般运营状态、密集运营状态两种情况进行分析。

一般运营状态下,可计算得到结构的可靠度经时变化(图9-7)。此时,预应力混凝土空心板的初始可靠度为5.93,按安全等级二级桥梁结构、延性破坏考虑,根据表8-8及图9-7可知,腐蚀开始时可靠度为4.65,为一类桥;若不加维护,此后经历2.4年时间,可靠度低于4.2,降低为二类桥;若不加维护,此后经历1.1年时间,可靠度低于3.9,降低为三类桥,需要采取一定的加固措施;若不加维护,则此后经历1.4年时间,可靠度低于3.5,降低为四类桥,应立即采取有效加固措施;若不加维护,则此后又经历2.1年时间,可靠度低于2.8(此时,由于预应力钢绞线腐蚀损失率增大,按脆性破坏考虑,故取可靠度指标为2.8),降低为五类桥,需拆除重建。即由于密集交通的影响,桥梁结构的可靠度随时间加速下降,自开始腐蚀起7年时间即降低为五类桥,需拆除重建。

密集运营状态下,可计算得到结构的可靠度经时变化(图9-8)。此时,预应力混凝土空心板的初始可靠度为5.57,按安全等级二级桥梁结构考虑,根据表8-8及图9-8可知,腐蚀开始时可靠度为4.61,为一类桥;若不加维护,则此后经历2.2年时间,可靠度低于4.2,降低为二类桥;若不加维护,此后经历1.2年时间,可靠度低于3.9,降低为三类桥,需要采取一定的加固措施;若不加维护,则此后经历1.4年时间,可靠度低于3.5,降低为四类桥,应立即采取有效加固措施;若不加维护,则此后又经历2.1年时间,可靠度低于2.8(此时,由于预应力钢绞线腐蚀损失率增大,按脆性破坏考虑,故取可靠度指标为2.8)降低为五类桥,需拆除重建。即由于密集交通的影响,桥梁结构的可靠度随时间加速下降,自开始腐蚀起6.9年时间即降低为五类桥,需拆除重建。密集运营状态较一般运营状态,同一时刻下可靠度略有降低,降至五类桥的时间略有缩短。

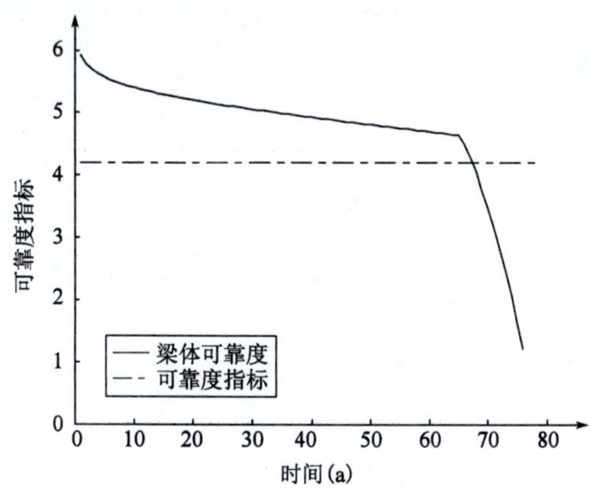

图9-7 空心板抗弯承载力时变可靠度(一般运营状态)

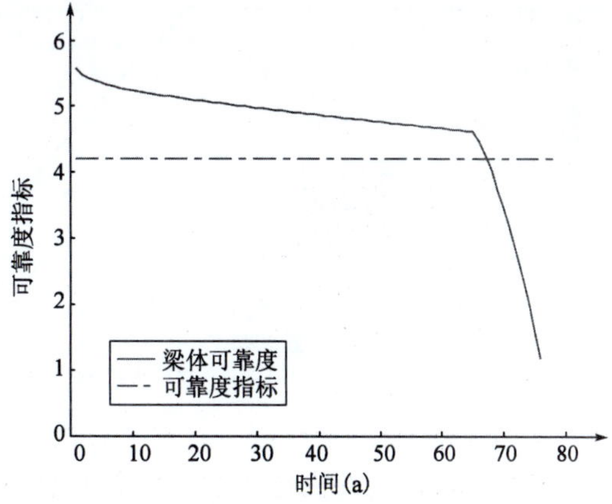

图9-8 空心板抗弯承载力时变可靠度(密集运营状态)

9.2 在役预应力混凝土T梁桥时变可靠度实例分析

仍以前述跨径3×40m预应力混凝土T梁桥标准设计边梁为例，参见图6-15～图6-17。汽车荷载概率分布及参数参见表3-6，按密集运行状态考虑。

该桥T梁自重作用及其效应S_G服从正态分布。密集运行情况下，边梁汽车荷载及其效应S_Q服从正态分布；抗力R服从对数正态分布，梁体抗力R的统计参数参见表8-11。单根T梁的弯矩及剪力效应见表9-2。

T梁跨中及支点荷载弯矩及抗力 表9-2

T梁截面位置	正态分布				对数分布	
	恒载跨中弯矩S_G		汽车荷载跨中弯矩S_Q		结构抗力R	
	μ_G(kN·m)	δ_G	μ_Q(kN·m)	δ_Q	μ_R(kN·m)	δ_R
中跨跨中	5666.4	0.0462	2468.3	0.1082	根据计算确定	0.1414
边跨跨中	7066.6	0.0462	2981.1	0.1082		0.1414
中支点	-3424.5	0.0462	-2328.3	0.1082		0.1414

9.2.1 预应力钢束腐蚀对T梁承载力及可靠度的影响

以下主要就中梁、边梁讨论。设由于梁体开裂、管道压浆饱满度等原因，桥梁建成后50年最外第一层钢束N1、N2开始腐蚀，见图6-17。由于钢束层间混凝土保护，第二层钢束N3、第三层钢束N4分别在桥梁建成后60年、70年开始锈蚀，可根据预应力钢束腐蚀开始时间及预应力钢束腐蚀损失率随时间变化，初步给出T梁承载力与预应力钢束腐蚀损失率的关系、承载力的经时变化（图9-9）。

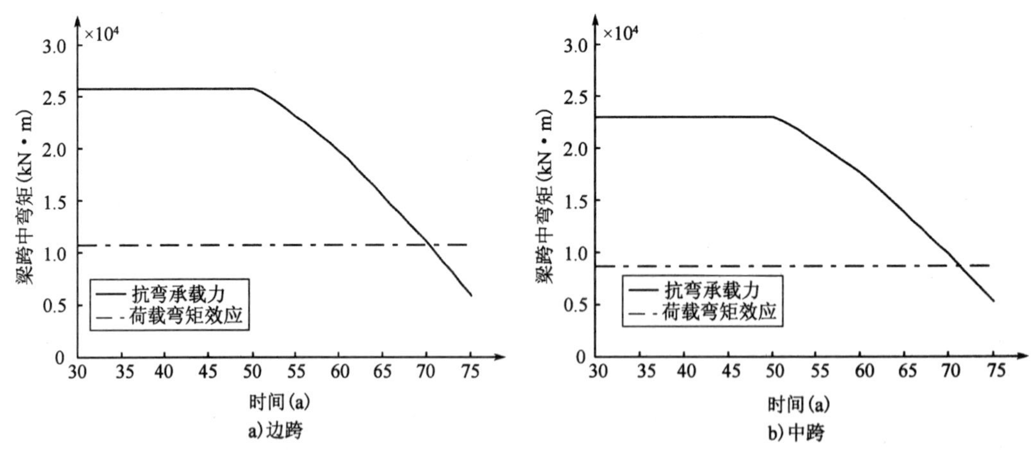

图9-9 T梁跨中抗弯承载力经时变化

如图9-9所示，按抗弯承载力标准值及荷载组合效应标准值计算，预应力钢束一旦腐蚀，抗弯承载力急剧下降，在20年时间内，抗弯承载力降低幅度达57%，低于荷载组合效应标准值，已不能满足承载要求。因预应力钢束腐蚀，边跨 T 梁与中跨 T 梁到达不满足承载要求的时间基本相同。

T 梁抗弯承载力可靠度经时变化如图 9-10 所示。

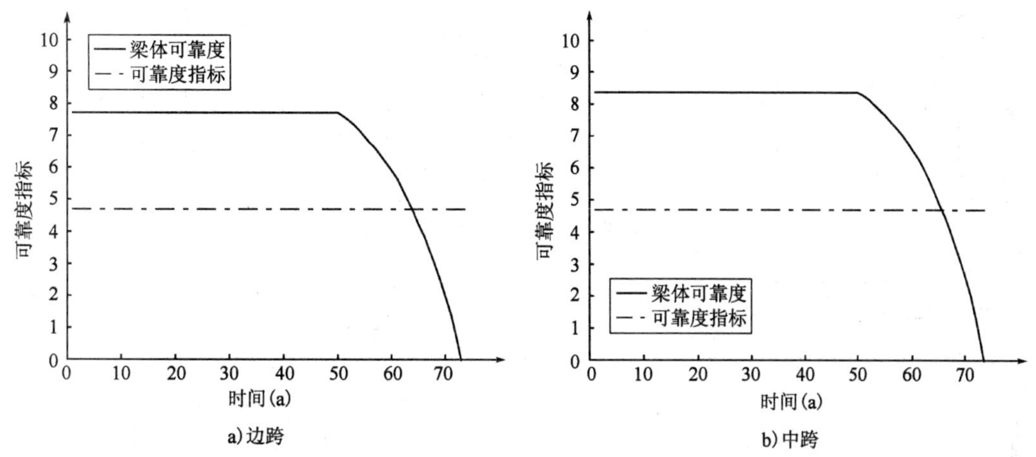

图 9-10 T 梁抗弯承载力可靠度经时变化

预应力混凝土 T 梁边跨的初始可靠度为 7.72、中跨的初始可靠度为 8.38。预应力钢束腐蚀开始后其可靠度逐步降低，按安全等级一级桥梁结构考虑，以边跨为例，根据表 8-7 及图 9-10可知，预应力钢束腐蚀开始后经历 13.8 年时间可靠度低于 4.7，即降为二类桥，可不采取维护措施；此后经历约 0.8 年时间，可靠度低于 4.4，降为三类桥，需要采取一定的加固措施；若不加维护，则此后经历 1 年时间，可靠度低于 4.0，降低为四类桥，应立即采取有效加固措施；若不加维护，则此后又经历 1.7 年时间，可靠度低于 3.3（此时，由于预应力钢束腐蚀损失率增大，按脆性破坏考虑，故取可靠度指标为 3.3），降低为五类桥，承载能力比设计降低 25% 以上，需拆除重建。即若不采取任何措施加以维护，则该 T 梁桥自预应力钢束腐蚀开始至降低为五类桥仅需 17.3 年时间。

9.2.2 交通量增长与钢绞线腐蚀共同作用的影响

上述分析中未考虑由于交通量增长导致的汽车荷载变化，这里仅分析密集运营状态情况下，T 梁抗弯承载力经时变化（图 9-11）及可靠度经时变化（图 9-12）。

如图 9-11 所示，按抗弯承载力标准值及荷载组合效应标准值计算，并考虑汽车活载随时间的增长，预应力钢束一旦腐蚀，抗弯承载力急剧下降，抗弯承载力与荷载弯矩效应的交点略有提前。

密集运营状态下，可计算得到结构的可靠度经时变化。此时，边跨 T 梁的初始可靠度为 8.07，按安全等级二级桥梁结构、延性破坏考虑，根据表 8-7 及图 9-12 可知，腐蚀开始时可靠度为 7.21，为一类桥；若不加维护，此后经历 12 年时间，可靠度低于 4.7，降低为二类桥；此后经历 1 年时间，可靠度低于 4.4，降为三类桥，需要采取一定的加固措施；若不加维护，则此后经历 1 年时间，可靠度低于 4.0，降低为四类桥，应立即采取有效加固措施；若不加维护，则此后又经历2.6年时间,可靠度低于3.3(此时,由于预应力钢束腐蚀损失率增大,按脆性破坏考虑,故取可靠度指标为3.3),降低为五类桥。即由于密集交通的影响,桥梁结构的可靠度随时间加速下降,自开始腐蚀起16.6年左右时间即降低为五类桥,需拆除重建。

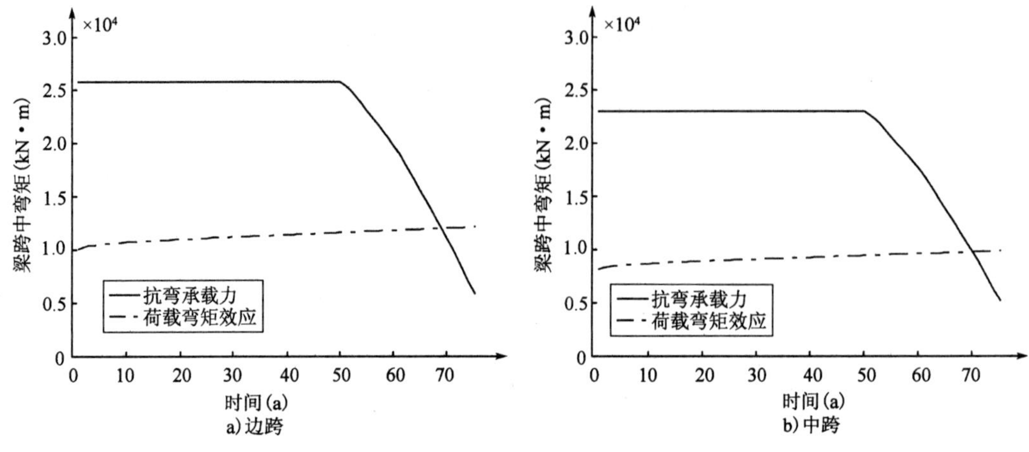

图9-11　T梁跨中抗弯承载力经时变化

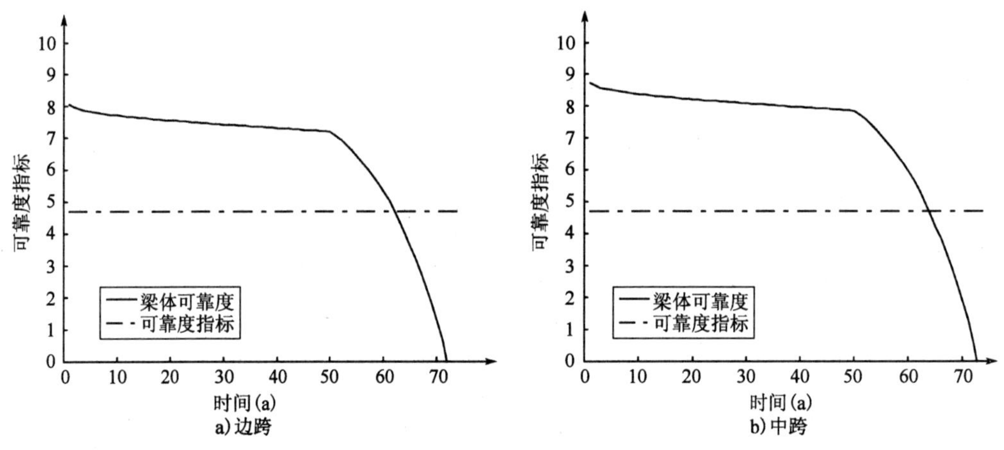

图9-12　T梁抗弯承载力可靠度时变可靠度(密集运营状态)

预应力对梁体抗剪性能的影响已在第5.3.2节中论述,这里不再赘述。

与空心板桥比较可见,由于T梁的后张预应力及其截面尺寸设计,预应力钢束分层布设,预应力钢束的保护层厚度较大,在设计使用期内,单纯的混凝土碳化对构件的影响有限,氯盐环境下氯离子侵蚀影响会更大,梁体损伤及施工缺陷(如灌浆不饱满)可能是造成预应力钢束腐蚀的最主要诱因。分析中对T梁梁体预应力钢束的腐蚀开始时间及顺序做了假设,借此量化研究腐蚀发生后梁体承载力的变化。分析表明,T梁梁体承载力可靠度随腐蚀的发生而逐步降低,考虑密集交通的影响,自开始腐蚀起16.6年左右时间即降低为五类桥。

9.3 在役预应力T梁桥试验检测及可靠度评估

选择典型桥梁结合其检测开展研究。该桥建成于2001年，为3×40m的预应力混凝土T形截面简支梁桥，T梁间距为2.4m，横截面由7片T梁组成，T梁高度为2.5m。桥梁全长150.0m，分左右两幅，桥面宽度均为14.45m，整体按双向八车道设计。预应力T梁采用C40混凝土，桥台基础采用圬工结构，桥墩采用C30混凝土。桥位平均空气湿度75%、平均温度25℃。

9.3.1 梁体表观病害情况

大桥梁体主要病害为：梁底局部破损、露筋；梁底混凝土局部离析、不密实；翼板露筋、腐蚀；翼板开裂、渗水、泛碱；湿接缝露筋、腐蚀；横隔板局部破损、露筋、腐蚀。具体病害情况见表9-3。

大桥梁体主要病害 表9-3

位　置	病害种类	具体位置
左幅上部	离析、不密实	第1跨2号梁侧面局部离析、不密实(图9-13)
左幅上部	露筋、腐蚀	第1跨3号、4号梁间靠近1号墩处湿接缝大面积露筋、腐蚀(图9-14)
左幅上部	破损、露筋	第2跨1号梁梁底局部破损、露筋(距2号墩约8m处)(图9-15)
左幅上部	开裂、渗水、泛碱	第3跨2号梁翼板开裂、渗水、泛碱(距2号墩约1m处)(图9-16)，长1m，宽1mm
左幅上部	破损、露筋	第3跨2号、3号梁间横隔板局部破损、露筋(距3号桥台约20m处)(图9-17)
右幅上部	露筋、腐蚀	第1跨1号梁跨中位置翼板露筋、腐蚀(图9-18)

图9-13 梁侧面局部离析、不密实

图9-14 湿接缝大面积露筋、腐蚀

9.3.2 在役预应力混凝土T梁桥专项检测与调研

结合前述研究及所具备的检测设备和条件，主要就以下几方面展开检测或调研：混凝土强度及碳化深度、保护层厚度、钢筋锈蚀、混凝土氯离子含量及交通量。

图 9-15　梁底局部破损、露筋

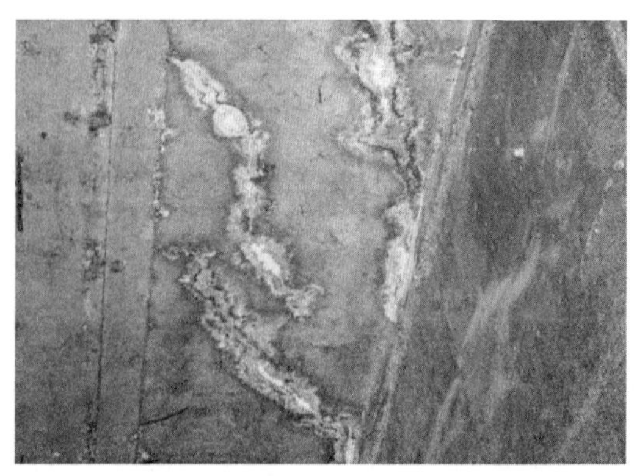

图 9-16　翼板开裂、渗水、泛碱

图 9-17　横隔板局部破损、露筋

图 9-18　跨中位置翼板露筋、腐蚀

1)混凝土强度及碳化深度测试

采用回弹法对构件的混凝土强度进行抽样检测,检测工作参照《回弹法检测混凝土抗压强度技术规程》(JGJ/T 23—2011)的有关规定进行。根据现场实际情况抽取梁板构件进行混凝土强度及碳化深度检测,每构件布置 10 个混凝土回弹测区,混凝土回弹测区均为 200.0mm×200.0mm 正方形,每个测区测试 16 个测点,剔除回弹值中 3 个最大和 3 个最小的测点,取余下 10 个测点的平均值作为该测区的测试结果,并在每个构件中选取 2 个测区测试混凝土碳化深度。混凝土强度检测结果见表 9-4。

混凝土强度检测结果　　表 9-4

构件名称	平均值(MPa)	最小值(MPa)	标准差	平均碳化深度(mm)	强度推定值(MPa)
右幅 1 号测点	50.3	49.6	0.68	2.0	49.6
右幅 2 号测点	50.0	49.4	0.59	2.0	49.4
右幅 3 号测点	58.1	56.1	1.35	3.0	56.1
右幅 4 号测点	58.5	57.6	1.13	3.0	57.6
左幅 1 号测点	44.9	43.2	1.03	5.0	43.2

续上表

构件名称	平均值(MPa)	最小值(MPa)	标准差	平均碳化深度(mm)	强度推定值(MPa)
左幅2号测点	45.3	43.9	1.09	5.0	43.9
左幅3号测点	59.1	57.6	1.03	2.0	57.6
左幅4号测点	59.0	58.0	1.05	2.0	58.0

共抽检桥梁8个构件进行混凝土强度检测,混凝土强度推定值在43.2～58.0MPa之间;抽检构件的混凝土碳化深度为2.0～5.0mm。

2)保护层厚度检测

采用磁感仪对梁中纵向受力钢筋的保护层厚度进行抽检,每座桥梁按规定抽检构件,每个构件各测6个测点,每个点取3个值,计算时取每个区平均值与设计值对比。钢筋保护层厚度检测典型情况见表9-5。

钢筋保护层厚度检测结果　　表9-5

构件位置	保护层厚度实测值(mm)	设计值(mm)	规范规定的允许偏差(mm)	实际偏差(mm)	结论
右幅1号测点	23	35	±5	12	不满足
	28	35		-7	满足
	25	35		-15	不满足
	23	35		-12	不满足
	19	35		-16	不满足
	21	35		-14	不满足
右幅2号测点	24	35		-11	不满足
	21	35		-14	不满足
	28	35		-7	满足
	26	35		-9	不满足
	27	35		-8	不满足
	20	35		-15	不满足
左幅1号测点	24	35		-9	不满足
	23	35		-5	满足
	22	35		-6	满足
	21	35		-9	不满足
	25	35		-8	不满足
	23	35		-4	满足
左幅2号测点	23	35		4	满足
	22	35		9	满足
	24	35		11	不满足
	21	35		-8	不满足
	21	35		-4	满足
	22	35		-2	满足

按照《混凝土结构工程施工质量验收规范》(GB 50204—2015)的要求,纵向受力钢筋保护层厚度的允许偏差:对梁、柱类构件为 ±5mm;大桥共抽检构件的钢筋保护层厚度测点数 48 个,表 9-5 中仅列 24 个点,可得结构钢筋的保护层平均厚度 23.83mm,标准差2.84mm,符合正态分布。根据前述理论可分析得到结构钢筋腐蚀平均开始时间为 20.19 年,标准差为 7.06 年,见图 9-19。大桥建成仅 12 年,结构钢筋腐蚀的可能性较小。以下将通过钢筋锈蚀检测进一步验证。限于测试条件,未测得预应力钢束保护层厚度。

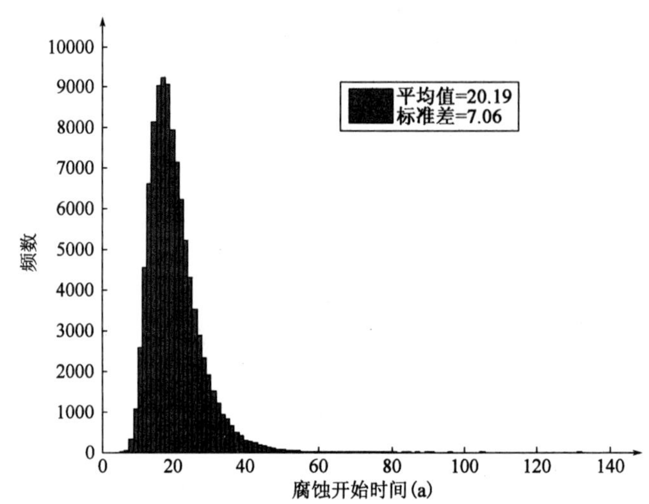

图 9-19 结构钢筋腐蚀平均开始时间分布图

3)钢筋锈蚀检测

采用钢筋锈蚀仪对钢筋的锈蚀情况进行检测。钢筋锈蚀状况的检测主要应用半电池电位法。半电池电位法是利用混凝土中钢筋锈蚀的电化学反应引起的电位变化来测定钢筋锈蚀状态的一种方法。通过测定钢筋/混凝土作为一个电极与在混凝土表面的铜/硫酸铜参考电极之间的电位差,评定钢筋的锈蚀状态。

实测电位值如表 9-6 所示。在第 1、2 跨布置测区进行检测,所测测区 1 锈蚀电位最低值为 -99mV,测区 2 锈蚀电位最低值为 -137mV,测区 3 锈蚀电位最低值为 -112V,根据《公路桥梁承载能力检测评定规程》(JTG/T J21—2011)评定该桥梁钢筋无锈蚀活动性或锈蚀速率很慢。

实测电位值 表 9-6

测区 1		测区 2		测区 3	
测点号	电位(mV)	测点号	电位(mV)	测点号	电位(mV)
1	-52	1	-73	1	-60
2	-28	2	-83	2	-103
3	-30	3	-20	3	-41
4	-64	4	-19	4	-54
5	-99	5	-41	5	-78
6	-83	6	-89	6	-79

续上表

测区 1		测区 2		测区 3	
测点号	电位(mV)	测点号	电位(mV)	测点号	电位(mV)
7	-43	7	-64	7	-53
8	-30	8	-36	8	-80
9	-14	9	-60	9	-112
10	-17	10	-99	10	-80
11	-15	11	-26	11	-81
12	-85	12	-40	12	-79
13	-30	13	-50	13	-61
14	-24	14	-73	14	-98
15	-28	15	-87	15	-28
16	-94	16	-45	16	-78
17	-10	17	-47	17	-63
18	-41	18	-26	18	-39
19	-27	19	-24	19	-108
20	-25	20	-137	20	-54

梁体内预应力钢绞线锈蚀检测采用漏磁检测方法进行试测。其基本原理为用永久磁铁对钢绞线进行磁化,运用组合整磁聚磁元,将磁漏场与磁通量变化信号均化、聚集汇集和导向,用磁敏感元件测量磁场变化,并将其转换成电压信号进行识别,去噪、分析和显示可实现对钢绞线锈蚀缺陷的检测。当钢绞线存在锈蚀缺陷时,缺陷处的空气或其他介质的磁导率的差异导致磁力线在该位置向外扭曲,产生局部漏磁场引发电信号的差异波动。差异波动的大小显示缺陷的位置和锈蚀程度。已有研究表明,检测探头距离受检钢绞线越远,检测的信号越弱,检测的锈蚀缺陷分辨率越低。由于T梁预应力钢绞线埋置较深(13.5cm),漏磁检测装置对于轻微的锈蚀情况无法识别,检测未发现异常。结合经验、桥梁运营年限、外观情况及局部凿开检查,初步判断钢绞线未发生锈蚀。

4)混凝土氯离子含量检测

在梁体第1、2跨边缘局部取三小块混凝土,磨成混凝土粉末样品后,在实验室采用滴定法检测混凝土氯离子含量。经检测,该桥所测3个测区中氯离子含量最高值为0.097%,根据《公路桥梁承载能力检测评定规程》(JTG/T J21—2011)评定该梁体氯离子诱发钢筋锈蚀的可能性很小。

5)典型代表交通量调查

交通量调查主要通过测试断面的交通量观测,得到观测断面的交通量、交通组成、交通运行及其变化规律。12小时连续在大桥的桥头测试截面进行观测,在桥头一侧现场布置现场记录人员观测记录。采用人工计数法统计交通量,按小时分类车辆交通量主要包括以下车辆类型:小汽车,小型载货汽车,3~5t载货汽车,5t以上载货汽车,中、小型公共汽车,大型公共汽车。

大桥单幅12小时交通调查数据见表9-7。12小时调查到汽车6227辆,其中货车占10.42%,客车占89.58%。

大桥12小时交通量调查数据统计表　　表9-7

车　型	数量(辆)	车　型	数量(辆)
大型客车	87	中型货车	118
中型客车	177	小型货车	491
小型客车	5314	合计	6227
大型货车	40		

注:大型客车:载客规定≥20人;中型客车:载客规定≥8人,且≤19人;小型客车:载客规定≤7人;大型货车:载货规定≥4t;中型货车:载货规定>1t,且<4t;小型货车:载货规定≤1t。

典型代表交通量换算见表9-8。

城市道路交通量调查以小汽车为标准的换算系数表　　表9-8

车辆类型	换算系数	车辆类型	换算系数
小汽车	1.0	5t以上载货汽车	2.5
小型载货汽车	1.5	中、小型公共汽车	2.5
3~5t载货汽车	2.0	大型公共汽车	3.0

典型代表交通量 $Q_m = 87 \times 3 + 177 \times 2.5 + 5314 \times 1 + 40 \times 2.5 + 118 \times 2 + 491 \times 1.5 = 7090$(辆)

设计交通量 $Q_d = 1300 \times 2 \times 12 = 31200$(辆)

通过实际调查重载交通桥梁的典型代表交通量、大吨位车辆混入率、轴荷分布,按《公路桥梁承载能力检测评定规程》(JTG/T J21—2011)第7.7.7条,确定交通量影响修正系数值、大吨位车辆混入影响修正系数及轴荷分布影响修正系数。根据现场交通量观测,大桥的交通量未超过设计交通量,因此对应交通量影响修正系数取1.0;实际调查的重量超过汽车检算荷载主车的大吨位车辆的交通量与实际交通量之比小于0.3,对应于大吨位车辆混入率的活载影响修正系数取1.0;大桥后轴重超过汽车检算荷载之最大轴荷小于5%,对应于轴荷分布影响修正系数取1.0。综合计算确定大桥活载影响修正系数为1.0。

9.3.3　在役预应力混凝土T梁桥可靠度分析

根据大桥检测情况,混凝土碳化深度为2.0~5.0mm,小于钢筋保护层厚度,混凝土强度平均值53MPa,桥梁钢筋无锈蚀活动性或锈蚀速率很慢。氯离子含量最高值为0.097%,诱发钢筋锈蚀的可能性很小,判断认为预应力未发生锈蚀,大桥活载影响修正系数为1。根据前述分析方法可得到该桥的抗弯承载力可靠度为7.72,大于承载力可靠度指标5.2,满足规范要求。

9.3.4　在役预应力混凝土T梁桥静载试验对比验证

大桥试验采用30t重车6辆作为试验荷载,加载车辆车型如图9-20所示。

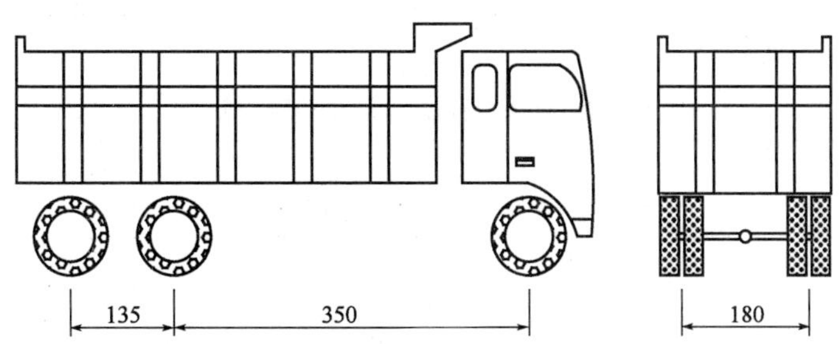

图 9-20 加载车辆车型图(尺寸单位:cm)

静载试验工况包括:

工况Ⅰ:简支T梁跨中截面最大正弯矩正载。

工况Ⅱ:简支T梁跨中截面最大正弯矩偏载。

荷载效率为85% ~103%。

试验工况Ⅰ至工况Ⅱ下测试截面应力见表9-9。

试验荷载作用下测试截面应力及校验系数 表9-9

工况号	测点号	实测值(MPa)①	残余值(MPa)②	弹性值(MPa)③=①-②	理论值(MPa)④	相对残余②/①(%)	校验系数③/④
Ⅰ	1号梁	2.58	0.07	2.51	4.53	2.72	0.55
	2号梁	2.30	0.07	2.23	4.58	3.04	0.49
	3号梁	2.39	0.05	2.34	4.72	2.09	0.50
	4号梁	2.31	0.08	2.23	4.65	3.47	0.48
	5号梁	2.37	0.06	2.31	4.72	2.53	0.49
	6号梁	2.31	0.09	2.22	4.58	3.90	0.48
	7号梁	2.23	0.06	2.17	4.53	2.70	0.48
Ⅱ	1号梁	4.19	0.03	4.16	8.35	0.72	0.50
	2号梁	3.75	0.04	3.71	7.04	1.07	0.53
	3号梁	3.28	0.07	3.21	5.93	2.14	0.54
	4号梁	2.11	0.04	2.07	4.66	1.90	0.44
	5号梁	0.66	0.05	0.61	3.36	7.58	0.18
	6号梁	1.09	0.04	1.05	2.15	3.69	0.49
	7号梁	0.44	0.04	0.40	0.81	9.20	0.49

注:应变单位为$\mu\varepsilon$,应力单位为MPa,应力以受拉为正,受压为负。应变换算为应力的弹性模量取值3.25×10^4MPa;挠度的单位为mm,挠度以向下为正,向上为负;弯矩的单位为kN·m,梁下侧受拉为正,上侧受拉为负。

在荷载作用下,桥跨测试截面应力校验系数在0.18~0.55范围内,测试截面实测应力值均小于理论计算值,测试截面应力校验系数满足相关规范要求;卸载完毕后,桥跨测试截面最大相对残余应力为9.2%,表明试验桥跨工作性能良好,整体处于弹性工作状态。试验桥跨结构强度满足设计荷载要求。

试验工况Ⅰ至工况Ⅱ作用下测试截面挠度及校验系数见表9-10。挠度弹性值与理论值对比如图9-21、图9-22所示。

试验荷载作用下测试截面挠度及校验系数 表9-10

工况号	测点号	实测值(mm)①	残余值(mm)②	弹性值(mm)③=①-②	计算值(mm)④	相对残余②/①(%)	校验系数③/④
Ⅰ	1号	7.13	0.06	7.07	13.28	0.84	0.53
	2号	7.41	0.08	7.33	13.64	1.08	0.54
	3号	7.63	0.11	7.52	13.92	1.44	0.54
	4号	7.83	0.04	7.79	14.04	0.51	0.55
	5号	7.63	0.13	7.50	13.92	1.70	0.54
	6号	7.28	0.09	7.19	13.64	1.24	0.53
	7号	6.88	0.06	6.82	13.28	0.87	0.51
Ⅱ	1号	12.40	0.02	12.38	24.59	0.16	0.50
	2号	11.36	-0.05	11.41	21.08	/	0.54
	3号	9.54	0.03	9.51	17.48	0.31	0.54
	4号	7.83	0.02	7.81	13.81	0.26	0.57
	5号	5.55	0.04	5.51	10.05	0.72	0.55
	6号	3.20	0.02	3.18	6.24	0.63	0.51
	7号	1.24	-0.04	1.28	2.42	/	0.53

注:表中“/”代表相对残余为负值或测点数据异常。

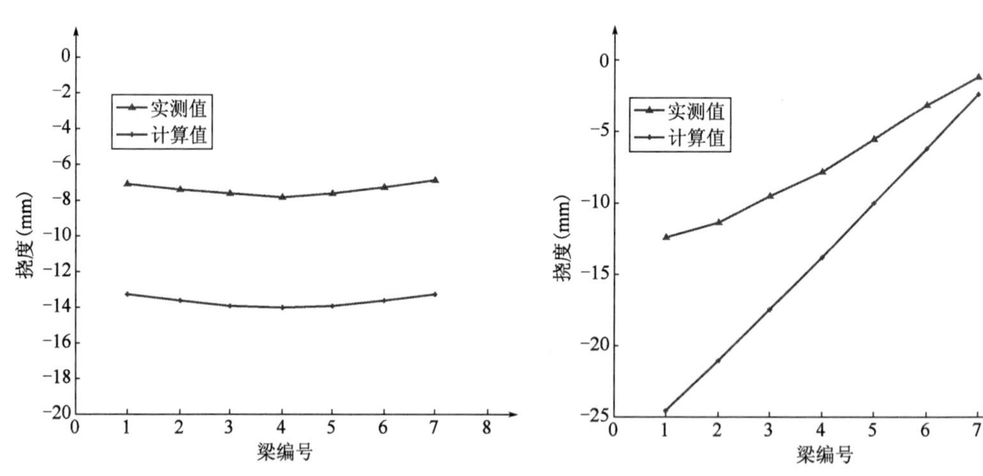

图9-21 工况Ⅰ挠度弹性值与理论值对比图

图9-22 工况Ⅱ挠度弹性值与理论值对比图

在荷载作用下,桥跨测试截面挠度校验系数在0.50~0.57范围内,测试截面实测挠度值均小于理论计算值,测试截面挠度校验系数满足相关规范要求;卸载完毕后,桥跨测试截面最大相对残余挠度为3.23%,在卸载后具有较好的变形恢复能力,整体处于弹性工作状态。试验桥跨结构刚度满足设计荷载要求,在卸载后具有较好的变形恢复能力,整体处于弹性工作状态,与前述结构可靠度分析结果相吻合。

9.4 提高预应力梁体耐久性的技术措施

为防止腐蚀对桥梁结构带来的不利影响,可结合环境条件对混凝土的配比进行特殊设计,同时控制和保证预应力钢束的保护层厚度满足规范要求,预应力钢束的锚固端应有可靠的防腐措施。混凝土表面设置分布钢筋控制裂缝宽度。桥梁混凝土构件表面增加防腐涂层,确保混凝土免受腐蚀。此外,应定期检查评估桥梁技术状况,及时采取维护和加固措施。

当前,桥梁结构中阻止预应力钢束锈蚀最常见的措施有环氧涂层预应力钢绞线、预应力筋阴极保护以及阻锈剂。然而,阴极保护成本高,限制了其在桥梁中的应用。而环氧涂层预应力钢绞线难以确保表面涂层的完好性,应用后往往会出现严重的局部腐蚀。以下技术可一定程度上保护钢绞线,减缓腐蚀的发生。

1)钢筋阻蚀剂

传统的无机阻锈剂环境污染严重,容易产生点蚀。有机阻锈剂以"吸附"和"隔离"为主要作用机理,提高分子与钢筋的吸附稳定性,吸附后对侵蚀介质的隔离以提高其阻锈效率。通过吸附基团的电荷状态、分子侧链空间位阻等分子参数的科学调控,提高阻锈剂的阻锈效果。阻锈剂掺量提高,钢筋的腐蚀电流密度随之降低,目前已开发的阻锈剂最高阻锈效率可达到99%。在一定浓度范围内,阻锈剂在钢筋表面的吸附可用Langmuir单层等温吸附式拟合,阻锈剂分子与钢筋的吸附自由能可达 -40kJ/mol,是较为稳定的化学吸附。有机阻锈剂已在以崇启大桥为代表的我国桥梁工程中得到推广应用。

2)混凝土外防护技术

服役于恶劣环境和长期高湿状态下的桥梁结构混凝土,除了从混凝土本身微结构调控来提升基体耐久性外,近年来利用外部涂层防护,被证明是提升混凝土耐久性的重要手段。

有机高分子涂层具有防护性能高,完全阻隔外界侵蚀性介质的渗透,力学性能优异和施工简便等显著特点。醇酸树脂、环氧树脂、丙烯酸树脂和聚氨酯等有机高分子涂层材料,已在众多桥梁工程中得到了广泛的应用。但是作为一种有机高分子材料,其与混凝土界面,尤其是潮湿基面的相容性、自身的耐候性不足。另外,有机高分子涂层的VOC污染也越来越被全社会所重视。因此,有机高分子防护涂层的研究与开发主要集中在实现长效化、绿色化和功能化。在这几个方面,国外相关研究与产品开发较早。例如,佐敦公司在水性(绿色化)重防腐涂层方面、阿克苏-诺贝尔公司在硅氧烷(高耐候性)防护涂层方面都实现了较大进步。佐敦公司的水性重防腐体系通过了NORSOK标准实验室认可,完成了盐雾试验72h + 干燥16h + UV-A340nm人工老化试验80h,1个循环为168h,总共25个循环4200h的试验。国内在相关技术方面近几年来逐步开始重视和发展。

传统无机涂层材料以水玻璃或硅溶胶等为主要基料,利用硅酸盐成膜固化的原理,在钢筋混凝土表面形成 -Si-O-Si- 结构的保护性涂层,从而阻止水分和侵蚀性介质与钢筋混凝土表面直接接触并发生传输。新型无机涂层材料主要以钙硅型或硅铝型硅酸盐无机聚合物为主要基料,利用碱激发活性矿物掺和料生成水硬性胶凝材料的原理,在钢筋混凝土表面形成

–Si–O–Si–，–Si–O–Al–，–Si–O–Al–O–Si–或–Si–O–Al–O–Si–O–Si–结构的保护性涂层，从而保护钢筋混凝土免受侵蚀性介质的腐蚀作用。目前，发达国家十分重视绿色高性能无机涂料的制备技术、性能评价与生产应用。例如，德国 Keim 公司与美国 Chemcrete 公司均已成功开发相应防腐无机涂层材料。因此，从绿色环保、高耐久性与性价比的角度来看，未来无机涂料将展现出明显的社会经济效益与广阔的应用前景。

9.5 小结

本章主要对在役预应力混凝土空心板桥、T 形梁桥承载力时变可靠度展开分析。

针对空心板的分析表明，抗弯承载力、结构可靠度随腐蚀损失率的增加而降低，预应力筋一旦锈蚀，抗弯承载力、可靠度急剧下降。在预应力筋腐蚀后 3～5 年时间，预应力混凝土梁抗弯承载力就可能低于设计荷载效应；若不采取任何措施加以维护，则结构自预应力筋腐蚀开始至降低为五类桥仅需 9 年左右时间。若考虑汽车荷载的增长影响，则仅需 7 年时间。

与空心板桥比较可见，由于 T 梁的后张法预应力及其截面尺寸设计，预应力钢束分层布设，预应力钢束的保护层厚度较大，在设计使用期内，单纯的混凝土碳化对构件的影响有限，氯盐环境下氯离子侵蚀影响会更大，梁体损伤及施工缺陷（如灌浆不饱满）可能是造成预应力钢束腐蚀的最主要诱因。分析中对 T 梁梁体预应力钢束的腐蚀开始时间及顺序做了假设，借此量化研究腐蚀发生后梁体承载力的变化。分析表明，T 梁梁体承载力可靠度随腐蚀的发生而逐步降低，考虑密集交通的影响，自开始腐蚀起 16.6 年左右时间即降低为五类桥。比较而言，T 梁桥的可靠性更有保障。

实桥试验研究中，从试验结果判断，预应力钢束未发生腐蚀。但限于仪器条件，未对管道灌浆饱满情况、预应力钢束的腐蚀及有效预应力进行测试。按前述理论分析，该桥的抗弯承载力可靠度为 7.72，大于承载力可靠度指标 5.2，满足要求。静载试验结果也验证了这一点。试验桥跨结构刚度满足设计荷载要求。在卸载后具有较好的变形恢复能力，整体处于弹性工作状态。

本章参考文献

[1] 孙红尧，李森林. 混凝土用钢筋阻锈剂的现状及展望[J]. 中国建筑材料联合会混凝土外加剂分会第十四次会员代表大会——“科隆杯”混凝土外加剂论文集（下册），2014：304-313.

[2] 鲍传富，苏新国，韦静. 钢筋混凝土锈蚀破坏修复方法及钢筋阻锈剂的研究[J]. 公路交通科技（应用技术版），2009(1)：116-118.

[3] 严恒，蒋鹤，周永祥，等. 表面涂层防护技术对混凝土耐久性能的影响研究[J]. 2018 世界交通运输大会论文集，2018：1588-1594.

10 在役预应力混凝土梁桥数据库及安全评估软件开发

本章旨在研究开发在役预应力混凝土梁桥病害数据库,并结合第 8 章研究完善安全评估程序。采用 MySQL 网络数据库,Java 和 SQL yogEnt 等技术和工具,开发数据库

使用数据库技术管理数据有很明显的优点:数据冗余少,可以对数据的一致性和完整性统一控制,实现了数据共享、能快速地查找等。在预应力混凝土梁桥病害管理中,需要处理大量的数据。这些数据量非常庞大,若不能处理和保存好,极易造成遗漏或数据丢失,因而我们采用了数据库技术来管理在役预应力混凝土梁桥数据。

10.1 数据库及评估程序的总体架构

桥梁的病害信息数据库是整个桥梁管理系统的核心,其他的系统模块以它为基础进行接下来的相关工作。本设计的系统主要模块有:桥梁基本信息数据库模块、桥梁病害数据库模块、桥梁养护资料数据库模块、桥梁未来病害对比模块和桥梁安全评估模块。

1)基本信息数据模块

系统的基本数据模块将桥梁数据分为基本数据、桥梁几何数据、结构形式数据、水文地质数据四大类模块,并可加入桥梁的设计图纸,以加深使用者对于桥梁实际形式与环境现况的认知。基本信息模块目前可进行桥梁特性分析、桥龄、桥梁长度、结构形式、桥梁状况查询等多项功能。

2)桥梁病害数据模块

完整病害信息是整个桥梁信息管理系统的核心,用户可以快速方便地输入、编辑及查询桥梁的各项数据,以及进行相关分析。病害检测分为专项检测与外观检测,外观检测是对桥梁现况的管理方式之一,透过检测员的专业知识与经验取得桥梁的使用现况与构件劣化状况后,可用以鉴定该桥与原设计的结构性能及承载能力的差异,并可判断桥梁能否满足目前及未来的交通需要,从而协助主管机关进行桥梁维护、整建或重建的决策,作为日后维护作业及预算编列的依据。

专项检测包括无损检测、静载试验、动载试验等。无损检测又包括混凝土强度检测、裂缝检测、钢筋锈蚀、钢束锈蚀、碳化、氯离子含量等。

进行检测之前必须拟定完整的检测准则与方法,并对检测人员进行全面的训练,检测工作主要是将桥梁的各种缺陷现象依照评估准则,填写至检测评估表上,在检查完成后,而进行桥梁检测数据的输入与编辑。另外检测完成后,汇整并打印成报告,为检测数据的工作之一。本模块便以上述的作业程序为基础,提供下列功能:

(1)输入或编辑桥梁病害数据

当桥梁检测进行完毕之后,可将检测得到的病害数据输入系统中,亦可于系统中编辑原有的病害数据,以便往后进行各项分析或决策工作。

(2)打印现有病害数据报告

在病害数据输入或编辑完毕后,使用者可打印所需的病害数据,汇总整理成病害数据报告。

3)桥梁养护资料模块

桥梁养护资料模块的功能在于管理及监控桥梁维护工作,便于发现桥梁劣化的趋势,若发现维修工作的频率异常,或服务年限过短,桥梁管理单位便可针对此一现象深入探讨其成因,以做出适当的决策,避免不必要的花费。维修记录可分为两部分:

(1)检测报告建议的维护工作记录

记录各座桥梁在进行检测之后,检测报告所建议维护工作的方法与急迫性,以及经过维修成本估算所得的维修经费,作为日后桥梁管理、监控及维修等工作的依据。

(2)桥梁实际维护工作记录

此为每座桥梁维修、改建历史数据的记录,数据内容需包括改善构件、改善时间、经费使用,用以提供用户完整信息,了解每一改善方案的背景、内容及经费使用等,使管理者可以参考此项数据,在短时间内拟订其他改善方案。

4)桥梁病害对比模块

根据检测单位检测回来的数据进行逐年对比分析,分析哪些裂缝是新产生裂缝、以前所产生的裂缝宽度有无增加等,能使管养单位一目了然,另外对检测单位在以后的定期检查中能让他们做到重点应该检测哪些地方的病害,能及时反馈给管养单位进行及时处理,消除桥梁的安全隐患。

5)桥梁安全评估信息模块

根据检测单位所测的数据,对数据进行入库,并能根据病害情况对该桥梁进行安全评估等相关操作,包括前述研究的时变可靠度安全评估方法以及规范安全评估方法,同时对同一座桥梁进行安全评估,最后得出结论,使管养单位对该桥结构安全性有充分的认识,起到相互印证的作用。

10.2 数据库及评估软件开发

在役预应力混凝土梁桥数据库系统能够用于普通用户登录,该功能只能查询该系统,另外还能以管理员身份进入该系统,能随意管理该桥梁信息和病害分析信息系统。管理员可以向数据库添加、修改和删除桥梁信息和病害信息。用户可以自行注册有效合法的用户名,进行有效的身份验证登录后,选择进入数据浏览模块系统,并在规范的要求下进行查询操作。用户进行有效的身份验证登录后,选择进入病害分析模块系统,并在系统的提示下选择桥梁病害,查看成因及处理建议等操作。另外病害对比系统可以通过将一座桥梁的裂缝、挠度、钢筋锈蚀等情况进行归纳整理,能使用户对该桥梁近几年的病害情况一目了然。

安全评估系统能够通过检测单位的实测病害以及数据,同时使用两种不同的方法对桥梁做安全状态评估,对管养部门的决策性建议起着至关重要的作用。

10.2.1 系统功能结构图的介绍

在役预应力混凝土梁桥管理系统的病害信息功能结构图如图 10-1 所示。

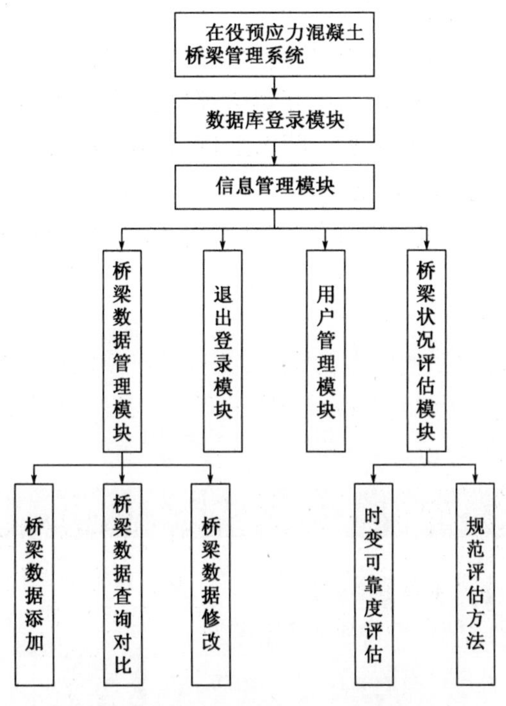

图 10-1 管理系统病害信息功能结构图

10.2.2 数据库及详细设计

详细设计是整个设计中最重要的步骤。接下来就从如下几个部分对该数据库进行详细设计:

1)该系统的用户注册界面设计与登录界面设计

用户界面开发采用 Java 等软件开发,并使界面达到美观的效果。

用户界面分为一般用户和 admin 用户两大类,其中一般用户需要先进行用户注册,才能登录。注册界面如图 10-2 所示。

登录界面图如图 10-3 所示。

2)数据库中相关数据表的设计

桥梁相应的基本数据表结构如表 10-1 所示。养护资料相应的数据表结构如表 10-2 所示。相应的病害情况数据表结构如表 10-3 所示。

用户注册

用户名：123456 *用户名未被占用。

密码：

重复密码：

姓名：

年龄：20

单位：

职务：

职称：

电话：

手机：

QQ：

E_Mail：

会员类型： 普通会员 管理员

个人简介：

确定注册 重置 返回主页

图 10-2 用户的注册界面

图 10-3 用户的登录界面

桥梁相应的基本数据表结构 表 10-1

字段名	类型	初值	说明
Abid	*int*(4)	—	桥梁编号
Iname	*nvarchar*(50)	—	桥名
Type	*nvarchar*(50)	—	桥型
Province	*nvarchar*(50)	—	省份
City	*nvarchar*(50)	—	城市
County	*nvarchar*(50)	—	区县
Address	*nvarchar*(50)	—	地名

续上表

字 段 名	类 型	初 值	说 明
River	*nvarchar*(50)	—	流域
Roadgrade	*nvarchar*(50)	—	道路等级
Loadgrade	*nvarchar*(50)	—	荷载等级
Supportform	*nvarchar*(50)	—	支座类型
Cwidth	*nvarchar*(50)	—	净宽
Length	*nvarchar*(50)	—	全长
Fullwidth	*nvarchar*(50)	—	全宽
Hengpo	*nvarchar*(50)	—	横坡
Zongpo	*nvarchar*(50)	—	纵坡
jointform	*nvarchar*(50)	—	伸缩缝类型
Brailingstructure	*nvarchar*(50)	—	栏杆结构
Bridgeelevation	*nvarchar*(50)	—	桥墩高程
Seismicgrade	*nvarchar*(50)	—	抗震等级
Construction	*nvarchar*(50)	—	建设单位
Designfirm	*nvarchar*(50)	—	设计单位
Supervisefirm	*nvarchar*(50)	—	监理单位
Buildfirm	*nvarchar*(50)	—	施工单位
Monitorfirm	*nvarchar*(50)	—	监控单位
Detectfirm	*nvarchar*(50)	—	检测单位
Managefirm	*nvarchar*(50)	—	管理单位
Bbtime	*datetime*(8)	—	开工时间
Bbtime	*datetime*(8)	—	竣工时间
Bspantype	*nvarchar*(50)	—	桥跨布置
Deckelevation	*nvarchar*(50)	—	桥面高程
Bezhuanghao	*nvarchar*(50)	—	起止桩号
Geocondition	*nvarchar*(50)	—	地质条件
Maxtemp	*nvarchar*(50)	—	最高温度
Mintemp	*nvarchar*(50)	—	最低温度
Dwlevel	*nvarchar*(50)	—	设计水位
Nwlevel	*nvarchar*(50)	—	通航水位
Channelgrade	*nvarchar*(50)	—	航道等级

续上表

字段名	类型	初值	说明
Pwlevel	*nvarchar*(50)	—	常年水位
Maxwind	*nvarchar*(50)	—	极端风速
Humidity	*nvarchar*(50)	—	湿度
Security level	*nvarchar*(50)	—	安全等级
Yavrainfall	*nvarchar*(50)	—	年平均降雨量
Dfloodfreq	*nvarchar*(50)	—	设计洪水频率
Dcarspeed	*nvarchar*(50)	—	设计车速
Navigategrade	*nvarchar*(50)	—	通航等级

养护资料相应的数据表结构 表 10-2

字段名	类型	初值	说明
Curingtime	*int*(4)	—	养护时间
Curingtype	*nvarchar*(50)	—	养护类型
Cbtime	*datetime*(8)	—	开工时间
Cetime	*datetime*(8)	—	开工时间
Curingreason	*nvarchar*(50)	—	养护原因
Curingscope	*nvarchar*(50)	—	工程范围
Curingcost	*nvarchar*(50)	—	工程费用
Coform	*nvarchar*(50)	—	建设单位
Coform	*nvarchar*(50)	—	设计单位
Coform	*nvarchar*(50)	—	施工单位

相应的病害情况数据表结构 表 10-3

字段名	类型	初值	说明
Dtype	*nvarchar*(50)	—	病害类型
Dftime	*datetime*(8)	—	发现时间
Dlocation	*nvarchar*(50)	—	病害位置
Ddescription	*nvarchar*(50)	—	病害情况
Dreason	*nvarchar*(50)	—	可能原因
Devaluation	*nvarchar*(50)	—	综合评定
Dremark	*nvarchar*(50)	—	备注
Dwhethermend	*nvarchar*(50)	—	是否修补
Dmendfee	*nvarchar*(50)	—	维修费用

续上表

字 段 名	类　型	初　值	说　明
Btime	*datetime*(8)	—	开工时间
Etime	*datetime*(8)	—	竣工时间
Dmendower	*nvarchar*(50)	—	建设单位
DmendDesform	*nvarchar*(50)	—	设计单位
DmendBulform	*nvarchar*(50)	—	施工单位
DSQuality	*nvarchar*(50)	—	结构质量
DAppearanceQ	*nvarchar*(50)	—	外观质量

其中病害位置主要有：翼墙、耳墙，锥坡、护坡，墩台及基础，横梁、主梁，支座系统，桥面板，桥面铺装，伸缩缝，栏杆和护栏，照明、桥面标志，排水设施以及调治构造物等。

3）一般用户和 admin 用户

（1）一般用户

一般用户有权在数据浏览模块按桥名、省份、流域、材料、结构形式、病害位置对桥梁进行搜索，可以查看某个桥的基本信息、基本病害以及建议措施等，可以在病害分析模块，查看各类桥的病害分析选项，不能生成报告。

（2）admin 用户

admin 用户有权在数据浏览模块按桥名、省份、流域、材料、结构形式、病害位置对桥梁进行搜索，可以查看某个桥的所有信息，并可以随意进行修改和信息的添加。可以在病害分析模块，查看各类桥所属部位的病害，并生成关于病害的成因及处理建议的报告，还可以对桥梁分类、病害所属位置及病害的报告进行修改、添加。还可以使用病害评价模块，并进行修改和添加。

10.2.3　在役预应力混凝土梁桥的病害数据库演示

本节主要选取了重庆某预应力混凝土梁桥作为实例，其病害数据由某检测单位提供，其主要添加、查询、修改、保存等功能具体如下：

（1）admin 用户登录，具体如图 10-4 所示。

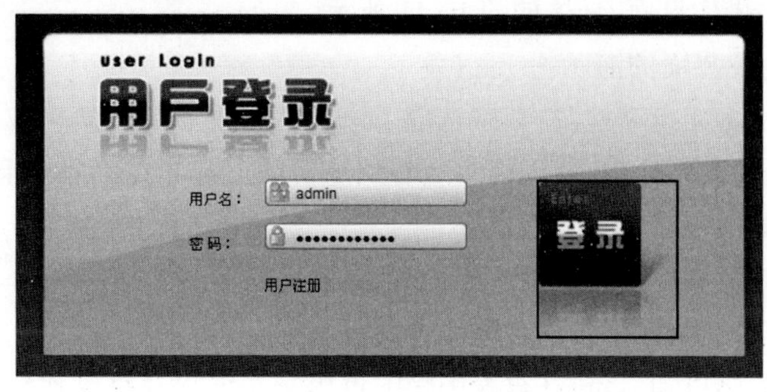

图 10-4　登录界面

(2)添加的相关界面,具体如图 10-5 所示。

图 10-5　添加功能界面

(3)按照步骤(2),点确定添加,出现基本信息的相关输入界面,具体如图 10-6 所示。

(4)病害情况的相关输入界面,具体如图 10-7 所示。

(5)养护资料的相关输入界面,具体如图 10-8 所示。

(6)查询界面,如图 10-9 所示。

(7)修改的相关输入界面,具体如图 10-10 所示。

(8)删除的相关操作界面,具体如图 10-11 所示。

(9)历年病害对比界面的演示:

对某桥梁进行了多年定期检测,其中选取了该桥的连续 5 年的病害数据,用于对裂缝、挠度、钢筋锈蚀情况进行总结对比,使人能直观看到该桥梁近几年的病害信息,该系统数据的录入和相关界面操作如图 10-12 所示。

该界面更能直观反映出该桥梁近 5 年的病害信息,并对新增加的病害一目了然,对近 5 年病害信息进行归纳总结,为接下来的预测病害奠定基础。

根据实际检测数据可知,该桥在每跨中跨附近出来裂缝以及挠度比较大。为了预测该桥未来的病害,下面结合模型来预测分析该桥的未来病害。

基本信息 养护资料 病害情况 请输入 东安梁桥 要添加的信息

一般信息

桥名	东安梁桥	桥型	预应力混凝土连续箱梁	通航水位	/
省份	重庆市	地(市)	重庆市	区县	城口县
地名	S301	极端风速	/	道路等级	一级
流域	/	荷载等级	汽车—20级，挂车—100级	通航等级	/
伸缩缝类型	型钢伸缩缝	栏杆总长	130m	栏杆结构	钢筋混凝土型
引坡挡墙类型	/	抗震等级	/	安全等级	I级
设计单位	/	监理单位	/	施工单位	/
检测单位	陕西海峡	建设单位	城口县公路养护管路局	湿度	
开工时间	1996-05-09	竣工时间	1997-03-07	设计车速	60km/h
常年水位	/	起止桩号	/	航道等级	/
地质条件		最高温度	42	最低温度	-5
设计水位		年平均降雨量		设计洪水频率	

上、下部结构

梁高	1.5m	柱高		桥面铺装类型	水泥混凝土
桥跨布置	2×30.0m	桥墩类型	双柱式	支座类型	2，桥墩处支座为盆式支座

全长 65.0m 全宽 10m 净宽 8m 纵坡 10‰ 横坡 1.5%

桥梁设计图

[+]上传文件: 浏览… 未选择文件。

保存 更新 返回

图 10-6 基本信息界面

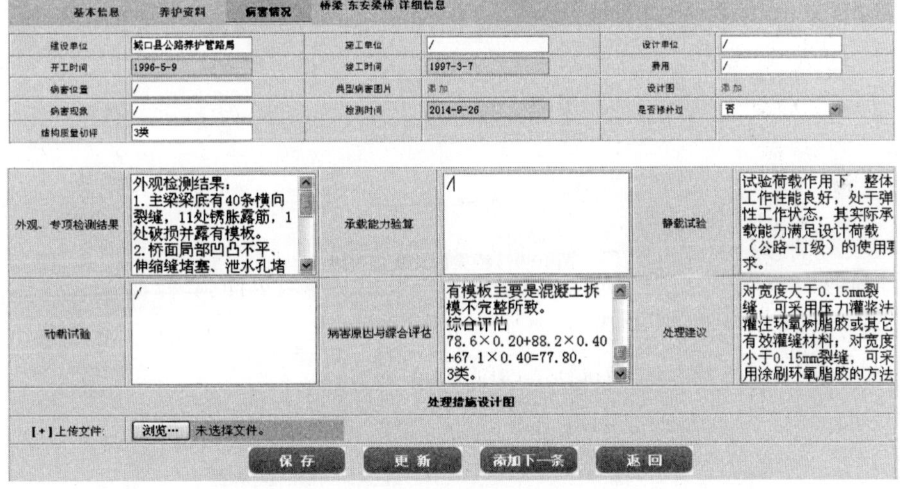
基本信息 养护资料 病害情况 桥梁 东安梁桥 详细信息

建设单位	城口县公路养护管路局	施工单位	/	设计单位	/
开工时间	1996-5-9	竣工时间	1997-3-7	费用	/
病害位置	/	典型病害图片	添加	设计图	添加
病害现象	/	检测时间	2014-9-26	是否修补过	否
结构质量初评	3类				

外观、专项检测结果	外观检测结果：1.主梁梁底有40条横向裂缝，11处锈胀露筋，1处破损并露有模板。2.桥面局部凹凸不平、伸缩缝堵塞、泄水孔堵	承载能力验算	/	静载试验	试验荷载作用下，整体工作性能良好，处于弹性工作状态，其实际承载能力满足设计荷载（公路-II级）的使用要求。
动载试验	/	病害原因与综合评估	有模板主要是混凝土拆模不完整所致。综合评估 78.6×0.20+88.2×0.40+67.1×0.40=77.80，3类。	处理建议	对宽度大于0.15mm裂缝，可采用压力灌浆并灌注环氧树脂胶或其它有效灌缝材料；对宽度小于0.15mm裂缝，可采用涂刷环氧脂胶的方法

处理措施设计图

[+]上传文件: 浏览… 未选择文件。

保存 更新 添加下一条 返回

图 10-7 病害情况界面

(10)病害分析的相关界面，如图 10-13 所示。

(11)原因分析的相关界面，如图 10-14 所示。

(12)退出系统的相关操作界面，如图 10-15 所示。

以上就是预应力混凝土梁桥的病害数据库操作演示，可以根据在役预应力混凝土梁桥类型的不同，分别对在役预应力混凝土空心板桥、在役预应力混凝土 T 梁桥、在役预应力混凝土连续箱梁桥、在役预应力混凝土连续刚构桥的病害特点进行分析总结，该部分数据库主要有三大模块：桥梁基本信息数据库模块、桥梁病害数据库模块、桥梁养护资料数据库模块，更能让管养单位掌握桥梁的病害信息和养护情况等。

基本信息 | 养护资料 | 病害情况　　请输入 东安梁桥 要添加的信息

设计单位	/	建设单位	城口县公路养护管路局	养护类型	定期养护
开工日期	1996-05-09	竣工日期	1997-03-07	工程费用	/
养护时间(天)	7	施工单位	/	养护单位	城口县交通委员会
基本情况	桥台渗水，桥墩、台帽处开裂。 3）桥面系 桥面局部凹凸不平、伸缩缝堵塞、泄水孔堵塞、桥面铺装磨光。	养护原因	/	养护措施	对宽度大于0.15mm裂缝，可采用压力灌浆法灌注环氧树脂胶或其它有效灌缝材料，对宽度小于0.15mm裂缝，可采用涂刷环氧脂胶的方法

添加病害照片

[+]上传文件：浏览… 未选择文件。

保 存　更 新　添加下一条　返 回

图 10-8　养护资料界面

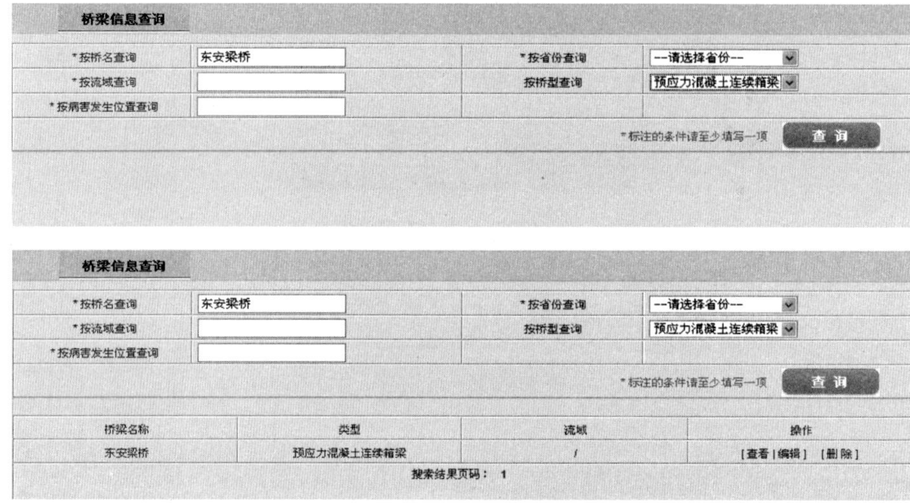

图 10-9　桥梁信息查询界面

基本信息 | 养护资料 | 病害情况　　桥梁 东安梁桥 详细信息

一般信息

桥名	东安梁桥	桥型	预应力混凝土连续箱梁	通航水位	/
省份	重庆市	地(市)	重庆市	区县	城口县
地名	S301	极端风速	/	道路等级	一级
流域	/	荷载等级	汽车—20级，挂车—100级	通航等级	/
伸缩缝类型	型钢伸缩缝	栏杆总长	130m	栏杆结构	钢筋混凝土型
引坡挡墙类型	/	抗震等级	/	安全等级	I级
设计单位	/	监理单位	/	施工单位	/
检测单位	陕西海嵘	建设单位	城口县公路养护管路局	湿度	
开工时间	1996-5-9	竣工时间	1997-3-7	设计车速	60km/h
常年水位	/	起止桩号	/	航道等级	/
地质条件		最高温度	42	最低温度	-5
设计水位		年平均降雨量		设计洪水频率	

上、下部结构

梁高	1.5m	柱高		桥面铺装类型	水泥混凝土
桥跨布置	2×30.0m	桥墩类型	双柱式	支座类型	桥台处支座为板式支座，桥墩处支座为盆式支座

全长	65.0m	全宽	10m	净宽	8m	纵坡	10‰	横坡	1.5%

桥梁设计图

编 辑　返 回

图 10-10　基本信息修改界面

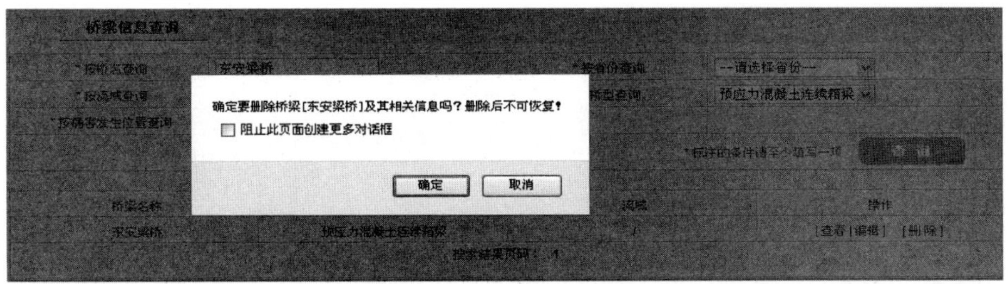

图 10-11　桥梁信息删除界面

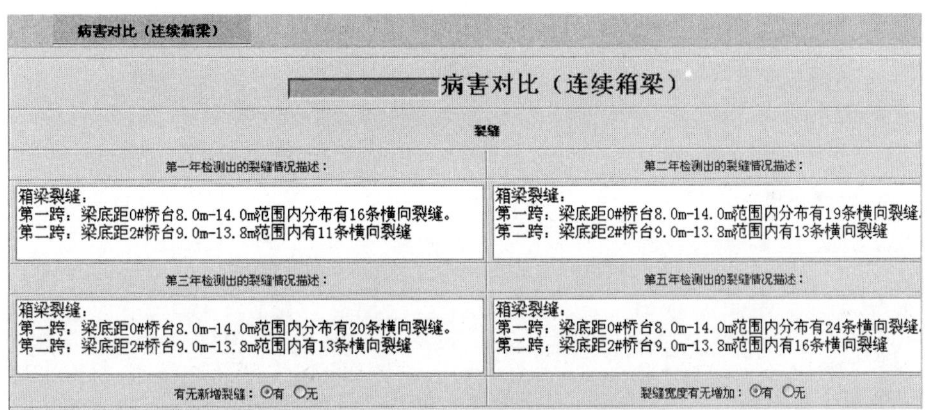

图 10-12　某桥历年病害对比界面

图 10-13　病害分析管理界面

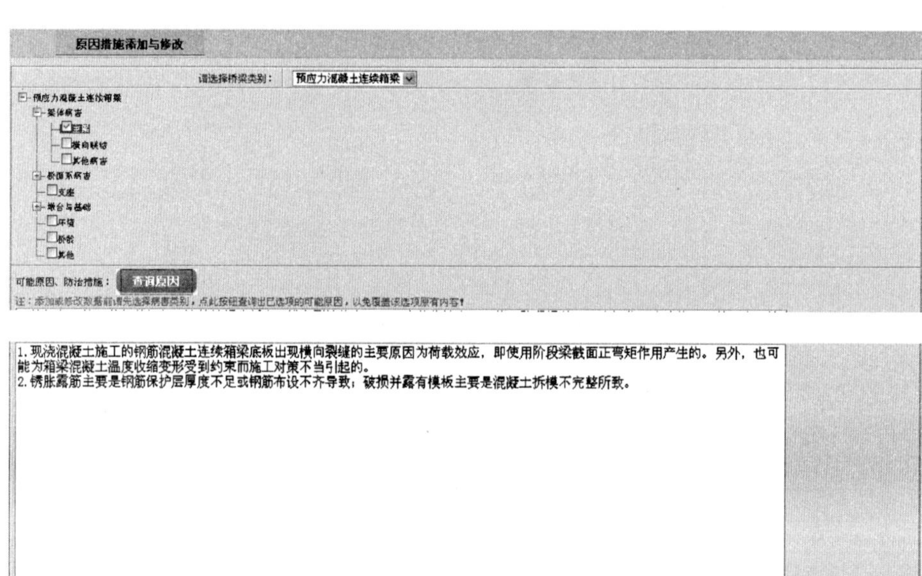

图 10-14　原因分析界面

10.2.4　安全评估程序界面的演示

1）规范界面

以某桥为例，根据该桥经检测单位外观检查回馈的病害信息，根据《公路桥涵养护规范》（JTG H11—2004），使用规范评估方法得到该桥的上部结构 SPCI 值为 72.27，下部结构 SBCI

值为 84.36,桥面系 BDCI 值为 79.87,全桥总体得分为 78.63,为三类桥梁。则具体演示界面如下:

根据检测得到的病害情况,上部承重构件的得分值及相关界面如图 10-16 所示。

由于该桥无上部一般构件,其上部一般构件的得分值及相关界面如图 10-17 所示。

根据检测的病害情况,由于该桥共有 8 个钢支座,支座系统的得分值及相关界面如图10-18所示。

另外还做了橡胶支座和混凝土摆式支座系统界面,分别如图 10-19 所示。

根据检测的病害情况,由于该桥的桥墩为 3 个构件,桥墩的得分值及相关界面如图 10-20 所示。

根据检测的病害情况,桥台的得分值及相关界面如图 10-21所示。

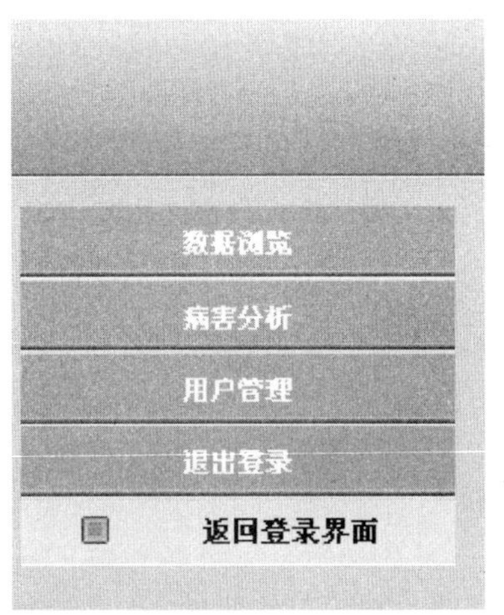

图 10-15 退出界面

上部承重构件 上部一般构件 支座 桥墩 桥台 墩台基础 下部结构其他部件 水泥混凝土铺装 伸缩缝装置 桥面系其他部件 桥梁技术状况评定

病害构件数	4	1
构件数n	4	9.5
部件平均值	72.19	部件得分
构件最低得分	64.39	68.44
i	PMCIi	
1	64.39	注意:i<=n
2	80.00	
3	80.00	
4	64.39	
5		
6		
7		
8		
9		
10		

损坏评价标准												
构件编号	序号	损坏类型	病害描述						单项扣分值	PMCIi	扣分值排序	Ux
				1	2	3	4	5				
	1	蜂窝、麻面	程度	完好	较大面积	大面积			20		25	25
			扣分值	0	20	35					20	
	2	剥落、掉角	程度	完好	局部	较大范围	大范围		25			10.61
			扣分值	0	25	40	50					
	3	空洞、孔洞	程度	完好	局部	较大范围	大范围					
			扣分值	0	25	40	50					
	4	混凝土保护层厚度	程度	完好	符合要求	不足	严重不足					
			扣分值	0	25	40	50					
	5	钢筋锈蚀	程度	完好	轻微锈蚀	表面沿筋开裂或有锈迹	锈蚀引起砼剥落、钢筋裸露	大量锈蚀引起砼剥落、钢筋锈断				
			扣分值	0	35	45	60	100				
	6	混凝土碳化	程度	完好	少量碳化	局部碳化深度大于砼保护层厚度	全部测点碳化					
1-1			扣分值	0	25	40	50			64.39		
	7	混凝土强度	程度	良好	较好	较差	很差	非常差				
			扣分值	0	36	45	60	100				
	8	跨中挠度	程度	完好	不明显	挠度小于限值	挠度接近限值	挠度大于变形				
			扣分值	0	35	45	60	100				
	9	结构变位	程度	完好	不明显	横向连接件松动、纵缝开裂较大	边梁横移或外倾、振动摇晃明显	横向位移严重、振动或摇晃显著				
			扣分值	0	35	45	60	100				
	10	预应力构件损伤	程度	完好	无明显缺陷	极个别断丝	部分钢绞线断裂或失效	钢绞线大量断裂、梁板严重变形				
			扣分值	0	35	45	60	100				
	11	裂缝	程度	完好	局部网裂或主梁少量轻微开裂	大面积网裂或主梁较多裂缝,缝宽未超限	主梁较多裂缝,缝宽超限	大量结构裂缝,缝宽严重超限				
			扣分值	0	35	45	60	100				
											合计	35.61

图 10-16 某桥上部承重构件得分值界面

根据检测的病害情况,墩台基础的得分值及相关界面如图 10-22 所示。

该桥耳墙、翼墙共 4 个构件,河床共一个构件,经检测均无明显病害,另外该桥没有锥坡、护坡,没有调治构造物。该桥下部结构其他构件(主要有耳墙、翼墙,锥坡、护坡,河床和调治构造物)的得分值及相关界面如图 10-23 所示。

根据检测的病害情况,该桥桥面铺装的得分值及相关界面如图 10-24 所示。

根据检测的病害情况,伸缩缝装置的得分值及相关界面如图 10-25 所示。

上部承重构件 上部一般构件 支座 桥墩 桥台 墩台基础 下部结构其他部件 水泥混凝土铺装 伸缩缝装置 桥面系其他部件 桥梁技术状况评定

病害构件数	0	t
构件数n		
部件平均值		部件得分
构件最低得分		
i	PMCIi	
1		注意：i<=n
2		
3		
4		
5		
6		
7		
8		
9		
10		

损坏评价标准												
构件编号	序号	损坏类型	病害描述						单项扣分值	PMCI	扣分值排序	Ux
				1	2	3	4	5				
	1	蜂窝、麻面	程度	完好	较大面积	大面积						
			扣分值	0	20	35						
	2	剥落、掉角	程度	完好	局部	较大范围	大范围					
			扣分值	0	25	40	50					
	3	空洞、孔洞	程度	完好	局部	较大范围	大范围					
			扣分值	0	25	40	50					
	4	混凝土保护层厚度	程度	完好	符合要求	不足	严重不足					
			扣分值	0	25	40	50					
	5	钢筋锈蚀	程度	完好	轻微锈蚀	表面沿筋开裂或有锈迹	锈蚀引起砼剥落、钢筋裸露	大量锈蚀引起砼剥落、钢筋锈断				
			扣分值	0	35	45	60	100				
	6	混凝土碳化	程度	完好	少量碳化	局部碳化深度大于砼保护层厚度	全部测点碳化					
			扣分值	0	25	40	50					
	7	混凝土强度	程度	良好	较好	较差	很差	非常差				
			扣分值	0	35	45	60	100				
	8	跨中挠度	程度	完好	不明显	挠度小于限值	挠度接近限值	挠度大于变形				
			扣分值	0	35	45	60	100				
	9	结构变位	程度	完好	不明显	横向连接件松动、纵缝开裂较大	边梁横移或外倾、振动摇晃明显	横向位移严重、振动或摇晃显著				
			扣分值	0	35	45	60	100				
	10	预应力构件损伤	程度	完好	无明显缺陷	极个别断丝	部分钢绞线断裂或失效	钢绞线大量断裂、梁板严重变形				
			扣分值	0	35	45	60	100				
	11	裂缝	程度	完好	局部网裂或主梁少量轻微开裂	大面积网裂或主梁较多裂缝，缝宽未超限	主梁较多裂缝，缝宽超限	大量结构裂缝，缝宽严重超限				
			扣分值	0	35	45	60	100				
											合计	

图 10-17 上部一般构件得分值界面

病害构件数	1	t
构件数n	8	8.5
部件平均值	96.88	部件得分
构件最低得分	75.00	93.94
i	PMCIi	
1	75.00	注意：i<=n
2	100.00	
3	100.00	
4	100.00	
5	100.00	
6	100.00	
7	100.00	
8	100.00	
9		
10		

钢支座

损坏评价标准												
构件编号	序号	损坏类型	病害描述						单项扣分值	PMCIi	扣分值排序	Ux
				1	2	3	4	5				
1-1	1	钢支座组件或功能缺陷	程度	完好	轻微	大部分	严重			75.00	25	25
			扣分值	0	25	40	50					
	2	钢支座位移、转角超限	程度	完好	—	有位移或较大转角	位移明显或很大转角					
			扣分值	0	25	40	50					
	3	钢支座部件磨损、裂缝	程度	完好	轻微	较大	严重		25			
			扣分值	0	25	40	50					
											合计	25.00

图 10-18 某桥支座系统的得分值界面

该桥无人行道，根据表 9-3 检测的病害情况，桥面系其他部件的得分值及相关界面如图 10-26所示。

根据以上操作得到的各个部件得分值，在全桥技术状况评定自动生成各个部件的得分值，该部分的相关界面如图 10-27 所示。

从以上界面可以得到该桥技术状况评定，并根据得分值可以快速得到该桥的安全评估等级，界面更为直观。

2）可靠度评估界面

本部分首先计算该桥的抗力 R（服从对数正态分布）、恒载效应（服从正态分布）和汽车荷载效应（服从极值 I 型分布）的统计参数，使用 Matlab 采用了 JC 法（验算点法）来计算该桥的可靠度指标值 β，最后根据第 8 章的评定标准来评定，该部分主要的界面如图 10-28 所示。

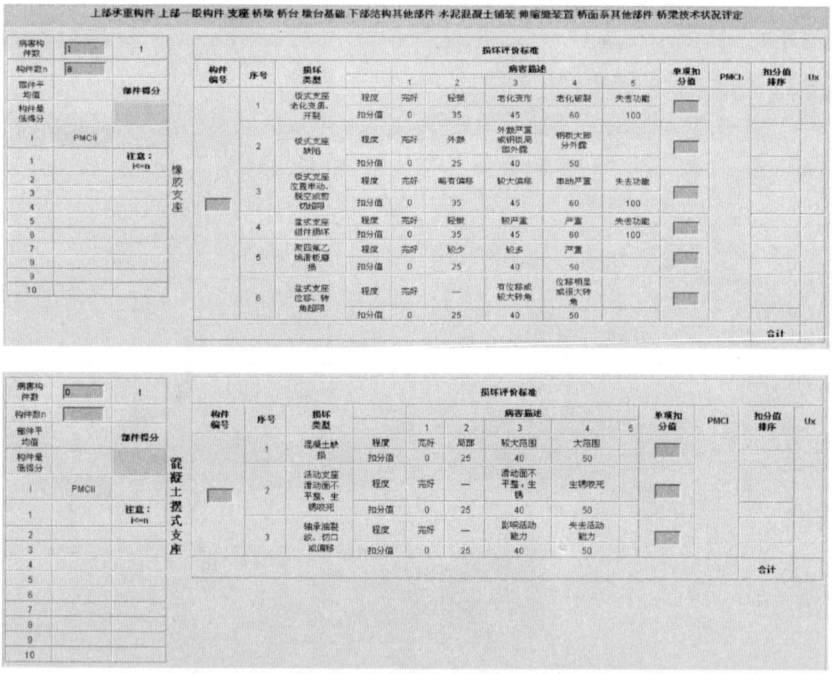

上部承重构件 上部一般构件 支座 桥墩 桥台 墩台基础 下部结构其他部件 水泥混凝土铺装 伸缩缝装置 桥面系其他部件 桥梁技术状况评定

病害构件数	1	t
构件数n	8	
部件平均值		部件得分
构件最低得分		
i	PMCIi	
1		注意：i<=n
2		
3		
4		
5		
6		
7		
8		
9		
10		

橡胶支座　损坏评价标准

构件编号	序号	损坏类型		病害描述 1	2	3	4	5	单项扣分值	PMCIi	扣分值排序	Ux
	1	板式支座老化变质、开裂	程度	完好	轻微	老化变形	老化破裂	失去功能				
			扣分值	0	35	45	60	100				
	2	板式支座缺陷	程度	完好	外鼓	外鼓严重或钢板局部外露	钢板大部分外露					
			扣分值	0	25	40	50					
	3	板式支座位置串动、脱空或剪切超限	程度	完好	略有偏移	较大偏移	串动严重	失去功能				
			扣分值	0	35	45	60	100				
	4	盆式支座组件损坏	程度	完好	轻微	较严重	严重	失去功能				
			扣分值	0	35	45	60	100				
	5	聚四氟乙烯滑板磨损	程度	完好	较少	较多	严重					
			扣分值	0	25	40	50					
	6	盆式支座位移、转角超限	程度	完好	—	有位移或较大转角	位移明显或很大转角					
			扣分值	0	25	40	50					
											合计	

病害构件数	0	t
构件数n		
部件平均值		部件得分
构件最低得分		
i	PMCIi	
1		注意：i<=n
2		
3		
4		
5		
6		
7		
8		
9		
10		

混凝土摆式支座　损坏评价标准

构件编号	序号	损坏类型		病害描述 1	2	3	4	5	单项扣分值	PMCI	扣分值排序	Ux
	1	混凝土缺损	程度	完好	局部	较大范围	大范围					
			扣分值	0	25	40	50					
	2	活动支座滑动面不平整、生锈咬死	程度	完好	—	滑动面不平整，生锈	生锈咬死					
			扣分值	0	25	40	50					
	3	轴承有裂纹、切口或偏移	程度	完好	—	影响活动能力	失去活动能力					
			扣分值	0	25	40	50					
											合计	

图 10-19　橡胶支座和混凝土摆式支座的得分值界面

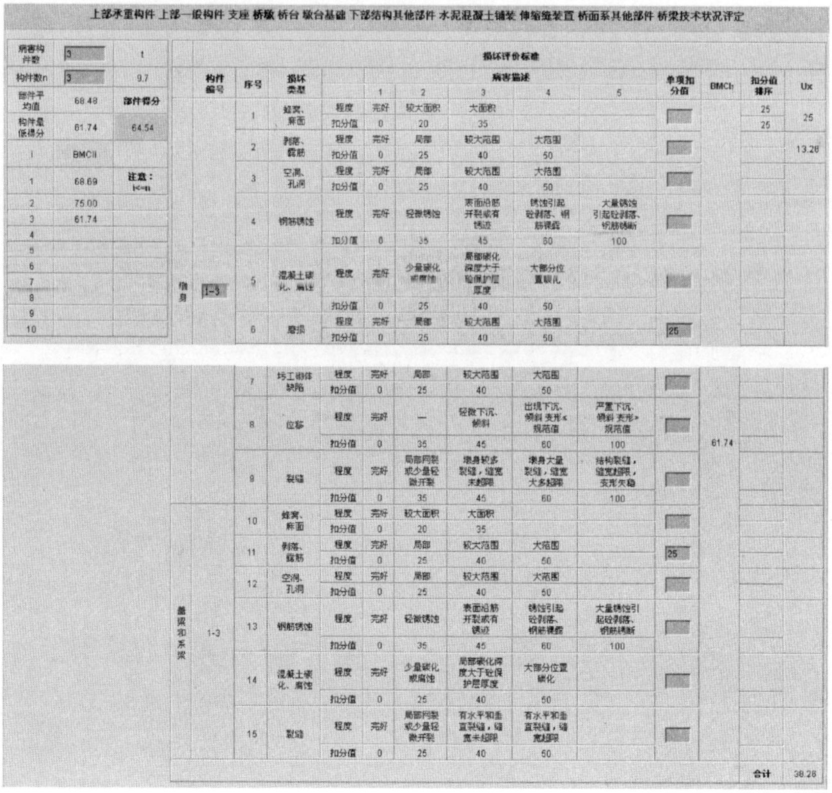

上部承重构件 上部一般构件 支座 桥墩 桥台 墩台基础 下部结构其他部件 水泥混凝土铺装 伸缩缝装置 桥面系其他部件 桥梁技术状况评定

病害构件数	3	t
构件数n	3	9.7
部件平均值	68.48	部件得分
构件最低得分	61.74	64.54
i	BMCIi	
1	68.69	注意：i<=n
2	75.00	
3	61.74	
4		
5		
6		
7		
8		
9		
10		

损坏评价标准

部位	构件编号	序号	损坏类型		病害描述 1	2	3	4	5	单项扣分值	BMCIi	扣分值排序	Ux
墩身	1-3	1	蜂窝、麻面	程度	完好	较大面积	大面积					25	25
				扣分值	0	20	35					25	
		2	剥落、露筋	程度	完好	局部	较大范围	大范围					13.26
				扣分值	0	25	40	50					
		3	空洞、孔洞	程度	完好	局部	较大范围	大范围					
				扣分值	0	25	40	50					
		4	钢筋锈蚀	程度	完好	轻微锈蚀	表面沿筋开裂或有锈迹	锈蚀引起砼剥落、钢筋裸露	大量锈蚀引起砼剥落、钢筋锈断				
				扣分值	0	35	45	60	100				
		5	混凝土碳化、腐蚀	程度	完好	少量碳化或腐蚀	局部碳化深度大于砼保护层厚度	大部分位置碳化					
				扣分值	0	25	40	50					
		6	磨损	程度	完好	局部	较大范围	大范围		25			
				扣分值	0	25	40	50					
		7	圬工砌体缺陷	程度	完好	局部	较大范围	大范围					
				扣分值	0	25	40	50					
		8	位移	程度	完好	—	轻微下沉、倾斜	出现下沉、倾斜，变形<规范值	严重下沉、倾斜，变形>规范值		61.74		
				扣分值	0	35	45	60	100				
		9	裂缝	程度	完好	局部网裂或少量轻微开裂	墩身较多裂缝，缝宽未超限	墩身大量裂缝，缝宽大多超限	结构裂缝，缝宽超限，变形失稳				
				扣分值	0	35	45	60	100				
盖梁和系梁	1-3	10	蜂窝、麻面	程度	完好	较大面积	大面积						
				扣分值	0	20	35						
		11	剥落、露筋	程度	完好	局部	较大范围	大范围		25			
				扣分值	0	25	40	50					
		12	空洞、孔洞	程度	完好	局部	较大范围	大范围					
				扣分值	0	25	40	50					
		13	钢筋锈蚀	程度	完好	轻微锈蚀	表面沿筋开裂或有锈迹	锈蚀引起砼剥落、钢筋裸露	大量锈蚀引起砼剥落、钢筋锈断				
				扣分值	0	35	45	60	100				
		14	混凝土碳化、腐蚀	程度	完好	少量碳化或腐蚀	局部碳化深度大于砼保护层厚度	大部分位置碳化					
				扣分值	0	25	40	50					
		15	裂缝	程度	完好	局部网裂或少量轻微开裂	有水平和垂直裂缝，缝宽未超限	有水平和垂直裂缝，缝宽超限					
				扣分值	0	25	40	50					
												合计	38.28

图 10-20　大桥桥墩的得分值界面

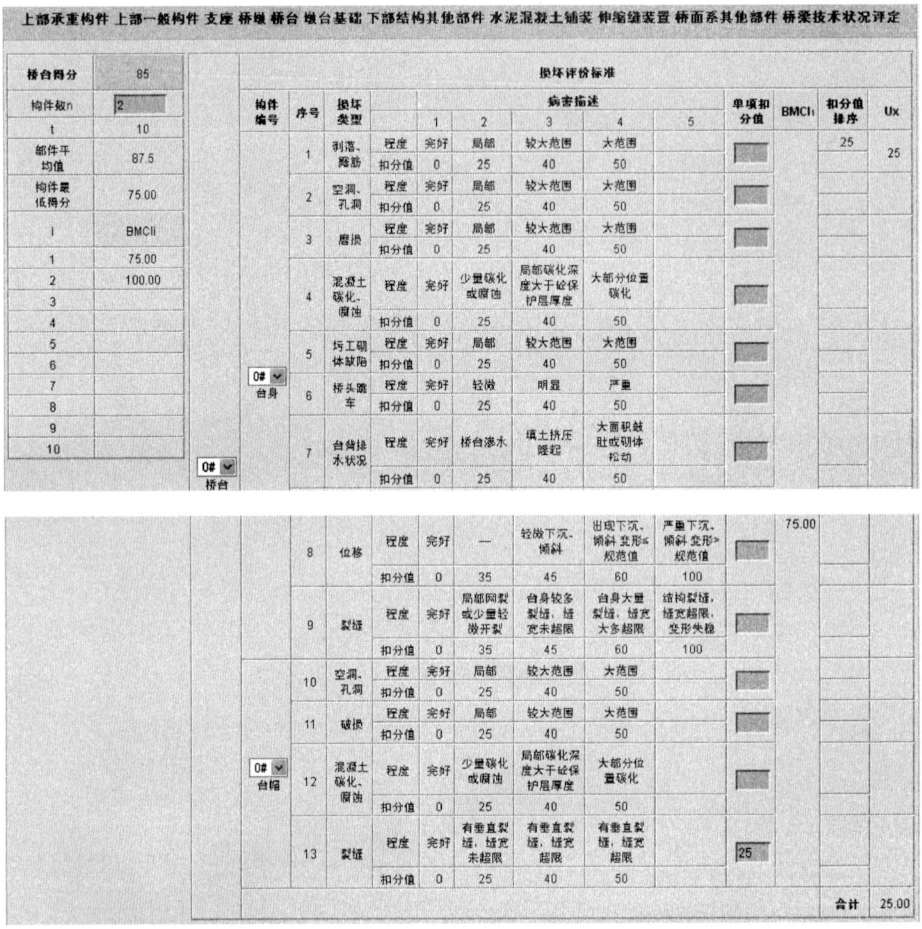

上部承重构件 上部一般构件 支座 桥墩 桥台 墩台基础 下部结构其他部件 水泥混凝土铺装 伸缩缝装置 桥面系其他部件 桥梁技术状况评定

桥台得分	85
构件数n	2
t	10
部件平均值	87.5
构件最低得分	75.00
i	BMCIi
1	75.00
2	100.00
3	
4	
5	
6	
7	
8	
9	
10	

0# 桥台

构件编号	序号	损坏类型	损坏评价标准						单项扣分值	BMCIi	扣分值排序	Ux
			病害描述									
				1	2	3	4	5				
0# 台身	1	剥落、露筋	程度	完好	局部	较大范围	大范围			75.00	25	25
			扣分值	0	25	40	50					
	2	空洞、孔洞	程度	完好	局部	较大范围	大范围					
			扣分值	0	25	40	50					
	3	磨损	程度	完好	局部	较大范围	大范围					
			扣分值	0	25	40	50					
	4	混凝土碳化、腐蚀	程度	完好	少量碳化或腐蚀	局部碳化深度大于砼保护层厚度	大部分位置碳化					
			扣分值	0	25	40	50					
	5	圬工砌体缺陷	程度	完好	局部	较大范围	大范围					
			扣分值	0	25	40	50					
	6	桥头跳车	程度	完好	轻微	明显	严重					
			扣分值	0	25	40	50					
	7	台背排水状况	程度	完好	桥台渗水	填土挤压隆起	大面积鼓肚或砌体松动					
			扣分值	0	25	40	50					
	8	位移	程度	完好	—	轻微下沉、倾斜	出现下沉、倾斜 变形≤规范值	严重下沉、倾斜 变形>规范值				
			扣分值	0	35	45	60	100				
	9	裂缝	程度	完好	局部网裂或少量轻微开裂	台身较多裂缝，缝宽未超限	台身大量裂缝，缝宽大多超限	结构裂缝，缝宽超限，变形失稳				
			扣分值	0	35	45	60	100				
0# 台帽	10	空洞、孔洞	程度	完好	局部	较大范围	大范围					
			扣分值	0	25	40	50					
	11	破损	程度	完好	局部	较大范围	大范围					
			扣分值	0	25	40	50					
	12	混凝土碳化、腐蚀	程度	完好	少量碳化或腐蚀	局部碳化深度大于砼保护层厚度	大部分位置碳化					
			扣分值	0	25	40	50					
	13	裂缝	程度	完好	有垂直裂缝，缝宽未超限	有垂直裂缝，缝宽超限	有垂直裂缝，缝宽超限		25			
			扣分值	0	25	40	50					
											合计	25.00

图 10-21　某桥桥台的得分值界面

上部承重构件 上部一般构件 支座 桥墩 桥台 墩台基础 下部结构其他部件 水泥混凝土铺装 伸缩缝装置 桥面系其他部件 桥梁技术状况评定

病害构件数	0	t
构件数n	5	9.2
部件平均值	100	部件得分
构件最低得分	100.00	100
i	BMCIi	
1	100.00	注意：i<=n
2	100.00	
3	100.00	
4	100.00	
5	100.00	
6		
7		
8		
9		
10		

构件编号	序号	损坏类型	损坏评价标准						单项扣分值	BMCIi	扣分值排序	Ux
			病害描述									
				1	2	3	4	5				
1-5	1	冲刷、掏空	程度	完好	有青苔、杂草	局部冲蚀	深度大于设计值	失效		100.00	0	0
			扣分值	0	35	45	60	100				
	2	剥落、露筋	程度	完好	少量	较大范围	大范围	基础失稳				
			扣分值	0	35	45	60	100				
	3	冲蚀	程度	完好	轻微	大面积侵蚀	大量锈断					
			扣分值	0	25	40	50					
	4	河底铺砌损坏	程度	完好	轻微	较严重	严重					
			扣分值	0	25	40	50					
	5	沉降	程度	完好	—	轻微下沉	沉降量小于规范值	沉降量大于规范值				
			扣分值	0	35	45	60	100				
	6	滑移和倾斜	程度	完好	—	支承面轻微损坏	支承面压重损坏	前墙破坏，基础不稳				
			扣分值	0	35	45	60	100				
	7	裂缝	程度	完好	剪切裂缝，缝宽未超限	剪切裂缝，缝宽未超限	剪切裂缝，或砼破裂	裂缝贯通，基础失稳	0			
			扣分值	0	35	45	60	100				
											合计	0.00

图 10-22　某桥墩台基础的得分值界面

上部承重构件 上部一般构件 支座 桥墩 桥台 墩台基础 下部结构其他部件 水泥混凝土铺装 伸缩缝装置 桥面系其他部件 桥梁技术状况评定

病害构件数	0
构件数n	4
t	9.5
部件平均值	100
构件最低得分	100.00
翼墙、耳墙得分	100
i	BMCIi
1	100.00
2	100.00
3	100.00
4	100.00
5	
6	
7	
8	
9	
10	

翼墙、耳墙

损坏评价标准

构件编号	序号	损坏类型	病害描述	1	2	3	4	5	单项扣分值	BMCIi	扣分值排序	Ux
1-2#	1	破损	程度	完好	局部	较大范围	大范围			100.00	0	0
			扣分值	0	25	40	50					
	2	位移	程度	完好	—	存在变形，但无外倾下沉	下沉滑动，填料流失严重					
			扣分值	0	25	40	50					
	3	鼓肚、砌体松动	程度	完好	局部鼓肚	大面积鼓肚	严重渗漏					
			扣分值	0	25	40	50					
	4	裂缝	程度	完好	较多网裂	多处裂缝或翼墙、耳墙断裂	出现通缝，裂缝超限或耳墙、翼墙与前墙脱开		0			
			扣分值	0	25	40	50					
											合计	0.00

病害构件数	0
构件数n	
t	
部件平均值	
构件最低得分	
锥坡、护坡得分	
i	BMCIi
1	
2	
3	
4	
5	
6	
7	
8	
9	
10	

锥坡、护坡

损坏评价标准

构件编号	序号	损坏类型	病害描述	1	2	3	4	5	单项扣分值	BMCIi	扣分值排序	Ux
0-1#	1	缺陷	程度	完好	局部	大面积凹陷、开裂，砌缝脱落	丧失功能					
			扣分值	0	25	40	50					
	2	冲刷	程度	完好	局部冲成浅坑	冲成深坑、沟或槽	坡脚冲蚀严重；基础有淘空					
			扣分值	0	25	40	50					
											合计	

河床得分	100.00

河床

损坏评价标准

构件编号	序号	损坏类型	病害描述	1	2	3	4	5	单项扣分值	BMCI	扣分值排序	Ux
1—1	1	堵塞	程度	完好	局部堵塞	多处堵塞	完全堵塞			100.00	0	0
			扣分值	0	25	40	50					
	2	冲刷	程度	稳定	轻微冲刷	较重冲刷	严重冲刷掏空					
			扣分值	0	25	40	50					
	3	河床变迁	程度	完好	轻微淤积	淤泥严重	变迁、扩展		0			
			扣分值	0	25	40	50					
											合计	0.00

调治构造物得分	

调治构造物

损坏评价标准

构件编号	序号	损坏类型	病害描述	1	2	3	4	5	单项扣分值	DMCI	扣分值排序	Ux
1—1	1	损坏类型	程度	完好	局部	大面积	需要但未设置					
			扣分值	0	25	40	50					
	2	冲刷变形	程度	完好	局部冲空	边坡大面积下滑	冲蚀严重					
			扣分值	0	25	40	50					
											合计	

图 10-23 某桥下部结构其他部件的得分值界面

上部承重构件 上部一般构件 支座 桥墩 桥台 墩台基础 下部结构其他部件 水泥混凝土铺装 伸缩缝装置 桥面系其他部件 桥梁技术状况评定

病害构件数	3	t
构件数n	4	9.5
部件平均值	81.25	部件得分
构件最低得分	75.00	78.62
i	DMCIi	
1	75.00	注意：i<=n
2	75.00	
3	75.00	
4	100.00	
5		
6		
7		
8		
9		
10		

损坏评价标准

构件编号	序号	损坏类型	病害描述	1	2	3	4	5	单项扣分值	DMCIi	扣分值排序	Ux
1-3	1	磨光、脱皮、露骨	程度	完好	局部	多处	大面积			75.00	25	25
			扣分值	0	25	40	50					
	2	错台	程度	完好	局部	多处	大面积					
			扣分值	0	25	40	50					
	3	坑洞	程度	完好	局部	多处	大面积					
			扣分值	0	25	40	50					
	4	剥落	程度	完好	局部	多处	大面积					
			扣分值	0	25	40	50					
	5	拱起	程度	完好	轻微	较大	明显					
			扣分值	0	25	40	50					
	6	接缝料损坏	程度	完好	老化漏水但无剥落脱空	部分填料脱空，或被杂物填塞	多处填料脱空					
			扣分值	0	25	40	50					
	7	裂缝	程度	完好	局部	多数	大部分		25			
			扣分值	0	25	40	50					
											合计	25.00

图 10-24 某桥桥面铺装的得分值界面

上部承重构件 上部一般构件 支座 桥墩 桥台 墩台基础 下部结构其他部件 水泥混凝土铺装 伸缩缝装置 桥面系其他部件 桥梁技术状况评定

病害构件数	2	t
构件数n	2	10
部件平均值	75	部件得分
构件最低得分	75.00	72.5
i	DMCi	
1	75.00	注意：i<=n
2	75.00	
3		
4		
5		
6		
7		
8		
9		
10		

损坏评价标准

构件编号	序号	损坏类型	病害描述						单项扣分值	DMCb	扣分值排序	Ux
				1	2	3	4	5				
1-2	1	凹凸不平	程度	完好	略微	明显	严重			75.00	25	25
			扣分值	0	25	40	50					
	2	锚固区缺陷	程度	完好	轻微	局部	大面积					
			扣分值	0	25	40	50					
	3	破损	程度	完好	局部	较大范围	大范围					
			扣分值	0	25	40	50					
	4	失效	程度	完好	堵塞	伸缩异常	失效		25			
			扣分值	0	25	40	50					
											合计	25.00

图 10-25 某桥伸缩缝的得分值界面

上部承重构件 上部一般构件 支座 桥墩 桥台 墩台基础 下部结构其他部件 水泥混凝土铺装 伸缩缝装置 桥面系其他部件 桥梁技术状况评定

病害构件数	0
构件数n	
t	
部件平均值	
构件最低得分	
人行道得分	
i	DMCi
1	
2	
3	
4	
5	
6	
7	
8	
9	
10	

人行道

损坏评价标准

构件编号	序号	损坏类型	病害描述						单项扣分值	DMCi	扣分值排序	Ux
				1	2	3	4	5				
L	1	破损	程度	完好	少量	较多	大量					
			扣分值	0	25	40	50					
	2	缺失	程度	完好	少量	较大面积	大面积					
			扣分值	0	25	40	50					
											合计	

病害构件数	2
构件数n	2
t	10
部件平均值	75
构件最低得分	75.00
栏杆、护栏得分	72.5
i	DMCi
1	75.00
2	75.00
3	
4	
5	
6	
7	
8	
9	
10	

栏杆、护栏

损坏评价标准

构件编号	序号	损坏类型	病害描述						单项扣分值	DMCb	扣分值排序	Ux
				1	2	3	4	5				
R	1	撞坏、缺失	程度	完好	局部	多处	失效			75.00	25	25
			扣分值	0	25	40	50					
	2	破损	程度	完好	个别	较多	大量		25			
			扣分值	0	25	40	50					
											合计	25.00

防排水系统得分	100.00

防排水系统

损坏评价标准

构件编号	序号	损坏类型	病害描述						单项扣分值	DMCi	扣分值排序	Ux
				1	2	3	4	5				
1—1	1	排水不畅	程度	完好	局部	多处漏水	普遍漏水			100.00	0	0
			扣分值	0	25	40	50					
	2	泄水管、引水槽缺陷	程度	完好	少量	较多			0			
			扣分值	0	20	35						
											合计	0.00

照明、标志得分	100.00

照明、标志

损坏评价标准

构件编号	序号	损坏类型	病害描述						单项扣分值	DMCi	扣分值排序	Ux
				1	2	3	4	5				
1—1	1	污损或损坏	程度	完好	个别	多处	大部分			100.00	0	0
			扣分值	0	25	40	50					
	2	照明设施缺失	程度	完好	少量	较多	大量					
			扣分值	0	25	40	50					
	3	标志脱落、缺失	程度	完好	个别	多处			0			
			扣分值	0	20	35						
											合计	0.00

图 10-26 某桥桥面系其他部件的得分值界面

桥梁结构技术状况等级评定表								
部位	类别i	部件名称	重新分配后权重	得分值	部件等级	结构得分	备注	权重
上部结构SPCI	1	**上部承重构件**	0.85	68.44	**3类**	72.27	有	0.7
	2	上部一般构件	0		类		无	0.18
	3	钢支座	0.15	93.94	**2类**		有	0.12
下部结构SBCI	4	翼墙、耳墙	0.02	100	1类	84.36	有	0.02
	5	锥坡、护坡	0		类		无	0.01
	6	**桥墩**	0.31	64.54	**3类**		有	0.3
	7	**桥台**	0.31	85	**2类**		有	0.3
	8	**墩台基础**	0.29	100	**1类**		有	0.28
	9	河床	0.07	100	1类		有	0.07
	10	调治构造物	0		类		无	0.02
桥面系 BDCI	11	水泥混凝土铺装	0.44	78.62	3类	79.87	有	0.4
	12	伸缩缝装置	0.28	72.5	3类		有	0.25
	13	人行道	0		类		无	0.1
	14	栏杆、护栏	0.11	72.5	3类		有	0.1
	15	排水系统	0.11	100	1类		有	0.1
	16	照明、标志	0.06	100	1类		有	0.05
桥梁结构技术状况评定					**3类**	**78.63**		

图 10-27　某桥全桥技术状况评定界面

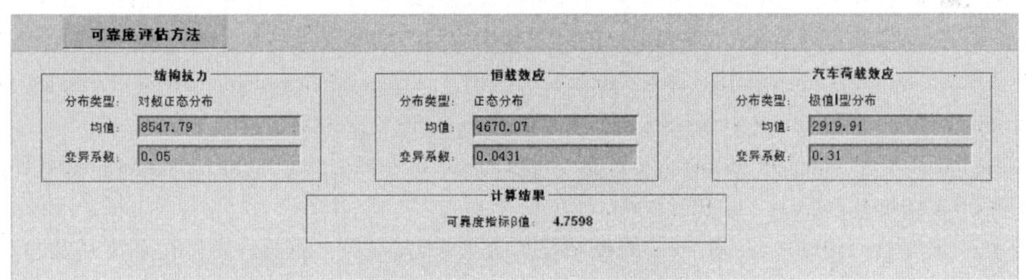

图 10-28　可靠度评估方法界面

10.3　本 章 小 结

本章在前述研究基础上，运用 Java、MySQL、SQL yogENT、Matlab 等语言设计建立在役预应力混凝土梁桥数据库及安全评估程序。

编制在役预应力混凝土梁桥数据库模块。数据库主要有三大模块：桥梁基本信息数据库模块、桥梁病害数据库模块、桥梁养护资料数据库模块及病害对比模块。在病害数据库界面，可以将病害信息录入该数据库；在养护资料界面，可以对该桥梁的养护建议进行入库，方便能够随时查看，从而使管养单位更方便快捷地管理桥梁，具有一定的实用性。

编制病害对比预测模块。在病害对比界面，可以将一座桥不同时期的病害录入对比，能够让管理者对该桥梁的实际情况有更深入的对比了解；病害对比界面还能通过不同时期桥梁的实际病害情况及病害发展趋势，结合评估程序来预测桥梁病害，对管养单位的决策性建议有着一定的指引作用。

在规范评估方法界面，通过各个部件的评分界面，能快速地确定桥梁各个构件、部件及全桥的评分值。做成界面具有更好的实用性，并且该部分操作方法简洁方便，评分也更为直观。

编制桥梁安全评估模块。将规范评估方法、时变可靠度评估方法集成,并同时使用了这两种方法对桥梁进行安全评估,可对比验证,使管养单位能对桥梁自身状态做到全方位的了解,对管养决策提供有力的支撑。

本章参考文献

[1] 张新占. 桥梁管理系统研究[D]. 西安:长安大学,2004.

[2] 王磊. 桥梁管理系统中的桥梁退化模型[D]. 武汉:华中科技大学,2006.

[3] 肖萍. 桥梁技术状况评价与预测[D]. 西安:长安大学,2003.

[4] 张健,张日希,丰权章. 在役桥梁多级模糊综合评定与管理系统的建立[J]. 公路交通技术,2009(2):61-63.

[5] 安琳. 美国桥梁管理体系概观[J]. 世界桥梁,2002(2):67-69.

[6] 谭金华,吕秀杰,徐俊,等. 欧洲桥梁管理概况[J]. 世界桥梁,2004(3):52-55.

[7] 王俊蒲. 桥梁管理系统的开发应用及存在问题[J]. 交通世界,2009(13):105-106.

[8] 欧智菁. 简介丹麦桥梁管理系统[J]. 福建建筑高等专科学校学报,2001,3(1):47-49.

[9] 李有丰,谢堂贤,林永信. 网络层级的桥梁管理系统开发与研究[J]. 土木技术,1999(12):45-49.

[10] 李昌铸. 公路桥梁管理系统(CBMS2000)的开发与应用[J]. 公路交通科技,2003,20(3):84-90.

[11] Dr R J Woodward,Transport Research Laboratory (TRL). Bridge Management Systems:Extended Review of Existing Systemsand Outline framework for a European System[D]. 2001.

[12] Utilization of handheld field testing system for improvement of bridge load rating values in pontis[D]. Patrick Stein Iowa State University—CTRE, 2004.

[13] 熊慧中,李中铭,王海涛,等. 基于《公路桥梁技术状况评定标准》的桥梁评定管理系统开发[J]. 公路工程,2014(3):214-218.

[14] 朱宗伦. 在役预应力混凝土连续箱梁桥管养决策系统研发[D]. 重庆:重庆交通大学. 2015.

符 号 表

英文字母

A_p——预应力钢束初始截面面积；

A_0——混—梁截面换算面积；

A_{st}——钢筋或钢绞线腐蚀后的剩余截面面积；

$A_p(t)$——t 时刻梁体受拉区纵向预应力钢束截面面积；

$b'_f(t)$——t 时刻 T 形截面受压翼缘有效宽度；

$b(t)$——t 时刻腹板厚度；

c——混凝土保护层厚度；

C_{th}——临界氯离子浓度,符合正态分布,其平均值为 1.4,标准差为 0.2；

C_s——表面氯离子浓度,符合正态分布,其平均值为 3.6,标准差为 0.2；

$C(x,t)$——t 时刻 x 深度处氯离子浓度；

C_r——腐蚀后截面混凝土所受合力；

$[Cl^-]$——混凝土内氯离子浓度；

d——钢筋直径；

D_0——时间 t_0 时混凝土中氯离子扩散系数,符合正态分布,其平均值为 $35mm^2/a$,标准差为 3.5；

D_{Cl}——氯离子在混凝土中的扩散系数；

$D_{Cl}(t)$——时间 t 混凝土氯离子扩散系数,随时间衰减以 30 年为限,$t>30$ 年,就取为定值而不再降低,分析中取均值；

$[D^c]$——混凝土应力应变矩阵；

$[D^c]_i$——钢筋材料 i 的应力应变矩阵；

E_{u1}——腐蚀钢绞线的名义弹性模量；

E_u——未腐蚀钢绞线的弹性模量；

E_c——混凝土弹性模量；

$erf(z)$——误差函数；

f_{ck}、f_{cm}——混凝土强度的标准值、平均值；

f_{cu}——混凝土立方体抗压强度；

$f_{cu,k}$——混凝土抗压强度标准值；

f_{tm}——混凝土抗拉强度平均值；

f_L——梁体变形的限值；

$f_{pd}(t)$——t 时刻预应力钢束抗拉强度；

$f_{cd}(t)$——t 时刻混凝土轴心抗压强度；

$f_{cu,k}(t)$、$f_{sv}(t)$、$f_{pd}(t)$——t 时刻混凝土立方体抗压强度、箍筋抗拉强度以及预应力弯起钢筋抗拉强度设计值；

f_{u1}——腐蚀钢绞线的名义极限强度；

f_u——未腐蚀钢绞线的极限强度；

$f_{ys}(t)$、$f_{us}(t)$——锈蚀钢筋的名义屈服强度、名义极限强度；

$F_{T_\alpha}(x)$、$F_T(x)$——评估基准期 T_α 和设计基准期 T 内的最大值分布函数；

$F_i(x)$——荷载效应随机过程的截口分布；

$h'_f(t)$——t 时刻 T 形截面受压翼缘板的厚度；

$h_0(t)$——t 时刻预应力钢束重心至梁顶缘的距离，即梁截面有效高度；

$H(t)$——混凝土强度的平均值和标准差随时间变化的修正系数；

i_{corr}——腐蚀电流密度；

$i_{corr-20}$——20℃时的碳化电流密度；

$i_{lim}^{O_2}$——氧扩散控制下混凝土中预应力钢束的平均腐蚀电流密度；

$i_{e,m}$——供水条件控制下混凝土内变形钢筋或钢绞线的平均腐蚀电流密度；

i_c——氧扩散控制下混凝土中钢筋的平均腐蚀电流密度；

k_{CO_2}——CO_2浓度影响系数，室外环境下 $k_{CO_2}=1.1\sim1.4$；

k_p——浇注面修正系数，$k_p=1.2$；

k_s——工作应力影响系数，受压时取 $k_s=1.0$，受拉时取 $k_s=1.1$；

k_{co}——锈蚀钢筋位置系数，角部为 1.3，非角部为 1.0；

k_{cr}——钢筋位置修正系数，角部 $k_{cr}=1.6$，中部 $k_{cr}=1.0$；

k_{ce}——小环境条件修正系数，潮湿地区室外环境 $k_{ce}=3.0\sim4.0$，干燥地区室外环境 $k_{ce}=2.5\sim3.5$；

k_{crs}——钢筋的位置影响系数；角部钢筋取 1.0；非角部钢筋取 1.35；

$k_{bsv}(t)$——t 时刻箍筋与混凝土的协同工作系数；

k_{mc}——计算模式不定性随机变量，均值为 1.8，标准差为 0.25，主要反映碳化模型计算结果与实际结构测试结果之间的差异，同时，也包含其他一些在计算模型中未能考虑的随机因素对混凝土碳化的影响；

k_j——钢筋位置修正系数，角部 $k_j=1.4$，非角部 $k_j=1.0$，对于预应力混凝土结构而言，全部按非角部考虑；

K——混凝土碳化系数；

K_σ——考虑应力状态影响的混凝土碳化综合系数；

K_T——温度修正系数，当温度小于 20℃时，$K_T=0.025$；当温度大于 20℃时，$K_T=0.073$；

N_r——钢筋材料数；

m_{c0}——混凝土 28d 强度的平均值；

m_c——混凝土立方体抗压强度平均值与标准值之比值；

m_1——混凝土氯离子扩散系数的时间依赖性常数，对普通硅酸盐水泥，可近似取 0.2；

P——斜截面内纵向受拉钢筋的配筋百分率；

P_u——不被超越概率，通常取 95%（即超越概率为 5%）；

P_f——失效概率；

$P(t)$——t 时刻斜截面内纵向受拉钢筋的配筋百分率，当 $P(t) > 2.5$ 时，取 $P(t) = 2.5$；

r_{wc}——混凝土水灰比；

r_w——混凝土含水率；

r——钢筋或钢丝的原半径；

R——结构的抗力；

RH——环境湿度；

R_k——规范规定的材料性能和几何参数标准值用抗力计算公式求得的构件抗力值；

$R_M(t)$——t 时刻正截面受弯承载力随机变量；

$R_Q(t)$——t 时刻斜截面受剪承载力随机变量；

S_{1Qk}——由现行规范的汽车荷载标准图式加载产生的效应值，即规范中的汽车荷载效应标准值；

S——结构的荷载效应；

t——从某一时刻起算的时间；

t_0——扩散系数基准时间，一般取 5 年；

t_s——钢丝或钢筋腐蚀开始时间；

t_{cr}——混凝土锈胀开裂的时间；

t_{c0}——混凝土开始锈蚀的时间；

T——环境温度；

V_{cs}——斜截面内混凝土和箍筋共同的抗剪承载力值；

V_{sb}——斜截面内与斜截面相交的普通弯起钢筋抗剪承载力值；

V_{pb}——斜截面内与斜截面相交的预应力弯起钢筋抗剪承载力值；

V_i^R——钢筋材料 i 相对于整个单元体积的体积配筋率；

x——预应力钢束保护层厚度；

X——混凝土碳化深度。

希腊字母

α_1——异号弯矩影响系数，计算简支梁和连续梁近边支点梁段的抗剪承载力时，$\alpha_1 = 1.0$，计算连续梁和悬臂梁近中间支点梁段的抗剪承载力时，$\alpha_1 = 0.9$；

$\alpha_2(t)$——t 时刻预应力提高系数，对预应力混凝土受弯构件，$\alpha_2(t) = 1.25$，当因预应力损失等原因导致梁体出现裂缝后，$\alpha_2(t) = 1.0$；

α_3——受压翼缘影响系数，$\alpha_3 = 1.1$；

β——可靠度指标；

δ_c——混凝土强度变异系数；

δ_{u1}——腐蚀钢绞线的极限延伸率；
δ_{u}——未腐蚀钢绞线的极限延伸率；
δ_{loss}——预应力损失率；
ε_{cu}——混凝土压应变限值，取0.0033；
ε_{max}——最不利荷载作用下跨中截面上缘的最大压应变；
$\varepsilon_{y,u}$——预应力钢束腐蚀后的极限应变，对于腐蚀后的预应力钢绞线一般可取0.005；
$\varepsilon_{y,max}$——最不利荷载作用下跨中截面预应力钢束的最大应变；
Δ_{d}——活载作用下梁体最大挠度；
Δ_{dL}——使用阶段梁体挠度限值；
$\Delta\varepsilon_{p}$——腐蚀预应力钢束应变变化；
$\Delta\varepsilon_{c}$——腐蚀预应力钢束同一位置混凝土应变变化；
$\Delta r(t)$——一根腐蚀的预应力钢束钢丝在均匀腐蚀下，在时刻t的半径减少量；
Δr_{cr}——混凝土保护层锈胀开裂时的钢筋锈蚀深度；
ε_{pe}——预应力钢束扣除所有损失后的有效应变；
$\zeta(t)$——混凝土强度的标准差随时间变化的修正系数；
λ_{e1}——保护层锈胀开裂前钢筋锈蚀速率；
λ_{e2}——混凝土锈胀开裂后钢筋锈蚀速率；
λ_{e}——钢筋锈蚀速率；
λ_{T_α}——运营状态下活载效应修正系数；
μ_{R}、μ_{S}——结构的抗力、荷载效应平均值；
ρ_{w}——钢绞线的截面腐蚀损失率；
$\rho_{w}(t)$——钢绞线的截面腐蚀损失率随时间变化值；
$\rho_{s,max}$——钢绞线单根钢丝最大截面损失率；
$\bar{\rho}_{w}$——钢筋或钢束的等代腐蚀损失率；
$\rho_{sv}(t)$——t时刻斜截面内箍筋配筋率；
σ_{c0}——混凝土28d强度的标准差；
σ_{c}——预应力钢束重心处混凝土所受压应力；
σ——腐蚀前截面上混凝土分布应力；
σ_{pe}——扣除相关预应力损失后的预应力钢束有效预应力；
σ_{c}——腐蚀前预应力钢束重心处混凝土所受应力；
$\sigma_{t,max}$——梁体在最不利荷载作用下离支座$h/2$处的斜截面上的最大主拉应力；
σ_{R}、σ_{S}——结构的抗力、荷载效应标准差；
$\varphi(*)$——标准正态分布的概率密度函数；
$\Phi(*)$——标准正态分布函数；
$\Phi^{-1}(*)$——标准正态分布函数的反函数。

后　　记

是书也，启于西部项目之支持，成型于持续之钻研，充实于模型之试验；承蒙老师之教育，前辈之指导，同事之支持，学生之襄助，而初成书稿。凡历十载，其过程也，岂艰难二字可蔽之。

其始也，参详既有之研究，启迪蒙昧；学习香芬之宏文，拓展思路。久历困顿，稍有颖悟。然而着墨笔端，莫能洋洋洒洒；沉吟半日，大抵一纸胡言。更加急办之务，迭相侵扰；偶有分神，思邈云汉。

光阴迅速，岂容马虎；形山之秘，何曾苟且。故而静坐冥思，不闻窗外之风雨；必要省时，欲除小憩之一快。孜孜矻矻，茕茕孑立。归纳众桥疾害，欲明其中就里；把脉病理浅深，希求判于悬丝。一则调研，必在宏博；再而剖析，以探端倪；三而试验，实求佐证。如此反复再三，凝练百数页之文。唯冀万一之得，有所启迪于“后浪”焉。

2020 年 5 月于重庆

第一作者简介

王鹏，男，博士，1973 年生，山东邹平人，现任招商局重庆交通科研设计院有限公司桥梁专业研究员、桥梁与结构工程院研发中心副主任，重庆交通大学硕士生导师，中国土木工程学会混凝土及预应力混凝土分会纤维增强复合材料（FRP）及工程应用专业委员会委员，重庆市第四、五届建设工程勘察设计专家咨询委员会道桥隧专业委员会专家。主要从事勘察设计、桥梁检测、评估、维护及新材料应用方面的研究工作。先后主研国家级、主持省部级等科研、设计及咨询项目近 40 项。其中，作为副负责人、专业负责人完成特大跨径悬索桥勘察设计 2 座；主编地方、团体标准各 1 部、参编地方标准 2 部。成果获省部级一等奖 2 项，二等奖 2 项，三等奖 1 项，市级一等奖 1 项；合著出版专著 2 部，获国家专利 9 项；发表学术论文 30 余篇，其中 6 篇 EI 收录，培养硕士研究生 37 人，作为中组部博士服务团成员挂职贵州省公路开发有限责任公司 1 年。